Psychologie statistique avec R

Springer

Paris
Berlin
Heidelberg
New York
Hong Kong
Londres
Milan
Tokyo

Yvonnick Noël

Psychologie statistique avec R

 Springer

Yvonnick Noël
Université Européenne de Bretagne Rennes 2
Département de psychologie
Place du Recteur Henri Le Moal
35043 Rennes Cedex

ISBN : 978-2-8178-0424-8 Springer Paris Berlin Heidelberg New York
ISSN : 2112-8294

© Springer-Verlag France, 2013
Imprimé en France
Springer-Verlag est membre du groupe Springer Science + Business Media

Maquette de couverture : Jean-François Montmarché

Collection Pratique R
dirigée par Pierre-André Cornillon
et Eric Matzner-Løber

Département MASS
Université Rennes-2-Haute-Bretagne
France

Déjà parus dans la même collection :

Régression avec R
Pierre-André Cornillon, Eric Matzner-Løber, 2011

Méthode de Monte-Carlo avec R
Christian P. Robert, George Casella, 2011

Séries temportelles avec R
Yves Aragon, 2011

REMERCIEMENTS

Cet ouvrage est le fruit d'un lent processus d'évolution s'étalant maintenant sur 15 ans d'enseignement des statistiques et de la psychométrie en cursus de psychologie. Mais sa forme et son contenu doivent beaucoup à un certain nombre de personnes et collègues qui ont parfois initié, souvent stimulé, toujours nourri mes réflexions sur ces questions.

Je pense en particulier à Jean-Michel Petot (Université de Paris X-Nanterre), qui a, sans doute au-delà de ce qu'il souhaitait, encouragé le thésard que j'étais à développer et affiner son goût immodéré des mathématiques et des statistiques, pour traiter de problématiques psychologiques. C'est sans doute là le premier élément de grave dérive matheuse dans mon parcours de psychologue... Je l'ai toujours soupçonné d'être de mèche avec Robert Molimard (Faculté de Médecine de l'Université Paris-Descartes), qui en encadrant mes recherches sur les modèles quantitatifs de l'arrêt du tabac au sein de la Société de tabacologie, m'a poussé sur la même voie. Jacques Juhel (Université de Rennes 2), Paul Dickes et Jean-Luc Kop (Université de Nancy 2), n'ont guère arrangé les choses, en m'invitant à partager avec eux ces moments extrêmement riches et stimulants pour l'esprit, qu'étaient les séminaires fermés de psychologie différentielle à la fin des années 1990, et que sont aujourd'hui les journées MODEVAIIA (*Modélisation de la Variabilité Inter et Intra Individuelle*).

Dans la foulée, je pense que mes collègues lillois ont cru bien faire en me recrutant sur mon premier poste de psychologie et statistiques à l'Université de Lille 3. J'ai notamment appris beaucoup, en termes de rigueur et de rapport à l'écriture mathématique, des collègues statisticiens Françoise Lefèvre (Université de Lille 3), Catherine Trottier (Université de Montpellier 2) et Sébastien Faure (Université de Lille 3). Le programme de statistiques lillois a, depuis, été une source d'inspiration majeure pour la construction de celui de Rennes. La constitution avec ces collègues d'un groupe de travail *Psychométrie et Économétrie*, en coordination avec l'économiste Frédéric Jouneau (Université de Lille 3), rendait déjà difficile tout retour en arrière. Mais était-il alors vraiment nécessaire que l'équipe de Jean-Claude Darcheville (Université de Lille 3) vienne en remettre une couche, en soumettant à mon esprit déjà torturé par ces questions les derniers modèles dynamiques nonlinéaires de l'apprentissage par renforcement ? Aujourd'hui encore, je me pose la question.

Que dire de la diligence et de la gentillesse avec laquelle Wijbrand van Schuur (Université de Gröningen), David Andrich (University of Western Australia) et James Roberts (Georgia Institute of Technology) ont accepté d'engager des échanges épistolaires fructueux et réguliers sur les modèles du dépliage ? Je reconnais avoir jeté un peu d'huile sur ce feu-là, en distribuant sans modération, à l'occasion de leurs visites en Europe, ce renforçateur primaire qu'est le vin de Corbières...

A mon arrivée à Rennes en 2003, je ne me suis pas méfié des deux attachés d'enseignement qu'on m'avait adjoints pour les enseignements de statistiques : Olivier Le Bohec (Université de Rennes 2) et Bruno Dauvier (Université d'Aix-Marseille). J'ai cru naïvement que leurs formations d'expérimentaliste, pour l'un, de différentialiste, pour l'autre, m'aideraient à retrouver une voie de recherche plus orthodoxe pour un psychologue. Au gré des discussions, je crois que ma passion pour les modèles quantitatifs du comportement n'a en réalité jamais cessé de s'accroître à leur contact, sans que leurs directeurs de recherche respectifs (Jacques Juhel et Eric Jamet, Université de Rennes 2) ne jugent utile de me mettre en garde. On ne me fera pas croire que leurs efforts répétés, appuyés par Fanny De La Haye et Christophe Quaireau (Université de Rennes 2), au sein du groupe TACIT (*Testing Adaptatif de la Compréhension Implicite de Texte*), pour mettre en œuvre des modèles de réponse à l'item sous n'importe quel prétexte, ne font pas partie d'un vaste plan organisé.

Je ne sais combien leur a coûté (financièrement) la participation à ce mouvement d'autres collègues de Rennes, psychologues (Thierry Marivain, Géraldine Rouxel, Frédérick Devinck, Alessandro Guida, Audrey Noël), ou statisticiens (Laurent Rouvière, Mathieu Emily), des ATER en statistiques (qui feraient mieux de boucler leur thèse), et même des étudiants qui, à travers leurs remarques, questions et jeux de données, n'ont pas cessé de faire évoluer ma pratique de la modélisation, et par conséquent le contenu de cet ouvrage, par ricochet.

J'ai pu, longtemps, maladivement en retenir la parution. C'était compter sans l'énergie et l'autorité d'Eric Matzner-Løber (Université de Rennes 2), qui avec Pierre-André Cornillon, a joué un grand rôle dans le simple fait que ce livre vienne à l'existence.

Comme je ne suis pas rancunier, je dirais simplement à tous... *un grand merci.*

Que celle qui m'a accepté dans sa vie me pardonne d'avoir consacré autant de temps à la rédaction de cet ouvrage. En lisant ces lignes, elle pourra se demander si c'est au final tellement de ma faute...

Rennes, octobre 2012

Y.N.

AVANT-PROPOS

A bien des égards, le psychologue apparaît (y compris souvent à ses propres yeux) comme celui qui donne du sens (à une situation, à une conduite). Par on ne sait quel mystère, sa quête de sens semble cependant s'arrêter là où commence son besoin de statistiques. Tout se passe en effet comme si l'enseignement des statistiques en psychologie devait se réduire à la présentation de quelques procédés magiques (un T de Student, un F de Fisher...), dans un ensemble fini de situations problèmes (comparer deux moyennes, deux variances, etc.). Cet enseignement catalogue est aussi ennuyeux pour l'enseignant qu'il l'est pour l'étudiant, autant qu'il est inefficace, car à ne pas comprendre les *modèles* sous-jacents aux statistiques de décision, on court un sérieux risque de les appliquer dans des situations où les attendus du modèle sont simplement absents. Ce risque n'est pas nul, même avec des statistiques très élémentaires et usuelles en psychologie : je ne compte plus le nombre d'articles où l'on utilise des T de Student sur données ordinales, des χ^2 de Pearson sur comptages d'événements non indépendants, etc.

Ces procédés magiques que sont les « statistiques de décision » sont parfois rassemblées dans des opuscules qui ont toujours, peu ou prou, le même titre : *Statistiques appliquées à la psychologie*. Mais comment penser que l'on va aller chercher dans une boîte à outils toute faite les modèles qui donnent du sens aux données particulières d'une étude psychologique ? Cela ne se peut que si l'on a acquis, souvent sans le comprendre, qu'un certain formatage des données permettait de le faire (résumer des données en moyennes et écarts-types de groupes par exemple). Même dans ce cas, c'est une manière de restreindre fortement notre capacité théorique que de préformater les données pour qu'un ensemble réduit d'outils statistiques puissent s'appliquer. C'est bien le modèle qui doit s'adapter à la situation et non l'inverse. On voit ainsi souvent des variables numériques transformées en variables catégorisées... pour pouvoir utiliser l'analyse de la variance !

Cet ouvrage ne parle pas de statistiques appliquées à la psychologie. Il parle de psychologie et de modèles de probabilités que l'on peut extraire de la situation elle-même pour donner du sens aux données. Le point de départ est d'abord et avant tout la situation psychologique (étude de terrain ou expérience de laboratoire), dont on élabore le modèle, en même temps qu'on élabore la théorie psychologique de ce qu'on observe. Il s'agit donc de *psychologie statistique*, à proprement parler, et il n'y a pas dans cette approche de distinction entre théorisation et modélisation, entre psychologie et statistiques, car l'un et l'autre se mènent conjointement. On parlera aussi de *psychométrie* pour désigner cette approche spécifique de la psychologie par modèles de probabilité, sur les mécanismes de réponse, de perception ou de conduite. Cette approche est très ancienne en psychologie, et trouve ses racines notamment dans la psychophysique et dans la modélisation factorielle des compétences cognitives. On verra qu'à renverser ainsi la perspective, partant du psychologique pour en extraire le modèle, il arrivera qu'incidemment on redécouvre des modèles connus (modèles de groupe tels qu'ANOVA ou T de Student par exemple), mais pas nécessairement. Cette approche par construction de modèle permettra aussi d'apercevoir plus rapidement que telle ou telle statistique connue est en réalité inapplicable pour la situation qu'on étudie.

L'approche catalogue stigmatisée ci-dessus est tentante pour l'enseignant(e) de statistiques en psychologie, car les pressions sur lui ou sur elle sont nombreuses pour que son souci pédagogique de développement de la compréhension des modèles sous-jacents passe simplement à la trappe. Et les pressions les plus fortes ne viennent pas nécessairement des étudiants. Il est vrai que les tuteurs de recherche pourront quelque temps cultiver l'illusion qu'en procédant ainsi, leurs étudiants deviennent plus rapidement « autonomes » dans le traitement de leurs données. Le fait qu'en procédant ainsi on incite à une forme de pensée magique (les étudiants ne comprennent guère ce qu'ils font) qui serait jugée inacceptable dans n'importe quelle autre discipline, n'est pas encore le plus lourd tribut à payer : en faisant cela, on ferme la porte à un enseignement de Master digne de ce nom. Si des notions théoriques importantes ne sont pas posées en Licence (combinatoire, algèbre des événements, probabilités élémentaires), la formation aux modèles avancés en Master n'est plus possible, sans empiéter sur l'espace pédagogique déjà restreint pour introduire à la hâte toutes ces notions. Comment initier l'étudiant de psychologie à l'analyse fine des tables de contingence à nombre quelconque d'entrées, ou à l'analyse de la variance en plans factoriels complexes, sans avoir au préalable présenté les lois de probabilité qui en sont le cœur (loi binomiale, loi multinomiale, loi normale) ? Comment former aux modèles d'équations structurales, devenus incontournables y compris dans des études appliquées, sans avoir appris à manier l'algèbre des variances et covariances ? En croyant gagner du temps, on perd en efficience pédagogique.

Si l'on peut en outre présenter sur des problèmes simples (comparaisons de deux proportions par exemple) une approche de la modélisation qui restera valable sur les problèmes de dimension supérieure (comparaison de plus de deux proportions ou comparaisons de distributions catégorisées), l'effort d'apprentissage initial devient rapidement rentable pour l'étudiant. On verra que dans cet ouvrage, tout en présentant les outils classiques de sélection de modèles (valeur p), on mettra l'accent sur une unique statistique de décision, applicable dans tous les cas (le *facteur de Bayes*). Un effort particulier a été fait pour fournir des expressions du facteur de Bayes dans tous les types de problèmes, qui restent calculables avec une machine de poche.

Ce livre donne ainsi une place non négligeable à l'approche dite « bayésienne ». On cherche dans cette approche à calculer la probabilité qu'un modèle soit vrai pour des données particulières, par opposition avec l'outil classique pearsonien qu'est la valeur p, qui calcule la probabilité des données, *d'après un modèle choisi comme arbitrairement vrai* (« l'hypothèse nulle »). La signification de la probabilité n'est évidemment pas du tout la même dans les deux cas. Elle est particulièrement simple à interpréter dans le cas bayésien (on garde le modèle le plus probablement vrai) et délicate à manipuler dans le cas de la valeur p (que faire du modèle quand la probabilité des données est assez élevée *quand on le suppose vrai* ?). Les outils et modèles bayésiens ont littéralement explosé dans la littérature statistique internationale, tant les avantages de l'approche sont séduisants. Les voix sont nombreuses aussi en psychologie, qui insistent sur ces avantages, et il n'est plus possible de passer cela sous silence dans un manuel actuel de psychologie statistique. Il est très surprenant que ces outils ne soient pas plus utilisés en France, où assez tôt des chercheurs ont déployé de gros efforts pour divulguer les principes bayésiens, développer des logiciels spécialisés, et mettre en avant tous les bénéfices scientifiques et pédagogiques de la méthode. L'apport d'Henri Rouanet et de Dominique Lépine, dès les années 1970 (Rouanet & Lépine, 1976), et avec eux de Bruno Lecoutre (Lecoutre, 1984, 1996) est à cet égard tout à fait remarquable, précédant de 40 ans les appels récents au passage au bayésien (Wagenmakers *et al.*, 2010, 2011 ; Kruschke, 2010). Nous mettons à disposition du lecteur, sous forme de librairies R avec interface graphique, certains des outils mis en avant par ces auteurs.

Le besoin de statistiques et de modèles de probabilités est croissant dans la psychologie contemporaine, et ce besoin n'est plus cantonné aux disciplines expérimentales. L'auteur de ces lignes, clinicien quantitativiste de formation, se souvient encore de ses premières expériences de psychologue en centre de soins pour toxicomanes, en 1997. La méconnaissance de la méthodologie élémentaire et des statistiques rendait les praticiens (tant médecins que psychologues), simplement incapables de tirer profit de l'abondante littérature américaine sur la délivrance de méthadone, qui ne faisait que démarrer en France. Il a été assez difficile de convaincre, données chiffrées à l'appui, que la politique de délivrance de méthadone qui venait juste d'être mise en place était sous-dosante et qu'en agissant ainsi on programmait littéralement la rechute (constat rapidement fait chaque lundi matin). De la même façon, devant la nécessité de sélectionner les patients les plus motivés (le nombre de place étant limité), il n'a guère été possible de convaincre que la motivation au changement et sa maturation dans les conduites addictives sont mesurables et permettent de faire de véritables prédictions comportementales (Noël, 1999, 2009). Il ne serait pas difficile de trouver des exemples équivalents dans le domaine du recrutement, de la santé, de l'éducation ou de la criminologie. Il est grand temps que les psychologues de terrain prennent conscience de ce que le déficit de formation statistique et méthodologique a un véritable impact sur la qualité de la pratique, ne serait-ce que pour se tenir informé des avancées dans la littérature. L'effort de formation pour le psychologue de terrain ou le chercheur n'est certes pas négligeable, mais tout à fait réalisable (en session de deux ou trois jours par an par exemple).

Cet ouvrage couvre un programme de Licence (années 1, 2 et 3). Typiquement, les chapitres 1 et 2 constituent le programme de L1, sur un semestre. Les contenus de ces deux chapitres correspondent assez bien avec un programme de statistiques dites « descriptives » dans une approche traditionnelle, mais introduisent des distinctions sur les niveaux de mesure qui étendent la théorie classique de la mesure de Stevens, pour permettre l'introduction des modèles de distributions à partir du chapitre 7. Ils sont une préparation déguisée à la distinction des familles de distribution de probabilité, qui sont introduites dans les chapitres suivants. Les chapitres 3 à 8 (jusqu'aux modèles binomiaux à un paramètre et en introduisant la méthode bayésienne de façon élémentaire) correspondent à un programme de L2, sur un semestre. Les chapitres 8 (à partir des modèles binomiaux à deux paramètres) à 15 correspondent à un programme de L3, sur deux semestres. Compte tenu des contraintes de temps, variables selon les universités, il n'est certainement pas possible d'amener en cours tous les contenus de cet ouvrage, qui fournit des explications et des approfondissements qui pourront être négligés à un premier niveau de lecture. La perspective bayésienne peut être présentée de façon simplifiée, par exemple en n'utilisant que l'approximation BIC du facteur de Bayes pour la sélection de modèles.

L'ensemble des procédures peut être mis en œuvre avec les librairies `AtelieR` et `R2STATS` pour `R`. Le logiciel `R` est devenu en quelques années un outil incontournable, adopté par de nombreuses écoles et universités dans le monde. La gratuité du logiciel n'est pas la seule raison de son succès : il a aussi une dynamique de développement excellente, avec un accès aisé à de nombreux documents d'aide en ligne et une liste de diffusion extrêmement active. Pour accélérer l'apprentissage des étudiants, nous avons doté ces deux librairies d'une interface graphique en GTK (*Gnome Toolkit*), permettant l'installation sur systèmes Linux, Mac ou Microsoft Windows [1]. On trouvera également sur la page web de `R2STATS` des exercices corrigés de façon détaillée, qui mettent en œuvre toutes les procédures décrites dans l'ouvrage sur des données réelles de psychologie expérimentale et appliquée.

---

1. Voir les instructions d'installation sur la page web : `http://yvonnick.noel.free.fr/r2stats`

Table des matières

Chapitre 1

Description sur une variable

1.1   Processus de mesure

S.S. Stevens (1906-1973)

En 1946, le psychologue américain Stanley Smith Stevens publia un article (Stevens, 1946) dans la revue *Science*, où il proposait une théorie synthétique des niveaux de mesure en science. Toutes les mesures n'ont pas les mêmes propriétés ni la même richesse, et les distinctions qu'il a posées entre quatre niveaux de mesure vont nous servir de base dans ce chapitre. Nous irons cependant un peu au-delà, pour établir une typologie étendue permettant dans les parties ultérieures de cet ouvrage de lier directement les types de mesures et les types de modèles statistiques. A chaque type et niveau de mesure est associé un ensemble d'opérations statistiques appropriées.

Un exemple

Un psychologue clinicien travaillant auprès de patients toxicomanes recueille systématiquement lors du premier entretien les 6 informations suivantes :

1. le sexe ;

2. la motivation au travail de sevrage, rapportée par le patient sur une échelle à quatre réponses possibles : (a) pas du tout motivé, (b) plutôt pas motivé, (c) plutôt motivé, (d) motivé ;

3. les scores du patient sur plusieurs échelles de personnalité ;

4. la température corporelle (la fièvre est l'un des symptômes du manque) ;

5. un score d'anxiété fondé sur le comptage des manifestations somatiques de l'anxiété ;

6. son âge.

Au fil des années, il a enregistré ces données pour 750 patients. Il présente ces informations dans un tableau qui a la forme suivante :

N° Patient	Sexe	Motivation	Anxiété	Age	...
1	H	a	2	23	...
2	F	c	10	27	...
3	H	d	12	30	...
...	...	...	...	...	...

Chaque patient est ainsi caractérisé par un profil d'attributs qui lui est propre. Les patients apparaissent en lignes et les classes d'information qui les décrivent apparaissent en colonnes. Dans une même colonne, on peut voir apparaître des valeurs différentes selon les sujets pour une même classe d'information. Cette mise en relation d'un ensemble de sujets avec un ensemble de descripteurs (appelés aussi *variables*) est l'opération de base du travail statistique.

A partir de cette procédure d'enregistrement d'informations, le psychologue va pouvoir se poser plusieurs types de questions :

1. sur chaque variable prise isolément : l'échantillon est-il composé plutôt de femmes ou d'hommes ? Leur degré de motivation est-il plutôt élevé ou faible ? etc. Il est intéressant de pouvoir résumer les caractéristiques saillantes de son échantillon,

2. sur les liens qui unissent certaines variables entre elles : la motivation est-elle différente chez les hommes et les femmes ? Ce qui revient à dire : y a-t-il un lien entre sexe et motivation au sevrage ? Les patients plus âgés sont-ils plus motivés au sevrage ? etc. Il est intéressant de connaître les associations entre caractéristiques, pour pouvoir ultérieurement leur donner du sens dans une *théorie psychologique.*

Ces deux types de questions renvoient à deux grands axes du travail statistique du psychologue : décrire, résumer et modéliser ce que des individus *ont en commun,* décrire, résumer et modéliser ce en quoi des individus *diffèrent.*

Ces deux aspects sont toujours manipulés conjointement en psychologie, car il s'agit d'une dialectique irréductible (l'un ne va pas sans l'autre) mais peuvent se trouver différemment pondérés selon les champs. Le psychologue peut selon les cas décider d'insister sur les principes communs du comportement humain, et dégager des *lois,* ou s'attacher à mettre en avant la *différence individuelle.* Les statistiques fournissent des outils de description pour l'un et l'autre mouvement de la pensée, qui ne seront donc pas pour nous dissociés. Sur des données concrètes, nous chercherons à poser un modèle statistique.

Définition 1.1 (Modèle statistique)
On appelle modèle statistique *une représentation simplifiée de la réalité qui rend compte à la fois de l'homogénéité et de la variabilité d'un phénomène psychologique au moyen de* probabilités.

La notion de probabilité sera présentée plus loin. L'objectif des deux premiers chapitres de ce manuel est d'étudier les procédures de description et de résumé qui permettent de répondre à ce type de question d'un point de vue intuitif. Les procédures naturelles vues dans cette partie serviront d'ancrage pour la compréhension des chapitres suivants, consacrés à l'inférence et à la modélisation probabiliste.

Terminologie et notations

Nous fixons dans cette partie certains points de vocabulaire et conventions de notation. La structure en lignes et colonnes permet de présenter commodément ce qu'on appelle des *variables*. La notion de variable intègre deux aspects :

1. elle est définie en référence à une population d'individus pour laquelle elle est pertinente. Ces « individus statistiques » ne sont pas nécessairement des personnes. On peut étudier des unités statistiques qui sont des groupes de sujets (des familles, des classes d'école, des villes...) ou des objets. Les expressions « individus statistiques », « unités statistiques » et « observations statistiques » sont donc génériques et synonymes ;

2. à chaque individu, elle affecte une *valeur* (ou modalité), dans un ensemble de valeurs possibles qui lui est propre. Elle vient ainsi qualifier ou quantifier des caractères ou attributs propres à l'individu.

Une variable est donc une association qu'on établit entre un ensemble d'individus pour laquelle elle est pertinente et un ensemble de valeurs possibles qui lui est propre. Cette opération d'association élémentaire un-pour-un entre deux ensembles s'appelle *application* en mathématiques.

Définition 1.2 (Application)

On appelle application *une relation entre un ensemble de départ (appelé* domaine de définition*) et un ensemble d'arrivée (appelé* image*), qui à chaque élément de l'ensemble de départ associe un élément et un seul de l'ensemble d'arrivée.*

Prendre une mesure comportementale correspond implicitement à une opération d'association de ce type.

Définition 1.3 (Variable)

Une variable *est une application d'un ensemble d'individus statistiques I vers un ensemble de valeurs observables U.*

Il est courant de donner un nom symbolique aux variables. Nous garderons cette convention courante en statistique de dénommer les variables par des lettres majuscules (par exemple X) et par une lettre minuscule (par exemple x_i, la valeur prise par l'individu statistique i pour cette variable X, avec une numérotation des sujets par $i = 1, ..., N$). A chaque individu de I est associé par la variable X une valeur observable de U_X, ce que l'on peut écrire symboliquement :

$$X : \quad I \quad \rightarrow \quad U_X$$
$$s_i \quad \rightarrow \quad x_i.$$

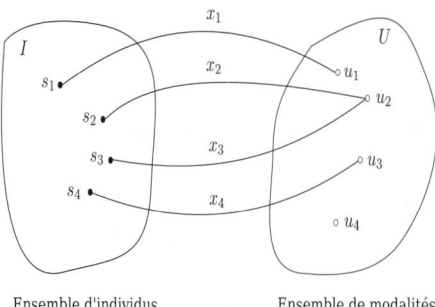

Fig. 1.1 – Représentation ensembliste de la notion de variable

Il sera commode pour la suite de distinguer la valeur de X *observée* (x_i) pour un sujet i donné et la valeur *observable* (u_k, $k = 1, ..., K$) de U_X correspondante (fig. 1.1). L'ensemble des valeurs observées pour un groupe de sujets est une partie, pas nécessairement complète, de l'ensemble des valeurs observables.

Dans la pratique, le psychologue collecte rarement un seul type d'information sur les sujets de son étude. Dans notre étude par exemple, nous avons associé au sujet s_2 le groupe de valeurs observées ($F, c, 10, 27, ...$). Ce n'est pas une mais plusieurs valeurs ($x_i, y_i, z_i, ...$), une pour chaque variable de l'étude (X, Y, Z, ...), qui sont associées à un sujet i donné. L'image du sujet s_i a alors la forme d'un *groupe* de valeurs. C'est ce qu'on appelle un *protocole multivarié* :

$$P : \quad I \quad \rightarrow \quad U_X \times V_Y \times W_Z \times ...$$
$$s_i \quad \rightarrow \quad (x_i, y_i, z_i, ...).$$

Une telle application (univariée ou multivariée) définit un *processus de mesure*. Cette définition de la notion de mesure a un spectre assez large puisque enregistrer le sexe d'un individu est considéré comme une mesure. On voit que cette définition amène à considérer comme processus de mesure beaucoup des activités évaluatives des psychologues, y compris les plus appliquées (diagnostic clinique par exemple). Ce qu'on appelle mesure ne s'exprime donc pas nécessairement et immédiatement sous forme de nombre.

1.2   Structure de la mesure

L'ensemble des valeurs d'une variable peut prendre plusieurs structures, qui vont déterminer les opérations qu'il sera possible de faire sur elle. En examinant les ensembles de valeurs des variables de notre étude, on s'aperçoit vite qu'ils ont des caractéristiques différentes selon leur nature qualitative (étiquettes verbales) ou quantitative (nombres). On considère donc deux grandes familles de variables : les variables qualitatives et les variables quantitatives. Les variables qualitatives se subdivisent en variables nominales et ordinales, et les variables quantitatives en variables discrètes ou continues.

1.2.1 Variable qualitative nominale

La variable « Sexe » a pour ensemble de valeurs ou modalités $U_{SEXE} = \{H, F\}$. Les modalités de cette variable peuvent prendre des formes symboliques très diverses. Nous pourrions coder le sexe par des « 1 » et par des « 2 », comme le fait l'INSEE pour produire nos numéros de sécurité sociale. En adoptant cet étiquetage, nous garderions en tête que ce sont là des pseudo-nombres sur lesquels aucune opération arithmétique n'est possible. Cela n'aurait pas de sens de calculer une somme ou une moyenne arithmétique sur ces « 1 » et ces « 2 » qui ne sont que des labels.

Définition 1.4 (Variable nominale)
On appelle variable nominale *une variable dont les modalités ne sont que des catégories sans valeur numérique.*

Une variable nominale qui n'a que deux modalités est dite *binaire* ou *dichotomique*. Une variable nominale à plus de deux modalités est dite *polytomique* [1]. Tout ce que l'on peut dire à l'aide d'une variable de ce type, c'est qu'un individu donné appartient à telle ou telle catégorie de la typologie générée par la variable nominale. La seule opération possible est une opération d'affectation à l'une des classes définies par la variable.
Sachant qu'un sujet est caractérisé par une modalité de la variable « Sexe », je peux dire s'il est ou non de même sexe qu'un autre (jugement d'équivalence).

Distribution
Dans le cas d'une variable nominale, il y a un nombre fini de modalités observables et on peut les numéroter. On notera en général u_k ($k = 1, ..., K$) la k-ième modalité d'une variable à K modalités.

Définition 1.5 (Distribution d'effectif)
On appelle distribution d'effectif *l'application qui associe à chaque modalité u_k de U un entier n_k correspondant au nombre d'individus ayant cette modalité.*

Dans ce nouvel espace associé des dénombrements, des opérations numériques deviennent possibles. Nous pouvons observer s'il y a plus de sujets dans une modalité que dans l'autre (comparaison, ordination), combien de sujets en plus il y a dans une modalité par rapport à une autre (addition, soustraction), calculer des rapports d'effectifs (multiplier, diviser). L'approche statistique du traitement du qualitatif s'appuie sur le comptage des observations par classes de modalités.
Dans notre exemple, le psychologue peut avoir synthétisé les observations sur la variable « Sexe » sous la forme condensée suivante :

---

1. On évitera le barbarisme « polychotomique » que l'on trouve parfois dans la littérature anglo-saxonne et qui ne se justifie pas du grec, car si « πολυ » veut dire « plusieurs » ou « beaucoup », et « τομώ » signifie « couper », il n'y a pas de « polychos » en grec.

u_k	H	F
n_k	250	500

On appelle *tableau de distribution d'effectifs* ce type de présentation synthétique des données. Ce tableau fait disparaître l'information individuelle et donc les associations éventuelles entre valeurs de variables différentes, mais permet de résumer efficacement une variable en particulier.

Pour pouvoir le cas échéant la comparer à une autre distribution d'effectif total N différent, il est souvent commode de construire la *distribution des fréquences*.

Définition 1.6 (Fréquence)

On appelle fréquence *d'une modalité u_k le nombre f_k compris entre 0 et 1 tel que :*

$$f_k = \frac{n_k}{N}.$$

Dans notre exemple, les fréquences sont calculées comme :

u_k	H	F
f_k	$\frac{250}{250+500} = 0.33$	$\frac{500}{250+500} = 0.67$

La fréquence f_k contient la même information qu'un *pourcentage p_k* à un changement d'échelle près. On a $p_k = f_k \times 100$.

Résumé de distribution

Si l'on souhaite résumer au mieux (en minimisant la perte d'information) une suite de modalités nominales, après regroupement et dénombrement par modalité, on peut s'attacher à la modalité d'effectif le plus élevé. Il devient alors possible de dire que nous avons affaire à un échantillon essentiellement féminin. En termes statistiques, nous dirons que la modalité « F » est le mode de la distribution d'effectifs.

Définition 1.7 (Mode)

On appelle mode *d'une distribution d'effectifs la modalité de la variable qui est d'effectif le plus élevé. On le note Mo.*

Les fréquences ne changeant des effectifs que par un facteur d'échelle, on note que le mode de la distribution peut aussi être défini comme la modalité de fréquence la plus élevée.

Représentation graphique

La représentation graphique associée au tableau de distribution d'effectifs est le diagramme en bâtons (voir fig. 1.2). C'est une représentation en deux axes :
– axe horizontal :
  ▷ il n'a pas de sens numérique (ce n'est pas une abscisse), mais est une pure commodité graphique pour représenter les modalités,

▷ cela n'a donc pas de sens de lui ajouter une flèche à droite par exemple : l'ordre des modalités pourrait sans problème être permuté ;
– axe vertical :
  ▷ il permet de repérer les effectifs ou les fréquences par modalités,
  ▷ comme effectifs et fréquences sont simplement des changements d'échelles l'un pour l'autre, on peut représenter les deux sous la forme d'un seul graphique à deux axes verticaux, à gauche et à droite.

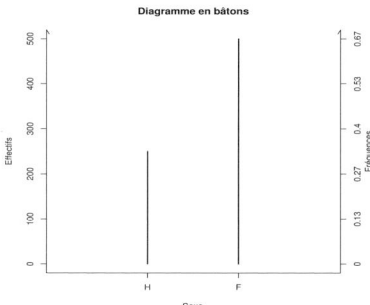

Fig. 1.2 – Diagramme en bâtons (variable nominale)

1.2.2   Variable qualitative ordinale

La variable « Motivation » a pour ensemble de modalités $U_{MOT} = \{a, b, c, d\}$. Les modalités de cette variable sont également symboliques, non numériques. Elle contient néanmoins une information plus riche que la variable précédente, car il existe une relation d'ordre au sein de ses modalités. Les degrés de motivation sont tels que $a < b < c < d$. Ces modalités viennent indiquer symboliquement des niveaux de motivation croissants, dont on peut supposer qu'une valeur numérique existe psychologiquement, mais que notre processus de mesure ne sait pas appréhender autrement que sous la forme de réponses verbales, symboliques, ordonnées.

Définition 1.8 (Variable ordinale)
On appelle variable ordinale *une variable dont l'ensemble des modalités est non numérique mais ordonné.*

On choisit parfois en psychologie de présenter sous forme pseudo-numérique les modalités de variables ordinales. Par exemple, on pourrait représenter les quatre niveaux de motivation par les étiquettes « 1 », « 2 », « 3 » et « 4 ». Ces modalités n'en seraient pas pour autant numériques, et le calcul d'une somme ou d'une moyenne n'aurait strictement aucun sens sur de telles « valeurs ». Nous pourrions tout aussi bien coder en +, ++, +++, ++++ ou encore « 0 », « 1 », « 100 », « 36000 », où l'on voit que les écarts n'ont pas de sens numérique [2].

---

2. C'est d'autant plus crucial à souligner que c'est une pratique courante en psychologie que de faire comme si de telles variables étaient numériques. Cela n'est cependant pas acceptable

Distributions

On peut condenser la suite des valeurs de réponse de motivation des patients sous la forme d'un tableau de distribution d'effectifs et de fréquences. La structure d'ordre permet par ailleurs de définir un nouveau type de comptage par cumul des effectifs ou des fréquences sur les modalités ordonnées.

Définition 1.9 (Effectif cumulé)
On appelle effectif cumulé N_k *à la modalité* u_k *le nombre d'observations de modalité égale ou inférieure à* u_k.

Le cumul peut aussi être réalisé sur les fréquences relatives.

Définition 1.10 (Fréquences cumulées)
On appelle fréquence cumulée F_k *à la modalité* u_k *la fréquence d'observations de modalité égale ou inférieure à* u_k.

Dans notre exemple, nous pourrions avoir un tableau de distribution de la forme :

u_k	a		b		c		d	
n_k	150		300		200		100	
f_k	0.2000		0.4000		0.26		0.14	
N_k	0		150		450		650	750
F_k	0		0.20		0.60		0.86	1.00

Ce tableau représente à la fois les effectifs, les fréquences, les effectifs cumulés et les fréquences cumulées pour les modalités de la variable « Motivation ». La valeur $N_k = 650$ par exemple est obtenue en sommant les effectifs des modalités situées en dessous (à gauche) de la coupure $c|d$: $650 = 150+300+200$. On représente effectifs et fréquences cumulés au niveau des coupures intermodalités, pour indiquer que le cumul est à modalité courante (à gauche) incluse. Cette disposition servira aussi à simplifier le repérage de certaines statistiques qui s'appuient sur ces cumuls. On peut cumuler de la gauche vers la droite ou inversement : on parle alors d'effectifs ou de fréquences cumulés à gauche ou à droite respectivement.

Définition 1.11 (Distribution cumulée d'effectifs)
On appelle distribution cumulée d'effectifs *(resp. de fréquences) l'application qui à chaque* u_k *associe l'effectif cumulé* N_k *(resp. la fréquence cumulée* F_k*).*

La distribution cumulée de fréquences est aussi appelée *fonction de répartition empirique*. Le mot *empirique* (qui signifie « observée sur des données ») est introduit ici pour distinguer cette fonction concrète de fonctions de répartition *théoriques*, que nous définirons dans le chapitre sur les probabilités.

---

sans modélisation appropriée.

Résumés

Si l'on cherche une modalité typique dans une distribution ordinale, il est possible de choisir le mode. La modalité de fréquence la plus élevée dans l'exemple ci-dessus est b, c'est-à-dire la réponse « plutôt pas motivé ». On dirait donc ici qu'on a affaire à un échantillon de patients globalement peu motivé au changement.

Mais on peut aussi tirer bénéfice de la structure d'ordre pour définir un indice de résumé (on dit aussi un *indice de centralité*) qui utilise l'information ordinale.

Définition 1.12 (Médiane)
On appelle médiane *la modalité de la variable de fréquence cumulée 0.5.*

La médiane est la modalité qui partage l'échantillon en deux parties égales. Par extension, on peut définir des valeurs repères, ou quantiles, associées à certaines valeurs cibles de fréquence cumulée.

Définition 1.13 (Quantile)
On appelle quantile *d'ordre F la valeur de la variable q_F de fréquence cumulée à gauche F.*

Par exemple, les quantiles d'ordre $\frac{1}{4}$, $\frac{1}{2}$ et $\frac{3}{4}$ sont classiquement appelés *quartiles*, car ils définissent des coupures laissant à leur gauche respectivement 25%, 50% et 75% des observations, et découpent ainsi l'échantillon en quarts.

La médiane sera donc notée $q_{\frac{1}{2}}$ (c'est-à-dire quantile d'ordre 0.5). Pour l'identifier, on cherche la coupure intermodalités de fréquence cumulée 0.5 :

– si on la trouve, la coupure trouvée est appelée *coupure médiane*. Elle permettrait de partager l'échantillon en deux parties exactement égales : les sujets peu motivés et les sujets motivés ;

– si on ne trouve pas exactement la valeur de cumul 0.5, on identifie les deux coupures dont les cumuls sont les plus proches de cette valeur idéale. La modalité encadrée par ces deux coupures est appelée *modalité médiane*. Elle représente une autre valeur typique qui résume la distribution.

Dans la cas présent, on ne trouve pas la valeur $F_k = 0.5$ et les cumuls les plus proches sont 0.20 et 0.60, correspondant aux coupures $a|b$ et $b|c$, qui encadrent la modalité b. La modalité b est donc médiane pour cet échantillon.

Sur cet échantillon, le mode est égal à la médiane. Il n'en sera pas toujours ainsi.

Représentation graphique

La représentation graphique associée au tableau de distribution d'effectifs ou de fréquences d'une variable ordinale est le diagramme en bâtons (voir fig. 1.3). Dans cette représentation en deux axes :

– l'axe horizontal n'a pas de sens numérique (ce n'est pas une abscisse), mais a un sens ordinal. On peut ajouter une flèche à droite à cet axe, car les modalités ne sont pas permutables. Les intervalles entre les modalités n'ont cependant pas de sens numérique et les fixer constants n'est qu'une commodité graphique ;

– l'axe vertical permet de repérer les effectifs ou les fréquences par modalités. Comme effectifs et fréquences sont simplement des changements d'échelles l'un pour l'autre, on peut représenter les deux sous la forme d'un seul graphique à deux axes verticaux, à gauche et à droite.

La représentation graphique associée au tableau de distribution cumulée d'effectifs ou de fréquences est un diagramme en bâtons adoptant les mêmes conventions que le diagramme de distribution. Les bâtons représentent cette fois-ci les effectifs et fréquences cumulés.

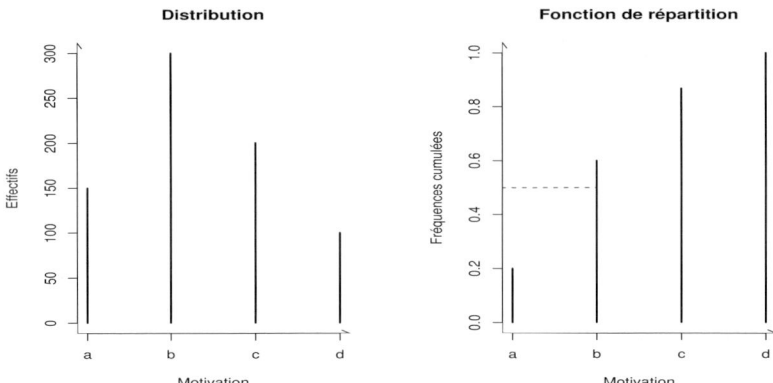

Fig. 1.3 – Diagrammes de distribution et de répartition (variable ordinale)

On peut repérer graphiquement la modalité médiane sur le graphique de fonction de répartition : il suffit de tracer un segment horizontal à hauteur de la fréquence cumulée 0.5 et d'observer quel bâton il vient rencontrer. La médiane est la modalité correspondante.

1.2.3   Variable quantitative discrète

La variable « score d'anxiété » de l'étude, qui compte les manifestations somatiques de l'anxiété parmi 4, est une variable numérique : ses modalités sont des nombres. On dira en outre qu'elle est discontinue, ou discrète, car entre deux scores contigus d'anxiété, il n'y en a pas d'autre.

Définition 1.14 (Variable discrète)
Une variable numérique est dite discrète *si son ensemble de modalités est fini, ou dénombrable (ses modalités peuvent être numérotées par les entiers naturels).*

Tous les comptages d'événements (nombre d'items réussis à un test cognitif) sont des variables discrètes. Dans ce cas, l'intervalle entre deux valeurs ne peut descendre en dessous de l'unité.

Distributions

Quand la variable est discrète, les distributions d'effectifs et de fréquences observées sur un échantillon sont résumées dans des tableaux d'effectifs et de fréquences identiques à ceux rencontrés pour les variables ordinales.

Dans notre exemple de score d'anxiété, nous pourrions avoir un tableau de distribution de la forme :

u_k	0		1		2		3		4	
n_k	150		300		200		75		25	
f_k	0.200		0.400		0.26		0.100		0.04	
N_k	0		150		450		650		725		750
F_k	0		0.20		0.60		0.86		0.96		1

Résumés

Le mode et la médiane sont calculables comme dans le cas ordinal. La modalité 1 est modale pour la réponse à l'item numérique dans l'exemple ci-dessus. Elle est également la médiane de la distribution.

Dans la détermination de la médiane, si l'on trouve exactement la fréquence 0.5 pour la coupure $u_k|u_{k+1}$, on choisit par convention de définir la médiane comme la valeur $q_{\frac{1}{2}} = \frac{u_k + u_{k+1}}{2}$. Le calcul d'une valeur milieu pour un intervalle a en effet du sens à ce niveau numérique de la mesure.

Notion de moyenne

Comme les modalités sont désormais des nombres, additions et soustractions ont du sens (ainsi que division par une constante). Il est donc possible de calculer en outre la *moyenne arithmétique* des valeurs observées.

Définition 1.15 (Moyenne arithmétique)

On appelle moyenne arithmétique *la somme des valeurs observées divisée par l'effectif de l'échantillon.*

Nous introduisons plusieurs conventions de notation à partir d'un exemple.

Dans une étude sur la mémoire, on observe pour 7 sujets les scores de rappel suivants : 5, 5, 6, 6, 6, 8, 8. Par convention, on note $\bar{x}$ la moyenne de la variable X ($\bar{y}$ la moyenne de la variable Y etc.). On calcule la moyenne du rappel X comme :

$$\bar{x} = \frac{5 + 5 + 6 + 6 + 6 + 8 + 8}{7} = 6.28.$$

En écriture symbolique, on peut écrire aussi, en numérotant par un indice i ($i = 1, ..., N$) les valeurs observées x_i pour chacun des N sujets (le symbole i sera *toujours* utilisé pour numéroter des observations) :

$$\bar{x} = \frac{x_1 + x_2 + x_3 + x_4 + x_5 + x_6 + x_7}{N} = \frac{\sum_{i=1}^{N} x_i}{N}.$$

Le symbole de sommation $\sum$ permet de résumer en un seul signe l'écriture fastidieuse d'une somme de nombreux termes. On y ajoute en bas le numéro du premier terme de la somme et en haut le numéro du dernier terme. On lit « somme de $i = 1$ jusqu'à N des x_i divisée par N ». On voit tout de suite que la somme en question contient N termes (par exemple 750 sur notre exemple clinique).

Moyenne pondérée
Le calcul pratique de la moyenne sur un grand nombre de termes, sans ordinateur, est fastidieux. Lorsque les données sont condensées sous forme de tableau de distribution d'effectifs, on peut la calculer de façon plus rapide.
On aurait ici un tableau de la forme :

Scores	u_k	5	6	8
Effectifs	n_k	2	3	2

La moyenne est calculable par :

$$\bar{x} = \frac{(5 \times 2) + (6 \times 3) + (8 \times 2)}{2 + 3 + 2} = 6.28.$$

En écriture symbolique, on numérote cette fois-ci par un indice k ($k = 1, ..., K$) les K valeurs de la variable et les effectifs correspondants (le symbole k servira *toujours* à numéroter les modalités d'une variable) :

$$\bar{x} = \frac{n_1 u_1 + n_2 u_2 + n_3 u_3}{n_1 + n_2 + n_3} = \frac{\sum_{k=1}^{K} n_k u_k}{\sum_{k=1}^{K} n_k} = \frac{\sum_{k=1}^{K} n_k u_k}{N}. \tag{1.1}$$

Lorsque les données sont présentées sous forme de tableau de distribution de fréquences, un autre mode de calcul pondéré est encore possible. Le calcul pondéré ci-dessus peut en effet s'écrire :

$$
\begin{aligned}
\bar{x} &= \frac{(5 \times 2) + (6 \times 3) + (8 \times 2)}{7} \\
&= \frac{(5 \times 2)}{7} + \frac{(6 \times 3)}{7} + \frac{(8 \times 2)}{7} \\
&= (5 \times \frac{2}{7}) + (6 \times \frac{3}{7}) + (8 \times \frac{2}{7}).
\end{aligned}
$$

Les nombres $\frac{2}{7}$, $\frac{3}{7}$ et $\frac{2}{7}$ sont simplement les fréquences d'apparition des modalités 5, 6 et 8. En écriture symbolique, on peut donc écrire aussi :

$$\bar{x} = f_1 u_1 + f_2 u_2 + f_3 u_3 = \sum_{k=1}^{K} f_k u_k.$$

Sur notre distribution du score d'anxiété, nous trouvons :

$$\bar{x} = \frac{(0 \times 150) + (1 \times 300) + (2 \times 200) + (3 \times 75) + (4 \times 25)}{150 + 300 + 200 + 75 + 25} = \frac{1025}{750} \approx 1.367.$$

Propriétés de l'opérateur de sommation

L'opération de sommation d'une famille de termes x_i numérotés par i ($i = 1, 2, ..., N$), $x_1 + x_2 + x_3 + ... + x_N$, est notée :

$$\sum_{i=1}^{N} x_i$$

et possède les trois propriétés suivantes, que nous utiliserons de manière répétée :

1. Sommation de N termes constants tous égaux à une valeur quelconque u :

$$\sum_{i=1}^{N} x_i = \sum_{i=1}^{N} u = N \times u.$$

Règle pratique. Quand je repère une sommation sur un terme non indicé (et donc constant), je peux remplacer la somme de N termes par une multiplication.

2. Sommation de deux familles x_i et y_i de même effectif :

$$\sum_{i=1}^{N} (x_i + y_i) = \sum_{i=1}^{N} x_i + \sum_{i=1}^{N} y_i.$$

Règle pratique. L'opérateur de sommation se « distribue ».

3. Sommation du produit d'une famille de termes x_i par une constante k :

$$\sum_{i=1}^{N} (k \times x_i) = k \times \sum_{i=1}^{N} x_i.$$

Règle pratique. Quand je repère une constante (c'est-à-dire un symbole non indicé) multiplicative dans une sommation, je peux la mettre en facteur.

4. Carré d'une somme :

$$\left(\sum_{i=1}^{N} x_i \right)^2 = \sum_{i=1}^{N} x_i^2 + \sum_{i=1}^{N} \sum_{j \neq i} x_i x_j$$

$$= \sum_{i=1}^{N} x_i^2 + 2 \sum_{i=1}^{N} \sum_{j < i} x_i x_j.$$

Par exemple : $(x_1 + x_2 + x_3)^2 = x_1^2 + x_2^2 + x_3^2 + 2x_2 x_1 + 2x_3 x_1 + 2x_3 x_2$. On note bien la différence $\sum_{i=1}^{N} x_i^2 \neq \left(\sum_{i=1}^{N} x_i \right)^2$.

Propriétés de la moyenne

Les trois propriétés de l'opérateur de sommation nous permettent facilement de montrer que la moyenne arithmétique $\bar{x}$ vérifie les propriétés suivantes :

1. *Propriété barycentrique.* La somme des écarts à la moyenne est toujours nulle.

$$\sum_{i=1}^{N}(x_i - \bar{x}) = 0. \tag{1.2}$$

D'après les propriétés de la sommation, on peut en effet développer :

$$\sum_{i=1}^{N}(x_i - \bar{x}) = \sum_{i=1}^{N}x_i - \sum_{i=1}^{N}\bar{x} = \sum_{i=1}^{N}x_i - N\bar{x} = \sum_{i=1}^{N}x_i - \sum_{i=1}^{N}x_i = 0.$$

2. *Changement d'origine.* Lorsqu'on augmente toutes les valeurs observées x_i de X d'une même constante k, la moyenne de cette nouvelle variable $X' = X + k$ est augmentée de la même constante :

$$\overline{X'} = \frac{\sum_{i=1}^{N}(x_i + k)}{N} = \frac{\sum_{i=1}^{N}x_i + \sum_{i=1}^{N}k}{N} = \frac{\sum_{i=1}^{N}x_i}{N} + \frac{Nk}{N} = \bar{x} + k. \tag{1.3}$$

3. *Changement d'échelle.* Lorsqu'on transforme toutes les valeurs observées x_i de X par un même facteur multiplicatif k, la moyenne de cette nouvelle variable $X' = kX$ est multipliée par la même constante :

$$\bar{x}' = \frac{\sum_{i=1}^{N}kx_i}{N} = \frac{k\sum_{i=1}^{N}x_i}{N} = k\bar{x}. \tag{1.4}$$

4. *La moyenne est le point des moindres carrés.* De tous les indices de centralité u, la moyenne arithmétique $\bar{x}$ est celui qui minimise la somme des écarts au carré.

$$\min_{u\in\mathbb{R}}\sum_{i=1}^{N}(x_i - u)^2 = \sum_{i=1}^{N}(x_i - \bar{x})^2. \tag{1.5}$$

On le montre en annulant la dérivée de cette expression par rapport à u. Si l'on pose $f(u) = \sum_{i=1}^{N}(x_i - u)^2$, on a :

$$\frac{\partial f(u)}{\partial u} = -2\sum_{i=1}^{N}(x_i - u)$$

et

$$-2\sum_{i=1}^{N}(x_i - u) = 0 \Leftrightarrow \sum_{i=1}^{N}(x_i - u) = 0 \Leftrightarrow \sum_{i=1}^{N}x_i - \sum_{i=1}^{N}u = 0$$

$$\Leftrightarrow \sum_{i=1}^{N}x_i = Nu \Leftrightarrow u = \frac{\sum_{i=1}^{N}x_i}{N}.$$

De par les propriétés des polynômes du second degré (la fonction f en est un), on vérifie facilement qu'il s'agit bien d'un minimum de f.

Représentations graphiques

La représentation graphique associée au tableau de distribution d'effectifs ou de fréquences d'une variable numérique discrète est le diagramme en bâtons. Dans cette représentation en deux axes :

– l'axe horizontal a un plein sens numérique (c'est une abscisse). On peut ajouter une flèche à droite à cet axe, car les modalités ne sont pas permutables. Les intervalles entre les modalités ont un sens numérique ;

– l'axe vertical permet de repérer les effectifs ou les fréquences par modalités. Comme effectifs et fréquences sont simplement des changements d'échelles l'un pour l'autre, on peut représenter les deux sous la forme d'un seul graphique à deux axes verticaux, à gauche et à droite.

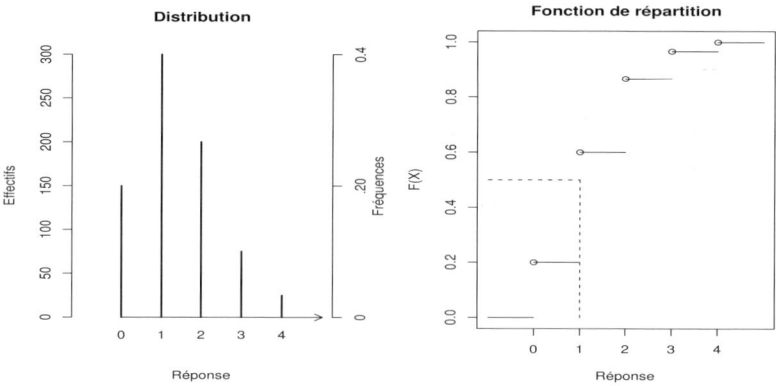

Fig. 1.4 – Diagrammes en bâtons et en paliers (variable numérique discrète)

La représentation graphique associée au tableau de distribution cumulée d'effectifs ou de fréquences pour une variable numérique discrète est un diagramme en « paliers » ou la hauteur des paliers représente les effectifs et fréquences cumulés. Les valeurs de la fonction $F(x)$ représentent la fréquence des observations de valeurs égales ou inférieures à la valeur x fixée. Il s'agit bien d'une fonction réelle au sens où le x est un nombre quelconque (même si les valeurs de la variable étudiée sont entières). Par exemple, on peut écrire $F(2.5) = Freq(X \leq 2.5)$ même si aucune valeur de X n'est décimale. On aura simplement $F(2.5) = Freq(X \leq 2.5) = Freq(X \leq 2)$. Autrement dit, entre chaque valeur entière, la fonction F est constante, ce qui justifie la représentation en paliers.

On indique par un point l'image de chaque valeur entière, pour résoudre l'ambiguïté graphique qui semble affecter deux images à chaque modalité. A nouveau la modalité médiane peut être identifiée graphiquement en traçant un segment horizontal à hauteur de la fréquence cumulée 0.5 et en repérant le saut de palier rencontré. Si l'on tombe exactement sur un palier, on prend le milieu de ce palier comme valeur médiane.

1.2.4   Variable quantitative continue

Définition 1.16 (Variable continue)
Une variable est dite numérique continue si entre deux modalités quelconques de cette variable, il est toujours possible de trouver une autre modalité.

Toutes les mesures fondées sur des temps de réaction par exemple sont des mesures continues. En pratique, les variables continues sont toujours *discrétisée par artifice de mesure* : l'âge est souvent enregistré en années seulement, la taille au centimètre près, le temps de réaction à la milliseconde près, etc. Il n'existe pas d'instrument de mesure de précision infinie et la propriété de continuité reste très théorique. Il est néanmoins important de la détecter même abstraitement, pour savoir choisir convenablement ce que nous appellerons plus tard des distributions théoriques dans la modélisation des données. La température corporelle par exemple est une variable numérique continue, entre 37.2 et 37.3 ; il est toujours possible d'observer d'autres valeurs de températures (37.25, 37.26...), à la précision du thermomètre près.

Distributions
Quand la variable est continue, la présentation des tableaux de distributions en modalités-effectifs (ou modalités-fréquences) est inadaptée car si la mesure est assez précise, les scores des sujets sont tous différents. La taille de quelqu'un n'est jamais exactement égale à celle de quelqu'un d'autre par exemple. Cela nous amènerait à construire un tableau où tous les n_k sont égaux à 1, tous les f_k égaux à $\frac{1}{N}$, tous les N_k égaux à k et les F_k égaux à $\frac{k}{N}$. Cela peut virtuellement faire un très grand tableau, qui ne synthétise pas les données (voir la représentation graphique de cette situation pour la mesure de la taille d'hommes et de femmes, fig. 1.5).

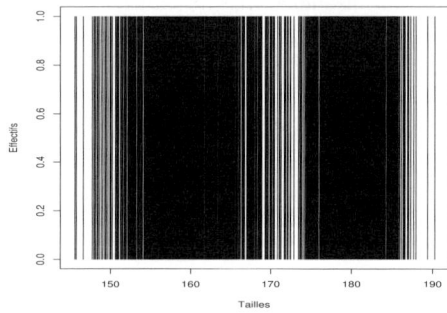

Fig. 1.5 – Représentation inefficace en bâtons d'une distribution continue

Dans ce cas, on procède à un *regroupement en classes* de valeurs. Dans l'exemple de la température corporelle, on peut décider de regrouper les valeurs observées dans des classes C_k contiguës de largeur constante : $C_1 = [36.6; 36.8[$, $C_2 = [36.8; 37.0[$,

$C_3 = [37.0; 37.2[$, $C_4 = [37.2; 37.4[$, $C_5 = [37.4; 37.6[$, etc. Le nombre de classes est ainsi limité et il devient possible de repérer des classes de densité particulière.

On pourrait obtenir par exemple, en supposant les valeurs effectivement observées toutes incluses :

C_k	C_1	C_2	C_3	C_4	C_5	
n_k	150	300	200	75	25	
f_k	0.20	0.40	0.26	0.10	0.04	
N_k	0	150	450	650	725	750
F_k	0	0.20	0.60	0.86	0.96	1

Les colonnes du tableau ne sont plus des valeurs mais des intervalles de valeurs. Naturellement le choix de la largeur de classes est arbitraire et change l'allure de la distribution. Si l'on souhaite construire des représentations avec des largeurs de classes inégales, la représentation doit compenser pour cette inégalité qui permet virtuellement de réunir plus d'observations dans les classes larges. On adopte alors une représentation en densités de fréquence (voir section 4.5.3).

Résumés

Dans cette représentation, il n'y a pas a priori de *valeur* modale, mais une classe modale. Si les largeurs de classes sont égales, la classe modale est la classe d'effectif (ou de fréquence) le plus élevé. La classe modale est C_2 ici.

Définition 1.17 (Mode)
On définit le mode *d'une variable continue comme le centre de la classe modale.*

On peut noter qu'il n'y a pas en général de *valeur* médiane unique dans une distribution empirique continue, même avant regroupement. Si l'on cherche à définir une médiane pour la série de températures 36.9, 37.2, 37.5 et 37.6, par exemple, on voit que n'importe quelle valeur comprise entre 37.2 et 37.5 respecterait la définition (valeur séparant l'échantillon en deux parties égales). Strictement parlant, il y a donc en général un *intervalle* médian sur une série numérique continue (nombre pair d'observations) qui se réduit à une valeur dans le cas d'un nombre impair d'observations.

Définition 1.18 (Médiane)
Pour les variables continues, on définit par convention la valeur médiane *comme le centre de l'intervalle médian.*

Dans le cas des données regroupées en classes, on peut se contenter de repérer la classe médiane du regroupement, c'est-à-dire celui dont les bornes ont des cumuls encadrant la valeur 0.5 et calculer son milieu. Dans notre exemple, l'intervalle $C_2 = [36.8; 37.0[$ est médian et son milieu est 36.9. Il s'agit d'une approximation de la vraie médiane (inconnue) des données et cette approximation peut être très grossière.

On peut améliorer cette estimation en ne se contentant pas de prendre simplement le milieu de l'intervalle, mais en prenant en compte le fait que le cumul cherché 0.5 est plus proche du cumul à droite de la classe (0.6) que du cumul à gauche (0.2). Logiquement, nous devrions prendre une valeur de médiane plus proche de 37.0 que de 36.8 pour en tenir compte.

Nous ne savons pas comment se distribuent les observations à l'intérieur de la classe C_2 mais nous allons faire l'hypothèse que cette distribution est uniforme (la densité est la même en tout point de l'intervalle). Cette hypothèse se traduit par un cumul linéaire des effectifs dans la classe. On peut donc chercher la médiane par *interpolation linéaire*, en posant qu'elle sera aussi proche de 37.0 que 0.5 l'est de 0.6, en proportion. On utilise une simple « règle de 3 ».

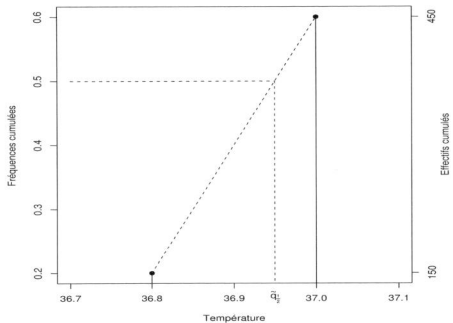

Fig. 1.6 – Estimation de la médiane par interpolation linéaire

Si a et b sont les bornes de la classe médiane, on cherche $\tilde{q}_{\frac{1}{2}}$ tel que :

$$\frac{\tilde{q}_{\frac{1}{2}} - a}{b - a} = \frac{\frac{1}{2} - F(a)}{F(b) - F(a)},$$

c'est-à-dire :

$$\tilde{q}_{\frac{1}{2}} = a + \frac{\frac{1}{2} - F(a)}{F(b) - F(a)}(b - a).$$

Sur notre exemple, on trouve :

$$\tilde{q}_{\frac{1}{2}} = 36.8 + \frac{0.5 - 0.2}{0.6 - 0.2}(37.0 - 36.8) = 36.95.$$

Le même calcul peut être réalisé en prenant les effectifs cumulés $N(a)$ et $N(b)$, et en cherchant le quantile associé à l'effectif théorique $\frac{N}{2}$. Comme nous ne raisonnons que sur des proportions et que les effectifs cumulés ne diffèrent que d'un facteur multiplicatif des fréquences cumulées, le résultat ne s'en trouvera pas affecté :

$$\tilde{q}_{\frac{1}{2}} = a + \frac{\frac{N}{2} - N(a)}{N(b) - N(a)}(b - a)$$

$$= 36.8 + \frac{375 - 150}{450 - 150}(37 - 36.8) = 36.95.$$

Pour calculer la moyenne sur de telles données, on distingue deux cas de figure :
– seules les données regroupées sont disponibles : on remplace alors chaque classe par son centre, et on utilise sur ces données approximatives la formule pondérée de la moyenne arithmétique (formule 1.1) ;
– les données complètes (avant regroupement) sont disponibles : on calcule alors la moyenne arithmétique selon la formule classique.

Représentations graphiques
La représentation graphique de la distribution d'une variable continue regroupée en classes est le diagramme en bâtons larges. Les bâtons larges permettent de représenter la nature d'intervalle des données (fig. 1.7).

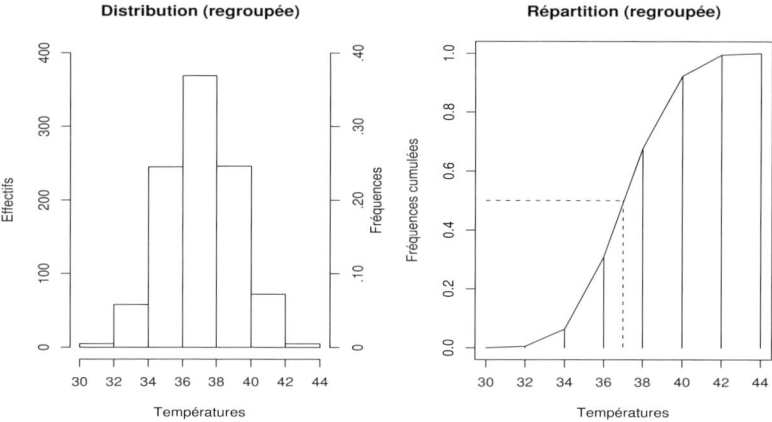

Fig. 1.7 – Histogramme et diagramme cumulé (variable numérique continue)

La représentation graphique de la fonction de répartition empirique tire parti de l'hypothèse d'uniformité dans chaque intervalle posée au paragraphe précédent. On trace des bâtons aux bornes de classes, dont la hauteur représente le cumul en cette borne. Puis on relie ces bâtons entre eux. On dit qu'on fait ainsi une approximation linéaire par morceaux d'une fonction de répartition dont la « vraie » forme apparaîtrait différente si nous disposions de l'intégralité des données.

Découpage en intervalles inégaux
Il arrive parfois qu'on souhaite regrouper les données en intervalles de largeurs inégales. Ce sera le cas si l'on s'attend à trouver peu d'observations dans les valeurs extrêmes et qu'on souhaite que chaque classe soit assez peuplée. On choisira dans ce cas d'avoir des intervalles plus larges aux extrémités qu'au centre. Sans correction appropriée, une telle représentation introduit cependant un biais propre : une classe plus large a plus de chances de contenir plus d'observations. De façon analogue, la comparaison entre la population d'Ile-et-Vilaine et celle de l'Ile-de-France donnerait la faveur à cette dernière, juste parce que sa superficie est plus

importante. Il est usuel en géographie et en démographie d'utiliser des mesures de densité ou de taux (population, natalité) pour rendre ces comparaisons possibles. De la même façon, on utilisera en statistique, lorsque les classes sur une variable numérique sont de largeurs inégales, une représentation où les fréquences f_k sont divisées par les largeurs l_k des classes correspondantes. On parle de densités de fréquences :

$$d_k = \frac{f_k}{l_k}.$$

Cette construction et ses propriétés seront détaillées au chapitre 4 (section 4.5.3).

Indices de centralité et formes de distribution
Les relations qui s'établissent entre mode, médiane et moyenne d'une distribution numérique sont fortement liées à l'allure symétrique ou dissymétrique de la distribution. La moyenne est en effet un indice de centralité (ou de résumé) très sensible aux valeurs extrêmes d'une distribution. L'ajout dans un échantillon d'une seule valeur très extrême provoque un brusque changement dans la valeur de la moyenne. La médiane n'est que très peu affectée par l'ajout d'une valeur extrême et le mode encore moins. Mode et médiane offrent donc en général un meilleur résumé d'une distribution quand elle est dissymétrique.

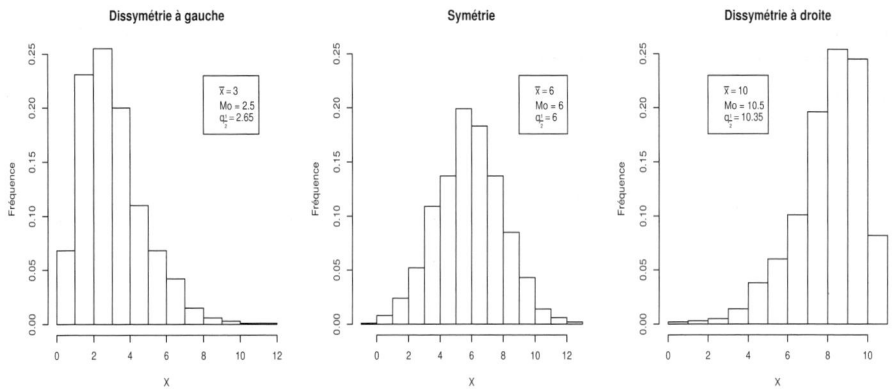

Fig. 1.8 – Sensibilité des indices de centralité à la symétrie

Quand une distribution est dissymétrique à droite (on dit aussi étalée à gauche), on constate que $\bar{x} < q_{\frac{1}{2}} < Mo$. Symétriquement on aura en général $Mo < q_{\frac{1}{2}} < \bar{x}$ quand la distribution est dissymétrique à gauche (ou étalée à droite). Quand la symétrie est parfaite, on a $\bar{x} = q_{\frac{1}{2}} = Mo$.

D'une façon générale, le calcul d'un indice de centralité n'a de sens que si la distribution est unimodale : elle présente une forte densité d'observations dans une zone privilégiée et cette densité diminue au fur et à mesure que l'on s'éloigne de cette zone dense, à gauche comme à droite. Les exemples de la fig. 1.8 sont des cas particuliers de distributions unimodales. Une distribution peut présenter plusieurs « bosses » ou modes relatifs (multimodalité). Il est clair que dans ces cas de figure, chercher à résumer la distribution par une valeur typique n'a guère de sens.

1.2.5   Notion de rapport et d'intervalle

L'analyse des variables quantitatives conduit à des distinctions supplémentaires sur la richesse de la mesure. On peut pour une variable numérique se poser la question de l'existence d'un zéro naturel. Ainsi la variable « Age », qui est une variable continue par nature (personne ne naît exactement à la même heure) a un zéro naturel, qui est l'âge zéro. L'existence d'un point origine non arbitraire garantit que les rapports sont préservés en tous points de l'échelle : 38 et 19 ans d'une part, 4 et 2 ans d'autre part, sont bien des mesures de vieillesse dont l'une est le double de l'autre.

Définition 1.19 (Variable de rapport)
On appelle variable numérique de rapport *une variable numérique (discrète ou continue) dotée d'un zéro naturel, qui donne sens à la notion de rapport.*

Toutes les mesures de durée (temps de réaction) ou fondées sur des comptages d'événements (nombre de sujets émettant une réponse cible) sont des échelles de rapport. L'existence d'un zéro non arbitraire fixe du même coup une limite inférieure au domaine de la variable, que l'on appelle aussi *borne à gauche*. Les variables de niveau rapport peuvent éventuellement avoir aussi une limite supérieure, que l'on appelle *borne à droite*. Cela sera le cas par exemple pour une variable « Proportion de temps consacrée à une parmi deux tâches » (continue), ou « Nombre de sujets parmi 20 adoptant un comportement cible » (discrète). Ce ne sera pas le cas pour une variable « Nombre de comportements agressifs émis par un enfant observé en crèche en un temps fixé » car il n'y a pas de limite supérieure définie pour ce comptage. On note à partir de ces exemples que l'existence de bornes à gauche et à droite sur le domaine d'une variable ne limite le « nombre » de valeurs possibles que pour une variable discrète.
Lorsque la propriété de zéro naturel est absente, on parle de variable d'intervalle.

Définition 1.20 (Variable d'intervalle)
On appelle variable d'intervalle *une variable quantitative sans zéro naturel.*

La température corporelle par exemple est une variable numérique d'intervalle continue [3], dans les systèmes de mesure courants, Celsius ou Fahrenheit (le degré 0 de la température est défini différemment dans ces systèmes). Lorsqu'il fait 32°C, il ne fait pas deux fois plus chaud que lorsqu'il fait 16°C, car ce rapport ne se préserve pas lorsqu'on change de système thermométrique.

---

3. On peut donner un sens à un zéro absolu en matière de température : il s'agit de l'absence totale d'agitation moléculaire. C'est le sens qu'il a sur l'échelle de Kelvin.

La distinction entre niveaux d'intervalle et de rapport permet de définir, à côté de la typologie des données développée dans ce chapitre, un schéma intégratif ascendant de la puissance de la mesure : une variable nominale permet de distinguer de l'identique ou du différent, une variable ordinale y ajoute la possibilité d'ordonner les modalités, une variable d'intervalle celle de pouvoir calculer des différences numériques, et une variable de rapport, outre toutes les propriétés précédentes, autorise l'opération de rapport.

1.3   Synthèse

Les niveaux de mesures de Stevens (1946), classiquement distingués en psychologie, et les quatre grands types de données statistiques présentés dans ce chapitre, sont présentés simultanément dans le le tableau 1.1, avec leur recouvrement (partiel).

Variables	Structure	Modalités	Mesure	Bornes	Exemple
Qualitatives	Nominale				Catégorie socio-prof.
	Ordinale				Réponse graduée
Quantitatives	Intervalle	Nombre infini	Continue	Non définies	Différence de temps
	Rapport			Gauche	Temps de réaction
				Gauche, droite	Réponse 0-100%
			Discrète	Gauche	Comptage sans borne
		Nombre fini		Gauche, droite	Comptage à total fixé

Tableau 1.1 – Typologie des données

Chapitre 2

Description de liaison

2.1 Lien entre une variables numérique et une variable catégorisée

Dans un grand nombre de situations, les questions pratiques qui se posent au psychologue reviennent statistiquement à la comparaison de distributions, soit pour comparer deux ou plus de deux distributions empiriques, soit pour comparer une distribution empirique à une distribution théorique. Les distributions théoriques seront présentées et étudiées plus loin dans ce cours, et on s'intéresse ici essentiellement à la comparaison des distributions empiriques.

2.1.1 Plans d'analyse

Le psychologue souhaite maintenant regarder si les hommes et les femmes de son échantillon se distinguent du point de vue du score d'anxiété X (nombre de manifestations somatiques de l'anxiété, sur 7). Une autre manière de formuler la question est : y a-t-il un lien entre la variable sexe (G) et l'anxiété (X) ? Autrement dit, nous n'étudions plus simplement la distribution d'une variable, mais la relation de dépendance de deux variables. Cette question peut encore être formulée comme suit : les distributions de scores d'anxiété sont-elles les mêmes chez les hommes et chez les femmes ?

Lorsque nous étudiions la distribution d'une variable, nous écrivions (par exemple pour ce score d'anxiété) :

$$X : \quad I \quad \rightarrow \quad U_X = \{0, 1, 2, 3, 4, 5, 6, 7\}$$
$$s_i \quad \rightarrow \quad x_i.$$

Désormais, c'est la distribution d'une variable *dans les modalités d'une autre* que nous souhaitons examiner (c'est-à-dire dans les modalités de la variable sexe). Le vocabulaire utilisé dans ce chapitre est directement inspiré (avec quelques aménagements) de l'algèbre ensembliste des plans d'expérience proposée par Rouanet & Lépine (1977). On écrira :

$$X|G: \quad I < G_J > \quad \to \quad U_X = \{0, 1, 2, 3, 4, 5, 6, 7\}$$

$$s_{ij} \quad \to \quad x_{ij}.$$

Après avoir examiné les différentes structures possibles sur les ensembles de modalités d'une variable, nous introduisons ici pour la première fois une structure sur l'ensemble des individus.

Définition 2.1 (Structure d'emboîtement)
On appelle structure d'emboîtement *sur les individus, notée* $I < G_J >$ *la distribution des individus dans* J *groupes disjoints* G_j *($j = 1, 2, ..., J$). Un individu* s_{ij} *est donc désormais indicé à la fois en* i *et* j *(individu et groupe).*

L'application $X|G$ définit ce qu'on appelle un *plan d'analyse*. A la différence d'un protocole, un plan d'analyse met en jeu une *question*, un problème ou une comparaison. Par exemple : les hommes et les femmes diffèrent-ils quant à l'anxiété dans cet échantillon ? Pour traiter un plan d'analyse (c'est-à-dire répondre à la question qu'il pose), on peut adopter deux approches : comparer des *résumés* des performances des groupes ou comparer en bloc les distributions de performance des groupes.

2.1.2   Comparaison des indices de centralité

Définition 2.2 (Distribution conjointe d'effectifs)
On appelle distribution conjointe *d'effectifs (respectivement de fréquence) de deux variables* A *et* B *l'application qui à tout couple de modalités* $\left(u_k^{(A)}, u_{k'}^{(B)}\right)$ *des deux variables associe leur effectif (respectivement leur fréquence) d'apparition conjointe.*

Imaginons que sur un score d'anxiété de 0 à 7, nous ayons obtenu la distribution conjointe d'effectifs suivante :

Anxiété	0	1	2	3	4	5	6	7	Totaux
Hommes	10	36	61	74	41	26	2	0	250
Femmes	1	11	43	92	145	134	57	17	500
Totaux	11	47	104	166	186	160	59	17	750

Les effectifs apparaissant dans le tableau (hors marges) sont les effectifs conjoints.

Définition 2.3 (Distribution marginale d'effectifs)
On appelle distribution marginale *d'effectifs (respectivement de fréquences) la distribution univariée d'effectifs (respectivement de fréquences) de l'une des deux variables, obtenue dans la marge du tableau de distribution conjointe, par sommation sur l'ensemble des modalités de l'autre.*

Les deux distributions marginales d'effectifs sont lues directement dans les marges lignes et colonnes du tableau ci-dessus.

La distribution conjointe de fréquences est obtenue en divisant les valeurs du tableau par leur grand total $N = 750$:

Anxiété	0	1	2	3	4	5	6	7	Totaux
Hommes	0.01	0.05	0.08	0.10	0.05	0.03	0.01	0.00	0.33
Femmes	0.00	0.01	0.06	0.12	0.19	0.18	0.08	0.02	0.67
Totaux	0.01	0.06	0.14	0.22	0.25	0.21	0.09	0.02	1.00

Les distributions marginales de fréquences correspondantes sont obtenues par simple sommation en ligne et en colonne dans le tableau des fréquences conjointes ou bien en divisant les distributions marginales d'effectifs de l'avant-dernier tableau par 750. On note que dans un tel tableau de fréquences conjointes, c'est la somme totale des fréquences conjointes qui fait 1. On dira donc par exemple que 8 % du groupe complet sont des hommes de niveau d'anxiété 2.

Définition 2.4 (Distribution conditionnelle)
On appelle distribution conditionnelle *la distribution de l'une des variables d'une distribution conjointe, pour l'une seulement des modalités de l'autre.*

Par exemple, la ligne « hommes » du tableau d'effectifs conjoints contient la distribution conditionnelle d'effectifsde l'anxiété pour le sous-groupe des hommes (c'est-à-dire dans la « condition » hommes). Les deux distributions conditionnelles de fréquences d'anxiété, selon le sexe, sont calculées en divisant chaque ligne d'effectif conjoint (ou de fréquence conjointe) par son total marginal. On obtient :

Anxiété	0	1	2	3	4	5	6	7	Totaux
Hommes	0.04	0.14	0.24	0.30	0.16	0.10	0.01	0.00	1.00
Femmes	0.00	0.02	0.09	0.18	0.29	0.27	0.11	0.03	1.00

On note que, dans ce tableau, ce sont les sommes marginales en ligne qui font 1. On dira par exemple que *parmi les hommes*, 24% sont de niveau d'anxiété 2, tandis que nous ne trouvons que 9% des femmes dans ce cas. La présentation en tableaux de fréquences conditionnelles est celle qui permet une véritable comparaison inter-groupe, car elle neutralise la différence d'effectif de groupe.

Les deux distributions conditionnelles, pour les hommes et les femmes, peuvent être représentées graphiquement à des fins de comparaison visuelle (fig. 2.1).

Une première approche pour comparer la distribution de l'anxiété chez les hommes et les femmes est de calculer des résumés de ces distributions, puis de comparer les résumés. Calculer des résumés sur ces données a du sens car on vérifie facilement que les distributions au sein de chaque sexe sont bien unimodales. Les modes sont respectivement de 3 et 4 pour les deux groupes. Pour calculer les médianes par exemple, on peut construire le tableau de fréquences conditionnelles cumulées à gauche, pour les hommes et les femmes :

Anxiété	0	1	2	3	4	5	6	7
F_H	0.04	0.18	0.43	0.72	0.89	0.99	1.00	1.00
F_F	0.00	0.02	0.11	0.29	0.58	0.85	0.97	1.00

Le cumul 0.5 est atteint pour les modalités d'anxiété 3 et 4, respectivement. Le calcul des moyennes donne $\bar{x}_H = 2.74$ et $\bar{x}_F = 4.16$. On a donc au final :

Indices	Mode	Médiane	Moyenne
Hommes	3	3	2.74
Femmes	4	4	4.16

Au vu des différents éléments, graphiques et numériques, il apparaît assez clair sur ces données que les femmes ont un niveau d'anxiété supérieur à celui des hommes en médiane et en moyenne (il y a bien entendu un certain recouvrement entre les deux distributions).

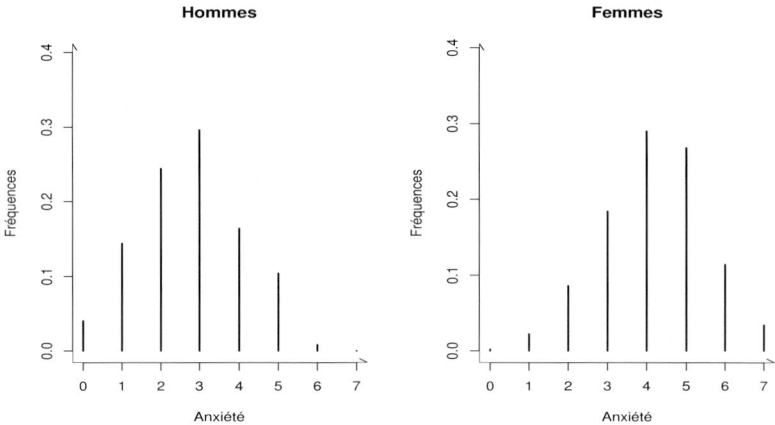

Fig. 2.1 – Diagrammes conditionnels de l'anxiété selon le sexe

De la même façon, on pourrait vouloir comparer les distributions du genre dans les modalités d'anxiété. La colonne « Anxiété 4 » par exemple contient la distribution conditionnelle du sexe pour ce score d'anxiété. Une distribution conditionnelle est donc la distribution d'une variable restreinte à un sous-ensemble d'individus dans une certaine « condition », c'est-à-dire possédant une certaine propriété désignée (être un homme, avoir une anxiété de 4).

Comme on le voit, il y a des tableaux de fréquences de natures diverses (conjoints, marginaux et conditionnels) et la question essentielle pour ne pas risquer une interprétation erronée est toujours : « qu'est ce qui somme à 1 dans le tableau ? »

2.1.3   Comparaison des dispersions

Imaginons maintenant que nous ayons rencontré une distribution assez différente chez les hommes (la distribution de l'anxiété chez les femmes reste la même) :

Anxiété	0	1	2	3	4	5	6	7	Totaux
Hommes	0	2	86	141	21	0	0	0	250
Femmes	1	11	43	92	145	134	57	17	500
Totaux	1	13	129	233	166	134	57	17	750

Ici, une configuration différente apparaît. Le mode de la distribution des anxiétés chez les hommes est toujours à 3 sa médiane toujours à 3, et sa moyenne à 2.72 est peu différente du cas précédent. Mais on a maintenant chez les hommes un *étalement* des scores nettement plus restreint. On voit qu'il est nécessaire ici de se doter d'outils de description de la *variabilité* d'un score, ou de sa *dispersion*, pour pouvoir en comparer la distribution avec une autre.

L'intervalle interquartile

Sur ces nouvelles données, les effectifs cumulés sont maintenant :

Anxiété	0	1	2	3	4	5	6	7
Cumuls (H)	0	2	88	229	250	250	250	250
Cumuls (F)	1	12	55	147	292	426	473	500

On peut évaluer les dispersions des deux sous-distributions en calculant leurs trois quartiles respectifs et en comparant les triplets de valeurs obtenues d'un groupe à l'autre. Pour identifier ces quartiles, on cherche les valeurs d'anxiété associées aux effectifs cumulés $0.25 \times 250 = 62.5$, $0.5 \times 250 = 125$ et $0.75 \times 250 = 187.5$ d'une part et, par un calcul semblable, 125, 250 et 375 d'autre part. On trouve ainsi :

Indices	$q_{\frac{1}{4}}$	$q_{\frac{1}{2}}$	$q_{\frac{3}{4}}$	$q_{\frac{3}{4}} - q_{\frac{1}{4}}$
Hommes	2	3	3	1
Femmes	3	4	5	2

Définition 2.5 (Intervalle interquartile)
On appelle intervalle interquartiles *l'intervalle* $[q_{\frac{1}{4}} ; q_{\frac{3}{4}}]$ *et on utilise sa largeur :*

$$l_{IQ} = q_{\frac{3}{4}} - q_{\frac{1}{4}}$$

pour évaluer la dispersion des scores.

Il apparaît clairement une différence de dispersion dans les scores d'anxiété des hommes et des femmes dans cet exemple.

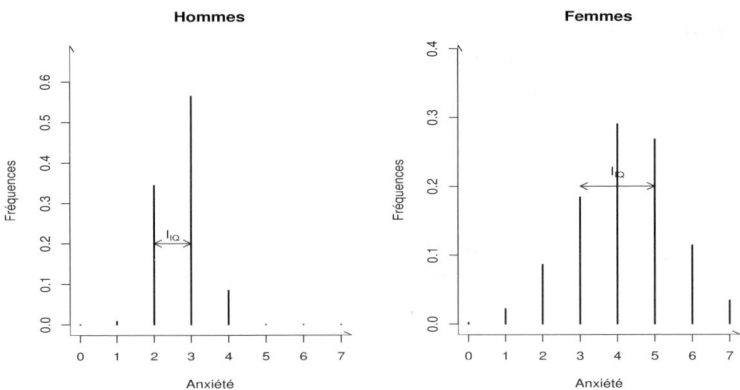

Fig. 2.2 – Anxiété selon le sexe (dispersions distinctes)

L'écart absolu moyen

Lorsque les données sont numériques, il est possible d'évaluer la dispersion en utilisant l'information numérique de la variable. Nous avons constaté que pour une même valeur de moyenne, les observations d'un échantillon ou d'un groupe pouvaient s'en écarter de manière très différente. Vouloir apprécier la dispersion d'une variable, c'est donc chercher à résumer l'ensemble des *écarts de chaque score à la moyenne.*

De la même façon que la moyenne est un indice de centralité qui prend en compte toutes les valeurs numériques de l'échantillon, nous souhaitons développer un indice de dispersion qui prenne en compte tous les écarts numériques de chaque valeur à la moyenne. Pour chaque sujet i d'un groupe donné, de score d'anxiété x_i, son écart propre à la moyenne $\bar{x}$ de son groupe est [1] :

$$e_i = x_i - \bar{x}.$$

Par exemple, une fois ordonnés par anxiété croissante, les trois premiers hommes de l'échantillon (d'anxiétés 1, 1 et 2) s'écartent de leur moyenne de groupe $\bar{x} = 2.72$ de $x_1 - \bar{x} = 1 - 2.72 = -1.72$, $x_2 - \bar{x} = 1 - 2.72 = -1.72$ et $x_3 - \bar{x} = 2 - 2.72 = -0.72$. Une manière simple de résumer l'ensemble de ces écarts pour tous les sujets est de calculer la moyenne de ces écarts. Il nous faut cependant prendre en compte la propriété dite barycentrique de la moyenne (voir équation 1.2) : la moyenne des écarts est toujours égale à zéro, quelles que soient les données. On définit l'indice suivant,

Définition 2.6 (Ecart absolu moyen)

On appelle l'écart absolu moyen, *notée EAM, non nul en général :*

$$EAM = \frac{\sum_{i=1}^{N} |x_i - \bar{x}|}{N}.$$

---

1. Je ne numérote pas les sujets en $j = 1, 2$ (selon le groupe) pour ne pas alourdir l'écriture.

Lorsque les données ont été regroupées en classes de valeurs dans un tableau de distribution, il est plus rapide d'utiliser des pondérations sur chaque écart :

$$EAM = \frac{\sum_{k=1}^{K} n_k \left| u_k - \bar{x} \right|}{N}.$$

On trouve ici pour les hommes :

$$EAM_H = \frac{2\left|1 - 2.72\right| + 86\left|2 - 2.72\right| + 141\left|3 - 2.72\right| + 21\left|4 - 2.72\right|}{250}$$

$$= 0.5256$$

et pour les femmes :

$$EAM_F = \frac{1 \times \left|0 - 4.16\right| + 11\left|1 - 4.16\right| + 43\left|2 - 4.16\right| + 92\left|3 - 4.16\right|}{500}$$

$$+ \frac{145\left|4 - 4.16\right| + 134\left|5 - 4.16\right| + 57\left|6 - 4.16\right| + 17\left|7 - 4.16\right|}{500}$$

$$= 1.05.$$

Les scores d'anxiété s'écartent en moyenne (dans un sens ou dans l'autre) d'un demi-point par rapport à la moyenne chez les hommes et de plus d'un point chez les femmes. On constate donc des dispersions différentes pour chacun des groupes.

Variance et écart type

Une autre approche pour évaluer la dispersion d'une distribution de scores est de faire la moyenne d'écarts au carré, plutôt que de valeurs absolues.

Définition 2.7 (Variance empirique)

On appelle variance, *notée s^2, la mesure de dispersion suivante :*

$$s^2 = \frac{\sum_{i=1}^{N} (x_i - \bar{x})^2}{N}.$$

Remarque

Il est souvent plus commode pour les calculs de la variance d'utiliser la formule suivante

$$s^2 = \frac{\sum_{i=1}^{N} x_i^2}{N} - \bar{x}^2.$$

La formule mnémotechnique consacrée est : *la variance est la moyenne des carrés moins le carré de la moyenne.*

Quand les données sont groupées en classes de valeurs, il est commode de pondérer :

$$s^2 = \frac{\sum_{k=1}^{K} n_k u_k^2}{N} - \bar{x}^2.$$

On parle de variance *empirique* lorsque cet indice est calculé sur une série de données concrètement observée (on verra plus loin comment donner du sens à une variance *théorique*, c'est-à-dire définie en probabilité). Cet indice est couramment utilisé en statistique car il a un lien naturel avec la moyenne : il est précisément le plus faible quand c'est la moyenne arithmétique qui sert de mesure de centralité. On dit que la moyenne est le point des moindres carrés (voir paragraphe 1.2.3, équation 1.5).

Comme cet indice s'exprime en unités carrées, il est courant de le ramener à une mesure qui s'exprime dans les mêmes unités que la variable, en en prenant la racine carrée.

Définition 2.8 (Ecart type empirique)
On appelle écart type, *noté s , la mesure :*

$$s = \sqrt{\frac{\sum_{i=1}^{N}(x_i - \bar{x})^2}{N}}.$$

Lorsque les données ont été regroupées en classes de valeurs dans un tableau de distribution, il est plus rapide d'utiliser des pondérations sur chaque écart carré :

$$s^2 = \frac{\sum_{k=1}^{K} n_k (u_k - \bar{x})^2}{N}$$

et

$$s = \sqrt{\frac{\sum_{k=1}^{K} n_k (u_k - \bar{x})^2}{N}}.$$

On trouve ici pour les hommes :

$$s_H^2 = \frac{2\left(1 - 2.72\right)^2 + 86\left(2 - 2.72\right)^2 + 141\left(3 - 2.72\right)^2 + 21\left(4 - 2.72\right)^2}{250}$$
$$= 0.3838$$

et pour les femmes :

$$s_F^2 = \frac{1 \times \left(0 - 4.16\right)^2 + 11\left(1 - 4.16\right)^2 + 43\left(2 - 4.16\right)^2 + 92\left(3 - 4.16\right)^2}{500}$$
$$+ \frac{145\left(4 - 4.16\right)^2 + 134\left(5 - 4.16\right)^2 + 57\left(6 - 4.16\right)^2 + 17\left(7 - 4.16\right)^2}{500}$$
$$= 1.7597,$$

soit une dispersion de $\sqrt{0.3838} = 0.62$ point en moyenne pour les hommes et $\sqrt{1.7597} = 1.32$ point en moyenne pour les femmes.

En pratique, moyenne et variance sont donc rapidement calculées à partir d'un tableau de distribution augmenté de deux colonnes, une pour les $n_k u_k$ et une pour les $n_k u_k^2$ (voir tableau 2.1).

u_k	n_k	$n_k u_k$	$n_k u_k^2$
0	0	0	0
1	2	2	2
2	86	172	344
3	141	423	1269
4	21	84	336
5	0	0	0
6	0	0	0
7	0	0	0
Sommes	250	681	1951
Moyennes		$\bar{x} = \frac{681}{250}$	$\frac{1951}{250}$

Tableau 2.1 – Tableau de calcul de la variance des scores d'anxiété chez les hommes.

On vérifie qu'on retrouve bien pour les hommes :

$$s_H^2 = \frac{2\,(1)^2 + 86\,(2)^2 + 141\,(3)^2 + 21\,(4)^2}{250} - \left(\frac{681}{250}\right)^2$$

$$= \frac{1951}{250} - \left(\frac{681}{250}\right)^2$$

$$= 0.3838$$

et pour les femmes :

$$s_F^2 = \frac{1 \times (0)^2 + 11\,(1)^2 + 43\,(2)^2 + 92\,(3)^2}{500}$$
$$+ \frac{145\,(4)^2 + 134\,(5)^2 + 57\,(6)^2 + 17\,(7)^2}{500} - 4.16^2$$
$$= 1.7597.$$

Propriétés de la variance

1. *Changement d'origine.* Lorsqu'on change d'origine sur une variable X par la transformation $X' = X + k$, on sait que la moyenne empirique se trouve transformée selon $\bar{x}' = \bar{x} + k$. La nouvelle variance s'écrit :

$$s_{X'}^2 = \frac{1}{N}\sum_{i=1}^{N}(x_i' - \bar{x}')^2 = \frac{1}{N}\sum_{i=1}^{N}(x_i + k - \bar{x} - k)^2 = \frac{1}{N}\sum_{i=1}^{N}(x_i - \bar{x})^2$$
$$= s_X^2.$$

La variance est donc insensible aux changements d'origine.

2. *Changement d'échelle.* Lorsqu'on change l'échelle de la variable X par la transformation $X' = kX$, on sait que la moyenne empirique se trouve transformée selon $\bar{x}' = k\bar{x}$. La nouvelle variance $s^2_{X'}$ s'écrit :

$$s^2_{X'} = \frac{1}{N}\sum_{i=1}^{N}(x'_i - \bar{x}')^2 = \frac{1}{N}\sum_{i=1}^{N}(kx_i - k\bar{x})^2 = \frac{1}{N}\sum_{i=1}^{N}k^2(x_i - \bar{x})^2$$

$$= \frac{k^2}{N}\sum_{i=1}^{N}(x_i - \bar{x})^2 = k^2 s^2_X.$$

La variance est donc augmentée d'un facteur multiplicatif k^2 quand on augmente la variable d'un facteur multiplicatif de k.

2.1.4   Comparaison de distributions en blocs

Les comparaisons de groupes expérimentaux sont fréquentes en psychologie. Elles permettent de mettre en évidence ce que l'on appelle des effets. Par exemple, l'effet de l'imagerie mentale associée dans l'apprentissage d'une liste de mots est testé en comparant un groupe apprenant simplement les mots avec un groupe apprenant les mots en y associant des images mentales. Comparer des moyennes, des modes ou des médianes n'est un raccourci valide pour de telles comparaisons que si ces indices sont des résumés satisfaisants de la distribution, par exemple si celle-ci est unimodale.

Si ce n'est pas le cas, on peut vouloir comparer en bloc les distributions sans les résumer. L'indice D_{max} de Kolmogorov est présenté ci-dessous de façon purement descriptive.

Comparaison numérique (D_{max} de Kolmogorov)
On peut comparer deux distributions empiriques globalement en les représentant simultanément pour observer comment l'une est *décalée à gauche* par rapport à l'autre. Il est commode de construire cette représentation à partir de la distribution des fréquences conditionnelles de groupe. Sur ces nouvelles données, le tableau de distribution conditionnelle des fréquences de l'anxiété selon le sexe a la forme suivante :

Score	0	1	2	3	4	5	6	7	Total
$f_k^{(H)}$	0.00	0.01	0.34	0.56	0.08	0.00	0.00	0.00	1
$f_k^{(F)}$	0.00	0.02	0.09	0.18	0.29	0.27	0.11	0.03	1

Les deux distributions conditionnelles sont représentées fig. 2.2. Mais on peut aussi comparer les deux groupes à partir des représentations de leurs fonctions de répartition empiriques, pour observer comment la représentation de l'une est éventuellement *au-dessus de l'autre.*

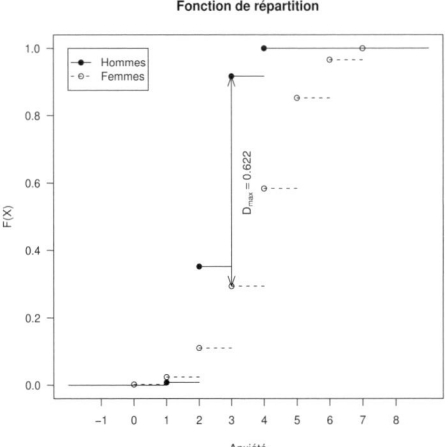

Fig. 2.3 – Superposition des fonctions de répartition : anxiété selon le sexe

La distribution des fréquences cumulées à gauche chez les hommes et chez les femmes est reportée ci-dessous :

Score	0	1	2	3	4	5	6	7
$F_k^{(H)}$	0.00	0.01	0.35	0.92	1.00	1.00	1.00	1.00
$F_k^{(F)}$	0.00	0.02	0.11	0.29	0.58	0.85	0.97	1.00

On peut les représenter simultanément sur un même graphique, pour observer leurs positions relatives (voir fig. 2.3). On observe que le sous-groupe dont les scores d'anxiété sont les plus faibles (groupe des hommes) a une fonction cumulée qui croît plus tôt que l'autre. La fonction de répartition des hommes est au-dessus de celle des femmes, ce qui correspond au fait que la distribution des scores d'anxiété chez les hommes est plus à gauche que celle des femmes.

De cette représentation se déduit le principe d'un indice de *distance distribution-nelle* entre deux distributions cumulées de fréquences F_1 et F_2, défini par Kolmogorov, et nommé D_{max} :

$$D_{max} = \max_u |F_1(u) - F_2(u)|.$$

Pour le calculer, on ajoute une ligne supplémentaire au tableau des distributions cumulées de fréquences des deux groupes, où l'on fait figurer toutes les différences terme à terme entre fréquences cumulées aux mêmes quantiles.

Anxiété	0	1	2	3	4	5	6	7
Hommes	0.00	0.01	0.35	0.92	1.00	1.00	1.00	1.00
Femmes	0.00	0.02	0.11	0.29	0.58	0.85	0.97	1.00
$F_k^{(H)} - F_k^{(F)}$	0.00	0.016	0.24	0.63	0.42	0.15	0.03	0.00

Le D_{max} est alors la plus grande de ces valeurs. On a ici $D_{max} = 0.63$ (à l'arrondi près). Dans la mesure où cet indice porte sur des différences de fréquences, il est toujours compris entre 0 et 1. Il est égal à 0 quand les distributions sont rigoureusement identiques. Il est égal à 1 quand les distributions correspondantes n'ont pas de recouvrement (tous les sujets du groupe le moins performant ont des scores inférieurs au score le plus faible de l'autre groupe). Cet indice, qui prend en compte toute l'information contenue dans la distribution, est donc sensible notamment à la différence de centralité et de dispersion.

Comparaison graphique (boîtes à moustaches)
Un graphique de synthèse permettant d'apprécier d'un seul coup d'œil à la fois le centre et la dispersion d'une distribution, sa dissymétrie éventuelle et la présence de valeurs extrêmes, a été proposé par Tukey sous le nom de « graphique en boîtes », souvent appelé « boîtes à moustaches » en français.

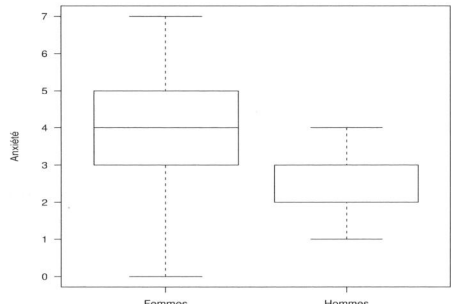

Fig. 2.4 – Graphique en « boîte à moustache » de l'anxiété selon le sexe. On note que chez les hommes $q_{\frac{1}{2}} = q_{\frac{3}{4}} = 3$ et les segments de la médiane et du troisième quartile se confondent.

Ce graphique utilise uniquement les 3 quartiles d'une distribution, de la manière suivante (voir fig. 2.4) :
1. à partir d'une graduation verticale dans les unités de la variable considérée, on dessine une boîte rectangulaire verticale, dont la largeur est arbitraire [2] et dont les bords haut et bas horizontaux correspondent aux premiers et troisième quartile, $q_{\frac{1}{4}}$ et $q_{\frac{3}{4}}$.
2. On trace un trait horizontal dans la boîte, à la hauteur de la médiane.

---

2. Cette largeur est parfois calculée pour refléter la taille de l'échantillon (ou sa racine carrée).

3. On calcule la largeur de l'intervalle interquartile $l_{IQ} = q_{\frac{3}{4}} - q_{\frac{1}{4}}$ et on définit un intervalle théorique $H = [q_{\frac{1}{4}} - 1.5 \times l_{IQ}; q_{\frac{3}{4}} + 1.5 \times l_{IQ}]$, à l'intérieur duquel on cherche les deux observations les plus extrêmes de l'échantillon étudié. On a ici pour les hommes par exemple $l_{IQ} = 3 - 2 = 1$ et $H = [q_{\frac{1}{4}} - 1.5; q_{\frac{3}{4}} + 1.5] = [0.5; 4.5]$. Les scores d'anxiété les plus extrêmes observés pour les hommes dans cet intervalle sont $(1, 4)$. Chez les femmes, on a $H = [3 - 1.5 \times 2; 5 + 1.5 \times 2] = [0; 8]$. Les observations les plus extrêmes observées dans cet intervalle sont $(0, 7)$.

4. On trace des segments verticaux supplémentaires (« moustaches »), au-dessus et en dessous de la boîte, pour figurer l'étendue ainsi définie.

5. Si des valeurs de score sortent de cette étendue « normale » de variation, on les signale par des astérisques : elles sont considérées comme valeurs extrêmes.

A partir de ce graphique, on détecte immédiatement la dissymétrie à droite (ou l'étalement à gauche) de la distribution de l'anxiété chez les femmes, en comparant la longueur des moustaches. On détecte aussi immédiatement les différences de dispersion dans les scores d'anxiété chez les hommes et les femmes. On note enfin la différence de position médiane des scores. Ce type de graphique est très utile dans la phase préliminaire d'exploration des données, avant toute étude statistique plus approfondie. Par construction, il n'aurait cependant pas de sens sur une distribution multimodale. Il ne dispense donc pas de l'examen des graphiques de distribution classiques.

2.1.5 Situer un individu

Dans beaucoup de contextes, le psychologue a pour fonction d'évaluer la position d'un individu, en déficit ou en performance, dans un groupe de référence. Il peut être amené à évaluer le retard scolaire d'un enfant par rapport à sa classe d'âge, le déficit en mémoire à court terme d'un malade Alzheimer par rapport à la population saine ou la compétence d'un candidat à un poste de travail par exemple. Dans tous ces cas, il doit pouvoir positionner la performance de l'individu par rapport à un groupe de référence. On peut faire cela de deux manières.

Etalonnage par quantilage
Pour situer un individu dans une distribution, il est toujours possible d'observer simplement quelle est la proportion d'individus qui sont dans les modalités de performance supérieures (ou inférieures) à la sienne. Cette procédure est en principe applicable à toute variable au moins de niveau ordinal (mais plus couramment utilisée en psychologie sur des variables numériques).

Par exemple, à partir des tableaux précédents, on voit qu'un homme de niveau d'anxiété 3 compte 91.6% d'hommes ayant un score inférieur ou égal au sien. Autrement dit il est jugé plutôt anxieux dans son groupe car peu d'hommes (8.4%) sont plus anxieux que lui. Pour le même score, seulement 29.4% des femmes ont un score égal ou inférieur, et ce niveau d'anxiété n'a rien d'extrême dans ce groupe.

Si l'on dispose d'un quantilage habituel sur la variable, le score d'un sujet peut être qualifié de façon plus parlante. Avec un quintilage par exemple (distinction de 5 classes de sujets d'effectifs égaux), on parlera de sujets très faibles, faibles, moyens, bons, très bons. C'est ce qu'on appelle un *étalonnage en quantiles*. Un grand nombre de tests psychologiques sont étalonnés de cette façon, avec des découpages en déciles ou en centiles.

Un homme d'anxiété 1 fait partie de la classe des 20% de scores inférieurs : on dira qu'il a un score « très faible » d'anxiété dans l'étalonnage arbitraire en 5 classes ci-dessus (fréquences cumulées de 0 à 0.20). Une femme de score 4 fait partie, dans son groupe, de la troisième classe de scores (fréquences cumulées de 0.40 à 0.60), dits « moyens », selon le même découpage.

Etalonnage sigmatique

Lorsque la variable est numérique et qu'elle est correctement résumée par sa moyenne (ce qui suppose la symétrie de la distribution), on peut juger de la performance d'un individu en observant comment il se situe par rapport à la moyenne de son groupe. Un sujet masculin qui a un score d'anxiété de $x = 7$ s'écarte de $e = x - \bar{x} = 7 - 2.72 = 4.28$ points de la moyenne. Dans le groupe des femmes, ce score de 7 représente un écart plus petit de $e = x - \bar{x} = 7 - 4.16 = 2.84$ par rapport à la moyenne des femmes.

Scores centrés réduits (notes « z »)

Néanmoins, ce moyen de repérage n'est pas complètement satisfaisant quand les dispersions des scores ne sont pas les mêmes dans les divers groupes. Un point d'écart à la moyenne n'a pas le même sens dans le groupe des femmes et celui des hommes, puisque les écarts sont en moyenne plus grands chez les femmes. Une manière commode de situer un individu par rapport à la moyenne de son groupe, en contrôlant les différences de dispersion, est de mesurer cet écart en nombre d'écarts types du groupe. On définit ainsi à partir du score brut x un nouveau score z dit « centré réduit » :

$$z = \frac{x - \bar{x}}{s}.$$

Un homme ayant un score brut de 7 a un score centré réduit de :

$$z = \frac{x - \bar{x}_H}{s_H} = \frac{7 - 2.72}{0.62} = 6.9.$$

Le même score brut, dans le groupe des femmes, donne un score centré réduit de :

$$z = \frac{x - \bar{x}_F}{s_F} = \frac{7 - 4.16}{1.32} = 2.15.$$

Avec cette mesure, on voit que le même score 7 représente un niveau d'anxiété plus élevé dans le groupe des hommes que dans le groupe des femmes, quand on élimine l'effet des variabilités distinctes. Le score 7 est à 6.9 écarts types de la moyenne dans le groupe des hommes, et à 2.15 écarts types de la moyenne dans le groupe des femmes.

On peut là aussi fixer des coupures repère pour définir des classes de sujets : les 4 coupures -1.5, -0.5, 0.5, 1.5 définissent 5 classes de scores qui distinguent des sujets très faibles, faibles, moyens, bons, très bons, sur la variable considérée. Naturellement, les classes ainsi définies sur les scores (et non sur les effectifs) ne sont pas d'effectifs égaux, mais les intervalles (non extrêmes) sont de largeur constante. C'est ce qu'on appelle un *étalonnage sigmatique* (en référence à l'écart type qui sert d'unité de mesure).

Un score de 7 chez les hommes ou chez les femmes représente un score « très élevé », selon le découpage en 5 classes ci-dessus.

La question de savoir s'il est légitime de standardiser les écarts par l'écart type est toujours délicate. Le psychologue préfère dans la plupart des comparaisons découvrir que les groupes ne diffèrent qu'en moyenne mais pas en dispersion, car l'interprétation de la situation est plus simple (elle n'est alors qu'une comparaison de niveaux moyens). Quand une différence de variabilité apparaît, cela révèle que les performances des sujets sont affectés par d'autres facteurs qui ne jouent pas un rôle égal dans l'un et l'autre groupe. Cela rend la comparaison des groupes diffile.

Propriétés

D'après la propriété barycentrique de la moyenne (équation 1.2), nous savons déjà que, quelle que soit la variable X :

$$\sum_{i=1}^{N}(x_i - \bar{x}) = 0.$$

On en déduit que :

$$\sum_{i=1}^{N} z_i \; = \; \sum_{i=1}^{N}\left(\frac{x_i - \bar{x}}{s}\right) = \frac{1}{s}\sum_{i=1}^{N}(x_i - \bar{x}) = 0.$$

La moyenne des notes z sera donc toujours nulle.

La variance des notes z, calculée avec la formule (« moyenne des carrés moins carré de la moyenne »), est par ailleurs :

$$s_z^2 \; = \; \frac{\sum_i z_i^2}{N} - \bar{z}^2 = \frac{1}{N}\sum_{i=1}^{N}\left(\frac{x_i - \bar{x}}{s}\right)^2 = \frac{1}{Ns^2}\sum_{i=1}^{N}(x_i - \bar{x})^2$$

$$= \; \frac{1}{Ns^2} \times Ns^2 = 1.$$

Elle peut aussi être rapidement obtenue par application de la propriété sur la variance d'une variable soumise à changement d'échelle. Les notes z ne diffèrent des notes d'origine que d'un facteur d'échelle $1/s$ (on se souvient que le changement d'origine n'a pas d'impact sur la variance). On a donc :

$$s_z^2 = \left(\frac{1}{s}\right)^2 s^2 = 1.$$

La variance des notes centrées réduites sera donc toujours égale à 1. La transformation de centrage réduction transforme donc une série de notes de moyenne et de variance $\bar{x}$ et s^2 quelconques en une nouvelle série de notes de moyenne nulle et de variance unité. Cette transformation est au cœur de la construction d'un grand nombre de statistiques d'usage fréquent.

2.2   Lien entre deux variables numériques

Les psychologues cherchent fréquemment à évaluer la force de la *liaison linéaire* entre deux variables numériques. Par exemple, on peut vouloir répondre à des questions du type : le revenu d'une famille a-t-il une influence proportionnelle sur les résultats scolaires des enfants ? La productivité d'une entreprise est-elle proportionnelle (ou inversement proportionnelle) au niveau de stress des ouvriers ou employés ? Y a-t-il un lien statistique linéaire entre le nombre d'heures passées à regarder la TV par semaine et le degré d'agressivité d'un enfant ?

Définition 2.9 (Liaison linéaire)
On appelle liaison linéaire *entre deux variables numériques une relation de covariation proportionnelle entre elles.*

Cette relation est aisément représentée par une droite dans le plan graphique des deux variables.

2.2.1   Covariance empirique

Nous aimerions disposer d'un indice de mesure du degré de liaison linéaire entre deux variables numériques. En statistique, la relation linéaire entre deux variables quantitatives est évaluée par la mesure de leur *covariance*. On parle de covariance *empirique* lorsque cet indice est calculé sur des séries de données concrètement observées (on verra plus loin comment donner du sens à une covariance théorique, c'est-à-dire définie en probabilité).

Définition 2.10 (Covariance empirique)
On appelle covariance *de deux variables numériques* X *et* Y*, de modalités* x_i *et* y_i *($i = 1, ..., N$) la statistique notée* s_{XY} *définie par :*

$$s_{XY} = \frac{\sum_{i=1}^{N}(x_i - \bar{x})(y_i - \bar{y})}{N}.$$

Lorsque deux notes x_i et y_i sont toutes deux supérieures à leurs moyennes respectives $\bar{x}$ et $\bar{y}$, le produit $(x_i - \bar{x})(y_i - \bar{y})$ donne une valeur positive. Cette valeur est *également positive* lorsque x_i et y_i sont toutes les deux inférieures à $\bar{x}$ et $\bar{y}$ et donc que $(x_i - \bar{x})$ et $(y_i - \bar{y})$ sont tous les deux négatifs. Dans les deux autres cas, le produit est négatif. La covariance est simplement la moyenne de tous ces produits. On peut visualiser ces éléments sur un graphique en deux axes X et Y, permettant d'observer l'allure du nuage de points associé aux deux séries de valeurs. On appelle traditionnellement *corrélogramme* un tel graphique (voir fig. 2.5).

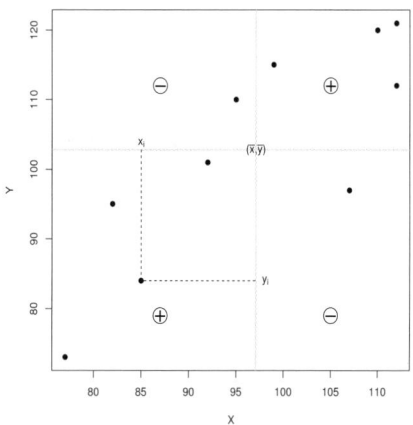

Fig. 2.5 – Corrélogramme

Lorsque tous les points se situent dans les quadrants bas-gauche et haut-droit (c'est le cas si les points forment un nuage allongé le long de la diagonale principale du graphique), la covariance est positive. Si les points sont situés dans les quadrants haut-gauche et bas-droit, la covariance sera la moyenne de valeurs négatives, donc une valeur négative. Enfin lorsque des points sont présents uniformément dans tous les quadrants, la covariance est une moyenne de valeurs positives et de valeurs négatives, et peut donc potentiellement être proche de zéro.

Propriétés

1. La covariance d'une variable X avec elle-même est simplement la variance de cette variable :

$$s_{XX} = \frac{\sum_{i=1}^{N}(x_i - \bar{x})(x_i - \bar{x})}{N} = \frac{\sum_{i=1}^{N}(x_i - \bar{x})^2}{N} = s_X^2.$$

2. Il arrive souvent en psychologie que l'on transforme des résultats à un test pour en changer l'échelle et l'origine. La covariance de deux expressions linéaires $V = aX + b$ et $W = cY + d$, avec a, b, c, d des nombres réels, de moyennes

$\bar{v} = a\bar{x} + b$ et $\bar{w} = c\bar{y} + d$ (voir formules 1.3 et 1.4), prend la forme :

$$s_{VW} = \frac{\sum_{i=1}^{N}(v_i - \bar{v})(w_i - \bar{w})}{N} = \frac{\sum_{i=1}^{N}(ax_i + b - a\bar{x} - b)(cy_i + d - c\bar{y} - d)}{N}$$

$$= \frac{\sum_{i=1}^{N} a(x_i - \bar{x})c(y_i - \bar{y})}{N} = ac.s_{XY}.$$

Ainsi, seuls les coefficients multiplicatifs de la transformation linéaire ont un impact sur la valeur de la nouvelle covariance, après cette transformation.

Pour le calcul pratique de la covariance, il est commode de la réarranger sous la forme :

$$s_{XY} = \frac{\sum_{i=1}^{N}(x_i - \bar{x})(y_i - \bar{y})}{N} = \frac{\sum_{i=1}^{N}(x_i y_i - x_i \bar{y} - \bar{x} y_i + \bar{x}\bar{y})}{N}$$

$$= \frac{\sum_{i=1}^{N} x_i y_i}{N} - \frac{\bar{y}\sum_{i=1}^{N} x_i}{N} - \frac{\bar{x}\sum_{i=1}^{N} y_i}{N} + \frac{N\bar{x}\bar{y}}{N}$$

$$= \frac{\sum_{i=1}^{N} x_i y_i}{N} - \bar{x}\bar{y}.$$

La covariance est donc calculable comme « moyenne des produits moins produit des moyennes ».

2.2.2   Coefficient de corrélation de Bravais-Pearson

A. Bravais (1811-1863)

La covariance peut prendre toute valeur dans l'intervalle $]-\infty; +\infty[$ ce qui n'est pas commode à interpréter. Si l'on décide de changer d'unité (des tailles initialement en mètres sont réexprimées en centimètres par exemple), la covariance change (elle sera 10 000 fois plus grande dans cet exemple).

Afin de faciliter l'interprétation du degré de liaison entre les variables, il est utile de construire un indice de covariation qui soit indépendant des unités de mesure et défini sur un intervalle de valeurs borné. On l'obtient facilement en calculant la covariance sur des variables *standardisées*.

Définition 2.11 (Coefficient de corrélation linéaire)
On appelle coefficient de corrélation linéaire *de Bravais-Pearson, noté r_{XY}, de deux variables numériques X et Y, de moyennes empiriques $\bar{x}$ et $\bar{y}$, et de variances empiriques s_X^2 et s_Y^2, la covariance des variables centrées réduites*

$$r_{XY} = \frac{1}{N}\sum_{i=1}^{N}\left(\frac{x_i - \bar{x}}{s_X}\right)\left(\frac{y_i - \bar{y}}{s_Y}\right).$$

En pratique, on peut le calculer à partir de la covariance brute s_{XY}, si celle-ci est disponible :

$$r_{XY} \;=\; \frac{\sum_{i=1}^{N}\left(\frac{x_i-\bar{x}}{s_X}\right)\left(\frac{y_i-\bar{y}}{s_Y}\right)}{N} = \frac{\frac{\sum_{i=1}^{N}(x_i-\bar{x})(y_i-\bar{y})}{N}}{s_X s_Y} = \frac{s_{XY}}{s_X s_Y}.$$

Propriétés du coefficient de corrélation

1. *Le coefficient de corrélation est borné.* On peut montrer (sans démonstration) que la covariance est, en valeur absolue, toujours inférieure au produit des écarts typez :

$$|s_{XY}| \leq s_X s_Y.$$

Par conséquent :

$$\frac{|s_{XY}|}{s_X s_Y} \leq 1.$$

La corrélation est donc toujours comprise entre -1 et $+1$, ce qui facilite son interprétation.

2. *Le coefficient de corrélation est maximal quand X est exactement proportionnel à Y.* Le cas de figure $|s_{XY}| = s_X s_Y$, ou $|r_{XY}| = 1$, est obtenu lorsque Y est une transformation linéaire parfaite de X. En effet, dans le cas où $y_i = ax_i + b, \forall i$, on a :

$$s_Y^2 \;=\; a^2 s_X^2$$

et par conséquent :

$$s_Y = |a|\, s_X.$$

Par application de la formule d'une covariance de deux formes linéaires ci-dessus, on a aussi :

$$s_{XY} = a s_{XX} = a s_X^2.$$

La corrélation dans ce cas devient :

$$r_{XY} = \frac{s_{XY}}{s_X s_Y} = \frac{a s_X^2}{s_X\, |a|\, s_X} = \frac{a}{|a|} = \pm 1.$$

Le coefficient de corrélation linéaire est donc exactement égal à 1 (ou à -1) quand la relation entre deux variables est parfaitement linéaire (croissante ou décroissante).

Interprétation

Le coefficient de corrélation permet de mesurer le degré de liaison linéaire entre deux variables quantitatives, ainsi que le sens de cette relation. La fig. 2.6 représente plusieurs types d'associations.

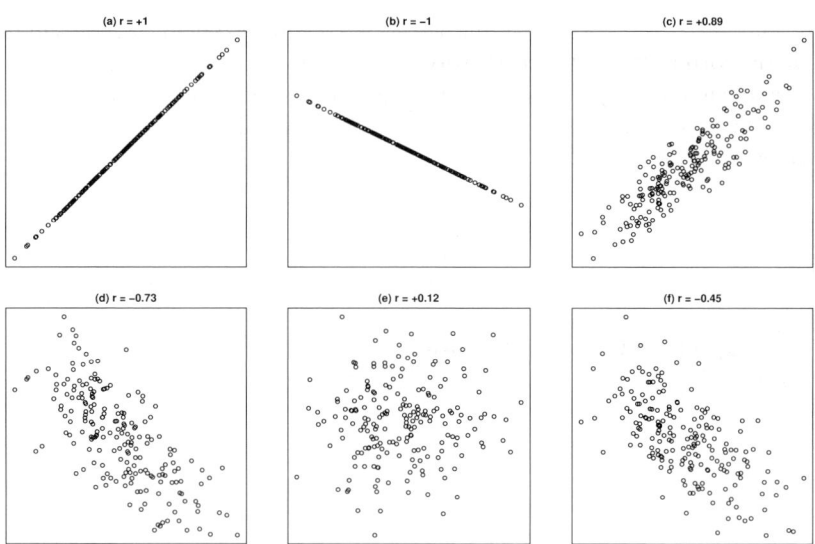

Fig. 2.6 – Représentation graphique de plusieurs niveaux de liaison linéaire entre variables quantitatives

- (a) *Relation positive parfaite.* Les points sont parfaitement alignés sur une droite ascendante. Le coefficient de corrélation est donc positif et atteint son maximum : $r = 1$. C'est la corrélation d'une variable avec elle même.
- (b) *Relation négative parfaite.* Les points sont parfaitement alignés sur une ligne descendante, le coefficient est négatif et atteint son minimum, en l'occurence -1. C'est la corrélation entre l'âge (en années) et l'année de naissance par exemple.
- (c) *Relation positive forte.* On obtient ce type de corrélation entre les performances obtenues lors de deux passations d'une même épreuve de QI ($r = 0.89$ dans l'exemple).
- (d) *Relation négative forte.* On pourrait trouver ce type de corrélation entre le temps passé à travailler les annales de statistiques et le nombre d'erreurs à l'examen de fin de semestre ($r = -0.73$ sur la figure).
- (e) *Relation positive faible.* Lorsque le nombre d'observations est important, il est possible de mettre en évidence des relations faibles mais pas tout à fait nulles ($r = 0.12$ ici). C'est par exemple l'ordre de grandeur de la relation entre les prédictions des graphologues sur les aptitudes professionnelles et les performances réellement observées (Huteau, 2004).
- (f) *Relation négative moyenne.* On trouve par exemple ce type de corrélation entre les temps de réponses dans une épreuve cognitive simple et le nombre de bonnes réponses dans une autre épreuve plus complexe. Les sujets les moins efficients sont plus lents (temps de réponse important) dans l'épreuve simple et obtiennent peu de bonnes réponses dans l'épreuve plus complexe ($r = -0.45$ par exemple).

Il faut toujours observer le diagramme de dispersion avant d'interpréter un coefficient de corrélation. Une corrélation proche de zéro signifie que les variables n'entretiennent pas une relation linéaire, ce qui ne veut pas dire nécessairement qu'elles n'entretiennent pas de relation du tout. La fig. 2.7 représente quelques cas particuliers.

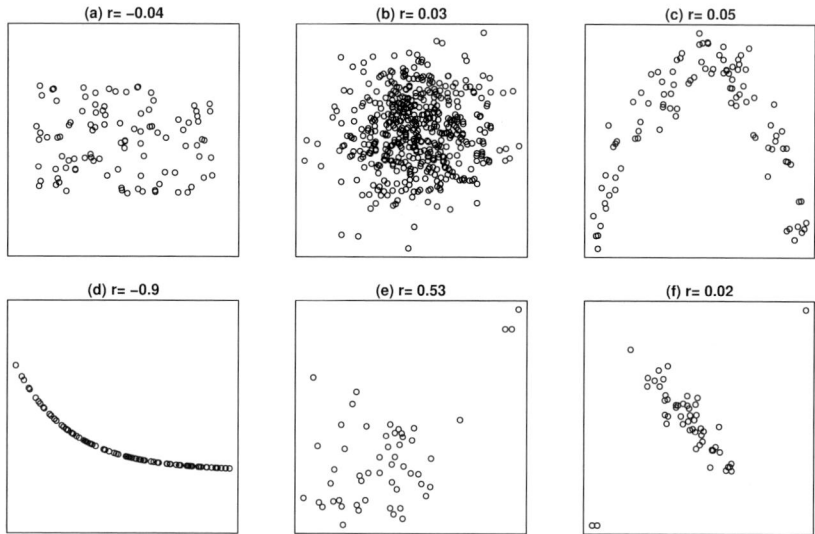

Fig. 2.7 – Corrélations nulles et relations non linéaires

- (a) et (b) : dans ces deux exemples, la corrélation est pratiquement nulle. La valeur de l'une des variables n'apporte guère d'information sur l'autre.
- (c) : ici, le coefficient de corrélation est proche de zéro ($r - 0.05$) et pourtant le graphique révèle bien une relation forte entre les variables *mais celle-ci n'est pas linéaire*. Elle prend la forme d'un U inversé. On trouve ce type de relation entre le niveau de stress et la performance dans des épreuves cognitives (loi de Yerkes-Dodgson). Un niveau de stress faible est associé à une faible performance, mais un niveau de stress trop élevé aussi (au-delà d'un certain seuil, le stress est inhibiteur). Une valeur de stress intermédiaire conduit aux meilleurs performances.
- (d) : dans cet exemple, la relation entre les variables est parfaite, mais la corrélation n'atteint pas -1. On observe ce type de relation, par exemple, entre le temps de réalisation d'une tâche et le nombre de répétitions de cette tâche (courbe dite « d'apprentissage »). Le temps nécessaire à la résolution d'un exercice de statistiques décroît avec le nombre de répétitions de ce même exercice. Cette décroissance de la courbe d'apprentissage n'est généralement pas linéaire et le coefficient de corrélation linéaire est donc inadapté pour étudier ce type de relation.

– (e) : la valeur de la corrélation n'est pas négligeable ($r = 0.53$), mais l'observation du diagramme de dispersion nous montre qu'elle est fortement influencée par trois observations extrêmes. Pour le reste de l'échantillon, aucune relation n'apparaît clairement.

– (f) : bien qu'une relation négative soit clairement visible sur le diagramme de dispersion, le coefficient de corrélation est pratiquement nul en raison de la présence de trois observations sur la diagonale opposée. Ces deux derniers exemples illustrent la sensibilité du coefficient de corrélation à la position de quelques observations peu représentatives et extrêmes.

On retiendra de ces exemples que l'usage de la corrélation n'est en aucune manière automatique pour l'évaluation de la relation statistique entre deux variables numériques. Elle est restreinte à la mesure de la force d'une liaison linéaire, et est donc associée à un modèle de relation dont il faut à tester la pertinence.

Calcul pratique

Le tableau suivant contient les QI de 7 paires de jumeaux monozygotes (X pour l'un des jumeaux, Y pour l'autre). Le coefficient de corrélation nous permet d'évaluer le niveau de relation linéaire entre le QI d'une personne et celle de son jumeau. Pour le calcul du coefficient de corrélation, une organisation en tableau comme celui qui suit permet de recueillir toutes les informations nécessaires à l'application des formules.

i	x_i	y_i	x_i^2	y_i^2	$x_i y_i$
1	104	106	10816	11236	11024
2	95	96	9025	9216	9120
3	93	92	8649	8464	8556
4	104	101	10816	10201	10504
5	108	92	11664	8464	9936
6	113	113	12769	12769	12769
7	131	131	17161	17161	17161
Sommes	748	731	80900	77511	79070
Moyennes	106.85	104.42	11557.14	11073	11295.71

A partir des sommes et moyennes en bas de colonnes, on calcule la covariance :

1. la moyenne des produits est : $\frac{\sum_{i=1}^{N} x_i y_i}{N} = \frac{79070}{7} = 11295.71$;

2. le produit des moyennes est : $\bar{x}\bar{y} = 106.85 \times 104.42 = 11157.27$;

3. la covariance est obtenue par différence des deux précédentes :

$$s_{XY} = \frac{\sum_{i=1}^{N} x_i y_i}{N} - \bar{x}\bar{y} = 11295.71 - 11157.27 = 138.44.$$

Pour calculer la corrélation, on calcule :

1. l'écart type de X : $s_X = \sqrt{\frac{\sum_{i=1}^{N}(x_i)^2}{N} - \bar{x}^2} = \sqrt{11557.14 - 106.85^2} = 11.84$;

2. l'écart type de Y : $s_Y = \sqrt{\frac{\sum_{i=1}^{N}(y_i)^2}{N} - \bar{y}^2} = \sqrt{11073 - 104.42^2} = 13.01$;

3. le coefficient de corrélation est finalement :

$$r_{XY} = \frac{s_{XY}}{s_X s_Y} \approx \frac{138.44}{11.84 \times 13.01} \approx 0.89.$$

On dira qu'il existe donc une relation très forte entre les QI de ces 7 paires de jumeaux monozygotes. On retrouve ce résultat sur des échantillons d'effectif plus important. La corrélation entre les QI de jumeaux monozygotes est proche de 0.90 (0.89 d'après Huteau, 2002). Cette valeur est du même ordre de grandeur que celle qu'on observe quand une même personne passe ce test à plusieurs années d'intervalle, ce qui témoigne assez de la grande stabilité de ces scores.

2.2.3 Corrélation et causalité

Un raccourci souvent fait est celui qui consiste à interpréter un lien de corrélation comme une causalité. Le caractère erroné de ce raccourci peut apparaître facilement à partir de quelques exemples. On peut montrer par exemple qu'il y a une corrélation positive entre le taux de natalité (X) dans une région et... l'importance de la population des cigognes (Y). Face à ce constat, nous pourrions produire plusieurs analyses explicatives causales :

1. Première explication (la plus évidente...) : il y a plus d'enfants à naître dans les régions où il y a plus de cigognes simplement parce que ce sont les cigognes qui apportent les bébés ($Y \Rightarrow X$).

2. Deuxième explication : ce sont les enfants qui attirent les cigognes ($X \Rightarrow Y$).

3. Troisième explication : c'est une variable tierce (la ruralité, Z) qui provoque l'apparition simultanée des deux événements X et Y. Les cigognes sont plus présentes en zone rurale et la natalité est traditionnellement aussi plus élevée en zone rurale (($Z \Rightarrow X$) ∩ ($Z \Rightarrow Y$)).

L'intervention d'une variable non observée peut expliquer bon nombre de corrélations statistiquement fortes mais difficiles à comprendre d'emblée. Par exemple, si un chercheur en psychosociologie obtient une corrélation positive élevée (0.89) entre le nombre d'églises érigées dans une ville (variable X) et le nombre de crimes commis dans cette ville (variable Y), il peut sembler inopportun de détruire toutes les églises pour réduire le taux de criminalité... Ici, la prise en compte d'une troisième variable Z permet d'expliquer ce résultat paradoxal : il s'agit de la densité de population, susceptible de faire augmenter à la fois le nombre des lieux de culte et la criminalité.

Comme on le voit, si l'existence d'une corrélation témoigne d'une liaison statistique entre deux variables, l'interprétation de celle-ci en terme de causalité, ou l'hypothèse de l'influence d'une troisième variable non directement observée, ne peuvent se faire que sur la base d'éléments théoriques relatifs au domaine.

2.3   Lien de deux variables catégorisées

La représentation graphique en nuage de points est naturelle lorsque les variables étudiées sont numériques. Par contre, dès lors que l'on souhaite étudier la relation entre des variables qualitatives, il n'est plus possible de représenter l'ensemble des modalités par des axes ayant valeur d'abscisse et d'ordonnée. Dans cette situation, on résume descriptivement la relation entre deux variables qualitatives par le tableau de distribution d'effectifs conjoints.

2.3.1   Cotes, rapport de cotes et lograpports de cotes

Dellatolas *et al.* (1997), dans une étude portant sur 1155 enfants âgés de 2 ans et demi à 6 ans (560 garçons et 595 filles), ont constaté que 78 garçons et 52 filles étaient gauchers. Les ensembles de modalités des deux variables de « Sexe » (S) et de « Latéralité manuelle » (L) sont notées $U_S = \{M, F\}$ et $U_L = \{G, D\}$. Ce résultat peut être résumé sous la forme du tableau :

Genre/Latéralité	Gauchers	Droitiers	Total
Masculin	$n_{MG} = 78$	$n_{MD} = 482$	$n_M = 560$
Féminin	$n_{FG} = 52$	$n_{FD} = 543$	$n_F = 595$
Total	$n_G = 130$	$n_D = 1025$	$N = 1155$

On cherche à voir dans quelle mesure la gaucherie serait plus fréquente chez les garçons que chez les filles, de manière descriptive. Autrement dit, on cherche à résumer le degré de liaison entre les variables « Genre » et « Latéralité manuelle ». Pour rendre les données plus directement comparables, il est pratique d'examiner les fréquences conditionnelles de latéralité selon le sexe. Nous allons noter (par exemple) $f_{D|M}$ la fréquence conditionnelle de droitiers chez les garçons [3]. On obtient :

Genre/Latéralité	Gauchers	Droitiers	Total
Masculin	$f_{G|M} = \frac{78}{560} \approx 0.14$	$f_{D|M} = \frac{482}{560} \approx 0.86$	1
Féminin	$f_{G|F} = \frac{52}{595} \approx 0.09$	$f_{D|F} = \frac{543}{595} \approx 0.91$	1

Définition 2.12 (Cote)
On appelle cote *pour un événement le rapport de sa fréquence f sur la fréquence de sa non-apparition $1 - f$, que l'on note :*

$$o = \frac{f}{1 - f}.$$

---

3. La barre verticale « | » dans l'écriture sert à indiquer qu'on examine une fréquence dans un sous-groupe de sujets : elle se lit « sachant qu'on appartient au groupe ».

En tant que rapport de fréquences, il peut varier de 0 à l'infini. Elle est égale à 1 s'il y a autant de cas où l'événement est apparu que le contraire. Dans le cas présent, la cote de l'événement « être gaucher » chez les garçons est de :

$$o_M = \frac{f_{G|M}}{1 - f_{G|M}} = \frac{0.14}{0.86} \approx 0.16.$$

La cote de l'événement « être gaucher » chez les filles est de :

$$o_F = \frac{f_{G|F}}{1 - f_{G|F}} = \frac{0.09}{0.91} \approx 0.10.$$

En langage de parieur, on dirait que la cote de l'événement « être droitier » chez les filles est de 10 contre 1. L'événement « être gaucher » est donc un événement plutôt rare dans les deux cas (la cote est inférieure à 1), mais sa cote est plus élevée chez les garçons.

On pourrait résumer ces deux indices en disant que dans cet échantillon de sujets, il y aurait à peu près 6 fois plus ($\frac{1}{0.16}$) de chances de tomber sur un droitier que sur un gaucher, si on tire un garçon au hasard, tandis qu'on a 10 fois plus ($\frac{1}{0.10}$) de chances de tomber sur une droitière que sur une gauchère si on choisit une fille au hasard. La cote de l'événement « être gaucher » est donc plus élevée chez les garçons, d'un facteur de :

$$RC_{MF} = \frac{o_M}{o_F} \approx \frac{0.16}{0.10} = 1.6$$

Définition 2.13 (Rapport de cotes)
On appelle rapport de cotes *(« odds ratio ») d'un événement, de fréquences d'apparition f_1 et f_2 dans deux groupes indépendants, la quantité :*

$$RC_{12} = \frac{f_1/(1 - f_1)}{f_2/(1 - f_2)} = \frac{f_1 \, (1 - f_2)}{f_2 \, (1 - f_1)}.$$

Quand le rapport de cote est égal à 1, cela signifie que la cote de l'événement cible est la même dans les deux groupes comparés et que, par conséquent, on ne peut dire qu'il y a un lien particulier entre l'appartenance à tel ou tel groupe et la présence de l'attribut. Le rapport de cote est ici supérieur à 1, quand on calcule le rapport avec la cote chez les garçons au numérateur : cela veut dire que les chances d'être gaucher plutôt que droitier sont *plus élevées* chez les garçons.

Pour faire en sorte que la mesure ainsi obtenue soit égale à 0 dans le cas de l'indépendance des deux variables Genre et Latéralité, on peut utiliser une *transformation logarithmique* (voir Annexe A.1).

Définition 2.14 (lograpport de cotes)
On appelle lograpport de cotes *la transformation logarithmique du rapport de cotes*

$$\ln RC.$$

Après transformation logarithmique, nos rapports de cotes seront en quelque sorte des différences, avec une origine à 0, comme nous le souhaitions. Un lograpport de cote égal à 0 correspond à un rapport de cotes égal à 1, autrement dit à la situation d'indépendance des deux variables Groupe et Attribut. Tout écart du lograpport de cotes à 0 s'interprète donc comme un écart à l'indépendance. Le signe de cet écart donne en outre une information sur le sens de cet écart.

Sur notre exemple, on a :

$$\ln RC = \ln 1.6 = 0.47.$$

Comme $\ln RC > 0$, on peut dire que le ratio gauchers sur droitiers est supérieur chez les garçons.

2.3.2   Rapport de vraisemblance

Le lograpport de cotes n'est utilisable que si l'une des deux variables (ayant souvent statut de variable dépendante) est simplement binaire (gaucher/droitier). Dans le cas général où l'on étudie la liaison de deux variables qualitatives à plus de deux modalités, on peut utiliser l'approche par rapport de vraisemblance[4].

Nous abordons ici de manière purement descriptive cette statistique, à quoi nous donnerons une signification plus statistique plus loin, à partir d'une réflexion sur la notion d'*indépendance statistique* de deux variables qualitatives. Dans l'exemple ci-dessus, nous dirons que la préférence latérale manuelle et le sexe sont des variables indépendantes l'une de l'autre si la fréquence vraie de gauchers est la même chez les garçons et chez les filles.

Ce n'est apparemment pas strictement le cas dans nos données, mais nous cherchons à construire un indice d'association qui serait nul dans le cas de l'indépendance parfaite et d'autant plus élevé que les fréquences seraient très différentes. Pour cela nous allons comparer le tableau des fréquences conditionnelles tel qu'il est observé, avec celui qu'on devrait observer si *pour le même effectif total*, nous avions égalité parfaite des fréquences.

Sur l'ensemble des deux groupes, garçons et filles, on note que la fréquence marginale de gauchers est de :

$$f_G = \frac{n_G}{N} = \frac{78 + 52}{560 + 595} = \frac{130}{1155} \approx 0.11.$$

S'il n'y a pas de relation entre sexe et préférence manuelle, nous devrions avoir 11% de gauchers dans les deux groupes. On peut superposer, au tableau des fréquences observées f dans l'étude, le tableau des fréquences f^* qui se déduit de l'hypothèse d'indépendance, pour faire éventuellement apparaître la divergence (ou la concordance) entre les deux :

---

4. Il est usuel en psychologie d'utiliser dans ces cas une statistique dite χ^2 de Pearson. Elle ne sera pas présentée dans ce livre car son domaine d'application est beaucoup plus restreint que celui du rapport de vraisemblance et du facteur de Bayes, qui seront étudiés dans les chapitres 7 et 8.

Fréquences observées			
Genre/Latéralité	Gauchers	Droitiers	Total
Masculin	$f_{G\mid M} \approx 0.14$	$f_{D\mid M} \approx 0.86$	1
Féminin	$f_{G\mid F} \approx 0.09$	$f_{D\mid F} \approx 0.91$	1
Fréquences théoriques (indépendance)			
Genre/Latéralité	Gauchers	Droitiers	Total
Masculin	$f_{G\mid M}^{*} \approx 0.11$	$f_{D\mid M}^{*} \approx 0.89$	1
Féminin	$f_{G\mid F}^{*} \approx 0.11$	$f_{D\mid F}^{*} \approx 0.89$	1

Une manière commode de résumer l'écart entre données observées et données théoriques est de les présenter sous forme de rapports de fréquences :

Genre/Latéralité	Gauchers	Droitiers
Masculin	$\frac{f_{G\mid M}}{f_{G\mid M}^{*}} = \frac{0.14}{0.11} \approx 1.27$	$\frac{f_{D\mid M}}{f_{D\mid M}^{*}} = \frac{0.86}{0.89} \approx 0.97$
Féminin	$\frac{f_{G\mid F}}{f_{G\mid F}^{*}} = \frac{0.09}{0.11} \approx 0.82$	$\frac{f_{D\mid F}}{f_{D\mid F}^{*}} = \frac{0.91}{0.89} \approx 1.02$

Plus les rapports de fréquences sont différents de 1, dans un sens ou dans l'autre, plus on peut dire que les variables sont liées l'une à l'autre (ou que l'on s'écarte de la situation d'indépendance). On peut aussi transformer log ces rapports de fréquences : les lograpports seront alors d'autant plus éloignés de 0 qu'il y a forte dépendance entre les variables. Cet écart est représenté ci-dessous pour une observation :

Genre/Latéralité	Gauchers	Droitiers
Masculin	$\ln \frac{f_{G\mid M}}{f_{G\mid M}^{*}} \approx 0.24$	$\ln \frac{f_{D\mid M}}{f_{D\mid M}^{*}} \approx -0.03$
Féminin	$\ln \frac{f_{G\mid F}}{f_{G\mid F}^{*}} \approx -0.20$	$\ln \frac{f_{D\mid F}}{f_{D\mid F}^{*}} \approx 0.02$

Au final, pour construire une mesure numérique unique d'écart à l'indépendance qui intègre tous les lograpports, en les pondérant par les nombres d'observations concernées, on définit la mesure globale :

$$R = n_{G\mid M} \ln \frac{f_{G\mid M}}{f_{G\mid M}^{*}} + n_{D\mid M} \ln \frac{f_{D\mid M}}{f_{D\mid M}^{*}} + n_{G\mid F} \ln \frac{f_{G\mid F}}{f_{G\mid F}^{*}} + n_{D\mid F} \ln \frac{f_{D\mid F}}{f_{D\mid F}^{*}}, \qquad (2.1)$$

qui a l'avantage de prendre en compte toutes les observations disponibles dans l'étude.

On appelle *rapport de vraisemblance* cet indice global, qui est égal à 0 dans le cas de l'indépendance (empirique) parfaite, et d'autant plus grand en valeur absolue qu'on s'éloigne de la situation d'indépendance.

Sur notre exemple, on trouve :

$$R = (78 \times 0.241) - (482 \times 0.034) - (52 \times 0.200) + (543 \times 0.022)$$
$$\approx 3.915.$$

Cet indice global détecte une éventuelle liaison globale entre les deux variables, sans donner d'indication précise sur la localisation de cette liaison. On la fait apparaître en regardant les quatre *contributions* au rapport de vraisemblance :

Genre/Latéralité	Gauchers	Droitiers
Masculin	$n_{G|M} \ln \frac{f_{G|M}}{f^*_{G|M}} \approx 18.72$	$n_{D|M} \ln \frac{f_{D|M}}{f^*_{D|M}} \approx -14.46$
Féminin	$n_{G|F} \ln \frac{f_{G|F}}{f^*_{G|F}} \approx -10.4$	$n_{D|F} \ln \frac{f_{D|F}}{f^*_{D|F}} \approx 10.86$

Le signe de ces écarts révèle les cases où l'événement en question est surreprésenté (signe positif) ou sous-représenté (signe négatif) par rapport à ce qu'on attendrait sous l'hypothèse d'indépendance (ou d'égalité parfaite des fréquences de gauchers dans les deux groupes). L'événement « être gaucher » apparaît donc surreprésenté chez les garçons et sous-représenté chez les filles.

On note que si les deux fréquences étaient égales, les contributions seraient toutes nulles et le rapport de vraisemblance aussi. D'autres propriétés et applications importantes du rapport de vraisemblance seront vues à partir du chapitre 7.

Chapitre 3

Algèbre des événements

A. De Morgan (1806-1871)

Dans sa célèbre tâche de psychologie cognitive dite de « sélection de carte », Wason (1966) présente au sujet 4 cartes. Chaque carte comporte un chiffre sur une face et une lettre sur l'autre. Les quatre faces apparentes montrent les symboles A, D, 4 et 7 respectivement. A propos de ces quatre cartes, on affirme que : « si une carte comporte une voyelle sur une face, alors elle comporte nécessairement un nombre pair sur l'autre face » (fig. 3.1). Mais on demande au sujet de vérifier que c'est bien le cas, sans exception, en procédant aux retournements de cartes nécessaires et suffisants. Quelles cartes retourneriez-vous ?

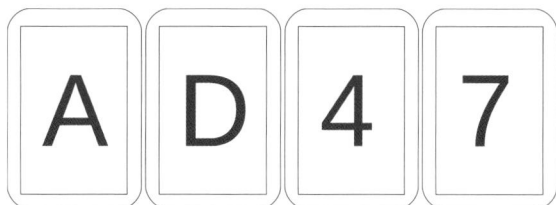

Fig. 3.1 – Jeu de sélection de carte (Wason, 1966). Quelle(s) carte(s) faut-il retourner pour vérifier la véracité de l'affirmation « si une carte comporte une voyelle sur une face, alors elle comporte un nombre pair sur l'autre face » ?

Si vous avez choisi de retourner les cartes « A » et « 4 », sachez que 95% des sujets répondent comme vous... mais que ce n'est pas correct, pour des raisons que nous allons détailler. Cette erreur est très instructive, d'une part pour l'étude du fonctionnement cognitif spontané, mais aussi parce qu'elle peut nous rendre vigilant à la bonne manipulation des hypothèses du type « si... alors », qui sont au cœur de la démarche scientifique.

Nous nous intéressons dans ce chapitre à une algèbre spécifiquement dédiée à l'étude d'événements qualitatifs, dont on dit qu'ils sont « vrais » ou « faux », c'est-à-dire qu'ils se produisent ou non, dans un cadre appliqué ou expérimental. On doit à Kolmogorov les premières formalisations d'une telle algèbre, fondée sur la théorie des ensembles. Ces notions, de prime abord un peu abstraites, seront des outils précieux pour raisonner sur des hypothèses et construire certains de nos calculs de probabilité sur des données bien concrètes. Elles amèneront aussi en fin de chapitre une réponse simple au problème de la sélection de cartes de Wason.

3.1   Notion d'ensemble

Construire un modèle de probabilités pour un phénomène donné suppose avant tout de définir l'ensemble des événements qui caractérisent ce phénomène. Sur cet ensemble, nous serons amenés à examiner des événements ayant une valeur psychologique particulière. La théorie des ensembles fournit un cadre idéal pour pouvoir raisonner sur des éventualités.

Définition 3.1 (Ensemble)
Un ensemble *est une collection d'objets ou d'événements qu'on appelle les éléments de l'ensemble. En tant qu'éléments de cet ensemble, ces objets ou événements sont considérés comme identiques.*

On peut définir un ensemble :
- soit en l'énumérant exhaustivement quand c'est possible. On écrit alors entre accolades et séparées par des virgules les éventualités. Exemple : les issues possibles d'un tirage de dé sont $\{1, 2, 3, 4, 5, 6\}$;
- soit en spécifiant la propriété commune à tous les éléments de l'ensemble, si c'est possible. Exemple : l'ensemble des sujets de moins de 10 ans ;
- soit en donnant une règle de construction de l'ensemble. Exemple : l'ensemble des entiers naturels $\mathbb{N} = \{0, 1, 2, 3...\}$ peut être construit itérativement en ajoutant une unité au dernier élément déjà inclus.
On définit sur les ensembles plusieurs types de relations et d'opérations.

Appartenance
Si ω (lire « petit omega ») est un élément d'un ensemble nommé Ω (lire « omega » ou « grand omega »), on écrit : $\omega \in \Omega$ (« ω appartient à Ω »). On peut le représenter en traçant une surface fermée (un « diagramme de Venn ») à l'intérieur duquel un point vient symboliser l'élément (voir fig. 3.2).

Inclusion
On dit qu'un ensemble A est inclus dans un ensemble Ω si tous les éléments de A appartiennent à Ω. On écrit $\omega \in A \Rightarrow \omega \in \Omega$ (« petit omega appartient à A implique petit omega appartient à Ω »). L'inclusion s'écrit $A \subset \Omega$ (« A est inclus dans Ω »). On dit aussi que A est une partie ou un sous-ensemble de Ω.

On note que, d'après cette définition, Ω est inclus dans lui-même. Si on a simultanément $A \subset \Omega$ et $\Omega \subset A$, alors A et Ω sont les mêmes ensembles et on écrit $A = \Omega$ (définition d'une égalité sur les ensembles).

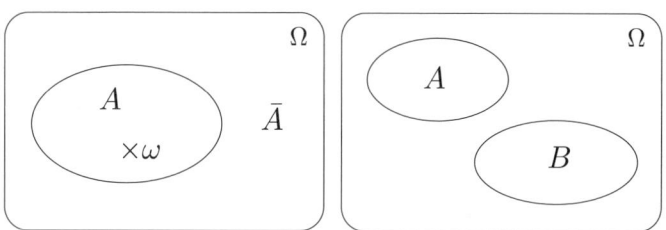

Fig. 3.2 – Relations entre éléments, parties et ensembles. L'élément ω appartient à A et A est inclus dans Ω. Les parties A et $\bar{A}$ sont complémentaires, les parties A et B sont disjointes.

Ensemble vide
On appelle *ensemble vide* l'ensemble qui ne contient pas d'élément. On le note $\emptyset$.

Ensemble des parties
Pour tout ensemble, on peut définir l'*ensemble de ses parties*, noté $\wp(\Omega)$. On peut en faire la liste exhaustive si Ω est fini. Par exemple, si $\Omega = \{a, b, c\}$, ses parties sont $\emptyset$, $\{a\}$, $\{b\}$, $\{c\}$, $\{a, b\}$, $\{a, c\}$, $\{b, c\}$ et $\{a, b, c\}$. On écrit :

$$\wp(\Omega) = \{\emptyset, \{a\}, \{b\}, \{c\}, \{a, b\}, \{a, c\}, \{b, c\}, \{a, b, c\}\} .$$

On peut dénombrer cet ensemble des parties pour un ensemble fini en décomposant la construction des parties en plusieurs étapes : pour chaque élément, je décide de l'inclure ou non pour constituer une partie. Il y a donc à chaque élément deux issues possibles de choix et si Ω compte n éléments, on pourra donc construire :

$$\underbrace{2 \times 2 \times 2 \times ... \times 2}_{n \text{ fois}} = 2^n \text{ parties.}$$

On vérifie qu'on a bien trouvé $2^3 = 8$ parties de l'ensemble $\Omega = \{a, b, c\}$, dont l'ensemble vide (ou partie vide) et l'ensemble Ω lui-même (qu'on appelle aussi dans ce contexte la partie pleine).

Complémentaire
Soit A une partie de Ω. On appelle *complémentaire* de A par rapport à Ω, noté $\bar{A}$ (prononcer « A-barre », ou « non-A »), l'ensemble de tous les éléments de Ω qui n'appartiennent pas à A. On note $\omega \in \bar{A} \Leftrightarrow \omega \notin A$ (« ω appartient à $\bar{A}$ est équivalent à ω n'appartient pas à A »). Symétriquement, A est le complémentaire de $\bar{A}$: $\bar{\bar{A}} = A$.

Puisqu'aucun élément de Ω ne lui est extérieur, son complémentaire est vide. On écrit $\bar{\Omega} = \emptyset$.

Ensembles disjoints

Deux parties A et B de $\wp(\Omega)$ sont *disjointes* si elles n'ont aucun élément commun. Si les éléments de Ω sont des éventualités, les ensembles disjoints correspondent à des événements *incompatibles*.

3.2   Intersection et union

Intersection

Soient A et B deux parties d'un même ensemble Ω. On appelle intersection de A et de B, l'ensemble I constitué des éléments appartenant à la fois à A et à B (voir la représentation en diagramme de Venn, fig. 3.3, à gauche).

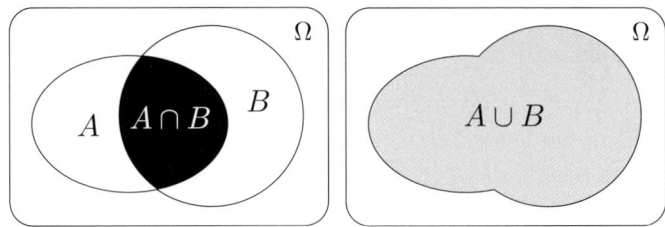

Fig. 3.3 – Représentation en diagramme de Venn des opérations d'intersection (à gauche) et d'union (à droite) de deux ensembles A et B.

On note symboliquement : $I = A \cap B$. Cette opération est insensible à l'ordre dans lequel on considère les ensembles (opération commutative) :

$$A \cap B = B \cap A.$$

Elle est également associative :

$$A \cap (B \cap C) = (A \cap B) \cap C.$$

Si les éléments de Ω sont des éventualités, l'intersection des deux parties a alors le sens suivant : l'événement $R = A \cap B$ (« A et B ») est réalisé quand les deux événements A ou B le sont simultanément.

Intersections particulières :

– Si deux ensembles sont disjoints, leur intersection est l'ensemble vide. En particulier : $A \cap \bar{A} = \emptyset$.

– Si A est inclus dans Ω, on a $A \cap \Omega = A$.

– $A \cap \emptyset = \emptyset$.

Union

On appelle *union* de A et de B l'ensemble R constitué des éléments appartenant à A ou à B, *ou aux deux* (fig. 3.3, à droite). On note symboliquement : $R = A \cup B$.

Cette opération est insensible à l'ordre dans lequel on considère les ensembles (opération commutative) :

$$A \cup B = B \cup A.$$

Elle est également associative :

$$A \cup (B \cup C) = (A \cup B) \cup C.$$

Si les éléments de Ω sont des éventualités, la réunion des deux parties a alors le sens suivant : l'événement $R = A \cup B$ (« A ou B ») est réalisé dès que l'un au moins des événements A ou B l'est. C'est un « ou » non exclusif, qui prend en compte les cas de figure où les deux événements sont vrais simultanément. On peut écrire :

$$A \cup B = A \cup B \cup (A \cap B).$$

Unions particulières :
- Si A est inclus dans B, on a $A \cup B = B$. En particulier : si $A \subset \Omega$ alors $A \cup \Omega = \Omega$.
- La réunion des complémentaires reconstitue l'ensemble Ω : $A \cup \bar{A} = \Omega$.
- L'union à l'ensemble vide ne change rien : $A \cup \emptyset = A$.

Partition
On appelle *partition* de Ω un ensemble de parties A_k ($k = 1, ..., K$) de Ω disjointes deux à deux et dont la réunion est l'ensemble Ω :

$$\bigcup_k A_k = \Omega$$
$$A_k \cap A_{k'} = \emptyset, k \neq k'.$$

Les parties A_k sont appelées les classes de la partition.
Cette notion est équivalente aux opérations de classement qu'on réalise avec une variable nominale : des sujets sont répartis dans des groupes, et chacun d'eux appartient à une classe et une seule. Dans le langage des événements, une partition revient à décomposer l'ensemble des événements en événements mutuellement incompatibles (être un homme, être une femme, par exemple).

3.3   Algèbre sur les ensembles

Il y a de nombreuses ressemblances entre les opérations d'addition et de multiplication sur les nombres et les opérations d'union et d'intersection sur les ensembles.

3.3.1   Ordre des opérateurs

Pour indiquer dans quel ordre effectuer les opérations pour des expressions composées de la forme $A \cup B \cap C$, on utilise les parenthèses. Le résultat n'est pas le même (voir fig. 3.4) selon qu'on considère $(A \cup B) \cap C$ ou $A \cup (B \cap C)$. L'associativité est donc utilisable quand tous les opérateurs sont de même type (unions ou intersections).

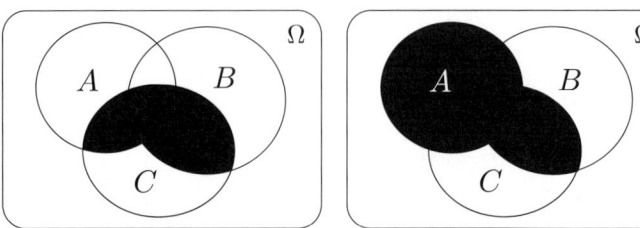

Fig. 3.4 – Effet de l'ordre des opérateurs. L'ensemble $(A \cup B) \cap C$ (à gauche) n'est pas équivalent à $A \cup (B \cap C)$ (à droite).

On utilise la commutativité en fonction du parenthésage. Ainsi dans le premier cas, nous avons $(A \cup B) \cap C = C \cap (A \cup B)$ et dans le second cas $A \cup (B \cap C) = (B \cap C) \cup A$.

3.3.2   Distributivité

L'équivalent de la distribution de la multiplication par rapport à l'addition existe en algèbre des ensembles (fig. 3.5, à gauche) :

$$A \cap (B \cup C) = (A \cap B) \cup (A \cap C).$$

Mais contrairement à ce qui se passe sur les opérations numériques, l'autre distributivité existe aussi en algèbre des ensembles (fig. 3.5, à droite) :

$$A \cup (B \cap C) = (A \cup B) \cap (A \cup C).$$

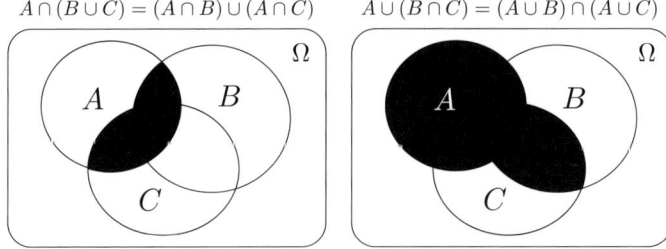

Fig. 3.5 – Distributivité de chaque opérateur sur l'autre.

3.3.3   Lois de De Morgan

On peut chercher à définir une expression pour les complémentaires d'une intersection et d'une réunion (voir fig. 3.6). Les éléments qui ne sont pas simultanément dans A et dans B sont soit des éléments n'appartenant pas à A, soit des éléments n'appartenant pas à B, soit des éléments n'appartenant ni à l'un ni à l'autre. Ce que l'on peut écrire de manière synthétique :

$$\overline{A \cap B} = \bar{A} \cup \bar{B}.$$

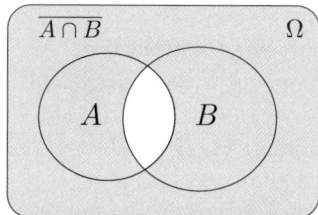 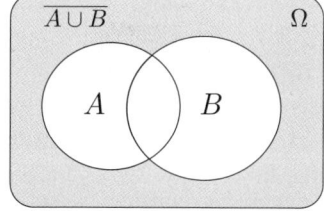

Fig. 3.6 – Lois de De Morgan sur deux événements. Les événements $\overline{A \cap B}$ (à gauche) et $\overline{A \cup B}$ (à droite) sont représentés par la surface grisée.

Les éléments qui ne sont pas ou dans A ou dans B ne sont ni dans A ni dans B, ce que l'on peut écrire :

$$\overline{A \cup B} = \bar{A} \cap \bar{B}.$$

3.3.4   Tableau de synthèse

Le tableau ci-dessous résume l'ensemble des relations à connaître, pour l'un ou l'autre des deux opérateurs principaux ($\cap$ et $\cup$).

	Intersection (« ET »)	Réunion (« OU »)
Commutativité	$A \cap B = B \cap A$	$A \cup B = B \cup A$
Associativité	$(A \cap B) \cap C = A \cap (B \cap C)$	$(A \cup B) \cup C = A \cup (B \cup C)$
Complémentaire	$A \cap \bar{A} = \emptyset$	$A \cup \bar{A} = \Omega$
Ensemble vide	$A \cap \emptyset = \emptyset$	$A \cup \emptyset = A$
Inclusion	$A \subset \Omega \Rightarrow A \cap \Omega = A$	$A \subset \Omega \Rightarrow A \cup \Omega = \Omega$
Distributivité	$A \cap (B \cup C) = (A \cap B) \cup (A \cap C)$	$A \cup (B \cap C) = (A \cup B) \cap (A \cup C)$
de Morgan	$\overline{A \cap B} = \bar{A} \cup \bar{B}$	$\overline{A \cup B} = \bar{A} \cap \bar{B}$
Identité	$A \cap A = A$	$A \cup A = A$

3.4   Application : le jeu de la sélection de cartes

L'implication logique entre deux événements A et B (par exemple : « si je commets un crime alors je vais en prison » ou bien « si une carte comporte une voyelle sur une face, alors elle comporte un nombre pair sur l'autre face ») est notée $A \Rightarrow B$ en logique formelle. En représentant les événements A et B par des ensembles dans un diagramme de Venn, il est possible de représenter l'implication $A \Rightarrow B$ par une relation d'inclusion de A dans B, notée $A \subset B$ (fig. 3.7).

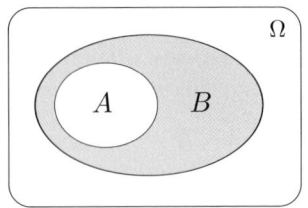

Fig. 3.7 – Représentation ensembliste de l'implication $A \Rightarrow B$

On voit sur cette figure que si on a A, alors on a nécessairement B, mais pas l'inverse. Dans cette situation, nous avons vu que si $A \subset B$, alors $A \cup B = B$ et $A \cap B = A$. On a donc aussi les négations $\overline{A \cup B} = \bar{B}$ et $\overline{A \cap B} = \bar{A}$. Par application des lois de De Morgan, on en déduit que $\bar{A} \cap \bar{B} = \bar{B}$ et $\bar{A} \cup \bar{B} = \bar{A}$. Or, ces deux dernières relations caractérisent à leur tour une relation d'inclusion : $\bar{B} \subset \bar{A}$ ou encore l'implication logique $\bar{B} \Rightarrow \bar{A}$.

Formulons tout cela en mots : dans un monde où à chaque fois qu'on commet un crime on va en prison, alors le fait de n'être pas en prison signifie que je n'ai pas commis de crime. Attention : le fait d'être en prison ne veut par contre pas dire que j'ai commis un crime !

Quelle carte faut-il retourner ?

Dans le jeu de la sélection de cartes, la réponse spontanée des enfants (et d'un certain nombre d'adultes) est de vouloir retourner les cartes A et 4. Or, d'après ce qui précède, ce sont les cartes A et 7 qu'il faut retourner, car si l'affirmation est vraie, je dois avoir un chiffre pair derrière la voyelle A $(A \Rightarrow B)$ et *je ne dois pas trouver de voyelle derrière le chiffre non pair 7* $(\bar{B} \Rightarrow \bar{A})$.

Il est intéressant de constater que dans toutes les réplications de cette expérience, un grand nombre de personnes échouent, y compris chez ceux qui ont une formation en mathématiques et en logique (même si la proportion est nettement moindre). Raisonner logiquement n'est pas quelque chose de naturel mais le fruit d'un apprentissage. Cet apprentissage peut nous aider à contrer un biais cognitif bien connu qu'est le biais de confirmation : nous allons plus naturellement vers ce qui pourrait confirmer une hypothèse que vers ce qui pourrait l'infirmer. Cela a des conséquences sur la manière dont nous menons la recherche scientifique, qui consiste davantage en une recherche des arguments contre nos hypothèses, que comme une recherche de ce qui la confirme.

Cet échec cognitif est moindre néanmoins si on réplique l'expérience avec du matériel plus quotidien. Une variante « contextualisée » de cette expérience consiste à montrer quatre enveloppes postales, une cachetée et une non cachetée faces contre table, une timbrée à 50 centimes et une timbrée à 1 euro faces visibles. On demande aux sujets de chercher à prouver l'énoncé : « si une lettre est cachetée, alors elle a un timbre à 1 euro dessus ». Le problème est le même, mais présenté de cette manière, il est plus facilement résolu par les sujets. On interprète donc le résultat de ces études en invoquant à la fois un *biais de confirmation* (erreur logique) et un *effet de contexte* ou de familiarité.

Chapitre 4

Calcul des probabilités

T. Bayes (1702-1761)

En 1996, en Angleterre, le couple Clark perdit son premier enfant, Christopher, à l'âge de 3 mois. La mère, Sally, était la seule dans la maison au moment du décès. La mort fut attribuée à l'époque au syndrome de mort subite du nourrisson. Un an plus tard, Sally eut un deuxième enfant mais il mourut dans des circonstances très semblables à l'âge de deux mois.

Une procédure judiciaire fut déclenchée et Sally accusée d'infanticide. Un expert en pédiatrie témoigna lors du procès que la probabilité, dans une famille telle que celle-là, de voir deux enfants mourir successivement du syndrome de mort subite était de 1 sur 73 millions. Ce chiffre très frappant joua un rôle important dans l'inculpation de Sally Clark. Largement relayé par la presse, il fut inteprété comme la probabilité que la mère était innocente.

Ce chiffre est pourtant extrêmement trompeur, comme le démontra le statisticien Dawid (2002), qui permit la révision du jugement. Nous allons dans ce chapitre poser toutes les bases de la compréhension de cette situation et de l'erreur de raisonnement qui mena directement à l'emprisonnement de Sally Clark. C'est la notion de probabilité et les règles de calcul afférentes qu'il faut construire.

4.1 Notion intuitive

Le calcul des probabilités a trouvé naissance dans l'étude des jeux de hasard et s'est répandu aujourd'hui dans des disciplines aussi diverses que l'économie, la génétique, la physique, l'informatique et bien sûr la psychologie. Le mot « hasard » lui-même vient d'un mot arabe qui veut dire « dé à jouer ».

On attribue à Pascal la première tentative d'introduction du quantitatif dans ce domaine du jeu de hasard. Il cherchait alors à répondre à une question qu'on lui posait sur la meilleure manière de répartir les gains quand une partie de dé est interrompue.

Pour le psychologue, dont l'objet est par nature imprévisible, changeant, évolutif, dynamique, la notion de probabilité permet de prendre acte de façon formelle de ce qu'aucun modèle de l'humain ne peut raisonnablement être posé comme déterministe. Dans l'approche de la psychologie statistique, le psychologue ne modélise pas le comportement lui-même, mais sa *probabilité*.

En outre, un ensemble de travaux volumineux s'est développé ces quarante dernières années, dans la lignée de Tversky & Kahnemann (1974), sur la gestion de l'incertain par le sujet humain lui-même. La gestion du comportement suppose en effet du sujet humain qu'il anticipe ou synthétise les événements de la vie pour prendre des décisions sur ses orientations futures. Cela suppose une certaine gestion de l'imprévisible, dont ces auteurs montrent qu'elle repose sur des heuristiques, c'est-à-dire des stratégies ouvertes de maximisation de gain, qui ne correspondent pas à un calcul de probabilités formel. La connaissance du calcul formel des probabilités a donc pour bénéfice secondaire pour le psychologue de mettre en évidence que le raisonnement spontané du sujet humain s'en distingue souvent radicalement. Cela permet d'ouvrir à la compréhension de ce qu'on appelle les biais de jugement ou biais cognitifs dans le raisonnement humain.

4.1.1   Probabilité connue

Si l'on prend ce premier exemple du jet d'un dé, on dira que si le dé est parfaitement symétrique, chacune de ses faces a autant de chances que les autres d'apparaître. On dit que l'ensemble Ω des issues possibles d'un jet est $\Omega = \{1, 2, 3, 4, 5, 6\}$. On quantifie l'incertitude du résultat en disant que sur les 6 issues possibles, chacune a une chance d'apparaître si le dé est parfaitement symétrique et régulier. On définit le nombre $\pi_k = \frac{1}{6}$ comme la *probabilité* associée à chaque issue k. Cette première présentation amène la définition suivante :

Définition 4.1 (Probabilité)
Une probabilité est le rapport du nombre d'éventualités d'un événement cible, sur le nombre total d'éventualités.

Par exemple, une des éventualités lorsque l'on lance un dé est de sortir un 6, sur les six issues équiprobables possibles d'un jet de dé. On voit qu'il y a dans cette formulation un lien naturel entre la notion de probabilité et la notion de fréquence. Mais une différence importante est que l'une est théorique (ou vraie), tandis que l'autre est le résultat d'une expérience concrète éventuellement non définitive (on dira alors que c'est une estimation).

Comme pour les fréquences et par construction, on aura donc, avec K événements incompatibles (ils ne peuvent survenir simultanément) :

$$\sum_{k=1}^{K} \pi_k = 1.$$

On note par la lettre grecque π (« pi ») la valeur de probabilité d'un événement. D'une façon générale, on écrira en grec les probabilités vraies d'un événement (telles qu'on peut les calculer par un raisonnement théorique ou par un modèle de probabilité) et en lettres latines les mesures empiriques de fréquence (f).

On note aussi par $P(.)$ la *fonction de probabilité* qui à un événement associe sa probabilité.

On attribue la probabilité 1 à l'événement certain et 0 à l'événement impossible. Par exemple, la probabilité « d'avoir un 1 ou un 2 ou un 3 ou un 4 ou un 5 ou un 6 » est égale à 1. La probabilité d'avoir à la fois un 1 et un 6 est nulle. Une probabilité est donc un nombre compris entre 0 et 1.

Le nombre d'éléments de Ω peut bien sûr être largement supérieur à 6 et même être infini. Cela pose des problèmes particuliers que nous discuterons dans la partie finale de ce chapitre.

4.1.2 Probabilité inconnue

Naturellement, on peut prendre en compte des cas où le dé serait pipé et où l'une des faces a plus de chances d'apparaître que les autres. Dans le premier cas (équiprobabilité), c'est un raisonnement théorique (la symétrie du dé) qui nous permet de déterminer la probabilité d'obtenir une face particulière. Dans le deuxième cas (dés pipés), il nous faudra sans doute *estimer* ces probabilités en procédant à une expérience concrète de n lancers consécutifs du dé pipé, pour prendre la mesure de la fréquence f_k avec laquelle la face alourdie sort, avec n arbitrairement grand. A la limite, lorsque n tend vers l'infini, la fréquence d'apparition de chaque face k tend vers une valeur π_k qui est sa probabilité.

4.2 Probabilité conjointe, conditionnelle et marginale

Exemple 4.1

En recensant les individus de nationalité française selon le sexe et leur statut tabagique, on trouve les fréquences conjointes suivantes :

Sexe/Fumeur	Oui	Non	Total
Hommes	0.18	0.32	0.50
Femmes	0.22	0.28	0.50
Total	0.40	0.60	1.00

Dans ce qui suit, nous considérerons ces valeurs comme des probabilités, en considérant la situation simple où nous prenons au hasard une personne dans cette population.

Appelons S l'événement « être fumeur » et H l'événement « être un homme ». Dans ce contexte, on dit qu'il s'agit d'événements *simples*.

Un *événement composé* est un événement constitué de plusieurs événements élémentaires qui peuvent survenir en même temps. Par exemple, les événements $S \cap H$ (être fumeur ET de sexe masculin) et $S \cup H$ (être fumeur OU de sexe masculin) sont composés.

Définition 4.2 (Probabilité conjointe)
On appelle probabilité conjointe *de deux événements E_1 et E_2 la probabilité qu'ils arrivent ensemble et on note $P(E_1 \cap E_2)$.*

En prenant au hasard une personne dans cette population, la probabilité de tomber ainsi sur un sujet fumeur et de sexe masculin est $P(S \cap H) = 0.18$. Dans cette situation, les probabilités des événements simples $P(E_1)$ et $P(E_2)$ sont appelées *probabilités marginales*.

Définition 4.3 (Probabilité conditionnelle)
On appelle probabilité conditionnelle *de E_1 sachant E_2, notée $P(E_1|E_2)$, la probabilité qu'un événement E_1 survienne, sachant qu'un autre événement E_2 est déjà réalisé.*

Probabilité jointe, marginale et conditionnelle sont liées par la relation fondamentale :
$$P(E_1|E_2) = \frac{P(E_1 \cap E_2)}{P(E_2)}.$$

Celle-ci peut être illustrée graphiquement par une représentation en diagramme de Venn, où la surface d'une partie a le sens de la probabilité de l'événement correspondant (la surface de Ω est donc égale à 1). La probabilité conditionnelle peut alors être visualisée comme rapport de surfaces de deux parties.

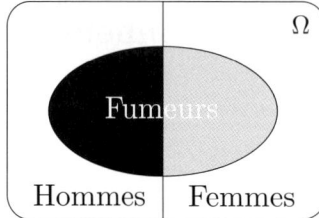 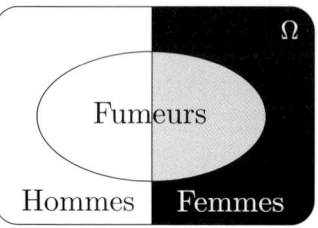

Fig. 4.1 – Représentation ensembliste de la probabilité conditionnelle

Sur la fig. 4.1 (panneau de gauche), la probabilité $P(F|S)$ d'être une femme (événement noté F) sachant qu'on est fumeur peut être visualisée comme le rapport de la surface claire sur la surface totale de l'ellipse centrale. La probabilité inverse $P(S|F)$ d'être fumeuse sachant qu'on est une femme peut être visualisée (panneau de droite) comme le rapport de la surface claire sur la surface foncée. Comme on le voit, ces deux probabilités, bien que calculées avec le même numérateur $P(F \cap S)$, ne seront pas les mêmes en général : elles ne seraient égales que si elles avaient même dénominateur, $P(S) = P(F)$, ce qui n'est pas attendu dans ce contexte.

Exemple 4.2
A partir des données du tableau exemple ci-dessus, la probabilité d'être fumeur sachant qu'on est un homme est :

$$P(S|H) = \frac{P(S \cap H)}{P(H)} = \frac{0.18}{0.50} = 0.36.$$

Interprétation : si l'on tire au hasard un sujet *chez les hommes*, il y a 36% de chances de tomber sur un fumeur (alors qu'il y en a 40% sur l'ensemble de la population). On voit que la probabilité conditionnelle est la probabilité d'un événement (par exemple être fumeur) dans une certaine condition restreinte (par exemple chez les hommes seulement). C'est une probabilité calculée sur un sous-ensemble de Ω, considéré comme le nouveau référentiel.

Définition 4.4 (Indépendance)
Deux événements E_1 et E_2 sont dits indépendants *si la probabilité que l'un survienne est la même, que l'autre soit réalisé ou non, c'est-à-dire :*

$$P(E_1|E_2) = P(E_1).$$

Dans notre exemple, on a $P(S|H) = 0.36$. Cette valeur est différente de celle observée sur l'ensemble de la population : $P(S) = 0.40$. On peut donc dire qu'être fumeur et homme sont deux événements *dépendants* : les hommes fument moins que ce qui est observé dans la population générale (c'est-à-dire en incluant les femmes).

Définition 4.5 (Distribution de probabilité)
On appelle distribution de probabilité *l'application de Ω dans $[0;1]$ qui à chaque événement possible de l'ensemble des parties de Ω associe sa probabilité d'apparaître.*

On parle de *distribution conjointe* pour la distribution de la conjonction d'événements. Dans notre exemple, elles sont représentées par les probabilités dans les cases centrales du tableau.
On parle de *distribution marginale* pour la distribution des événements simples. Dans notre exemple, elles sont représentées par les probabilités dans les cases en marge du tableau.
On parle de *distribution conditionnelle* à propos de la distribution d'événements sachant qu'un autre est réalisé. Dans notre exemple, la distribution conditionnelle du statut tabagique sachant qu'on est un homme est résumée dans le tableau :

Statut	Fumeur	Non-fumeur	Somme
Homme	$P(S|H) = 0.36$	$P(\bar{S}|H) = 0.64$	1.00

On note que dans toute distribution (marginale, conjointe, conditionnelle), la somme des probabilités est égale à 1. Selon les cas, cette somme unité apparaît dans la case en bas à droite du tableau conjoint (marginale, conjointe) ou dans les marges (conditionnelle). La lecture correcte d'un tableau de probabilités (ou de fréquences) passe toujours par la question : « Qu'est-ce qui somme à un dans ce tableau ? »

4.3   Règles de calcul

4.3.1   Formules de Bayes

A partir de la définition de la probabilité conditionnelle, on peut exprimer la probabilité conjointe comme

$$P(E_1 \cap E_2) = P(E_1|E_2)P(E_2).$$

Puisque $E_1 \cap E_2 = E_2 \cap E_1$ et que

$$P(E_2 \cap E_1) = P(E_2|E_1)P(E_1),$$

on a donc (formule dite de Bayes) :

$$P(E_1|E_2)P(E_2) = P(E_2|E_1)P(E_1).$$

Cette relation est plus souvent écrite sous la forme du théorème suivant.

Théorème 4.1 (Théorème d'inversion de Bayes)
Les deux probabilités conditionnelles inverses l'une de l'autre sont liées par la formule :

$$P(E_1|E_2) = \frac{P(E_2|E_1)P(E_1)}{P(E_2)}.$$

Cette formule permet de passer d'une probabilité conditionnelle $P(E_2|E_1)$ à son inverse $P(E_1|E_2)$.

Exemple 4.3
Nous avons calculé $P(S|H) = 0.36$. On peut à partir de là retrouver la probabilité d'avoir affaire à un homme si on observe un fumeur, par la formule d'inversion :

$$P(H|S) = \frac{P(S|H)P(H)}{P(S)} = \frac{0.36 \times 0.5}{0.40} = 0.45.$$

On vérifie qu'on trouve bien la même chose qu'avec la formule directe de la probabilité conditionnelle :

$$P(H|S) = \frac{P(H \cap S)}{P(S)} = \frac{0.18}{0.40} = 0.45.$$

L'équivalence entre les deux calculs est facile à apercevoir quand on dispose ces différentes quantités en tableaux (tableau 4.1).

(a)	Conjointe		
	Fumeur	Non F.	Total
Hommes	$P(H \cap S)$	$P(H \cap \bar{S})$	$P(H)$
Femmes	$P(F \cap S)$	$P(F \cap \bar{S})$	$P(F)$
Total	$P(S)$	$P(\bar{S})$	1.00

(b)	Conditionnelle ligne		
	Fumeur	Non F.	Total
Hommes	$\frac{P(H \cap S)}{P(H)}$	$\frac{P(H \cap \bar{S})}{P(H)}$	1.00
Femmes	$\frac{P(F \cap S)}{P(F)}$	$\frac{P(F \cap \bar{S})}{P(F)}$	1.00
Total	-	-	-

(c)	Conditionnelle colonne		
	Fumeur	Non F.	Total
Hommes	$\frac{P(H \cap S)}{P(S)}$	$\frac{P(H \cap \bar{S})}{P(\bar{S})}$	-
Femmes	$\frac{P(F \cap S)}{P(S)}$	$\frac{P(F \cap \bar{S})}{P(\bar{S})}$	-
Total	1.00	1.00	-

Tableau 4.1 – Distributions conjointe et conditionnelles

On retrouve les probabilités conjointes (a) en remultipliant les probabilités conditionnelles sachant le sexe (b) par les probabilités marginales de la variables sexe, $P(H)$ et $P(F)$. De même, on retrouve les probabilités conjointes (a) en remultipliant les probabilités conditionnelles sachant le statut tabagique (c) par les probabilités marginales de la variables statut tabagique, $P(S)$ et $P(\bar{S})$. On peut donc, à partir de l'une ou l'autre des probabilités conditionnelles, retrouver les probabilités conditionnelles inverses en repassant par le tableau des probabilités conjointes.

4.3.2 Loi du produit

Si deux événements E_1 et E_2 sont indépendants, on a :

$$P(E_1) = P(E_1|E_2) = \frac{P(E_1 \cap E_2)}{P(E_2)},$$

d'où

$$P(E_1 \cap E_2) = P(E_1)P(E_2).$$

Théorème 4.2 (Loi du produit)
La probabilité d'un événement conjoint est égale au produit des probabilités des événements élémentaires qui le composent si ces événements sont indépendants les uns des autres.

Exemple 4.4
Un test a une probabilité de $\frac{1}{5}$ d'être réussi. La probabilité que deux sujets, tirés au hasard et qui le passent séparément, le réussissent est de $\frac{1}{5} \times \frac{1}{5} = \frac{1}{25}$.

Par extension, on dira que n événements $(E_i)_{i=1,\ldots,n}$ sont *indépendants dans leur ensemble* si pour tout sous-groupe de ces événements la probabilité conjointe est égale au produit des probabilités marginales. Autrement dit, pour toute sous-partie I de $\{1, \ldots, n\}$, on a toujours :

$$P(\bigcap_{i \in I} E_i) = \prod_{i \in I} P(E_i).$$

Par extension également, on parlera en psychologie d'*indépendance de deux variables* (au sens méthodologique du terme) lorsque toutes les modalités possibles sur une variable sont indépendantes de toutes les modalités possibles sur l'autre.

Indépendance conditionnelle
Les probabilités conditionnelles se manipulent comme n'importe quelle autre probabilité, avec les mêmes formules, *tant qu'elles sont conditionnées sur le même événement*. Ce conditionnement correspond simplement à une restriction de l'ensemble des possibles, à un sous-ensemble sur lequel les lois de calcul usuelles continuent à s'appliquer.
On peut ainsi définir une notion d'indépendance conditionnelle de deux événements E_1 et E_2 sachant qu'un troisième, E_3, est déjà réalisé. On dira que E_1 et E_2 sont conditionnellement indépendants par rapport à E_3 si :

$$P(E_1 \cap E_2 | E_3) = P(E_1 | E_3) P(E_2 | E_3).$$

Il s'agit de la loi du produit, appliquée au sous-ensemble des événements de Ω où E_3 est réalisé.

4.3.3   Loi de l'addition

Définition 4.6 (Incompatibilité)
Deux événements E_1 et E_2 sont dits incompatibles *si l'on ne peut avoir les deux en même temps, c'est-à-dire si l'on a simultanément :* $E_1 \cap E_2 = \emptyset$ *et* $P(E_1 \cap E_2) = 0$.

On dit que les événements correspondants sont mutuellement exclusifs. Lorsque deux événements E_1 et E_2 sont mutuellement exclusifs, la probabilité d'en avoir un des deux réalisé au moins est la somme simple de leurs probabilités respectives. On note $P(E_1 \cup E_2)$ la probabilité d'avoir E_1 ou E_2.

Théorème 4.3 (Loi de l'addition)
Si E_1 et E_2 sont deux événements incompatibles, alors $P(E_1 \cup E_2) = P(E_1) + P(E_2)$.

La loi de l'addition est un cas particulier du calcul d'une probabilité sur la réunion de deux événements, quand ils ne sont pas nécessairement mutuellement exclusifs. S'il y a recouvrement partiel entre eux (ils peuvent parfois apparaître ensemble), l'addition simple de leurs probabilités $P(E_1) + P(E_2)$ mènerait à compter deux fois leur probabilité conjointe. On a donc la formule générale :

$$P(E_1 \cup E_2) = P(E_1) + P(E_2) - P(E_1 \cap E_2).$$

où la probabilité conjointe est soustraite une fois pour corriger la somme simple. Naturellement, quand $P(E_1 \cap E_2) = 0$, on retrouve la loi de l'addition.

Exemple 4.5
Quelle est la probabilité d'être homme ou fumeur ? Il y a dans ce cas recouvrement possible car on peut être les deux. On calcule donc :

$$\begin{aligned} P(E_1 \cup E_2) &= P(E_1) + P(E_2) - P(E_1 \cap E_2) \\ &= 0.5 + 0.4 - 0.18 \\ &= 0.72. \end{aligned}$$

Interprétation : en tirant au hasard une personne dans cette population, il y a 72% de chances de tomber sur quelqu'un qui soit un homme ou qui soit fumeur (-euse) ou les deux.

Enfin, quand les deux événements sont indépendants, par application de la loi du produit, la règle de calcul devient :

$$P(E_1 \cup E_2) = P(E_1) + P(E_2) - P(E_1)P(E_2).$$

Indépendance et incompatibilité
On note qu'indépendance et incompatibilité ne sont pas du tout synonymes : deux événements indépendants peuvent très bien se produire simultanément. Par exemple, il n'y a *a priori* pas de rapport entre le fait de croiser les doigts et de réussir à un examen : il peut néanmoins arriver que l'on réussisse à l'examen en ayant croisé les doigts... Par ailleurs, deux événements incompatibles ne sont pas indépendants : si vous êtes fâché avec votre beau-frère et que vous êtes absent de toutes les réunions de famille où il est présent, cela crée paradoxalement entre vous une très forte relation de dépendance.

Evénements complémentaires
Si E et $\bar{E}$ sont deux événements complémentaires, on a les relations :

$$\begin{aligned} E \cup \bar{E} &= \Omega \\ P(E \cup \bar{E}) &= P(\Omega) \\ P(E) + P(\bar{E}) &= 1. \end{aligned}$$

4.3.4   Théorème des probabilités totales

Définition 4.7 (Exhaustivité)
Deux événements E_1 et E_2 sont dits exhaustifs *s'ils épuisent à eux deux la totalité des possibles, c'est-à-dire : $E_1 \cup E_2 = \Omega$ et $P(E_1 \cup E_2) = 1$. Cette définition s'étend à un nombre quelconque d'événements.*

Théorème 4.4 (Théorème des probabilités totales)
Si deux événements E_1 et E_2 sont à la fois incompatibles et exhaustifs, alors pour tout autre événement E_3 on a :

$$
\begin{aligned}
P(E_3) &= P(E_3 \cap E_1) + P(E_3 \cap E_2) \\
&= P(E_3|E_1)P(E_1) + P(E_3|E_2)P(E_2).
\end{aligned}
$$

Exemple 4.6
La probabilité d'être fumeur (S), c'est la probabilité d'être fumeur et homme $(S \cap H)$, plus la probabilité d'être fumeuse et femme $(S \cap F)$, car la variable *sexe* définit deux événements exhaustifs. Sur les données tabagiques, on a d'une part

$$P(S) = P(S \cap H) + P(S \cap F) = 0.18 + 0.22 = 0.40,$$

mais aussi

$$P(S) = P(S|H)P(H) + P(S|F)P(F) = \left(\frac{0.18}{0.50} \times 0.50\right) + \left(\frac{0.22}{0.50} \times 0.50\right) = 0.40.$$

On peut toujours ainsi décomposer la probabilité d'un événement quelconque selon une partition exhaustive de Ω.

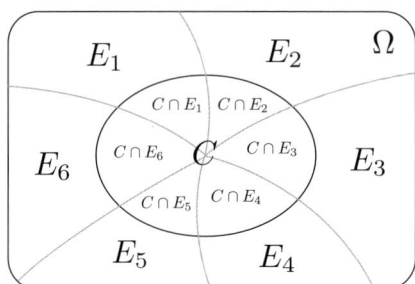

Fig. 4.2 – Partition et reconstitution par parties (6 classes)

En général, pour une partition $\{E_k\}$ de Ω et un événement cible C, on a (fig. 4.2) :

$$C = \bigcup_k (C \cap E_k)$$

et

$$P(C) = P\left\{\bigcup_k (C \cap E_k)\right\} = \sum_k P(C \cap E_k) = \sum_k P(C|E_k)P(E_k).$$

4.3.5   Tableau de synthèse

Les différentes règles de calcul et les relations correspondantes sur les événements sont résumées dans le tableau de synthèse 4.2. Dans ce tableau, il est important de bien saisir que la colonne de gauche renvoie à des événements de nature qualitative, tandis que la colonne de droite formule des relations sur des quantités numériques (des probabilités). Les opérations sur les unes n'ont pas de sens sur les autres.

Partie ou événement	Probabilité
$\emptyset$	$P(\emptyset) = 0$
$E \cup \bar{E} = \Omega$ et $E \cap \bar{E} = \emptyset$	$P(E) + P(\bar{E}) = 1$
Si E_1 et E_2 sont indépendants	$P(E_1 \cap E_2) = P(E_1)P(E_2)$
$E_1 \cap E_2 = \emptyset$	$P(E_1 \cup E_2) = P(E_1) + P(E_2)$
$E_1 \cap E_2 \neq \emptyset$	$P(E_1 \cup E_2) = P(E_1) + P(E_2) - P(E_1 \cap E_2)$
$\{E_k\}$une partition	$P(C) = \sum_k P(C|E_k)P(E_k)$

Tableau 4.2 – Relation sur les événements et probabilités associées

4.4   Dénombrements

Les modèles statistiques que nous étudierons sont formulés en termes de probabilités. Ces probabilités sont dans les cas les plus simples calculées à partir du dénombrement des éventualités dans une situation donnée.

Cette section expose quelques grandes bases du calcul des dénombrements qui seront utiles pour le calcul des probabilités et, à terme, pour la construction de modèles.

Le calcul des probabilités suppose souvent de dénombrer des éventualités dans un ensemble dénombrable d'événements. Mais il n'est pas toujours possible de dénombrer unité par unité les éléments d'une situation. Dans beaucoup de cas, on peut les dénombrer par un raisonnement. Les dénombrements de permutations, d'arrangements et de combinaisons sont les bases de ce qu'on appelle le calcul combinatoire.

Principe de base du comptage

Quand une expérience est composée de deux phases consécutives E_1 et E_2, dont les issues possibles sont au nombre de K_1 et K_2 respectivement, le nombre des configurations possibles à l'issue de l'expérience est égal à $K_1 \times K_2$. Naturellement, ce principe ne vaut que si le nombre d'issues possibles de la phase 2 ne varie pas selon l'issue réalisée de la phase 1.

Exemple 4.7

Un sujet est soumis à une épreuve psychométrique constituée de deux subtests, dont on note l'issue en « réussite » (R) et « échec » (E). On a ici $K_1 = 2$ issues possibles au premier subtest et $K_2 = 2$ issues possibles au deuxième subtest, soit un ensemble de $K_1 \times K_2 = 4$ configurations de réussite sur l'ensemble de l'épreuve. Les profils de réussite des sujets sont : (R,R), (R,E), (E,R) et (E,E).

Ce principe compte ainsi l'ensemble de toutes les paires *ordonnées* qu'on peut construire en prenant chaque issue possible de l'une avec chaque issue possible de l'autre phase : les paires (R,E) et (E,R) sont comptées comme distinctes.

Naturellement, ce principe s'étend immédiatement au cas de plus de deux phases ou composantes élémentaires d'une expérience.

4.4.1   Permutations

Dans les études de marketing, les psychologues de l'industrie évaluent très souvent les préférences des consommateurs dans une gamme de produits. Un mode d'interrogation répandu est de soumettre n produits à des sujets testeurs et de leur demander de ranger ces produits par ordre de préférence. On fait tester par un sujet trois téléphones portables de marques différentes A, B et C : combien y a-t-il de rangements possibles de ces trois produits ?

Faire un rangement par préférence de ces trois produits est une expérience en trois phases : on choisit le premier, puis le deuxième, puis le dernier (ou l'inverse, ou tout autre ordre). Il y a trois issues possibles au premier choix, mais il n'y en a plus que deux au deuxième car un même objet ne peut apparaître à deux positions différentes. Enfin, il n'y a qu'une issue possible pour le dernier. Au total, le nombre de rangements possibles est donc $3 \times 2 \times 1 = 6$. On peut le vérifier en les listant tous : (A,B,C), (A,C,B), (B,A,C), (B,C,A), (C,A,B) et (C,B,A).

Nous pouvons étendre le principe au dénombrement des permutations possibles de N objets. Ce nombre est égal à $N \times (N - 1) \times (N - 2) \times ... \times 1$.

Définition 4.8 (Fonction factorielle)
On appelle factorielle *(notée n!) la fonction qui à tout entier naturel n associe l'entier :*

$$N! = N \times (N - 1) \times (N - 2) \times ... \times 3 \times 2 \times 1.$$

Cette fonction dénombre l'ensemble des permutations possibles dans un ensemble de N éléments. L'opérateur Π peut servir à écrire de manière symbolique le grand produit d'une série de termes numérotés. On écrira ainsi :

$$N! = \Pi_{i=1}^{N} i.$$

4.4.2   Arrangements

Une autre situation d'évaluation possible en psychologie des préférences est de demander aux sujets de choisir parmi N objets ou produits les k qu'il préfère (avec $k < N$) et de les ranger par ordre de préférence. Imaginons par exemple qu'on présente maintenant 10 téléphones portables aux sujets et qu'on leur demande d'en sélectionner trois qu'ils doivent ensuite ranger par préférence. Le choix de rangement final d'un sujet est une expérience en trois phases : la sélection du premier, puis du deuxième, puis du troisième téléphone. Le nombre de choix possibles pour le premier est 10, puis 9 pour le deuxième, puis 8 pour le troisième, soit au total $10 \times 9 \times 8 = 720$ configurations de choix possibles. Il aurait été ici très fastidieux de dénombrer l'une après l'autre toutes ces configurations ; le principe du comptage nous dispense de le faire.

Définition 4.9 (Arrangements)
On appelle arrangement, *noté* A_N^k, *la fonction qui a tout couple d'entiers* (N, k), $k \leq N$, *associe le nombre de k-uplets ordonnés qu'on peut extraire d'un ensemble de N éléments. On peut écrire la fonction arrangement en fonction de la fonction factorielle :*

$$A_N^k = \frac{N!}{(N-k)!}.$$

4.4.3 Combinaisons

Une situation plus simple est celle où l'on demande simplement aux sujets testeurs de sélectionner les trois meilleurs produits parmi les 10, sans avoir à les ranger par préférence. Combien y a-t-il de choix possibles de trois produits parmi les 10 ?

Dans l'expérience précédente, les sujets avaient à réaliser à la fois la tâche de sélection et de rangement. Appelons C_n^k le nombre de choix possibles de k objets parmi n. La tâche précédente est constituée de deux phases : une phase de sélection et une phase de rangement. Les choix ordonnés possibles sont donc dénombrables en multipliant le nombre de choix possibles par le nombre de rangements qu'il est ensuite possible de faire sur ces k éléments choisis, c'est-à-dire :

$$A_N^k - C_N^k \times k!.$$

Le nombre de choix *non ordonnés* possibles de k éléments parmi n est donc :

$$C_N^k = \frac{A_N^k}{k!}.$$

Définition 4.10 (Combinaisons)
On appelle combinaison, *notée* C_N^k, *la fonction qui a tout couple d'entiers* (N, k), $k \leq N$, *associe le nombre de k-uplets* non *ordonnés qu'on peut extraire d'un ensemble de N éléments. On peut écrire la fonction combinaison à l'aide de la fonction factorielle :*

$$C_N^k = \frac{A_N^k}{k!} = \frac{N!}{k!(N-k)!}.$$

La notation équivalente $\binom{N}{k}$ est aussi utilisée dans la littérature internationale.

Dans cet exemple, on obtient :

$$C_{10}^3 = \frac{A_{10}^3}{3!} = \frac{720}{6} = 120.$$

On peut noter qu'il y a autant de manières de sélectionner trois objets parmi 10 qu'il y en a de laisser sept objets parmi 10. Or, il y a C_{10}^7 manières de « laisser » sept objets parmi 10. Par conséquent, $C_{10}^3 = C_{10}^7$ et d'une manière générale :

$$C_N^k = C_N^{N-k}.$$

Enfin, il n'y qu'une seule manière de prendre N objets parmi N, et on a aussi :

$$C_N^N = 1.$$

Par conséquent :

$$C_N^0 = C_N^{N-N} = 1.$$

4.4.4   Répartition en classes identifiées

Une dernière situation est celle où l'on demande aux sujets de ranger les 10 produits dans trois catégories : les préférés, les indifférents et les détestés, selon le schéma : trois préférés, quatre indifférents et trois détestés. Combien y a-t-il de configurations possibles de ce type ?

L'expérience du sujet est décomposable en trois phases : la sélection des trois préférés, puis des quatre indifférents, puis des détestés. Il y a $C_{10}^3 = \frac{10 \times 9 \times 8}{3 \times 2 \times 1}$ possibilités pour choisir les trois préférés. On choisit ensuite les quatre indifférents dans les sept produits non encore classés et les choix possibles sont au nombre de $C_7^4 = \frac{7 \times 6 \times 5 \times 4}{4 \times 3 \times 2 \times 1}$. Il n'y a plus alors plus de choix pour les détestés : ce sont nécessairement ceux qui restent. On peut néanmoins écrire ce nombre de choix contraint comme $C_3^3 = \frac{3 \times 2 \times 1}{3 \times 2 \times 1} = 1$. L'opération peut donc être vue comme une *combinaison multiple*, c'est-à-dire trois sélections successives dans un ensemble d'objets, sans remise.

Au final, le nombre de configurations possibles est le produit de ces trois nombres. On note :

$$C_{10}^{3,4,3} = C_{10}^3 \, C_7^4 \, C_3^3 = \frac{10 \times 9 \times 8}{3 \times 2 \times 1} \times \frac{7 \times 6 \times 5 \times 4}{4 \times 3 \times 2 \times 1} \times \frac{3 \times 2 \times 1}{3 \times 2 \times 1} = \frac{10!}{3!4!3!} = 4200.$$

Définition 4.11 (Combinaison multiple)
On appelle combinaison multiple *la fonction, notée* $C_N^{n_1, n_2, \ldots, n_K}$, *qui pour un nombre N fixé d'objets à répartir en K catégories d'effectifs $n_1, n_2, \ldots, n_K$ (avec $n_1 + n_2 + \ldots + n_K = N$) associe le nombre de tels classements possibles :*

$$C_N^{n_1, n_2, \ldots, n_K} = \frac{N!}{n_1! n_2! \ldots n_K!}.$$

On doit noter que cette formule [1] donne le nombre de configurations possibles de classement de N objets en K catégories, *quand celles-ci sont clairement distinguées*. Dans le cas présent, on a clairement distingué les catégories « préférés », « indifférents » et « détestés », et il n'est pas équivalent que les mêmes téléphones soient classés dans l'un ou l'autre de ces groupes.

4.4.5   Tableau de synthèse

Les cinq formules de dénombrement de cette section sont rassemblées dans le tableau de synthèse ci-dessous :

Type	Formule	Dénombrement
Multiplications	$\prod_i k_i$	Parcours dans N phases à k_i issues
Permutations	$N!$	Rangements ordonnés de N objets
Arrangements	$A_n^k = N(N-1)...(N-k+1)$	Sélections ordonnées de k parmi n
Combinaisons	$C_N^k = \frac{A_N^k}{k!}$	Sélections non ordonnées de k parmi n
Multiples	$C_N^{n_1, n_2, ..., n_K}$	Répartition de n objets en K catégories

4.5   Probabilités sur un ensemble non dénombrable

Les notions présentées dans les sections précédentes ont été construites en réfléchissant sur un ensemble des possibles dénombrable et fini (le résultat du lancer d'un dé n'a que six valeurs possibles). Mais il existe des mesures en psychologie dont l'ensemble des modalités n'est pas dénombrable.

En mathématiques, on parle d'*ensemble dénombrable* quand il est possible de mettre en correspondance chacune de ses modalités avec l'une des valeurs d'une numérotation par entiers. On peut noter au passage que cette définition n'implique pas que l'ensemble des modalités soit fini, car l'ensemble des entiers est lui-même infini.

Nous nous intéressons dans cette section à la définition d'une distribution de probabilité sur une variable dont l'ensemble des modalités n'est pas dénombrable. C'est le cas d'une mesure de temps de réaction par exemple, dans une expérience sur la vitesse d'identification d'une cible visuelle. Si l'on souhaitait numéroter par entiers des valeurs de temps, on se heurterait à la difficulté d'avoir à définir ce qu'est la « valeur suivante » pour une mesure de temps. La propriété de continuité fait qu'entre deux valeurs de temps choisies arbitrairement proches, il y en a encore une infinité ! C'est ce qu'on appelle la *puissance du continu*.

Pour ce type de variable, la continuité pose un problème spécifique dans la définition d'une probabilité, qui oblige à introduire un nouveau cadre de réflexion.

---

1. La notation ci-dessus est traditionnelle en France. La notation équivalente $\binom{N}{n_1, n_2, ..., n_K}$ tend aujourd'hui à s'y substituer.

4.5.1   Simulation d'un processus uniforme

Nous allons explorer cette question à partir d'un mécanisme aléatoire très simple à définir, qui généralise la notion d'équiprobabilité au cas continu. Nous considérons un processus qui engendre un nombre quelconque compris entre 0 et 1, de telle sorte que *toute valeur sur cet intervalle a les mêmes chances d'apparaître*. C'est ce qu'on appelle une loi uniforme. La fonction `runif` en R permet de simuler un tel processus, pour un intervalle $[a; b]$ prédéfini.

La syntaxe `runif(n,a,b)` génère n valeurs aléatoires tirées dans l'intervalle $[a; b]$ selon une loi uniforme. On peut dans la console de R appeler plusieurs fois cette fonction, avec $n = 1$, pour comprendre son fonctionnement (par défaut a et b sont fixés à 0 et 1) :

```
>runif(1)
[1] 0.5688801
>runif(1)
[1] 0.9207203
>runif(1)
[1] 0.2060877
>
```

Les valeurs obtenues ci-dessus ne seront évidemment pas les mêmes que celles qui apparaîtront sur votre écran : il s'agit bien d'un processus aléatoire. Dans une loi uniforme, toute valeur de la variable X définie sur $[a; b]$ a les mêmes chances d'apparaître. On écrit symboliquement : $X \sim U(a, b)$, où le symbole '$\sim$' signifie « est tiré dans une loi... » et le symbole U représente la fonction de probabilité uniforme, dont les arguments a et b sont appelés *paramètres* de la loi.

Mais comment écrire algébriquement la fonction de probabilité correspondante ? Nous supposons qu'elle sera de la forme $f(x) = c$, où c est une constante, puisque toutes les valeurs ont la même chance d'apparaître, mais que vaut c ?

Nous allons approcher cette question de manière graphique, à travers des histogrammes de fréquences. Dans l'étude du lancer d'un dé dans les chapitres précédents, cette approche s'était avérée fructueuse, puisqu'en poussant à la limite le nombre de lancers, la fréquence empirique d'apparition de chaque face se rapprochait de plus en plus de la probabilité théorique.

Construisons une représentation graphique de la distribution empirique qui résulte d'un tirage de 500 valeurs selon cette loi. Nous savons que pour la représentation sous forme d'histogramme d'une distribution empirique continue, on procède par regroupement en classes. C'est ce que l'interface graphique `AtelieR` va faire automatiquement pour nous.

Atelier 4.1 (Construction de la loi uniforme)

1. Charger sous R la librairie AtelieR par la commande : library(AtelieR)

2. Dans le menu Ateliers>Comprendre, charger le module « Construction de la loi normale ». Cet atelier simule le processus de tirage aléatoire dans l'une ou l'autre des quatre lois de probabilité : uniforme, binomiale, normale, Gamma (nous étudierons ces trois dernières plus loin). Sélectionner « loi uniforme » (voir fig. 4.3), puis fixer à 0 et 1 les valeurs de paramètres 1 et 2 (qui représentent les bornes a et b de la loi uniforme).

3. Fixer à 500 le nombre d'observations et cliquer sur le bouton « Afficher » pour générer un histogramme regroupé en classes d'un tirage aléatoire de 500 valeurs dans une $U(0, 1)$. Pour un échantillon donné, on constate que les bâtons ne sont pas tous d'égale hauteur, bien que nous sachions que toutes les valeurs ont même probabilité d'apparaître. C'est l'effet de l'*erreur d'échantillonnage*, qui résulte de ce que nous observons le résultat de ce processus aléatoire sur un nombre fini d'observations (500). De la même façon, même si nous savons qu'une pièce équilibrée a une chance sur deux de retomber sur « pile » lors d'un lancer, nous ne nous attendons pas à ce que sur 10 lancers, elle retombe exactement 5 fois sur « pile ».

4. Si l'on tire successivement plusieurs échantillons de taille 500 (en cliquant plusieurs fois sur le bouton « Afficher »), on perçoit que les hauteurs de bâtons fluctuent néanmoins autour d'une valeur fixe. Pour un découpage en 10 classes, et en supposant que toutes les valeurs ont bien la même chance d'apparaître, on s'attend à ce que les classes contiennent le même nombre théorique d'observations, c'est-à-dire $500/10 = 50$ observations. Vérifier ce point.

5. De la même façon, on s'attend à voir les fréquences de classes (cliquer sur l'option d'affichage « Fréquences ») fluctuer autour de la valeur $1/10 = 0.1$. C'est ce qu'on appelle un effectif ou une fréquence *théorique*, car sur un échantillon donné, la distribution *empirique* sera toujours différente de cet idéal. Pouvons-nous en conclure qu'une fonction $f(x) = 0.10$ rendrait compte du processus probabiliste sous-jacent ?

6. Le champ « Coupures » permet de définir le nombre de coupures qu'on veut pour construire des classes d'histogramme de largeurs constantes. En entrant la valeur 51 dans le champ « Coupures », on provoque le regroupement des données en 50 classes. On s'attend maintenant à un effectif théorique de $500/50 = 10$ observations par classes, ou une fréquence théorique de $1/50 = 0.02$.

On voit ainsi que les valeurs d'effectifs et de fréquences de classes changent aussi selon le nombre de classes qu'on choisit. Si nous étions tentés d'imaginer que la fonction de la loi uniforme était de la forme $f(x) = 0.1$ sur la base de ce qui précède, le changement du nombre de classes nous en dissuade.

La représentation graphique d'une distribution continue de probabilité pose donc problème, ainsi que la définition d'une *fonction de probabilité* pour ces variables. Comment calculer $P(X = 0.5)$ par exemple ?

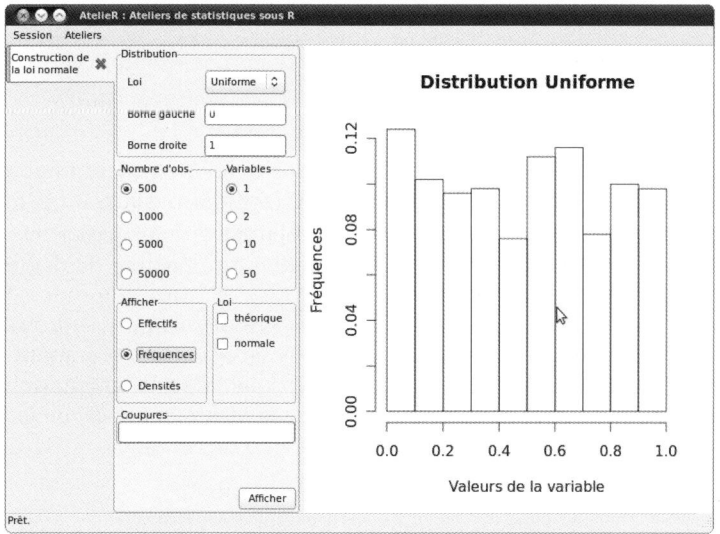

Fig. 4.3 – Regroupement en classes dans une loi continue

4.5.2 Probabilité ponctuelle dans une loi continue

Il est plus simple d'aborder cette question en cherchant à calculer la probabilité cumulée à gauche $P(X < 0.5)$ dans une $U(0, 1)$. A partir de la propriété définitoire « toute valeur de la variable a même probabilité », on voit tout de suite que la masse de probabilité est la même à gauche et à droite de la valeur ponctuelle 0.5 et que par conséquent $P(X < 0.5) = P(X > 0.5) = 0.5$. De façon analogue, on aurait par exemple $P(X < \frac{1}{3}) = \frac{1}{2}P(X > \frac{1}{3})$ autrement dit $P(X < \frac{1}{3}) = \frac{1}{3}$.

On mène facilement le même raisonnement sur n'importe quelle valeur du segment $[0; 1]$. La fonction de répartition (ou fonction de probabilité cumulée à gauche) d'une loi uniforme a donc une forme simple, linéaire :

$$P(X < x) = x.$$

On peut en déduire que la probabilité sur la k-ième classe $C_k = [a_k; b_k]$ de l'histogramme est :

$$P(a_k < X < b_k) = P(X < b_k) - P(X < a_k) = b_k - a_k.$$

La probabilité de voir apparaître une valeur comprise dans cet intervalle est donc simplement égale à la largeur de la classe. On a par exemple :

$$P(0.4 < X < 0.6) = P(X < 0.6) - P(X < 0.4) = 0.6 - 0.4 = 0.2.$$

Si l'on diminue arbitrairement l'intervalle considéré autour de sa valeur centrale 0.5, on voit immédiatement que la probabilité correspondante tend vers 0. A la limite, en concevant la valeur ponctuelle 0.5 comme un intervalle de largeur infinitésimale centré sur 0.5, on en conclut que la probabilité $P(X = 0.5)$... est nulle ! A l'issue de ce raisonnement, nous comprenons que dans une loi continue, toutes les probabilités ponctuelles sont nulles. On peut donc par exemple écrire que, pour tout x :

$$P(X \leq x) = P(X < x) + P(X = x) = P(X < x).$$

Clairement, une probabilité nulle n'est plus associée à l'événement impossible. Une fonction de la forme $P(X = x) = 0, \forall x$ laisse sceptique : elle traduit mal l'expérience concrète de valeurs ayant la même probabilité d'apparition et donnerait toujours la même valeur quelle que soit l'étendue du domaine de définition $[a; b]$ de la loi uniforme considérée.

Pour pouvoir manipuler des variables avec un nombre infini de modalités, nous devons changer de cadre conceptuel. Nous avons vu comment le nombre de classes a un impact sur la forme de l'histogramme empirique. Mais la largeur de ces classes en a aussi. Comme nombre et largeurs de classes sont liés, on peut mieux percevoir l'impact de la largeur en créant des classes de largeurs inégales.

Atelier 4.2 (Impact des largeurs de classes)

1. On peut dans le champ « Coupures » entrer soit un nombre unique (représentant le nombre de coupures voulu), soit une suite de valeurs séparées par des espaces (représentant alors les valeurs de coupures elles-mêmes). On peut par exemple observer le résultat d'un découpage selon les bornes d'intervalle : 0.0 0.3 0.6 0.7 1.0 (ne pas oublier d'inclure les bornes extrêmes 0 et 1).

2. L'effet est mieux perçu en rééchantillonnant de manière répétée (bouton « Afficher »).

Clairement, une classe plus large a plus de chances de contenir davantage d'observations et on constate que, au-delà de l'erreur d'échantillonnage, le bâton de la classe $[0.6; 0.7]$ est systématiquement plus petit que les autres. Nous souhaiterions dans l'idéal définir un mode de représentation qui soit indépendant du choix de regroupement, en nombre comme en largeur de classe. Cela donnerait sans doute une piste pour une définition satisfaisante d'une fonction de probabilité uniforme.

4.5.3   Construction de la densité uniforme

Pour gérer les largeurs de classes inégales, on utilise une pondération inverse par les largeurs de classes : plutôt que de raisonner sur la fréquence de la classe k de largeur l_k, on calcule une *densité de fréquence* d_k :

$$d_k = \frac{f_k}{l_k}.$$

C'est le même procédé que celui qui consiste, en géographie, pour comparer les tailles de populations d'un département français à un autre, à les calculer par unité de surface, pour pouvoir comparer des départements de tailles de territoire différentes. On parle alors de « densité de population ».

En sélectionnant l'option d'affichage « Densités » dans l'interface et en échantillonnant plusieurs fois, on constate que : i) la pondération inverse par les largeurs de classe a bien rééquilibré l'importance des classes (la hauteur des bâtons de densité fluctue autour d'une unique valeur) et ii) cette valeur unique est 1. On peut constater, en changeant arbitrairement le nombre de classes ou en définissant des coupures inégalement réparties, que ces deux propriétés sont stables. Le passage aux densités fournit donc une représentation qui respecte le mécanisme de génération de données sous-jacent (loi uniforme).

Cela suggère d'étendre cette notion aux probabilités, en définissant une *densité de probabilité*. Avec cette standardisation, on voit que la densité théorique δ_k pour une classe $c_k = [a_k; b_k]$ construite sur une $U(0, 1)$ est :

$$\begin{aligned} \delta_k &= \frac{P(a_k < X < b_k)}{b_k - a_k} = \frac{P(X < b_k) - P(X < a_k)}{b_k - a_k} = \frac{b_k - a_k}{b_k - a_k} \\ &= 1. \end{aligned}$$

Elle est constante, quelle que soit la largeur de la classe (et donc y compris pour une valeur ponctuelle), ce qui traduit bien l'équiprobabilité. La notion de densité de probabilité permet donc de définir une fonction univoque, indépendante des largeurs et nombre de classes, qui donne prise sur le continu.

La loi uniforme $U(0, 1)$ peut donc être définie de manière exacte par la fonction :

$$f(x) = 1, \forall x \in [0; 1],$$

où f désigne la *fonction de densité de probabilité*.

Atelier 4.3 (Notion de densité)

1. Il est possible dans l'interface de superposer la densité empirique d'un échantillon tiré de la loi uniforme (cliquer sur l'option d'affichage « Densités ») et la densité théorique exacte $f(x) = 1$, en cliquant sur l'option « Afficher la loi théorique ».

2. En augmentant arbitrairement la taille de l'échantillon jusqu'à 50000, on voit comment les densités de fréquences, représentées par les bâtons, tendent vers la loi théorique.

3. Observer ce qui se passe quand on définit des classes de largeurs inégales, au besoin en cliquant plusieurs fois sur le bouton « Afficher ».

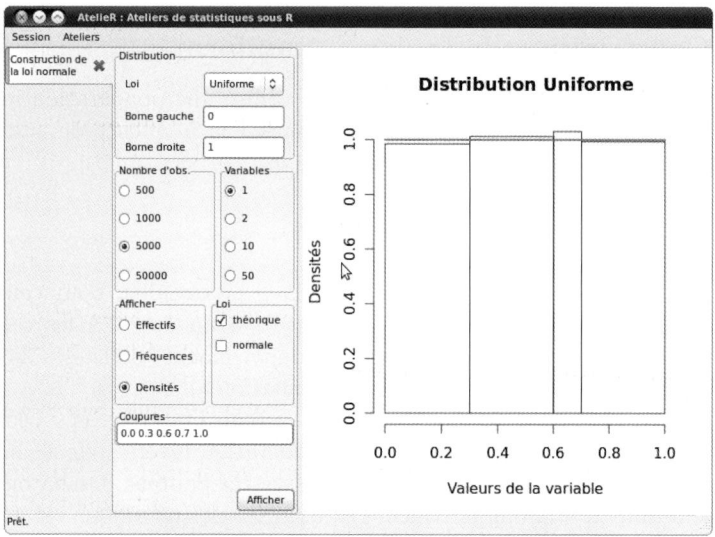

Fig. 4.4 – Notion de densité uniforme

4.5.4   Notion d'intégrale

On note que la représentation en fréquences avait pour propriété $\sum_k f_k = 1$, ce qui n'est bien sûr plus vrai pour les densités. Mais comme $f_k = d_k l_k$ on a :

$$\sum_k d_k l_k = 1.$$

Graphiquement, la quantité $d_k l_k$ représente le produit de la largeur par la hauteur du bâton k, autrement dit sa *surface* dans l'histogramme des densités. C'est donc la *surface* complète de l'histogramme empirique qui est égale à 1 dans cette nouvelle représentation.

De façon analogue, le lien entre probabilité et densité théorique d'une classe apparaît dans l'expression :

$$P(a_k < X < b_k) = \delta_k \times l_k.$$

On voit que ce qui a le sens d'une probabilité dans la représentation graphique d'une fonction de densité, ce n'est pas la valeur sur la courbe (plate en l'occurrence), mais la surface sous cette courbe.

En rétrécissant arbitrairement l'intervalle autour d'une valeur ponctuelle x, jusqu'à obtenir un intervalle infiniment petit, on a :

$$P(X = x) = f(x)dx,$$

où dx représente symboliquement une largeur infiniment proche de 0. Lorsque l'on fait tendre simultanément le nombre de classes vers $+\infty$ et leurs largeurs vers 0 (sans jamais l'atteindre), on obtient une infinité d'intervalles de largeurs infinitésimales. La somme qui porte sur une série infinie de termes infinitésimaux est notée classiquement en mathématiques avec le s médiéval $\int$ (« somme ») et on a :

$$\int_0^1 f(x)dx = 1,$$

où l'on écrit en bas et en haut les bornes du domaine sur lequel on somme (de 0 à 1). La fonction f décrit la densité de probabilité de la variable et dx la largeur infinitésimale des classes. Cette expression est celle d'une intégrale et représente un mode de calcul de surface sous une courbe, en mathématiques. On voit que n'importe quelle fonction de densité aura toujours une surface sous la courbe égale à 1. A cause de ce traitement particulier du continu, on jugera de la probabilité d'un événement sur une variable continue (score ou valeur de statistique) en raisonnant non pas sur des probabilités (toujours nulles), mais sur des densités ou bien des probabilités *cumulées*. En particulier, on définira pour nos tests d'inférence une notion de *valeur p*, soit la probabilité d'observer une valeur de statistique *au moins aussi extrême* que celle observée.

4.6   Applications

4.6.1   Sally Clark est-elle coupable ?

Nous reprenons dans cette section les données de notre problème de départ concernant le cas Clark, en suivant les étapes du rapport du statisticien Dawid à la cour, qui a amené la révision du procès (Dawid, 2002), alors que Sally Clark était déjà en prison depuis plusieurs années. Nous disposons en effet de tout l'outillage théorique nécessaire pour déceler et corriger plusieurs erreurs importantes émaillant le raisonnement statistique de Sir Roy Meadow, l'expert pédiatre ayant témoigné à la cour lors du premier jugement. On note C l'événement « Sally est coupable » et M l'événement « les deux enfants sont morts ».

Meadow est parti d'une première statistique : sur la base de données épidémiologiques, il évaluait les chances de voir un nouveau-né mourir de mort subite du nourrisson dans une famille aisée où l'on ne fume pas à 1 sur 8543. En considérant ce chiffre comme une probabilité (c'est-à-dire une valeur établie sur suffisamment de données pour négliger l'erreur d'échantillonnage), cela fait « donc » $P(M|\bar{C}) = \frac{1}{8543} \times \frac{1}{8543} = \frac{1}{72982849}$, soit une chance sur 73 millions d'avoir deux enfants qui meurent de ce syndrôme.

On note que Meadow utilise ainsi la loi du produit, qui suppose que les deux décès *sont des événements indépendants*. Il suffirait qu'il y ait aux deux morts une cause biologique commune (une prédisposition génétique ou des facteurs environnementaux identiques) pour que ce raisonnement ne tienne plus. Des données épidémiologiques anglaises fournies ultérieurement (Hill, 2004) permirent justement de montrer qu'après un premier décès de ce type dans une famille, les chances sont de 5 à 10 fois plus élevées d'en avoir un deuxième du même type, ce qui remet en cause le postulat d'indépendance.

Sur cette première erreur s'en construit immédiatement une autre, d'ordre interprétative : considérer sur la base de cette statistique qu'il y a une chance sur 73 millions... *que Sally soit innocente*. Ce raccourci ne prend en réalité pas en compte la possibilité qu'il puisse y avoir d'autres sources de décès et est donc incorrect.

L'information qui doit être intégrée dans le calcul est la probabilité dans la population de voir deux enfants assassinés successivement par leur mère. Sur la base de données criminologiques, Dawid (2002) évalue cette probabilité à 1 sur 8.4 milliards, soit $P(C) = \frac{1}{8.4 \times 10^9}$. On a, bien entendu, $P(M|C) = 1$. Dawid, après discussion, prend ensuite pour acquit la probabilité erronée de Meadow $P(M|\bar{C}) = \frac{1}{73 \times 10^6}$, pour montrer que même avec cette valeur, la conclusion d'un raisonnement correctement mené est fort différente.

Par le théorème 4.1 des probabilités totales, la probabilité d'un double décès est :

$$
\begin{aligned}
P(M) &= P(M|C)P(C) + P(M|\bar{C})P(\bar{C}) \\
&= \frac{1}{8.4 \times 10^9} + \frac{1}{73 \times 10^6}\left(1 - \frac{1}{8.4 \times 10^9}\right) \\
&= 1.38 \times 10^{-8}.
\end{aligned}
$$

Cherchons maintenant la probabilité que Sally soit coupable, sachant qu'on observe ce double décès. Par application du théorème d'inversion de Bayes, on calcule :

$$
\begin{aligned}
P(C|M) &= \frac{P(M|C)P(C)}{P(M)} = \frac{P(M|C)P(C)}{P(M|C)P(C) + P(M|\bar{C})P(\bar{C})} \\
&= \frac{1/(8.4 \times 10^9)}{1.38 \times 10^{-8}} \approx 0.0086156.
\end{aligned}
$$

La probabilité que Sally soit coupable est en réalité infime ! Sur la base des élements disponibles dès le début du procès, il valait mieux la déclarer non coupable. Sally Clark est allée deux fois en appel, notamment grâce au rapport contradictoire du statisticien Philip Dawid. On a finalement découvert que son deuxième enfant souffrait d'une infection sanguine d'origine bactérienne, connue pour provoquer des morts subites de nourrisson. Libérée en 2003, Sally Clark ne s'est jamais remise de son inculpation et de son séjour en prison, et a été découverte morte chez elle en 2007 à la suite d'un coma éthylique. Trois autres procès du même type ont été revus à partir de 2003, tous expertisés par Meadow sur la base du même raisonnement fallacieux.

Ces faits montrent que l'intuition seule ne suffit pas pour juger du poids de l'évidence en faveur de telle ou telle alternative. Tout juge ou jury populaire devrait avoir un minimum de culture ou d'assistance statistique pour pouvoir prendre des décisions raisonnables dans des circonstances aussi lourdes de conséquences. Une littérature abondante s'est d'ailleurs développée aujourd'hui en psychologie de la justice sur les applications du théorème de Bayes à la décision judiciaire. On a montré à quel point la prise en compte de toute l'information *a priori* disponible pour pouvoir juger n'allait pas de soi dans de nombreux cas.

4.6.2 Sensibilité et spécificité des tests psychologiques

H. Murray (1893-1988)

Un psychologue travaillant avec des enfants victimes d'abus sexuels cherche à mettre au point des tests projectifs permettant de le détecter ou d'ajouter un élément de présomption supplémentaire, sans disposer du témoignage verbal explicite de l'enfant, souvent difficile à obtenir. Imaginons qu'il a cru devoir constater empiriquement que certaines réponses typiques au *Thematic Aperception Test* (TAT) de Murray sont souvent associées à la présence d'un traumatisme. Peut-il de la présence ou l'absence de cette réponse faire un test d'un antécédent d'abus ? Un tel test serait-il fiable ?

Naturellement, il est impossible de construire un test parfait : appliqué à des enfants non traumatisés, les réponses « typiques » apparaissent parfois et on appelle « faux positifs » de tels résultats. Inversement, proposé à des enfants réellement traumatisés, on n'obtient pas nécessairement les réponses types attendues et on conclurait à tort à l'absence de trauma dans ces cas : on appelle « faux négatifs » de tels résultats.

On note R l'événement « la réponse typique de trauma a été produite par l'enfant » et A l'événement « l'enfant a réellement été victime d'abus ». Les probabilités marginales (fictives) de la réponse type et de la présence d'abus dans l'histoire de l'enfant sont $P(R) = 0.40$ et $P(A) = 0.10$. A quelles conditions dira-t-on que la réponse cible fait test de la présence d'un abus ? Si on note $P(A \cap R)$ la probabilité de trouver à la fois un antécédent d'abus et une réponse type dans l'évaluation de l'enfant, on peut facilement calculer cette probabilité *si le test n'a aucun pouvoir diagnostique de trauma*. Si le test n'a aucun pouvoir diagnostique, son résultat est statistiquement indépendant de la présence ou non de trauma, c'est-à-dire :

$$P(A \cap R) = P(A)P(R) = 0.4 \times 0.1 = 0.04.$$

Si on trouvait en réalité que cette probabilité (évaluée sous la forme d'une fréquence empirique sur de nombreux cas) est égale à 0.08, on aurait $P(A \cap R) > P(A)P(R)$. La probabilité conjointe réponse type et antécédent étant plus élevée dans la réalité que ce que laisserait supposer l'hypothèse d'indépendance, on conclurait que le test a un certain pouvoir diagnostique. Ce raisonnement qui met en lien une probabilité théorique, telle qu'elle se déduit de l'hypothèse d'indépendance, et une estimation de la probabilité réelle sur la conjonction de deux événements est à la base de l'étude de liaison entre deux phénomènes en statistique.

On peut reconstituer la distribution conjointe de probabilité des variables réponse et abus (tableau 4.3).

	A	$\bar{A}$	
R	0.08	0.32	0.4
$\bar{R}$	0.02	0.58	0.6
	0.1	0.9	1.0

Tableau 4.3 – Distribution conjointe de la réponse et de l'abus

Sensibilité

Ce qu'on attend d'un test n'est pas seulement qu'il ait un certain pouvoir révélateur, mais qu'il le manifeste dans la majorité des cas où le trouble est bien présent. On appelle *sensibilité* du test, notée S_e, cette propriété. Dans ce contexte, nous l'évaluons par la probabilité d'obtenir une réponse typique chez les enfants réellement abusés. On écrit $S_e = P(R|A)$. On a ici :

$$S_e = P(R|A) = \frac{P(R \cap A)}{P(A)} = \frac{0.08}{0.1} = 0.8.$$

Le test amène la réponse critère dans 80% des cas où l'abus existe. Il a donc une bonne sensibilité (voir fig. 4.5). On note à quel point cette valeur est différente de la probabilité conjointe d'être à la fois victime et d'avoir produit la réponse cible. La sensibilité est bien une probabilité d'observer les deux faits simultanément, mais calculée uniquement chez ceux qui ont réellement été victimes d'abus : c'est une probabilité conditionnelle.

Valeur prédictive positive

On souhaite aussi d'un test qu'il ait un bon pouvoir prédictif : si un sujet a produit la réponse cible, on espère que cela révèle un véritable antécédent. On l'évalue techniquement par la probabilité de trouver un antécédent d'abus chez ceux des sujets qui ont fourni la réponse type. On appelle *valeur prédictive positive* du test, notée VPP, cette probabilité. On écrit $VPP = P(A|R)$. On calcule :

$$VPP = P(A|R) = \frac{P(A \cap R)}{P(R)} = \frac{0.08}{0.4} = 0.2.$$

Comme il s'agit de la probabilité conditionnelle inverse de la précédente, on peut aussi la calculer en appliquant la formule d'inversion de Bayes :

$$P(A|R) = \frac{P(R|A)P(A)}{P(R)} = \frac{0.8 \times 0.1}{0.4} = 0.2.$$

Cette valeur apparaît plutôt médiocre. Sur l'ensemble des sujets qui ont fourni la réponse critère, seulement 20% avaient effectivement été victimes d'abus. En déclarant comme victimes les sujets qui fournissent cette réponse, on se tromperait dans 80% de ces cas, ce qui pourrait avoir des conséquences concrètes désastreuses !

Spécificité
On souhaite d'un test qu'il soit discriminant ou spécifique : lorsque le trouble n'est pas présent, on espère ne pas voir la réponse cible apparaître. On appelle *spécificité* du test, notée S_p, cette propriété. On l'évalue par la probabilité de ne pas trouver la réponse type chez ceux qui n'ont pas été abusés. On écrit $S_p = P(\bar{R}|\bar{A})$. On trouve ici :

$$S_p = P(\bar{R}|\bar{A}) = \frac{P(\bar{R} \cap \bar{A})}{P(\bar{A})} = \frac{0.58}{0.9} = 0.64.$$

Que concluez-vous quant à la spécificité du test ? Elle n'est pas excellente. On trouve quand même, parmi les gens non victimes d'abus, 36% de cas fournissant la réponse cible, ce qui n'est pas négligeable.

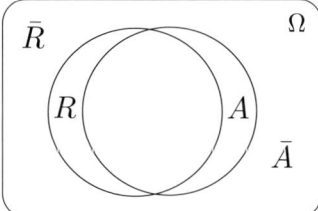 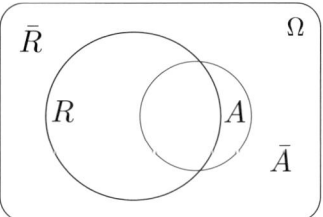

Fig. 4.5 – Sensibilité et spécificité d'un test. Premier cas : bonne sensibilité, bonne spécificité (à gauche). Deuxième cas : bonne sensibilité, mauvaise spécificité (à droite).

Valeur prédictive négative
Le pouvoir prédictif du test doit aussi permettre de prédire qui n'a pas été abusé. On appelle *valeur prédictive négative* du test, notée VPN, cette propriété. On l'évalue par la probabilité de n'avoir pas été abusé chez ceux qui n'ont pas fourni la réponse critère. On écrit $VPN = P(\bar{A}|\bar{R})$. On a ici :

$$VPN = P(\bar{A}|\bar{R}) = \frac{P(\bar{A} \cap \bar{R})}{P(\bar{R})} = \frac{0.58}{0.6} = 0.96.$$

On peut la calculer à partir de la spécificité en appliquant la formule d'inversion de Bayes :

$$P(\bar{A}|\bar{R}) = \frac{P(\bar{R}|\bar{A})P(\bar{A})}{P(\bar{R})} = \frac{0.64 \times 0.90}{0.6} = 0.96.$$

La VPN apparaît excellente : quand la réponse est absente, on a affaire à un sujet non abusé dans 96% des cas.

Mise en batterie de plusieurs tests

On souhaite souvent améliorer les propriétés psychométriques des tests (sensibilité, spécificité) en construisant une batterie de tests, c'est-à-dire une association de plusieurs tests. On considère ici une batterie de deux tests T_1 et T_2 seulement, mais ce qui suit se généralise au cas de k tests, $k > 2$. On note par T_1 (resp. T_2) l'événement « le test 1 (resp. 2) est positif » (c'est-à-dire qu'il révèle la réponse cible, critère de trouble).

On dit qu'on met deux tests T_1 et T_2 *en série* quand le test T unique qu'ils forment est jugé positif quand ils sont tous deux simultanément positifs et jugé négatif quand l'un au moins de T_1 et T_2 est négatif.

On dit qu'on met deux tests T_1 et T_2 *en parallèle* quand le test T unique qu'ils forment est jugé positif si l'un au moins de T_1 et T_2 est positif, et jugé négatif si T_1 et T_2 sont tous deux négatifs.

On voit que la mise en série produit un test exigeant pour déclarer la *présence* d'un trouble : il est impératif que les deux tests l'aient révélé tous les deux. La mise en parallèle est quant à elle exigeante sur la déclaration de l'*absence* de trouble. Les deux situations sont représentées en diagrammes de Venn (fig. 4.6). Selon les contextes, on peut vouloir être exigeant sur l'un ou l'autre aspect et utiliser l'une ou l'autre des dispositions.

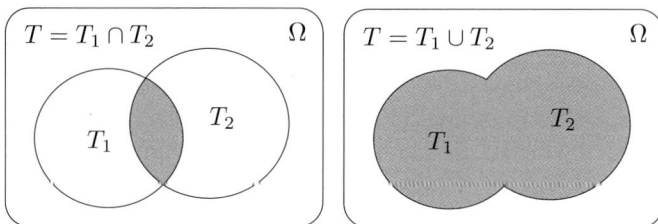

Fig. 4.6 – Mise en série et en parallèle de deux tests.

La mise en série des deux tests T_1 et T_2 produit un nouveau test $T^{(S)} = T_1 \cap T_2$. Un résultat négatif sur ce nouveau test peut être réécrit comme :

$$\overline{T^{(S)}} = \overline{T_1 \cap T_2} = \bar{T}_1 \cup \bar{T}_2.$$

Le test est négatif quand l'un au moins des deux sous-tests l'est.

La mise en parallèle des deux tests T_1 et T_2 produit un nouveau test $T^{(P)} = T_1 \cup T_2$. Un résultat négatif sur ce nouveau test peut être réécrit comme :

$$\overline{T^{(P)}} = \overline{T_1 \cup T_2} = \bar{T}_1 \cap \bar{T}_2.$$

Le test global ne sera déclaré négatif que si les deux sous-tests le sont simultanément. On peut donc s'attendre à ce que le test global parallèle soit plus souvent positif que le test global en série.

Sensibilité et spécificité après mise en série

On note S_{e_1} et S_{e_2} les sensibilités, et S_{p_1} et S_{p_2} les spécificités des tests T_1 et T_2, respectivement.

On peut exprimer la sensibilité $S_e^{(S)}$ et la spécificité $S_p^{(S)}$ du test série $T^{(S)}$ en fonction des sensibilité et spécificité de T_1 et T_2.

$$S_e^{(S)} = P(T|A) = P(T_1 \cap T_2|A) = P(T_1|A)P(T_2|A) = S_{e_1}S_{e_2}.$$

Les sensibilités étant des nombres compris entre 0 et 1, on voit que la mise en série va diminuer la sensibilité par rapport aux sensibilités initiales de chacun des tests. On utilise ci-dessus l'argument d'indépendance conditionnelle : le seul lien entre les réponses au test 1 et 2, c'est la présence ou non d'abus. *Conditionnellement à cela*, les tests sont considérés comme indépendants, c'est-à-dire qu'aucun autre facteur n'est censé lier les réponses à l'un et à l'autre (pas de biais, pas de persistance de réponse d'un item à l'autre, etc.). Ce qui justifie le passage de la ligne 2 à la ligne 3.

$$\begin{aligned}
S_p^{(S)} &= P(\bar{T}|\bar{A}) \\
&= P(\overline{T_1 \cap T_2}|\bar{A}) \\
&= P(\bar{T}_1 \cup \bar{T}_2|\bar{A}) \\
&= P(\bar{T}_1|\bar{A}) + P(\bar{T}_2|\bar{A}) - P(\bar{T}_1 \cap \bar{T}_2|\bar{A}) \\
&= P(\bar{T}_1|\bar{A}) + P(\bar{T}_2|\bar{A}) - P(\bar{T}_1|\bar{A})P(\bar{T}_2|\bar{A}) \\
&= S_{p_1} + S_{p_2} - S_{p_1}S_{p_2}.
\end{aligned}$$

On utilise ici la formule de la probabilité d'une réunion. En réécrivant sous les formes :

$$S_p^{(S)} = S_{p_1}(1 - S_{p_2}) + S_{p_2} = S_{p_2}(1 - S_{p_1}) + S_{p_1},$$

on voit que la mise en série garantit que la spécificité sera toujours au moins égale au plus grand de S_{p_1} et de S_{p_2}. Il n'y aura donc pas de perte de spécificité.

Sensibilité et spécificité après mise en parallèle

On peut exprimer la sensibilité $S_e^{(P)}$ et la spécificité $S_p^{(P)}$ du test série $T^{(P)}$ en fonction des sensibilité et spécificité de T_1 et T_2 :

$$
\begin{aligned}
S_e^{(P)} &= P(T_1 \cup T_2 | A) \\
&= P(T_1 | A) + P(T_2 | A) - P(T_1 \cap T_2 | A) \\
&= P(T_1 | A) + P(T_2 | A) - P(T_1 | A) P(T_2 | A) \\
&= S_{e_1} + S_{e_2} - S_{e_1} S_{e_2}.
\end{aligned}
$$

On voit que la mise en parallèle de deux tests garantit qu'on ne perd pas de sensibilité. La sensibilité composite est toujours au moins égale à la plus grande des deux sensibilités initiales.

$$
S_p^{(P)} = P(\bar{T} | \bar{A}) = P(\overline{T_1 \cup T_2} | \bar{A}) = P(\bar{T}_1 \cap \bar{T}_2 | \bar{A}) = P(\bar{T}_1 | \bar{A}) P(\bar{T}_2 | \bar{A}) = S_{p_1} S_{p_2}.
$$

On voit que la mise en parallèle va se solder par une perte de spécificité globale.

Illustration

Un psychologue clinicien repère que deux planches du Rorschach semblent susciter chacune des réponses singulières de la part des sujets schizophrènes. Il étudie les sensibilités et spécificités de ces « tests » que constitue la présence ou l'absence de ces réponses bizarres à ces planches (exemple clinique connu : le comportement de blocage, dit « choc au rouge », de certains sujets schizophrènes vis-à-vis de la planche à la tache rouge). En croisant ses données avec les diagnostics posés par le psychiatre du service, il trouve les valeurs suivantes de sensibilités et de spécificités :

$$
\begin{aligned}
S_{e_1} &= 0.80 & S_{e_2} &= 0.99, \\
S_{p_1} &= 0.50 & S_{p_2} &= 0.93.
\end{aligned}
$$

Calculons les sensibilités des mises en série et parallèle de ces deux critères cliniques. On trouve en utilisant les expressions :

$$
\begin{aligned}
S_e^{(S)} &= S_{e_1} S_{e_2} = 0.80 \times 0.99 = 0.792, \\
S_p^{(S)} &= S_{p_1} + S_{p_2} - S_{p_1} S_{p_2} = 0.50 + 0.93 - (0.50 \times 0.93) = 0.965, \\
S_e^{(P)} &= S_{e_1} + S_{e_2} + S_{e_1} S_{e_2} = 0.80 + 0.99 - (0.80 \times 0.99) = 0.998, \\
S_p^{(P)} &= S_{p_1} S_{p_2} = 0.50 \times 0.93 = 0.465.
\end{aligned}
$$

On note que la sensibilité a baissé dans le cas série et augmenté dans le cas parallèle. L'inverse est vrai pour la spécificité. Compte tenu du contexte clinique, c'est la sensibilité qui importe : on veut pouvoir améliorer la détection de la maladie si elle existe, quitte à augmenter un peu le nombre de « fausses alarmes » (faux positifs). En effet, si le test déclare par erreur un sujet schizophrène, les autres indices cliniques viendront vite le contredire. On conseille donc au psychologue d'utiliser les deux tests en parallèle (le raisonnement se généralise car il pourrait utiliser plus de deux tests pour augmenter encore sa sensibilité).

Chapitre 5

Espérances et moments

J. von Neumann (1903-1957)

Lors d'un séminaire au département de psychologie de l'université de Stanford en 1950, le mathématicien Albert Tucker propose l'énoncé suivant : deux hommes, accusés d'être complices dans quelque forfait, sont interrogés séparément par la police. Chacun est informé que, s'il dénonce l'autre, il aura une récompense (et l'autre sera lourdement condamné). Par contre, s'ils se dénoncent tous les deux, ils seront tous les deux condamnés, à une peine plus légère. Enfin, si aucun des deux ne trahit l'autre, la police sera obligée de les relâcher.

Cet énoncé est une formulation contextualisée d'un jeu économique formel inventé par ses collègues Melvin Dresher et Merrill Flood. Ce protocole a pour but d'expérimenter la notion d'équilibre non coopératif dans les jeux économiques, inventée par le célèbre mathématicien John Nash (dont la vie a été portée à l'écran dans le film *Un homme d'exception*, de John Howard, en 2001).

La situation est commodément résumée dans ce qu'on appelle une matrice des gains, résumant ce que chaque paire de décision apporte en gains et pertes à chacun des acteurs. Une matrice des gains possibles dans ce contexte est :

Joueur 1/Joueur 2	Dénonce	Ne dénonce pas
Dénonce	$-1, -1$	$+1, -2$
Ne dénonce pas	$-2, +1$	$0, 0$

Dans ce tableau, un nombre négatif représente une perte et un nombre positif une récompense, pour le joueur 1 et le joueur 2, respectivement. Lorsqu'on se place tour à tour du point de vue de l'un et de l'autre, on s'aperçoit que la dénonciation est la stratégie dominante. Si le joueur 1 par exemple décide de dénoncer son complice, il risque -1 plutôt que -2 ou bien il peut espérer le gain 1 plutôt que 0, selon que son partenaire choisit de le dénoncer ou pas. Il a donc intérêt dans tous les cas à dénoncer l'autre et le même raisonnement vaut pour le joueur 2. Le paradoxe est qu'en raisonnant ainsi de façon individualiste, les deux complices se pénalisent eux-même car globalement, sur l'ensemble de la matrice, il perdent davantage $(-1, -1)$ que s'ils ne se dénonçaient pas mutuellement $(0, 0)$.

Ce jeu, connu sous le nom de *Dilemme du prisonnier*, peut être vu comme une métaphore d'un certain nombre de relations humaines où le raisonnement à l'échelle des intérêts individuels mène à un équilibre (appelé équilibre de Nash) qui est en réalité suboptimal. Il a suscité un vif intérêt en sciences humaines et économiques car il est en quelque sorte un modèle de la relation interpersonnelle dans certaines situations à enjeux.

Il peut aussi être vu comme un cas particulier d'un jeu plus général appelé *Jeu de la chasse au cerf*, qui a reçu (peut-être à tort) moins d'attention que le précédent, et qui met aussi en jeu la dimension collaborative dans les relations humaines. Dans son *Discours sur l'origine et les fondements de l'inégalité parmi les hommes*, Jean-Jacques Rousseau évoque le fait que pour la chasse au cerf, il faut être au moins deux : le chasseur et le rabatteur, chacun ayant besoin de l'autre. Mais si l'un d'entre eux aperçoit en chemin un lièvre, il peut être tenté d'abandonner la piste du cerf pour poursuivre cette cible moins substantielle mais immédiatement disponible. Ou bien il peut faire le choix de laisser partir et de continuer la chasse collaborative pour obtenir un gain collectif plus conséquent, mais encore incertain. Une représentation possible en matrice de gains pour ce jeu pourrait être :

Joueur 1/Joueur 2	Objectif commun	Objectif individuel
Objectif commun	4,4	0,1
Objectif individuel	1,0	1,1

Quelle est la meilleure stratégie ? Faut-il privilégier le bien commun ou son avantage immédiat ? On voit que cela dépend cette fois-ci de l'attitude de l'autre, car aucune stratégie n'apparaît comme dominante et unique. Il est possible de raisonner dans cette situation en disposant d'un *modèle de l'autre*, c'est-à-dire d'une distribution de probabilité sur ses choix.

Les notions d'espérance de gain (Huyghens, 1657), de variance et de covariance en probabilité vont nous permettre de formaliser ce type de problème, représentatif de ce qu'on appelle en économie la *Théorie des jeux* (von Neumann & Morgenstern, 1944).

Ces notions jouent un rôle considérable dans la psychologie contemporaine pour la compréhension des processus décisionnels en situation d'incertitude ou de risque, mais aussi pour la compréhension d'outils statistiques spécifiques comme l'analyse factorielle et les modèles d'équations structurales (Bollen, 1989).

5.1   Espérance mathématique et théorie des jeux

Dans un certain nombre de situations, nous connaissons par un raisonnement théorique les probabilités d'apparition de chaque valeur possible d'une variable, sans avoir besoin de réaliser une expérience concrète. Par exemple, à un jeu de dé, on sait que si le dé est régulier et le lancer honnête, chaque face k a la même probabilité d'apparaître $\pi_k = \frac{1}{6}$. Si à ce jeu je gagne en euros le nombre de points qui sort, combien puis-je *espérer* gagner à chaque lancer ?

La question peut aussi être reformulée comme : combien puis-je gagner *en moyenne* à chaque lancer ? On comprend que la moyenne dont il s'agit est une moyenne *en probabilité* et non calculée sur le résultat d'une expérience concrète : je n'ai pas besoin de lancer le dé concrètement pour évaluer cette valeur de gain espéré.

On peut rappeler que sur un ensemble de scores $\{x_i\}$, on calcule la moyenne empirique $\bar{x}$ par :

$$\bar{x} = \frac{\sum_{i=1}^{N} x_i}{N}.$$

Lorsque les données sont regroupées sous la forme d'une distribution d'effectifs, en K couples valeur-effectif (u_k, n_k), $k = 1, ..., K$, cette formule peut être réécrite comme :

$$\bar{x} = \frac{\sum_{k=1}^{K} u_k n_k}{N} = \sum_k u_k f_k,$$

avec $f_k = \frac{n_k}{N}$.

Dans cette formule dite « pondérée », on calcule la moyenne empirique en affectant à chaque modalité un poids égal à sa fréquence. Une modalité fréquente va donc « peser lourdement » dans la valeur finale de la moyenne.

Dans la situation où les probabilités vraies sont connues pour toutes les modalités, il est naturel de calculer une moyenne en probabilité, appelée espérance, où les fréquences dans cette formule pondérée sont remplacées par les probabilités.

Définition 5.1 (Espérance mathématique)

On appelle espérance mathématique *d'une variable numérique discrète X la* moyenne en probabilité *définie comme :*

$$E(X) = \sum_{k=1}^{K} u_k \pi_k.$$

En l'occurrence, si X désigne la variable « nombre d'euros gagnés », on a :

$$
\begin{aligned}
E(X) &= \sum_k u_k \pi_k \\
&= (1 \times \frac{1}{6}) + (2 \times \frac{1}{6}) + (3 \times \frac{1}{6}) + (4 \times \frac{1}{6}) + (5 \times \frac{1}{6}) + (6 \times \frac{1}{6}) \\
&= 3.5.
\end{aligned}
$$

Je peux donc espérer gagner 3,50 euros en moyenne à chaque lancer.

Exemple 5.1

On vous propose le jeu suivant : vous misez 10 euros et vous lancez un dé. Si vous obtenez le 6, vous récupérez votre mise et gagnez $X = 20$ euros. Sinon vous ne gagnez rien et vous perdez les 10 euros ($X = -10$). Est-il intéressant pour vous d'accepter de jouer à ce jeu ?

Pour prendre une décision, on calcule l'espérance de gain :

$$E(X) \quad = \quad (20 \times \frac{1}{6}) + (-10 \times \frac{5}{6}) = -5.$$

Vous perdrez en moyenne 5 euros à chaque essai dans ce jeu et cela ne vaut pas le coup. Mais existe-t-il une valeur de prime à partir de laquelle le jeu précédent deviendrait intéressant ? On peut chercher à calculer cette valeur de prime p à partir de laquelle l'*espérance devient positive*. On accepte de jouer si $E(X) > 0$, autrement dit si :

$$(p \times \frac{1}{6}) + (-10 \times \frac{5}{6}) \quad > \quad 0,$$

soit $p > 50$. Le gain lié au 6 doit être supérieur à 50 euros pour que le jeu soit intéressant.

Le calcul des espérances est une base pour construire des règles de décision dans les jeux : quand l'espérance est négative, vous n'avez pas intérêt à jouer.

Exemple 5.2

A la roulette au casino, si l'on mise sur un numéro (de 0 à 36), on gagne 35 fois la mise (que l'on récupère en plus). Est-ce intéressant pour une mise m ?

On calcule l'espérance pour la variable gain X :

$$E(X) \quad = \quad (35m \times \frac{1}{37}) + (-m \times \frac{36}{37}) = -\frac{m}{37}.$$

On voit que quelle que soit votre mise, l'espérance sera toujours négative ! Par exemple, pour une mise de 100 euros, vous perdez en moyenne 2,70 euros :

$$E(X) = -\frac{100}{37} \approx -2.70.$$

En résumé, les principes de base du joueur éclairé devraient être : lorsque l'espérance d'un jeu est positive, on peut y jouer ; lorsqu'elle est négative, il ne faut pas y jouer. Si elle est nulle, on peut faire ce qu'on veut. Entre deux jeux, si l'on doit absolument jouer, on choisira celui dont l'espérance de gain est la plus élevée (en tous cas si on est assez riche pour pouvoir supporter les pertes ponctuelles).

Calcul de l'espérance dans le cas continu

La notion d'espérance s'étend au cas d'une variable numérique continue, disons Y, sur un ensemble infini U_Y de modalités, en notant que dans ce cas $P(Y = y) = f(y)dy$ (voir section 4.5.4) :

$$E(Y) = \mu_y = \int_{U_Y} yP(Y = y) = \int_{U_Y} yf(y)dy.$$

Dans le cas continu, on doit donc recourir au calcul intégral pour calculer l'espérance. Dans un certain nombre de situations, ce calcul se trouve simplifié par l'utilisation des propriétés ci-dessous, que nous démontrons pour le cas discret et dont nous admettrons sans démonstration qu'elles valent aussi dans le cas continu.

Propriétés de l'espérance
1. L'espérance d'une *transformation linéaire* de la variable vérifie :

$$E(aX + b) = aE(X) + b.$$

En effet :

$$E(aX + b) = \sum_{k=1}^{K}(au_k + b)\pi_k = \sum_{k=1}^{K} au_k\pi_k + \sum_{k=1}^{K} b\pi_k$$
$$= a\sum_{k=1}^{K} u_k\pi_k + b\sum_{k=1}^{K} \pi_k = aE(X) + b.$$

car $\sum_{k=1}^{K} \pi_k = 1$. On dit pour cette raison que l'espérance est un *opérateur linéaire*.

Exemple 5.3
On note Y la variable « nombre d'euros gagnés » sur un lancer. Si la règle du jeu est « je gagne en euros deux fois le nombre de points qui sort », combien puis-je espérer gagner à chaque lancer ?

$$E(Y) = E(2X) = 2E(X) = 2 \times 3.5 = 7.$$

Je peux espérer gagner 7 euros à chaque lancer.

2. La *somme* de deux espérances de variables aléatoires X et Y vérifie :

$$E(X + Y) = E(X) + E(Y).$$

En effet, si a et b sont des constantes, X et Y deux variables aléatoires de modalités u_k et v_k, et si l'on appelle π_{kl} la probabilité d'avoir $(X = u_k) \cap (Y = v_l)$:

$$E(X + Y) = \sum_{k=1}^{K}\sum_{l=1}^{L}(u_k + u_l)\pi_{kl} = \sum_{k=1}^{K}\sum_{l=1}^{L} u_k\pi_{kl} + \sum_{k=1}^{K}\sum_{l=1}^{L} v_l\pi_{kl}$$
$$= \sum_{k=1}^{K} u_k\sum_{l=1}^{L} \pi_{kl} + \sum_{l=1}^{L} v_l\sum_{k=1}^{K} \pi_{kl} = \sum_{k=1}^{K} u_k\pi_k + \sum_{l=1}^{L} v_l\pi_l$$
$$= E(X) + E(Y).$$

Exemple 5.4

Je joue avec deux dés et je gagne en euros la somme des points qui sortent sur les deux dés. On appelle X et Y les variables « nombres de points » apparaissant sur chaque dé. Combien puis-je espérer gagner à chaque lancer ?

$$E(X+Y) \quad = \quad E(X) + E(Y) = 3.5 + 3.5 = 7.$$

Je peux espérer gagner 7 euros à chaque lancer.

En combinant les deux propriétés de linéarité de l'espérance, on peut calculer l'espérance de n'importe quelle combinaison linéaire de variables.

Exemple 5.5

Je gagne en euros le double du nombre de points X du premier dé, moins le nombre de points Y du deuxième. Combien puis-je espérer gagner à chaque lancer ?

$$E(2X - Y) \quad = \quad E(2X) + E(-Y) = 2E(X) - E(Y) = 7 - 3.5 = 3.5.$$

Je peux espérer gagner autant à ce jeu que s'il n'y avait qu'un seul dé.

Application : la théorie des jeux

Réexaminons maintenant avec ces nouveaux concepts le jeu de la *chasse au cerf* présenté en début de chapitre. On peut l'étudier dans deux situations différentes : celle où les deux protagonistes adoptent indépendamment le comportement collectiviste, de façon prépondérante (avec une probabilité de 3/4) et celle où ils adoptent indépendamment le comportement individualiste, de façon prépondérante (avec une probabilité de 3/4).

L'argument d'indépendance permet de calculer facilement la distribution conjointe des choix des deux acteurs. En situation de collaboration dominante, on a :

Joueur 1/Joueur 2	Objectif commun	Objectif individuel
Objectif commun	$\frac{3}{4} \times \frac{3}{4} = \frac{9}{16}$	$\frac{1}{4} \times \frac{3}{4} = \frac{3}{16}$
Objectif individuel	$\frac{3}{4} \times \frac{1}{4} = \frac{3}{16}$	$\frac{1}{4} \times \frac{1}{4} = \frac{1}{16}$

En situation d'individualisme dominant, on a :

Joueur 1/Joueur 2	Objectif commun	Objectif individuel
Objectif commun	$\frac{1}{4} \times \frac{1}{4} = \frac{1}{16}$	$\frac{1}{4} \times \frac{3}{4} = \frac{3}{16}$
Objectif individuel	$\frac{3}{4} \times \frac{1}{4} = \frac{3}{16}$	$\frac{3}{4} \times \frac{3}{4} = \frac{9}{16}$

En collaborant, l'espérance de gain pour chaque joueur est :

$$E(X) = (4 \times \frac{9}{16}) + (1 \times \frac{3}{16}) + (0 \times \frac{3}{16}) + (1 \times \frac{1}{16}) = 2.5.$$

En étant individualiste :

$$E(X) = (4 \times \frac{1}{16}) + (1 \times \frac{3}{16}) + (0 \times \frac{3}{16}) + (1 \times \frac{9}{16}) = 1.$$

En conclusion et pour cette matrice de gain : on gagne plus dans un monde majoritairement collaboratif...

5.2 Variance et gestion des risques

D. Kahneman

Dans un jeu de dé, on peut chercher à évaluer le gain espéré, mais aussi de combien le gain réel risque d'être différent en moyenne de ce gain espéré, autrement dit la dispersion des gains autour de la valeur espérée.

Lorsque l'on souhaite décrire comment des scores observés $\{x_i\}$, $i = 1, ..., N$, sont dispersés autour d'une moyenne dans une distribution empirique, on utilise un indice de moyenne des écarts au carré :

$$s_N^2 \;=\; \frac{\sum_{i=1}^{N}(x_i - \bar{x})^2}{N} = \frac{\sum_{i=1}^{N} x_i^2}{N} - \bar{x}^2.$$

Lorsque les données sont regroupées sous la forme d'une distribution d'effectifs, en K couples valeur-effectif (u_k, n_k), $k = 1, ..., K$, cette formule peut être réécrite comme :

$$s_N^2 \;=\; \frac{\sum_{k=1}^{K} n_k(u_k - \bar{x})^2}{N} = \frac{\sum_{k=1}^{K} n_k u_k^2}{N} - \bar{x}^2,$$

ou encore à partir des fréquences $f_k = \frac{n_k}{N}$:

$$s_N^2 \;=\; \sum_{k=1}^{K} f_k(u_k - \bar{x})^2 = \left(\sum_{k=1}^{K} f_k u_k^2 \right) - \bar{x}^2.$$

Définition 5.2 (Variance en probabilité)
On appelle variance (en probabilité) *l'espérance :*

$$V(X) \;=\; E\left[(X - E(X))^2\right] = \sum_{k=1}^{K} \pi_k(u_k - E(X))^2.$$

En développant, on peut aussi réécrire la variance comme *espérance des carrés moins le carré de l'espérance* :

$$V(X) = \sum_{k=1}^{K} \pi_k u_k^2 - [E(X)]^2.$$

La variance peut être vue comme une mesure de risque, en situation d'incertitude, qui complète l'information fournie par l'espérance de gain.

Exemple 5.6

On a déjà vu un statisticien de taille 1,70 m se noyer dans un fleuve de profondeur moyenne 1,60 m...

En situation de décision, nous souhaitons donc mesurer à la fois l'espérance de gain et le *degré de certitude* que nous avons de l'obtenir à chaque essai.

Calcul de la variance dans le cas continu

Dans le cas d'une variable numérique continue, disons Y, sur un ensemble infini U_Y de modalités, en notant que dans ce cas $P(Y = y) = f(y)dy$ (voir section 4.5.4), la variance s'écrit :

$$V(Y) \quad = \quad \int_{U_Y} (y - \mu_Y)^2 P(Y = y) = \int_{U_Y} (y - \mu_Y)^2 f(y)dy.$$

On admettra sans démonstration que les propriétés ci-dessous définies sont les mêmes pour des variables discrètes et continues.

Propriété de la variance

Une propriété importante à connaître de la variance est :

$$V(aX + b) = a^2 V(X).$$

En effet :

$$
\begin{aligned}
V(aX + b) \quad &= \quad E\left[(aX + b - E(aX + b))^2\right] \\
&= \quad E\left[(aX + b - aE(X) - b)^2\right] \\
&= \quad E\left[a^2(X - E(X))^2\right] \\
&= \quad a^2 E(X - E(X)^2) \\
&= \quad a^2 V(X).
\end{aligned}
\tag{5.1}
$$

L'ajout d'une constante ne change pas la variance. La multiplication par une constante change la variance, d'un facteur égal au carré de cette constante. D'autres propriétés de la variance se déduisent des propriétés de la covariance évoquées dans la section suivante.

Application : la gestion des risques

Imaginez que vous ayez à choisir entre deux scénarios qui tous deux entraînent une perte. L'un vous fait perdre 50 euros avec probabilité $1/2$ ou gagner 100 euros avec probabilité $1/2$. L'autre vous fait perdre 2450 euros avec probabilité $1/100$ ou gagner 50 euros avec probabilité $99/100$. On note X_1 et X_2 les variables de résultats à ces deux jeux.

Les espérances de gain sont les mêmes :

$$E(X_1) = (-50 \times \frac{1}{2}) + (100 \times \frac{1}{2}) = 25,$$

$$E(X_2) = (-2450 \times \frac{1}{100}) + (50 \times \frac{99}{100}) = 25.$$

Si vous aviez le choix, quel jeu choisiriez-vous ? La perte est peu probable dans le jeu 2, mais elle aura des conséquences désastreuses sur mon capital si elle survient et je vais y regarder à deux fois avant de me lancer dans ce jeu. A choisir et à espérance égale, le premier jeu me semble nettement moins *risqué*. On peut résumer l'incertitude sur les gains à ces deux jeux par l'écart type :

$$\sqrt{V(X_1)} = \sqrt{E(X_1^2) - [E(X_1)]^2} = \sqrt{(50^2 \times \frac{1}{2}) + (100^2 \times \frac{1}{2}) - 25^2} = 75,$$

$$\sqrt{V(X_2)} = \sqrt{E(X_2^2) - [E(X_2)]^2} = \sqrt{(2450^2 \times \frac{1}{100}) + (50^2 \times \frac{99}{100}) - 25^2} \approx 250.$$

Pour une même espérance de gain, la variation moyenne des pertes de 75 ou 250 euros n'a pas du tout les mêmes conséquences sur mon porte-monnaie. On peut même imaginer des jeux bénéficiaires en espérance, mais qui pourraient se traduire à l'échelle d'un seul essai par une perte telle que je ne pourrais plus me refaire sur le long terme. On voit que l'appréciation du gain dans une situation doit donc conjointement prendre en compte l'espérance et la variance. On peut aussi réunir en une seule mesure les deux informations par le coefficient de variation.

Définition 5.3 (Coefficient de variation)
On appelle coefficient de variation *la quantité :*

$$CV = \left| \frac{\sqrt{V(X)}}{E(X)} \right|.$$

Ce coefficient exprime en quelque sorte l'incertitude en proportion de l'espérance. On peut le multiplier par 100 pour obtenir un pourcentage. Sur nos deux jeux, cela donne :

$$100CV_1 = 100 \times \frac{75}{25} = 300,$$

$$100CV_2 = 100 \times \frac{250}{25} = 1000.$$

Pour donner un repère pratique, un financier décide en général d'un investissement avec un certain revenu espéré si le risque est inférieur à 15% de l'espérance. C'est une mesure très conservatrice et le sujet humain dans sa vie quotidienne est beaucoup moins exigeant. Le rapport psychologique entre bénéfice attendu et risque a été étudié extensivement sur près de 40 ans par Kahnemann et Tversky (1979).

Kahnemann est d'ailleurs le seul psychologue à avoir reçu la prestigieuse distinction du prix Nobel (en économie car il n'y a pas de prix Nobel de psychologie) pour l'ensemble de ses travaux sur l'économie et le comportement. Ils ont montré que la relation entre gain certain et gain espéré n'est pas l'identité : psychologiquement, on accepte en moyenne d'échanger un gain certain de 80 euros avec un gain de 100 euros de probabilité 0.9 (autrement dit d'espérance 90). La relation plus générale sur ces échanges pour des valeurs de gains variables est représentée en fig. 5.1.

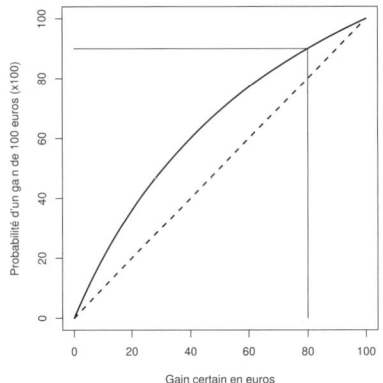

Fig. 5.1 – Echangeabilité psychologique de gains certains et espérés

Le jeu qui permet de gagner 100 euros avec probabilité 0.90 a un risque de :

$$100CV \quad = \quad 100 \left| \frac{\sqrt{V(X)}}{E(X)} \right| = 100 \times \frac{\sqrt{\left(100^2 \times \frac{90}{100}\right) - 90^2}}{90} \approx 33.33.$$

On accepte donc psychologiquement d'échanger un gain certain de 80 euros contre un gain probable de 90 euros avec un risque de 33%. On voit que c'est une valeur de risque nettement plus élevée que celle qui a cours dans les milieux financiers... On peut d'ailleurs utiliser des protocoles semblables pour mesurer chez certains individus l'attitude face au risque.

Dans la célèbre « tâche du pari » (*gambling task*) par exemple, on montre quatre paquets de cartes A, B, C et D à des sujets (Bechara *et al.* 1994). Ils doivent tirer 100 cartes successivement dans n'importe quel paquet et leur choix se solde par certaines conséquences. Dans les paquets A et B, on gagne régulièrement des sommes importantes, mais des pénalités importantes interviennent irrégulièrement de telle sorte que l'espérance est négative. Dans les paquets C et D, on gagne régulièrement de petites sommes et quelques pénalités interviennent irrégulièrement, mais l'espérance reste positive.

On observe classiquement que certaines populations montrent une préférence marquée pour les récompenses immédiates : les adolescents présentant des troubles du comportement, certains profils de toxicomanie et certains patients cérébrolésés dans les zones responsables de l'inhibition comportementale.

5.3 Algèbre des covariances

On s'intéresse souvent en psychologie à la force de la liaison qui existe entre deux variables. La notion de covariance sert à mesurer la force de la *liaison linéaire* entre deux variables, comme nous l'avons vu (chapitre 2). Il est classique en psychologie de s'intéresser à la covariance (ou à la corrélation) des résultats sur différents tests cognitifs ou de personnalité, pour tenter de détecter des sous-ensembles de performances fortement liées les unes aux autres. Ces sous-ensembles sont alors nommés *facteurs*. C'est le principe de base de ce qu'on appelle *analyse factorielle*.

C. Spearman (1843-1945)

Sur des données concrètes, on se souvient que, sur une série de couples d'observations (x_i, y_i) sur deux variables X et Y, on mesure l'association linéaire entre X et Y par la moyenne des produits centrés :

$$s_{XY} = \frac{\sum_{i=1}^{N}(x_i - \bar{x})(y_i - \bar{y})}{N} = \frac{\sum_{i=1}^{N} x_i y_i}{N} - \bar{x}\bar{y}.$$

Lorsque les données sont regroupées sous la forme d'une distribution conjointe d'effectifs n_{kl}, pour chaque couple de valeurs (u_k, v_l) possible, cette formule peut être réécrite comme :

$$s_{XY} = \frac{\sum_{k=1}^{K}\sum_{l=1}^{L} n_{kl}(u_k - \bar{x})(v_l - \bar{y})}{N} = \sum_{k=1}^{K}\sum_{l=1}^{L} f_{kl}(u_k - \bar{x})(v_l - \bar{y}).$$

Lorsqu'on connaît une distribution conjointe de probabilité sur les deux variables X et Y, on peut définir par analogie une covariance en probabilité.

Définition 5.4 (Covariance en probabilité)
On appelle covariance en probabilité *l'espérance des produits centrés :*

$$CoV(X, Y) = E\left[(X - E(X))(Y - E(Y))\right].$$

En développant, la covariance est calculable comme *espérance des produits moins le produit des espérances* :

$$CoV(X, Y) = E(XY) - E(X)E(Y).$$

Exemple 5.7
On peut calculer la covariance des gains dans l'exemple précédent du jeu de la chasse au cerf. En collaborant :

$$CoV(X_1, X_2) = (4 \times 4 \times \frac{9}{16}) + (1 \times 1 \times \frac{1}{16}) - (2.5 \times 1) \approx 8.81.$$

En étant individualiste :

$$CoV(X_1, X_2) = (4 \times 4 \times \frac{1}{16}) + (1 \times 1 \times \frac{9}{16}) - (2.5 \times 1) \approx -0.93.$$

Conclusion : en collaborant à ce jeu on gagne non seulement plus, mais... ensemble !

Propriétés de la covariance
1. La variance est simplement la covariance d'une variable avec elle-même :

$$V(X) = CoV(X, X).$$

2. La covariance d'une combinaison linéaire de X et de Y avec une variable Z peut se développer en :

$$CoV(aX + bY, Z) = aCoV(X, Z) + bCoV(Y, Z).$$

En effet, en utilisant les propriétés de l'espérance :

$$
\begin{aligned}
CoV(aX + bY, Z) &= E(aXZ + bYZ) - E(aX + bY)E(Z) \\
&= E(aXZ) + E(bYZ) - [E(aX) + E(bY)]E(Z) \\
&= aE(XZ) + bE(YZ) - aE(X)E(Z) - bE(Y)E(Z) \\
&= a\,[E(XZ) - E(X)E(Z)] + b\,[E(YZ) - E(Y)E(Z)] \\
&= aCoV(X, Z) + bCoV(Y, Z).
\end{aligned}
$$

3. La covariance de deux combinaisons linéaires vaut :

$$
\begin{aligned}
CoV(aX + bY, cU + dV) &= acCoV(X, U) + adCoV(X, V) \\
&+ bcCoV(Y, U) + bdCoV(Y, V). \quad (5.2)
\end{aligned}
$$

En effet, en posant $Z = cU + dV$,

$$
\begin{aligned}
CoV(aX + bY, Z) &= aCoV(X, Z) + bE(Y, Z) \\
&= aCoV(X, cU + dV) + bCoV(Y, cU + dV) \\
&= acCoV(X, U) + adCoV(X, V) \\
&+ bcCoV(Y, U) + bdCoV(Y, V).
\end{aligned}
$$

A partir de la formule générale ci-dessus, on trouve les cas particuliers ci-dessous.

Cas particuliers
1. Covariance de deux transformations linéaires :

$$CoV(aX + b, cY + d) = abCoV(X, Y).$$

2. Variance d'une transformation linéaire :

$$\begin{aligned} CoV(aX + b, aX + b) &= a^2 CoV(X, X) \\ &= a^2 V(X). \end{aligned}$$

3. Variance d'une combinaison linéaire :

$$\begin{aligned} V(aX + bY) &= CoV(aX + bY, aX + bY) \\ &= a^2 CoV(X, X) + b^2 CoV(Y, Y) \\ &+ abCoV(X, Y) + abCoV(X, Y) \\ &= a^2 V(X) + b^2 V(Y) + 2ab CoV(X, Y). \end{aligned}$$

4. Variance d'une somme. Avec $(a, b) = (1, 1)$, on obtient :

$$V(X + Y) = V(X) + V(Y) + 2CoV(X, Y). \tag{5.3}$$

5. Variance d'une différence. Avec $(a, b) = (1, -1)$, on a :

$$V(X - Y) = V(X) + V(Y) - 2CoV(X, Y). \tag{5.4}$$

6. Variance d'une somme et d'une différence de variables *indépendantes*. Si X et Y sont indépendantes, on a $CoV(X, Y) = 0$ et :

$$V(X + Y) = V(X - Y) = V(X) + V(Y). \tag{5.5}$$

5.4   Application : l'analyse factorielle

L'algèbre des covariances a des applications très importantes en psychologie, dans les analyses dites « de la structure de la covariance », encore appelées « analyses en équations structurales » (Bollen, 1989). Elle est très importante à maîtriser pour pouvoir accéder notamment à la compréhension des analyses factorielles, qui sont au cœur de la construction des tests psychologiques.

Nous illustrons ci-dessous l'un des usages majeur de l'algèbre des covariances en psychologie : l'analyse factorielle. Le psychologue anglais Spearman a supposé que toute performance intellectuelle était sous-tendue par une compétence sous-jacente unique, qu'il a appelée l'intelligence générale. On cherche à tester l'hypothèse uni-factorielle de Spearman sur les résultats à trois épreuves d'intelligence à dominante verbale : la classification de mots en catégories, la connaissance de la signification des mots et la compréhension de sens d'extraits de textes.

Nous allons noter X_1, X_2 et X_3 les trois variables de résultat à ces épreuves. Pour chacune de ces variables cognitives, Spearman imagine la structure suivante :

$$\begin{aligned} X_1 &= \lambda_1 \xi + \epsilon_1 \\ X_2 &= \lambda_2 \xi + \epsilon_2 \\ X_3 &= \lambda_3 \xi + \epsilon_3. \end{aligned}$$

La variable ξ, commune dans cette structure des trois variables, est appelée « facteur général d'intelligence » et représente la compétence vraie des sujets. Elle a pour particularité d'être totalement hypothétique, et donc non observée. C'est ce qu'on appelle une *variable latente*. Les performances aux trois tests sont quant à elles mesurables : c'est ce qu'on appelle des *variables manifestes*. Le coefficient λ_j est appelé « saturation factorielle » : c'est un coefficient qui module en effet l'importance du rôle joué par le facteur général dans chaque performance. Certaines épreuves peuvent en effet la mettre davantage à contribution. La variable aléatoire ϵ_j ($j = 1, 2, 3$) représente une *erreur de mesure*. Aucun test ne peut raisonnablement mesurer que ce qu'il est censé mesurer. La variable ϵ_j représente donc l'impact de toutes les variables qui, sans relever de l'intelligence, vont influencer la performance manifeste en additionnant leurs effets (la fatigue du sujet, sa motivation, etc.). On supposera donc dans les calculs qui suivent qu'elle est statistiquement indépendante de la variable de compétence ξ.

C'est le modèle unifactoriel de Spearman. Il peut être représenté sous la forme d'un graphe où la variable latente est représentée sous forme d'ellipse et les variables observées sous forme de boîtes rectangulaires, les variables d'erreur apparaissant sans encadrement (voir fig. 5.2). Dans cette représentation graphique, les liens orientés définissent une relation de dépendance linéaire (coefficients de régression ou de saturation) et les liens doubles représentent des (co)variances. Ce type de modèle est un cas particulier de ce qu'on appelle aujourd'hui les modèles d'analyse de la covariance ou modèles structuraux (Joreskog, 1969). On juge en effet de l'adéquation de tels modèles à des données concrètes à partir des variances et covariances qui s'en déduisent théoriquement.

Selon ce modèle et par les propriétés 5.1 et 5.3 vues plus haut, on peut prédire que la variance de X_1 par exemple, aura la structure :

$$V(X_1) = V(\lambda_1\xi + \epsilon_1) = V(\lambda_1\xi) + V(\epsilon_1) + 2CoV(\xi, \epsilon_1) = \lambda_1^2 V(\xi) + V(\epsilon_1), \quad (5.6)$$

car la covariance entre ξ et ϵ_j est nulle, sous l'hypothèse d'indépendance. De même, la covariance attendue entre X_1 et X_2 selon ce modèle aura la forme (propriété 5.2) :

$$CoV(X_1, X_2) = CoV(\lambda_1\xi + \epsilon_1, \lambda_2\xi + \epsilon_2) = \lambda_1\lambda_2 V(\xi), \quad (5.7)$$

car les covariances entre compétence vraie et erreurs sont supposées nulles, ainsi que la covariance entre erreurs. On réunit l'ensemble des variances et covariances dans un tableau global, appelé *matrice des variances-covariances*. Si l'on note $\sigma_\xi^2 = V(\xi)$ et $\sigma_{\epsilon_j}^2 = V(\epsilon)$, la forme attendue de cette matrice selon le modèle unifactoriel est :

$$\Sigma_0 = \begin{bmatrix} \lambda_1^2\sigma_\xi^2 + \sigma_{\varepsilon_1}^2 & & \\ \lambda_2\lambda_1\sigma_\xi^2 & \lambda_2^2\sigma_\xi^2 + \sigma_{\varepsilon_2}^2 & \\ \lambda_3\lambda_1\sigma_\xi^2 & \lambda_3\lambda_2\sigma_\xi^2 & \lambda_3^2\sigma_\xi^2 + \sigma_{\varepsilon_3}^2 \end{bmatrix}.$$

Estimation des paramètres du modèle

Strictement parlant, la modélisation théorique ci-dessus manipule des quantités inconnues. Muni d'un modèle, le psychologue cherche à estimer ces paramètres au mieux, à l'aide des données qui sont à sa disposition. Nous développons plus loin la question de l'estimation des paramètres inconnus d'un modèle statistique à l'aide d'un critère de qualité. Nous nous contenterons dans cette section de chercher à estimer l'ensemble $\theta = (\lambda_1, \lambda_2, \lambda_3, \sigma^2_{\varepsilon_1}, \sigma^2_{\varepsilon_2}, \sigma^2_{\varepsilon_3})'$ des paramètres du modèle unifactoriel qui mène à la meilleure reconstitution numérique possible des corrélations empiriques. Dans ce cas simple, on a six paramètres inconnus (les trois λ_j et les trois $\sigma^2_{\varepsilon_j}$, $j = 1, 2, 3$) et six variances et covariances observées (s^2_j et s_{ij}, $j = 1, 2, 3$) :

$$
S = \begin{bmatrix} s_1^2 & & \\ s_{21} & s_2^2 & \\ s_{31} & s_{32} & s_3^2 \end{bmatrix}.
$$

Il y a donc autant de paramètres inconnus du modèle théorique que de données observées : on dit que le modèle est *saturé*. Comme on va le voir ci-dessous, on parvient dans cette situation à une reconstitution parfaite des corrélations observées en donnant aux paramètres inconnus certaines valeurs bien choisies.

On note qu'il y aura, dans le cas général de p tests, $2p + 1$ paramètres à identifier (σ^2_ξ, les λ_j et les $\sigma^2_{\varepsilon_j}$, $j = 1, ..., p$) et $\frac{p(p+1)}{2}$ données dans la matrice S des covariances observées. Pour pouvoir estimer les paramètres, on devra donc avoir au minimum sur le nombre p de variables la condition :

$$
\frac{p(p+1)}{2} \geq 2p + 1 \text{ soit } p \geq \tfrac{3+\sqrt{17}}{2} \approx 3.5,
$$

soit au moins quatre variables observées, sauf à introduire des contraintes particulières. Notamment, les construits psychologiques comme l'intelligence n'ayant pas d'unité naturelle, il est usuel de fixer la variance σ^2_ξ du facteur latent à la valeur arbitraire 1. Avec cette contrainte, la matrice modèle se simplifie en :

$$
\Sigma_0 = \begin{bmatrix} \lambda_1^2 + \sigma^2_{\varepsilon_1} & & \\ \lambda_2\lambda_1 & \lambda_2^2 + \sigma^2_{\varepsilon_2} & \\ \lambda_3\lambda_1 & \lambda_3\lambda_2 & \lambda_3^2 + \sigma^2_{\varepsilon_3} \end{bmatrix}.
$$

et trois variables observées suffisent alors pour l'estimation. La fig. 5.2 représente ainsi la contrainte $\sigma^2_\xi = 1$ par un lien double réflexif (variance) dont la valeur est 1.

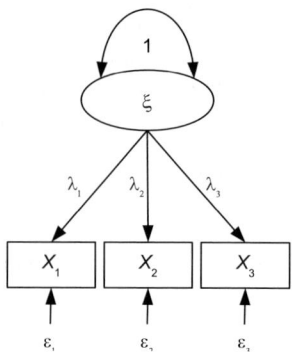

Fig. 5.2 – Modèle unifactoriel sur trois variables

Dans ce cas simple, on estime les paramètres en égalisant matrice observée et matrice de structure théorique :

$$\begin{cases} s_1^2 = \hat{\lambda}_1^2 + \hat{\sigma}_{\varepsilon_1}^2, & s_{12} = \hat{\lambda}_1 \hat{\lambda}_2 \\ s_2^2 = \hat{\lambda}_2^2 + \hat{\sigma}_{\varepsilon_2}^2, & s_{13} = \hat{\lambda}_1 \hat{\lambda}_3 \\ s_3^2 = \hat{\sigma}_3^2 + \hat{\sigma}_{\varepsilon_3}^2, & s_{23} = \hat{\lambda}_2 \hat{\lambda}_3 \end{cases}.$$

En notant par exemple que :

$$\frac{s_{12} s_{13}}{s_{23}} = \hat{\lambda}_1^2$$

permet d'obtenir la saturation factorielle, on obtient la variance d'erreur par différence :

$$\hat{\sigma}_{\varepsilon_1}^2 = s_1^2 - \hat{\lambda}_1^2 = s_1^2 - \frac{s_{12} s_{13}}{s_{23}}.$$

On a au final les six estimations :

$$\begin{aligned} &\hat{\lambda}_1 = \sqrt{\frac{s_{12} s_{13}}{s_{23}}}, & \hat{\sigma}_{\varepsilon_1}^2 = s_1^2 - \frac{s_{12} s_{13}}{S_{23}} \\ &\hat{\lambda}_2 = \sqrt{\frac{s_{21} s_{23}}{s_{13}}}, & \hat{\sigma}_{\varepsilon_2}^2 = s_2^2 - \frac{s_{21} s_{23}}{s_{13}} \\ &\hat{\lambda}_3 = \sqrt{\frac{s_{31} s_{32}}{s_{12}}}, & \hat{\sigma}_{\varepsilon_3}^2 = s_3^2 - \frac{s_{31} s_{32}}{s_{12}} \end{aligned}.$$

Inversement, une fois connues les saturations, on peut reconstituer les covariances originales par un simple produit :

$$s_{jj'} = \hat{\lambda}_j \hat{\lambda}_{j'}.$$

Propriétés

1. Avec la contrainte $\sigma_\xi^2 = 1$, la saturation factorielle a le sens d'une covariance variable-facteur (d'où son nom) :

$$CoV(\xi, X_j) = CoV(\xi, \lambda_j \xi + \varepsilon_j) = \lambda_j \sigma_\xi^2 = \lambda_j.$$

2. Si les variables observées sont standardisées, elle a donc le sens d'une corrélation variable-facteur. Aux mêmes conditions, son carré mesure le pourcentage de la variance observée expliquée par la partie non aléatoire du modèle (ξ). On appelle généralement fiabilité (*reliability*) de la mesure, notée ρ_{X_j}, ce pourcentage. On a en effet :

$$\rho_{X_j} = \frac{V(\lambda_j \xi)}{V(X_j)} = \frac{\lambda_j^2 \sigma_\xi^2}{V(X_j)} = \lambda_j^2.$$

3. Quand le modèle unifactoriel décrit convenablement les données, on s'autorise parfois à constituer un score total $T = X_1 + X_2 + X_3$, car, sous le modèle, les trois performances relèvent bien d'une même compétence. La proportion de la variance de ce score total expliqué par la partie non aléatoire (ξ) du modèle est appelé *coefficient de consistance interne* ou coefficient α de Cronbach. Sous la contrainte $\sigma_\xi^2 = 1$, il s'écrit :

$$\alpha = \frac{V(\sum_j \lambda_j \xi)}{V(\sum_j X_j)} = \frac{\left(\sum_j \lambda_j\right)^2}{\left(\sum_j \lambda_j\right)^2 + \sum_j \sigma_{\varepsilon_j}^2}.$$

On considère comme satisfaisante une consistance au moins égale à 0.80.

Application
On cherche à tester l'hypothèse unifactorielle de Spearman sur les corrélations suivantes, obtenues sur les résultats à trois épreuves d'intelligence à dominante verbale : la classification de mots en catégories, la connaissance de la signification des mots et la compréhension de sens d'extraits de textes (Harman, 1976) :

Epreuve	1	2	3
1. Classification de mots	1.000		
2. Signification des mots	0.532	1.000	
3. Compréhension de paragraphes	0.527	0.714	1.000

On note que les corrélations sont des covariances particulières sur variables standardisées. Nous cherchons les paramètres $\theta = (\lambda_1, \lambda_2, \lambda_3, \sigma_{\varepsilon_1}^2, \sigma_{\varepsilon_2}^2, \sigma_{\varepsilon_3}^2)'$ du modèle unifactoriel qui décrit au mieux ces corrélations. On calcule :

$$\hat{\lambda}_1 = \sqrt{\frac{s_{12}s_{13}}{s_{23}}} = \sqrt{\frac{0.532 \times 0.527}{0.714}} = 0.626 \quad \hat{\sigma}_{\varepsilon_1}^2 = 1 - \hat{\lambda}_1^2 = 0.607$$

$$\hat{\lambda}_2 = \sqrt{\frac{s_{21}s_{23}}{s_{13}}} = \sqrt{\frac{0.532 \times 0.714}{0.527}} = 0.848 \quad \hat{\sigma}_{\varepsilon_2}^2 = 1 - \hat{\lambda}_2^2 = 0.279 \ .$$

$$\hat{\lambda}_3 = \sqrt{\frac{s_{31}s_{32}}{s_{12}}} = \sqrt{\frac{0.527 \times 0.714}{0.532}} = 0.841 \quad \hat{\sigma}_{\varepsilon_3}^2 = 1 - \hat{\lambda}_3^2 = 0.292$$

On peut vérifier que la corrélation entre les subtests 1 et 2 est bien reconstituée par :

$$R_{12} = \hat{\lambda}_1 \hat{\lambda}_2 = 0.626 \times 0.848 = 0.53.$$

Les fiabilités des trois subtests sont respectivement de $\hat{\lambda}_1^2 = 0.39$, $\hat{\lambda}_1^2 = 0.72$ et $\hat{\lambda}_1^2 = 0.70$. Cela signifie que 39% de la variance de X_1 (classification de mots), 72% de la variance de X_2 (signification de mots) et 70% de la variance de X_3 (compréhension de paragraphes) sont expliqués par la compétence générale sous-jacente. On dira, si l'on interprète le facteur latent comme une compétence générale en langage, que la tâche de classification de mots est une tâche moins purement verbale que les autres.

L'homogénéité (ou fiabilité de la somme des scores) au sens de Cronbach est donnée par :

$$\alpha = \frac{\left(\sum_j \hat{\lambda}_j\right)^2}{\left(\sum_j \hat{\lambda}_j\right)^2 + \sum_j \hat{\sigma}_{\varepsilon_j}^2} = 0.82.$$

Elle apparaît comme satisfaisante.

5.5 Tableaux de synthèse

Les éléments principaux de ce chapitre sont résumés dans le tableau ci-dessous.

Définitions	$E(X) = \sum_{k=1}^{K} \pi_k u_k$
	$V(X) = \sum_{k=1}^{K} \pi_k (u_k - E(X))^2$
	$CoV(X,Y) = \sum_{k=1}^{K} \sum_{l=1}^{L} \pi_{kl}(u_k - E(X))(v_l - E(Y))$
Propriétés	$E(aX + bY) = aE(X) + bE(Y)$
	$V(aX + bY) = a^2 V(X) + b^2 V(Y) + 2ab CoV(X,Y)$
	CoV(aX+bY,cU+dV)=acCoV(X,U)+adCoV(X,V)+bcCoV(Y,U)+bdCoV(Y,V)

Chapitre 6

Notion de modèle

6.1   La statistique inférentielle

P.S. Laplace (1749-1827)

Les données collectées en psychologie se présentent souvent sous la forme d'un tableau à double entrée, où les lignes symbolisent un ensemble d'objets ou d'individus équivalents sur lesquels on observe des caractéristiques appelées *variables*. Ces individus sont supposés extraits d'un ensemble plus vaste appelé *population*. Pour des raisons historiques (les applications premières de la statistique étaient démographiques), on continue à utiliser ce terme pour désigner toute collection d'objets à étudier ayant des propriétés communes, qu'il s'agisse ou non de personnes. Ces objets sont appelés indifféremment « individus », « unités » ou « observations » statistiques. Dans certains contextes, il peut s'agir simplement de multiples mesures prélevées sur un seul individu. On continue pour des raisons historiques à parler de population dans ce cas, pour désigner l'ensemble de toutes les mesures possibles.

La population étudiée peut potentiellement être de très grande taille et même de taille infinie. Il est clair que dans une étude appliquée, on ne collectera jamais qu'un nombre fini d'observations, dont l'ensemble dénombrable constitue ce qu'on appelle un *échantillon*. La méthode la plus simple pour sélectionner les observations statistiques constituant un échantillon est la technique de *l'échantillonnage aléatoire simple* qui consiste en tirages des observations i) équiprobables et ii) indépendants. Un échantillon extrait d'une population suivant ce mode de tirage sera appelé *échantillon aléatoire simple* ou échantillon aléatoire *indépendant et identiquement distribué* (i.i.d.).

Les variables peuvent être classées selon la structure de l'ensemble de leurs modalités observables, telle qu'elle a été étudiée dans les chapitres 1 et 2. Suivant qu'on ne s'intéresse qu'à une ou plusieurs variables à la fois, on parlera d'analyse univariée ou multivariée (pour deux variables, on dira bivariée).

Il est classique de distinguer deux grands aspects : l'aspect descriptif et l'aspect inférentiel (ou inductif) de la démarche statistique :

— *La statistique descriptive* a pour but de résumer l'information contenue dans les données sous forme numérique ou graphique. Les conclusions d'un tel examen ne concernent que l'échantillon considéré.

— *La statistique inférentielle* vise à étendre les propriétés constatées sur un échantillon à l'ensemble de la population dont est extrait cet échantillon. Le calcul des probabilités y joue un rôle fondamental car la théorie des probabilités permet de modéliser notamment l'échantillonnage aléatoire simple.

En réalité, cette distinction est assez artificielle car, par exemple, le simple fait de résumer une série de données par sa moyenne est déjà un modèle qui ne dit pas son nom et qui suppose que les valeurs dans la population sont massées autour d'une valeur typique. Il existe de nombreuses situations (forte dissymétrie, multi-modalité) où la moyenne n'est plus un indice descriptif pertinent. *Décrire, c'est toujours déjà modéliser.*

Contrairement à une démarche répandue, nous apprendrons donc à modéliser d'abord pour pouvoir décrire ensuite. C'est le modèle qui donne du sens à une statistique descriptive et non l'inverse. Pour des raisons pédagogiques, il est néanmoins commode de commencer par étudier des procédures naturelles de tri et de description de données, essentiellement pour aborder la notion de *distribution empirique*. C'est un préalable pour aborder le concept plus abstrait de distribution de probabilités, abordé dans ce chapitre.

6.2   Démarche d'hypothèse

Définition 6.1 (Modèle statistique)
On appelle modèle statistique *une représentation simplifiée de la réalité (c'est-à-dire des mesures que l'on en a), formulée de façon probabiliste. Un modèle statistique prend en compte à la fois l'homogénéité et la variabilité d'un phénomène.*

Dans une première approche, la construction et l'évaluation d'un modèle en statistique suit une démarche qui n'est pas différente de la démarche d'hypothèse propre à la méthode expérimentale. Le principe général pourrait être résumé par la phrase : si tu ignores quelque chose du réel, pose une hypothèse que tu commences par affirmer comme vraie. Si tu as tort, le réel devrait te détromper.

Naturellement, il est fondamental de choisir une hypothèse falsifiable, c'est-à-dire conduisant à des prédictions vérifiables. Je vais ensuite regarder dans le réel si ces prédictions sont réalisées. De deux choses l'une :

— ou les choses ne se passent pas comme prévu et je suis alors fixé : l'hypothèse est fausse ;

– ou les choses se passent comme prévu et mon modèle apparaît acceptable. Est-il vrai ? Je ne peux le dire en toute rigueur, car peut-être n'ai-je pas été dans mon expérience confronté aux éléments de contradiction du modèle.

Il y a donc dans cette démarche une dissymétrie fondamentale entre la contradiction et l'acceptation d'un modèle : si l'une seulement de mes prédictions est fausse, alors je peux affirmer sans erreur que le modèle est faux. Mais si elles sont toutes vraies, alors je ne peux qu'accepter (temporairement) ce modèle, tant que je n'en ai pas trouvé de meilleur. Nous apprenons toujours plus dans la contradiction que dans le non-rejet d'une hypothèse. En ce sens, le réel est *positivement* inatteignable.

En résumé, la démarche d'hypothèse comprend quatre étapes :

1. Poser une hypothèse sur la structure du phénomène étudié.

2. En déduire des prédictions sur ce qui devrait être observé dans le réel si cette hypothèse est correcte.

3. Mettre en œuvre une procédure de vérification des prédictions.

4. Accepter ou rejeter l'hypothèse en conséquence.

C'est cette approche qu'on utilise en statistique, à une différence (de taille) près : dans la réalité, les choses ne sont pas en blanc ou en noir. Le comportement humain n'est guère réductible à des catégories définitives et les prédictions que nous faisons s'expriment en réalité sous la forme de *probabilités*. D'une hypothèse psychologique supposée correcte, on déduit une *distribution de probabilité* sur les comportements possibles (ou les mesures que l'on en a).

Dans les chapitres qui suivent, nous allons étudier deux approches différentes de l'évaluation de modèle, correspondant à deux situations différentes :

1. On dispose d'un **modèle de référence**, dont tous les paramètres sont connus et dont on sait par raisonnement qu'il décrit parfaitement la situation expérimentale si certaines conditions sont remplies. Dans cette optique, le modèle prétend rendre compte parfaitement de la structure du phénomène dans la population statistique, si l'hypothèse psychologique qui le sous-tend est correcte. Dans ce cadre, on décidera de rejeter l'hypothèse (et le modèle statistique qui la traduit) si le réel observé apparaît *peu probable* (à un seuil de décision près qu'il faudra définir) selon le modèle. *On étudie dans cette approche la probabilité des données selon le modèle* (notée $P(D|M)$).

2. On dispose de **plusieurs modèles concurrents**, dont un ou plusieurs paramètres sont inconnus et parmi lesquels le modèle « vrai » est supposé se trouver. On souhaite identifier ce modèle en calculant pour chacun la probabilité qu'il soit le vrai modèle, au vu des données. On retiendra celui qui a la plus grande probabilité d'être le vrai modèle au vu des données. *On étudie dans cette approche la probabilité des modèles, sachant les données* (notée $P(M|D)$).

En guise d'introduction à la notion de modèle, les différents aspects de la construction et de l'évaluation d'un modèle statistique par la première approche sont discutés ci-dessous à partir d'un exemple. La deuxième méthode, connue sous le nom d'*approche bayésienne*, est ensuite présentée. Il est important aujourd'hui de connaître les deux approches, car si la première est encore la plus répandue dans la littérature psychologique, la seconde ne cesse de se développer et ses avantages sont tels que de nombreux auteurs militent pour l'abandon pur et simple de la première (Kruschke, 2010 ; Rouder *et al.*, 2009 ; Wagenmaker *et al.*, 2011 ; Wetzel *et al.*, 2011) au profit de la deuxième.

6.3   Un exemple neuropsychologique

Supposons que nous sachions que le taux de réussite à une épreuve cognitive dans la population est de 60%. On dira : la probabilité de réussir cette épreuve est de 0.6 dans la population générale.

Appelons π_0 cette probabilité de réussite de référence, avec $\pi_0 = 0.6$. En faisant passer cette épreuve à quatre sujets cérébrolésés (de lésions comparables), un psychologue découvre qu'aucun d'entre eux n'a réussi l'épreuve. La fréquence empirique de réussite pour cet échantillon est donc $f = \frac{0}{4} = 0$. Peut-on dire qu'on a là affaire à un groupe de sujets particulièrement défaillants dans cette épreuve ? Autrement dit : ce type de lésion est-il la source d'une moindre performance à l'épreuve ?

Cette question a une double pertinence clinique et scientifique :

– scientifiquement, il est important pour comprendre le fonctionnement du cerveau d'être capable de repérer que certaines lésions localisées se soldent par des déficits cognitifs identifiables ;

– cliniquement, il est important de pouvoir utiliser certains résultats de tests psychologiques comme des outils de soutien au diagnostic.

6.3.1   Modélisation

Pour répondre à cette question, il nous faut construire un *modèle* de la performance de nos sujets. Dans le cas présent cela revient à dire : il nous faut faire une hypothèse sur la probabilité π de réussite du groupe auquel ils appartiennent.

Cette probabilité est inconnue (et ne doit pas être confondue avec la fréquence observée de réussite $f = 0$) mais nous pouvons poser une hypothèse sur elle.

On note que le raisonnement nous conduit à manipuler trois quantités bien distinctes :

1. la **probabilité connue** π_0 de réussite dans la population générale non pathologique ($\pi_0 = 0.6$) ;

2. la **probabilité inconnue** π de réussite dans la population des patients qui souffrent de cette lésion ;

3. la **fréquence connue** f de réussite dans l'échantillon clinique de quatre patients dont nous disposons ($f = 0$).

On note que la question posée ne porte pas sur les quatre patients particuliers que nous avons testés, mais porte bien sur la population pathologique correspondante.

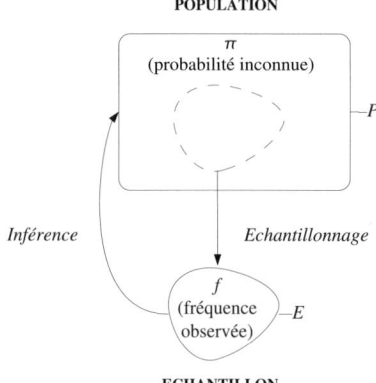

Fig. 6.1 – Echantillonnage et inférence

Autrement dit, nous cherchons à dire d'un point de vue *théorique*, quelque chose de cette *population* à travers la connaissance *empirique* que nous avons des résultats obtenus par cet *échantillon*. Ce type de raisonnement qui va du particulier au général s'appelle *inférence* ou induction.

Dans ce contexte, nous pouvons envisager deux hypothèses :

1. Une hypothèse H_0 qui pose que la probabilité de réussite des patients est du même ordre que celle de la population générale non pathologique. On peut écrire : $H_0 : \pi = \pi_0$.

2. Une hypothèse H_1 qui pose que la lésion se traduit par une moindre probabilité de réussite des patients à cette épreuve. On écrit : $H_1 : \pi < \pi_0$.

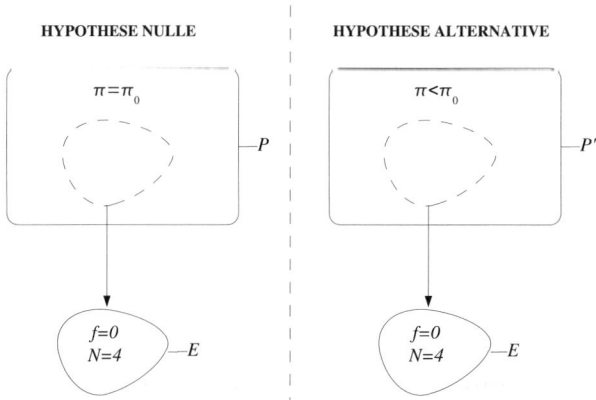

Fig. 6.2 – Hypothèses nulle et alternative

La première hypothèse est simple, au sens où elle fixe la probabilité inconnue à une valeur précise. Elle conduit donc à un modèle de probabilité bien défini.

La seconde est composée, au sens où elle prend en compte pour π une infinité de valeurs possibles sur $[0; \pi_0[$.

Il est donc naturel de chercher à construire le raisonnement sur H_0, qui mène à un modèle exact si elle est vraie.

Si cette hypothèse est correcte la probabilité π de réussir à cette épreuve devrait être la même que dans la population générale, soit $\pi = \pi_0$. On écrit parfois une telle hypothèse sous la forme équivalente $\pi - \pi_0 = 0$ et pour cette raison on l'appelle *hypothèse nulle* (notée H_0). Une hypothèse nulle affirme, comme son nom l'indique, que quelque chose vaut 0 dans une population.

6.3.2   La valeur p

Nous jugerons que ce modèle décrit bien ce qui se passe si la probabilité d'obtenir un résultat aussi extrême que 4 échecs sur 4 passations (soit une fréquence de réussite de $f = 0$) est assez élevée selon ce modèle. L'événement « 4 échecs » est un événement composé des 4 échecs élémentaires de chacun des sujets, de probabilité $1 - \pi_0$ chacun, selon l'hypothèse nulle. En admettant que les performances des sujets sont indépendantes (les passations étaient séparées), on applique la loi du produit (cf. section 4.3.2) et on calcule cette probabilité conjointe L_0 en multipliant simplement les probabilités (selon H_0) de chaque événement élémentaire :

$$
\begin{aligned}
L_0 &= P(f = 0 | H_0) \\
&= (1 - \pi_0)(1 - \pi_0)(1 - \pi_0)(1 - \pi_0) \\
&= (1 - \pi_0)^4 \\
&= 0.4^4 = 0.0256.
\end{aligned}
$$

On appelle *vraisemblance* du modèle cette probabilité d'observer les données telles qu'elles sont, d'après notre modèle [1]. On voit en effet qu'elle sera d'autant plus élevée que notre modèle décrit bien ce qui se passe. Selon notre modèle, ce que nous avons observé (0 réussite sur 4) avait 2.5% de chances de se produire.

D'un point de vue pratique, on s'intéresse en général à une probabilité un peu étendue, nommée *valeur p* (notée p), soit celle d'observer un niveau de réussite *au moins aussi improbable* que celui qu'on obtient (et non pas seulement la probabilité du résultat expérimental obtenu) dans le sens de l'alternative. Dans le cas présent, ces deux probabilités sont les mêmes car nous ne pouvons pas obtenir moins que 0 réussite, mais ce ne sera pas le cas en général.

6.3.3   Seuil de décision et erreur de type I

Cette probabilité est-elle faible ou élevée ? Nous ne pouvons en décider qu'en définissant un *seuil de décision* ou risque (nommé α), en deçà duquel nous jugerons

---

1. Conformément à l'usage, nous utilisons pour cette probabilité conjointe le symbole L, initiale du mot anglais *likelihood* (vraisemblance).

qu'une valeur p est trop faible pour accepter un modèle. Les statisticiens et les psychologues utilisent souvent la valeur $\alpha = 0.05$ pour leurs décisions. Il n'y a pas d'autre justification à ce choix que la nécessité d'en faire un, arbitraire. A ce seuil de décision, la valeur p est ici trop faible et nous jugerons le modèle peu vraisemblable. On choisira ici de conclure que le niveau de réussite de ces patients cérébrolésés à l'épreuve n'est pas comparable à ce qu'il est dans la population générale.

Cette conclusion est néanmoins risquée, car strictement parlant, la probabilité d'observer 4 échecs sur 4 observations selon notre modèle n'est pas nulle, mais simplement très faible. On dira qu'on rejette l'hypothèse nulle H_0 avec une probabilité de se tromper de 0.0256.

On appelle *erreur de type I* (ou erreur de type α) l'erreur qui consiste à rejeter un modèle nul alors qu'il est vrai (il se peut après tout que nos sujets *en tant que représentants de leur groupe* ne soient pas spécialement défaillants dans cette épreuve). Les statistiques ne permettent donc pas d'amener des conclusions plus définitives que n'importe quelle autre approche plus intuitive. Elles permettent cependant de quantifier la probabilité de se tromper en rejetant un modèle, et de la fixer à une valeur arbitrairement petite. Et c'est un avantage de taille. En prenant toujours pour seuil de décision la valeur $\alpha = 0.05$ je sais que je ne me tromperai au maximum que dans 5% des cas en rejetant le modèle nul que j'ai posé au départ.

On appelle *puissance* statistique la capacité d'une procédure de décision à correctement rejeter un modèle faux.

6.3.4   Erreur de type II

Quand on trouve $p > \alpha$, on accepte l'hypothèse nulle. Dans ces cas, nous n'avons pas néanmoins de preuve que ce modèle est correct. Simplement nous n'avons pas trouvé d'élément qui nous amène à le rejeter. En ce sens, nous pouvons nous tromper en acceptant H_0 alors qu'elle est fausse : c'est ce qu'on appelle *l'erreur de type II* (ou erreur de type β).

Dans le choix d'un modèle, on cherche toujours à rendre aussi petites que possibles les erreurs de type I et II. Je peux amener à 0 l'erreur de type I en acceptant toujours H_0 quels que soient les problèmes étudiés ou amener à 0 l'erreur de type II en rejetant toujours H_0, mais je ne peux pas les amener toutes les deux à zéro. Elles sont inversement liées et la démarche statistique cherche à *minimiser* les deux en même temps.

La démarche statistique en psychologie vise à formaliser la construction de modèle, inhérente à la méthode scientifique, pour se donner les moyens de mesurer la *probabilité de se tromper en rejetant ce modèle*. En construisant un modèle de la situation formulé de façon probabiliste, le psychologue ne propose pas seulement un modèle théorique du phénomène qu'il observe, mais se donne aussi les moyens d'évaluer la probabilité d'obtenir les résultats d'expérience qui sont les siens, sachant ce modèle (la vraisemblance de ce modèle), ainsi que la probabilité de se tromper en le rejetant, le cas échéant. Si les résultats d'expérience (ou d'observation) apparaissent peu probables selon le modèle, c'est que le modèle n'est sans doute pas bon. Mais cette conclusion n'est pas non plus certaine : il nous faudra décider de l'inadéquation d'un modèle en reconnaissant une certaine probabilité de se tromper.

A l'inverse, il n'y a jamais de « bon » ou de « vrai » modèle de la situation non plus : juste un modèle dont nous n'avons pas pu montrer qu'il donnait des prédictions aberrantes sur la situation. Un modèle ne vaut que tant qu'on n'a pas de raison de le rejeter. En tant que tel, il n'est donc jamais possible de *prouver* qu'un modèle est correct (en statistique comme dans la démarche scientifique en général). Le modèle est le point de départ supposé vrai d'un raisonnement, dont on essaie de voir s'il mène à des prédictions que la réalité met en défaut. Nous apprenons donc plus du rejet de nos hypothèses que de leur non-rejet par l'expérience.

6.4   Probabilité des données ou probabilité du modèle

L'approche par valeur p illustrée ci-dessus est une approche ancienne en statistique. Elle est déjà utilisée par Pearson au début du vingtième siècle, avant d'être reprise et étendue par Fisher. Elle amène à juger de la qualité d'un modèle en examinant la probabilité $P(D|M)$ des données d'après ce modèle. De nombreuses critiques vis-à-vis de cette approche et de ses limites ont été émises depuis plusieurs décennies. En particulier cette approche oblige à poser comme vrai un modèle de référence, au départ de l'analyse, et ce n'est pas toujours possible. Par ailleurs, autant il est commode de rejeter un modèle de départ quand la valeur p apparaît faible, autant il est délicat de conserver un modèle quand la valeur p est élevée : ce n'est pas parce que rien ne semble sérieusement contredire un modèle qu'il est vrai. Cette dissymétrie entre rejet et acceptation d'un modèle, inhérente à la démarche par valeur p, pose souvent problème dans les applications. Les statisticiens contemporains préfèrent de loin juger de la qualité d'un modèle en calculant, lorsque c'est possible, la probabilité $P(M|D)$ *que le modèle soit vrai* au vu des données. Nous introduisons cette approche ci-dessous à partir d'un exemple simple, pour la développer davantage dans le chapitre suivant.

6.4.1   Le facteur de Bayes

Imaginons que nous demandions à une personne de lancer dix fois un dé. La suite des 10 résultats peut représenter de manière métaphorique des données comportementales que nous aurions collectées et que nous essaierions de modéliser. Imaginons que nous sachions que le dé peut être de deux types, à 6 faces ou à 12 faces, mais que nous ne savons pas lequel des deux types de dé le lanceur a utilisé. Cette incertitude illustre de manière métaphorique la situation où nous disposons de deux théories concurrentes pour tenter d'expliquer comment a été engendré le comportement du sujet. Notons tout de suite que si dans la série des résultats de lancers nous trouvons au moins un résultat supérieur à 6, nous saurons immédiatement que c'est le dé à 12 faces qui a été utilisé.

A côté de ce cas, imaginons que la série des résultats est une suite de dix « 1 » consécutifs. Peut-on se faire une idée de ce que c'est l'un des deux types de dé qui a été probablement utilisé ? Si les deux dés sont réguliers et les lancers « honnêtes », nous disposons de deux modèles concurrents du phénomène apparent : la probabilité d'apparition de la face « 1 » est soit $\pi_1 = \frac{1}{6}$ (modèle M_1) soit $\pi_2 = \frac{1}{12}$ (modèle M_2). Dans cette situation, nous souhaitons sélectionner le meilleur des deux, sans en privilégier un *a priori* (il n'y a pas d'« hypothèse nulle »). La question est : lequel de ces deux modèles est le plus probablement vrai, compte tenu des données observées ?

Nous allons chercher à calculer $P(M_1|D)$ et $P(M_2|D)$, nommées probabilités *a posteriori* des modèles (car elles apparaissent après avoir examiné les données). De façon équivalente, on décide d'examiner le rapport *a posteriori* $\frac{P(M_1|D)}{P(M_2|D)}$. Ce rapport fonctionne comme une balance à deux plateaux : s'il est supérieur à 1, on dira que la balance penche du côté de M_1 et inversement.

Nous ne connaissons pas $P(M_m|D)$, $m \in \{1, 2\}$, mais nous savons par la formule d'inversion de Bayes que :

$$P(M_m|D) = \frac{P(D|M_m)P(M_m)}{P(D)}$$

où :
- $P(D|M_m)$ est la vraisemblance du modèle ;
- $P(M_m)$ est la probabilité *a priori* que le modèle m soit correct (ou l'idée que nous en avons avant tout examen des données) ;
- $P(D)$ est la probabilité marginale d'observer les données telles qu'elles sont, quel que soit le vrai modèle,
- $P(M_m|D)$ est la probabilité *a posteriori* du modèle, telle que nous en jugeons après avoir pris connaissance des données.

A part les vraisemblances $P(D|M_m)$, facilement calculables comme dans la section précédente, aucune de ces probabilités n'est connue et nous les manipulons pour l'instant de façon tout à fait abstraite et formelle. La formule de Bayes permet d'écrire le rapport des probabilités *a posteriori* comme :

$$\begin{aligned}
\frac{P(M_1|D)}{P(M_2|D)} &= \frac{P(D|M_1)P(M_1)/P(D)}{P(D|M_2)P(M_2)/P(D)} \\
&= \frac{P(D|M_1)}{P(D|M_2)} \times \frac{P(M_1)}{P(M_2)}.
\end{aligned} \tag{6.1}$$

Nous nous sommes débarrassés d'une probabilité inconnue ($P(D)$) et il nous reste à interpréter les autres quantités qui apparaissent sous forme de rapport. Le rapport *a priori* $\frac{P(M_1)}{P(M_2)}$, à droite, a une signification simple : il représente le crédit relatif que nous accordons à M_1 par rapport à M_2 *a priori*, c'est-à-dire avant tout examen des données concrètes de l'expérience. Le rapport $\frac{P(M_1|D)}{P(M_2|D)}$, à gauche, représente le crédit relatif que nous accordons à M_1 par rapport à M_2 *a posteriori*, c'est-à-dire après avoir pris connaissance des données. Par conséquent, le facteur multiplicatif (lire « B-1-2 ») :

$$B_{12} = \frac{P(D|M_1)}{P(D|M_2)} \tag{6.2}$$

qui vient s'intercaler entre les deux rapports précédents :

$$\frac{P(M_1|D)}{P(M_2|D)} \quad = \quad B_{12} \times \frac{P(M_1)}{P(M_2)}$$

représente l'amplitude d'un changement d'avis, après avoir pris connaissance des données. On l'appelle *facteur de Bayes*. S'il est supérieur à 1, cela signifie qu'après avoir examiné les données, nous révisons à la hausse le crédit accordé à M_1 par rapport à M_2.

A vrai dire, en situation de test, on ignore tout simplement lequel des deux est vrai, ce qui revient à dire que nous n'accordons pas plus de valeur à l'un qu'à l'autre. Nous allons traduire cette incertitude *a priori* sur les modèles par l'équiprobabilité :

$$P(M_1) = P(M_2) = \frac{1}{2}.$$

On note qu'en écrivant cela, nous entrons dans un usage de la notion de probabilité qui se distingue de ce que nous avons vu jusqu'alors. Nous *posons* une probabilité *a priori* sur les modèles, sans que cela renvoie à quelque expérience concrète que ce soit. Il n'existe pas pour ces probabilités d'expérience concrète de tirage aléatoire, dont la fréquence empirique tendrait vers elles (comme dans un lancer de dé ou de pièce). Il s'agit davantage d'une traduction probabiliste de notre « croyance » initiale dans l'un et l'autre modèle. On parle parfois à ce propos de probabilité subjective. C'est un pas conceptuel qu'il faut franchir pour pouvoir utiliser toute la puissance de l'approche bayésienne. Ce choix des probabilités initiales est probablement assez peu important, car ce qui va nous intéresser en premier lieu, ce n'est pas tant cette première idée sur la plausibilité des modèles que le changement d'avis que nous suggère les données à partir de leur examen.

En remplaçant $P(M_1)$ et $P(M_2)$ par ces valeurs, on a alors la simplification :

$$\frac{P(M_1|D)}{P(M_2|D)} \quad = \quad \frac{P(D|M_1)}{P(D|M_2)}.$$

A cette condition, on voit que le rapport *a posteriori* que nous cherchons à calculer est simplement égal au facteur de Bayes, c'est-à-dire au rapport des vraisemblances, que nous pouvons donc adopter comme statistique de décision. Nous déciderons de valider M_1 si :

$$B_{12} = \frac{P(D|M_1)}{P(D|M_2)} > 1$$

et inversement si $B_{12} < 1$. Calculons les vraisemblances des deux modèles. On a $P(D|M_1) = \pi_1^{10}$ et $P(D|M_2) = \pi_2^{10}$. Le facteur de Bayes est donc :

$$B_{12} = \frac{P(D|M_1)}{P(D|M_2)} = \frac{\pi_1^{10}}{\pi_2^{10}} = \left(\frac{\pi_1}{\pi_2}\right)^{10} = 2^{10} = 1024.$$

On dira que la balance penche clairement du côté de M_1 : il est plus vraisemblable d'obtenir une telle séquence sous M_1 que sous M_2. Mais nous souhaitons, au-delà de la probabilité des données elles-mêmes, spécifier la probabilité des *modèles*.

6.4.2   Probabilités *a posteriori* des modèles

Par le théorème 4.1 d'inversion de Bayes, nous savons que :

$$P(M_1|D) = \frac{P(D|M_1)P(M_1)}{P(D)}.$$

Nous savons aussi que M_1 et M_2 sont les deux seuls modèles possibles dans ce contexte. Nous pouvons donc reconstituer la probabilité totale des données en la décomposant en deux parties : celle qu'on obtient si M_1 est vrai et celle qu'on obtient si M_2 est vrai. Par le théorème 4.4, dit des probabilités totales, on peut donc reconstituer $P(D)$ comme :

$$\begin{aligned}
P(D) &= P\left[(D \cap M_1) \cup (D \cap M_2)\right] \\
&= P(D \cap M_1) + P(D \cap M_2) \\
&= P(D|M_1)P(M_1) + P(D|M_2)P(M_2).
\end{aligned}$$

Par conséquent :

$$P(M_1|D) = \frac{P(D|M_1)P(M_1)}{P(D|M_1)P(M_1) + P(D|M_2)P(M_2)}.$$

Cette expression se simplifie encore si nous supposons comme ci-dessus que $P(M_1) = P(M_2) = \frac{1}{2}$ et nous obtenons :

$$P(M_1|D) = \frac{P(D|M_1)}{P(D|M_1) + P(D|M_2)}$$

et par un calcul analogue pour M_2 :

$$P(M_2|D) = \frac{P(D|M_2)}{P(D|M_1) + P(D|M_2)}.$$

Cela donne pour les données de notre problème :

$$P(M_1|D) = \frac{\pi_1^{10}}{\pi_1^{10} + \pi_2^{10}} \approx 0.999$$

$$P(M_2|D) = \frac{\pi_2^{10}}{\pi_1^{10} + \pi_2^{10}} \approx 0.001.$$

On peut donc très clairement sélectionner M_1 comme *le modèle le plus probablement vrai* dans ce contexte et on note que cela ne signifie pas la même chose que *la probabilité des données d'après ce modèle*. La probabilité que le modèle soit vrai est certainement un concept plus simple à saisir et à manipuler. Dans chaque situation où nous saurons établir une liste de modèles concurrents possibles, il suffira donc de choisir le modèle le plus probablement vrai ou encore celui qui a le facteur de Bayes le plus favorable. Les deux principes de décision sont équivalents, puisque nous pourrions tout aussi bien retrouver la probabilité du modèle par le facteur de Bayes :

$$P(M_1|D) = \frac{P(D|M_1)}{P(D|M_1) + P(D|M_2)} = \frac{\frac{P(D|M_1)}{P(D|M_2)}}{\frac{P(D|M_1)}{P(D|M_2)} + 1} = \frac{B_{12}}{B_{12} + 1}.$$

Cette approche moderne, dite bayésienne, de la décision est approfondie dans le chapitre suivant.

Chapitre 7

Modèles binomiaux

7.1 Modèles à un paramètre

J. Bernoulli (1654-1705)

L'exemple neuropsychologique du chapitre précédent est un cas particulier de ce qu'on appelle un *modèle binomial à un paramètre fixé*, que nous introduisons ici d'une façon plus générale.

Le **type de problème** statistique que ces modèles permettent de traiter est *la comparaison d'une probabilité à une valeur normative*.

Nous sommes ici dans le cadre de la première approche de validation de modèle, où en posant une hypothèse numérique précise sur le paramètre inconnu d'un modèle, le critère de validation de modèle est la probabilité des données selon le modèle $P(D|M)$.

7.1.1 Test d'hypothèse

Hypothèse alternative unilatérale à gauche

Exemple 7.1

Imaginons que dans la même situation clinique, nous ayons obtenu 2 réussites au test sur les 4 passations. On désigne par π la probabilité du succès pour un patient et par π_0 la probabilité de succès d'un sujet dans la population de référence (non pathologique). Quelle était la probabilité de ce résultat selon le même modèle $H_0 : \pi = \pi_0 = 0.6$?

Pour chaque patient i $(i = 1, ..., 4)$, nous construisons une variable X_i telle que :

$$\begin{cases} X_i = 1 & \text{si le patient } i \text{ réussit l'épreuve,} \\ X_i = 0 & \text{si le patient } i \text{ échoue.} \end{cases}$$

Si notre modèle est correct, on a :

$$P(X_i = 1) = \pi_0, \forall i.$$

Définition 7.1 (Variable de Bernoulli)
Une telle variable, dont les modalités sont 0 et 1, avec une probabilité fixée du succès, est appelée variable de Bernoulli.

Pour une telle variable, on peut définir une *fonction de distribution*, c'est-à-dire une fonction qui à chaque modalité possible de la variable associe une probabilité d'apparaître par une expression explicite. On a ici :

$$f(x|\pi_0) = \pi_0^x (1 - \pi_0)^{1-x}, \ x \in \{0, 1\}.$$

Son espérance est par définition :

$$E(X) = (\pi_0 \times 1) + (1 - \pi_0) \times 0 = \pi_0$$

et sa variance :

$$V(X) = \pi(1 - \pi)^2 + (1 - \pi)(0 - \pi)^2 = (1 - \pi)[\pi - \pi^2 + \pi^2] = \pi(1 - \pi).$$

Pour ce résultat empirique de deux succès, une configuration possible est celle où les patients identifiés comme 1 et 2 réussissent l'épreuve, tandis que les deux autres échouent. Si l'on note en abrégé par R_i l'événement « le sujet i a réussi l'épreuve », la probabilité d'une telle configuration s'écrit :

$$
\begin{aligned}
P(R_1 \cap R_2 \cap \bar{R}_3 \cap \bar{R}_4 | H_0) &= \pi_0 \times \pi_0 \times (1 - \pi_0) \times (1 - \pi_0) \\
&= \pi_0^2 (1 - \pi_0)^2 \\
&= 0.0576.
\end{aligned}
$$

Mais ce n'est pas la seule configuration qui mène au résultat « 2 succès sur 4 passations ». Il y a en réalité $C_4^2 = 6$ manières d'obtenir 2 succès sur 4 passations et elles sont représentées dans le tableau suivant :

Sujet i	1	2	3	4	$Y = \sum_i X_i$
X_i	1	1	0	0	2
X_i	1	0	1	0	2
X_i	1	0	0	1	2
X_i	0	1	1	0	2
X_i	0	1	0	1	2
X_i	0	0	1	1	2

La probabilité totale d'obtenir 2 succès sur 4 passations, c'est la probabilité d'obtenir l'une ou l'autre de ces 6 configurations équivalentes. Définissons une nouvelle variable Y telle que :

$$Y = X_1 + X_2 + X_3 + X_4.$$

Comme les X_i ne peuvent prendre que les valeurs 0 ou 1, on voit que Y n'est autre que le comptage du nombre de réussites obtenu empiriquement ; la probabilité que nous cherchons est simplement $P(Y = 2)$.

Définition 7.2 (Variable binomiale)
On appelle variable binomiale *une variable qui fait la somme de N variables de Bernoulli indépendantes et de même probabilité de succès.*

On a [1] :

$$
\begin{aligned}
P(Y = 2|H_0) &= P\left[(R_1 \cap R_2 \cap \bar{R}_3 \cap \bar{R}_4) \cup ... \cup (\bar{R}_1 \cap \bar{R}_2 \cap R_3 \cap R_4)\right] \\
&= P(R_1 \cap R_2 \cap \bar{R}_3 \cap \bar{R}_4) + ... + P(\bar{R}_1 \cap \bar{R}_2 \cap R_3 \cap R_4) \\
&= C_4^2 \, \pi_0^2 (1 - \pi_0)^2 \\
&= 6 \times 0.6^2 \times 0.4^2 \\
&= 0.3456.
\end{aligned}
$$

Un raisonnement semblable nous permettrait de calculer la probabilité d'obtenir 0, 1, 2, 3 ou 4 succès sur 4 passations, selon notre hypothèse de départ H_0. On peut écrire de manière générale la probabilité d'obtenir k succès sur N passations (et donc $N - k$ échecs) comme :

$$
P(Y = k|H_0) = C_N^k \, \pi_0^k (1 - \pi_0)^{N-k}. \tag{7.1}
$$

Pour la première fois, nous sommes en mesure d'associer à l'ensemble de modalités $U_Y = \{0, 1, 2, 3, 4\}$ de la variable numérique discrète Y des probabilités associées, sous la forme d'une expression mathématique explicite. On dit qu'il s'agit d'une *fonction de probabilité* ou *loi de probabilité*.

Définition 7.3 (Loi binomiale)
La fonction particulière définie par :

$$
P(Y = k|H_0) = C_N^k \, \pi_0^k (1 - \pi_0)^{N-k}
$$

définit la loi binomiale. *C'est la loi qui décrit la probabilité d'obtenir k succès parmi N essais (ou passations, ou épreuves, ou sujets...) quand les essais sont indépendants et de même probabilité de succès π_0. On la note en abrégé $\mathcal{B}(N, \pi_0)$.*

De cette définition l'on déduit que cette fonction sera adaptée pour modéliser la distribution d'une variable i) numérique, ii) discrète, iii) bornée à gauche et à droite par 0 et N.

---

1. Les configurations de réussites sont incompatibles et on suppose l'indépendance des scores des sujets (passations séparées). Les lois de l'addition et du produit des probabilités s'appliquent donc (voir sections 4.3.2 et 4.3.3).

Comme cette variable fait la somme de variables de Bernoulli indépendantes, il est facile de calculer son espérance et sa variance :

$$
\begin{aligned}
E(Y) &= E(X_1 + X_2 + X_3 + X_4) \\
&= E(X_1) + E(X_2) + E(X_3) + E(X_4) \\
&= 4\pi_0, \\
V(Y) &= V(X_1 + X_2 + X_3 + X_4) \\
&= V(X_1) + V(X_2) + V(X_3) + V(X_4) \\
&= 4\pi_0(1 - \pi_0).
\end{aligned}
$$

On peut espérer dans cette distribution obtenir $4 \times 0.6 = 2.4$ réussites en moyenne sur 4 passations, avec un écart type de $\sqrt{4 \times 0.6 \times 0.4} \approx 0.97$.

Les formes variées de cette distribution pour quatre essais et trois valeurs différentes du paramètre π_0 sont représentées figure 7.1.

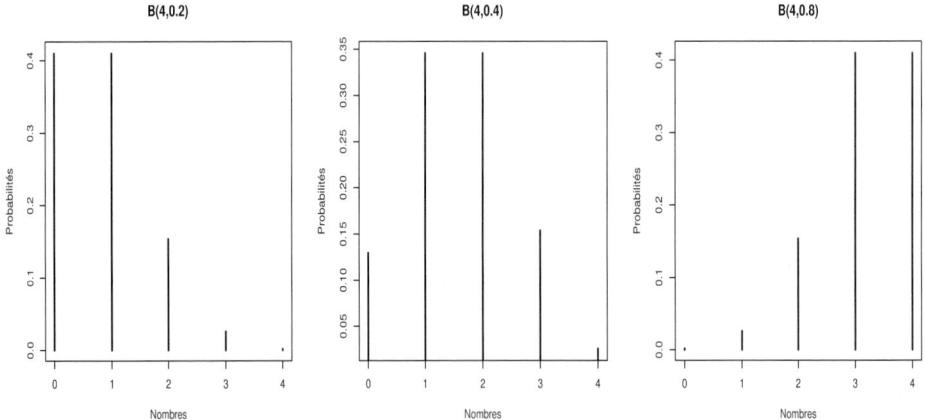

Fig. 7.1 – Formes de la loi binomiale

On peut noter qu'une variable de Bernoulli est le cas particulier d'une variable binomiale $\mathcal{B}(1, \pi_0)$.

Une fois ce résultat général obtenu, il ne sera plus nécessaire en pratique de refaire tous les raisonnements qui nous y ont amenés, si nous avons à traiter une situation similaire (prévision du nombre de succès attendus selon une hypothèse normative sur la probabilité de chaque succès). Il suffit d'utiliser cette formule pour obtenir directement la valeur de probabilité d'un certain nombre de succès. Par exemple, la probabilité d'obtenir un seul succès sur 4 passations selon notre modèle est :

$$
P(Y = 1 | H_0) = C_4^1 \pi_0 (1 - \pi_0)^3 = 4 \times 0.6 \times 0.4^3 = 0.1536.
$$

Maintenant, que pouvons-nous dire de notre modèle ? Est-il plausible de penser que nos patients ont montré un niveau de performance équivalent à ce qui est observé dans la population normale ?

Pour en juger, nous calculons une probabilité un peu étendue, que nous nommons *valeur p*, soit la probabilité d'observer un résultat *au moins aussi mauvais* que 2 succès sur 4. Contre H_0 en effet, nous définissons une hypothèse alternative, notée H_1, qui affirme que la performance des patients est *moins bonne* que celle de la population générale[2] : $H_1 : \pi < \pi_0$ ou $H_1 : \pi - \pi_0 < 0$. Dans le chapitre précédent, les probabilités L_0 (probabilité du résultat empirique obtenu ou *vraisemblance*) et p (probabilité d'un résultat au moins aussi mauvais) étaient confondues car il n'y a pas de résultat plus extrême que 0 réussite sur 4. Elles seront en général différentes.

Formellement, la probabilité d'un résultat au moins aussi mauvais s'écrit :

$$
\begin{aligned}
p &= P(Y \leq 2|\pi_0) \\
&= P\left[(Y = 0) \cup (Y = 1) \cup (Y = 2)|\pi_0\right] \\
&= P(Y = 0|\pi_0) + P(Y = 1|\pi_0) + P(Y = 2|\pi_0).
\end{aligned}
$$

Le passage à la somme des probabilités est justifié par la loi de l'addition, car les événements sont incompatibles.

Ces valeurs ont été calculées plus haut et on obtient :

$$
p = P(Y \leq 2|\pi_0) = 0.0256 + 0.1536 + 0.3456 = 0.5248.
$$

Pour interpréter cette probabilité, il nous faut un seuil de décision, c'est-à-dire une probabilité repère définie à l'avance, notée α, à quoi nous comparerons la valeur p. Il est courant de fixer $\alpha = 0.05$. Si la valeur p est plus petite que le seuil, nous déciderons de rejeter H_0, car une hypothèse qui conduit à considérer que le résultat effectivement obtenu avait peu de chances d'apparaître a toutes chances d'être une mauvaise hypothèse. Clairement ici, nous avons $p > \alpha$ et nous ne pourrions pas rejeter dans ce contexte (contrairement au précédent) l'hypothèse selon laquelle les patients ont le même niveau de performance que la population générale à cette épreuve.

Hypothèse alternative unilatérale à droite

Exemple 7.2

Un psychologue clinicien spécialisé dans le traitement de certains troubles névrotiques à conversion somatique examine la réussite de son traitement sur 12 patients, au bout de 4 années de psychothérapie. Sept patients sur 12 déclarent être soulagés de leurs troubles. Le clinicien se déclare satisfait de son résultat. Cependant, les études scientifiques publiées sur ces troubles montrent que ces symptômes se résorbent spontanément dans 40% des cas dans un intervalle de 4 ans. Partagez-vous l'enthousiasme du clinicien ?

---

2. Bien que la binomiale s'écrive symboliquement $\mathcal{B}(N, \pi)$, comme une fonction de deux paramètres, le nombre N est généralement fixé dans une expérience par l'effectif dont on dispose et est à ce titre un « paramètre » trivial. Nous parlons de modèle à un paramètre en désignant donc le seul paramètre de probabilité.

Pour cette situation, nous utilisons la même démarche : il suffit pour en juger de calculer la probabilité p d'observer un résultat thérapeutique au moins aussi bon si l'hypothèse $H_0 : \pi = \pi_0 = 0.40$ est correcte. Si cette probabilité est petite devant $\alpha = 0.05$, nous déciderons de rejeter l'hypothèse qui assimile l'efficacité thérapeutique à la rémission spontanée. L'ensemble des résultats « au moins aussi extrêmes » est cette fois-ci dans les grandes valeurs d'effectifs. Par application directe de la formule 7.1, on a :

$$
\begin{aligned}
p &= P(Y \geq 7|\pi_0) \\
&= P\left[(Y = 7) \cup (Y = 8) \cup ... \cup (Y = 12)|\pi_0\right] \\
&= P(Y = 7|\pi_0) + P(Y = 8|\pi_0) + ... + P(Y = 12|\pi_0) \\
&= C_{12}^7 \pi_0^7 (1 - \pi_0)^5 + C_{12}^8 \pi_0^8 (1 - \pi_0)^4 + ... + C_{12}^{12} \pi_0^{12} (1 - \pi_0)^0 \\
&= 0.1582.
\end{aligned}
$$

Il y a donc plus de 15% de chances d'obtenir un résultat au moins aussi bon si l'hypothèse de la rémission spontanée est vraie. Nous ne pouvons pas rejeter cette hypothèse dans ce contexte ($p > \alpha$). Si le clinicien veut défendre l'efficacité de son protocole, il faudra que son taux de succès soit un peu plus élevé. On note que la conclusion ne dit en aucune manière que le protocole est inefficace, mais simplement qu'un même résultat est facilement obtenu sous l'effet simple de la rémission spontanée. En n'acceptant pas l'hypothèse alternative unilatérale à droite $H_1 : \pi > \pi_0$, nous courons le risque de rejeter une alternative qui est peut-être correcte. C'est ce qu'on appelle l'erreur de type II ou erreur de type β.

Hypothèse alternative bilatérale, cas symétrique : $\pi_0 = 0.5$

Exemple 7.3

Un enseignant propose un devoir de type QCM à ses étudiants. Il y a 10 questions auxquelles on répond en choisissant une parmi deux réponses possibles. Un étudiant obtient la note 8/10. Puis-je évaluer la possibilité qu'il ait obtenu un tel résultat en répondant tout simplement au hasard ?

Commençons d'abord par construire le modèle de la situation sous l'hypothèse que l'étudiant répond au hasard. Si l'on note π sa probabilité vraie de réussite à une question et par π_0 sa probabilité de réussir à une question selon l'hypothèse des réponses aléatoires ($\pi_0 = \frac{1}{2}$), le modèle s'écrit simplement :

$$
H_0 : \pi = \pi_0 = \frac{1}{2}.
$$

Comment s'écrit l'alternative dans ce contexte ? Si l'on peut argumenter que la fréquence de réussite du sujet est trop différente de π_0, nous serons en mesure de rejeter H_0. Autrement dit :

$$
H_1 : \pi \neq \pi_0.
$$

On note que cette alternative est composée :

$$\{\pi/\pi \neq \pi_0\} = \{\pi/\pi < \pi_0\} \cup \{\pi/\pi > \pi_0\}.$$

Je n'ai pas d'hypothèse *a priori* sur le signe de la différence $\pi - \pi_0$, si elle est non nulle. Un sujet qui a mal compris un cours peut adopter des schémas systématiques de réponse qui l'amènent à obtenir une note *moins élevée* que s'il avait répondu au hasard. Un étudiant qui a bien compris le cours réussira plus de questions que s'il avait répondu au hasard. Les deux scénarios mèneraient au rejet de H_0. L'hypothèse alternative est donc bilatérale (la contradiction de H_0 est susceptible de se manifester en sous ou en sur-performance).

Si H_0 est vraie, alors chaque réponse X du sujet à un item de l'examen suit une loi de Bernoulli de probabilité $\pi_0 = \frac{1}{2}$ et le nombre Y de bonnes réponses à cet examen suit une loi binomiale $B(10, \frac{1}{2})$.

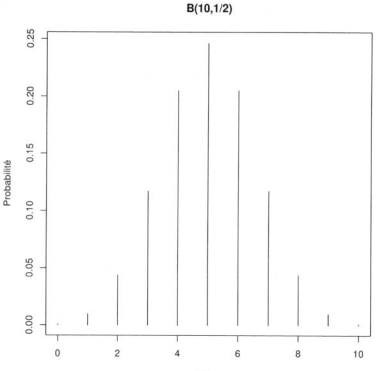

Fig. 7.2 – Modèle $B(10, \frac{1}{2})$

Comme nous disposons d'un modèle exact, on peut calculer la probabilité d'avoir un résultat au moins aussi improbable que 8 bonnes réponses, dans un sens ou dans l'autre, si H_0 est correcte. En examinant la distribution modèle correspondante, on voit que les notes 0, 1 et 2 sont au moins aussi improbables, dans les basses notes. La valeur p s'écrit donc [3] :

$$
\begin{aligned}
p &= P\left[(Y \leq 2) \cup (Y \geq 8)|H_0\right] \\
&= P(Y \leq 2|H_0) + P(Y \geq 8|H_0) \\
&= P(Y = 0|H_0) + P(Y = 1|H_0) + P(Y = 2|H_0) \\
&\quad + P(Y = 8|H_0) + P(Y = 9|H_0) + P(Y = 10|H_0).
\end{aligned}
$$

---

3. Pour simplifier les calculs, nous utilisons la propriété $C_N^k = C_N^{N-k}$ (voir section 4.4.3) : il y a autant de manières de prendre k objets parmi N que d'en laisser $N - k$. Pour calculer C_{10}^8, il est plus simple de calculer $C_{10}^2 = \frac{10 \times 9}{2}$.

En remplaçant ces probabilités par leurs expressions binomiales :

$$
\begin{aligned}
p &= C_{10}^{0}\,\pi_0^{0}(1-\pi_0)^{10} + C_{10}^{1}\,\pi_0^{1}(1-\pi_0)^{9} + C_{10}^{2}\,\pi_0^{2}(1-\pi_0)^{8} \\
&+ \ C_{10}^{8}\,\pi_0^{8}(1-\pi_0)^{2} + C_{10}^{9}\,\pi_0^{9}(1-\pi_0)^{1} + C_{10}^{10}\,\pi_0^{10}(1-\pi_0)^{0} \\
&= 0.0547 + 0.0547 \\
&= 0.1094.
\end{aligned}
$$

Au seuil $\alpha = 0.05$, on a $p > \alpha$ et nous ne pouvons pas, *dans les termes où la question a été posée*, rejeter dans ce cas l'hypothèse que l'étudiant a répondu au hasard. Il est tout à fait possible d'obtenir une note aussi extrême que 8/10 dans ces conditions, par chance.

Hypothèse alternative bilatérale, cas dissymétrique : $\pi_0 \neq 0.5$

Fort de ce constat, l'enseignant prend désormais soin de proposer pour chaque question 5 réponses possibles. Sous l'hypothèse que l'étudiant répond au hasard, le modèle de base et l'alternative contradictoire s'écrivent :

$$
H_0 : \pi = \pi_0 = \frac{1}{5},
$$
$$
H_1 : \pi \neq \pi_0.
$$

Si H_0 est vraie, alors chaque réponse X du sujet à un item de l'examen suit une loi de Bernoulli de probabilité $\pi_0 = \frac{1}{5}$ et le nombre Y de bonnes réponses à cet examen suit une loi binomiale $B(10, \frac{1}{5})$.

On peut calculer la probabilité d'avoir un résultat au moins aussi improbable, si H_0 est correcte. Quand on examine la distribution modèle correspondante, on constate qu'aucune note dans les plus basses n'est aussi improbable que 8/10.

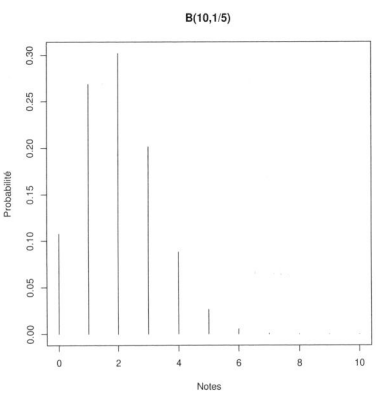

Fig. 7.3 – Modèle $B(10, \frac{1}{5})$

La valeur p se réduit donc à :

$$
\begin{aligned}
p &= P(Y \geq 8|H_0) \\
&= P(Y = 8|H_0) + P(Y = 9|H_0) + P(Y = 10|H_0) \\
&= C_{10}^8\, \pi_0^8(1 - \pi_0)^2 + C_{10}^9\, \pi_0^9(1 - \pi_0)^1 + C_{10}^{10}\, \pi_0^{10}(1 - \pi_0)^0 \\
&= 0.00007793.
\end{aligned}
$$

Au seuil $\alpha = 0.05$ on a $p < \alpha$ et nous pouvons rejeter dans ce cas l'hypothèse que l'étudiant a répondu au hasard, avec très peu de chances de nous tromper. On voit que l'enseignant a tout intérêt à proposer beaucoup de possibilités de réponses pour minimiser la part du hasard dans le succès à l'examen.

On peut noter que dans ce cas notre conclusion serait la même si l'alternative avait été unilatérale à droite (peut-on dire que l'étudiant réussit *mieux* que le hasard ne peut le laisser espérer ?).

7.1.2 Estimation d'une probabilité inconnue

Principe du maximum de vraisemblance

Dans certains contextes, on peut vouloir utiliser l'information contenue dans les données pour *estimer* un paramètre inconnu de probabilité, sans hypothèse préalable.

Exemple 7.4

Prenons comme point de départ la petite expérience de « télékinésie » suivante[4]. Quelqu'un affirme pouvoir faire sortir l'un des côtés (par exemple le côté « pile ») d'une pièce de monnaie, plus souvent que le hasard ne le laisserait attendre, par la seule « force de sa pensée ». Vous le mettez à l'épreuve : sur 200 lancers par une machine d'une pièce équilibrée, 115 sont tombés sur le côté « pile ». Ce résultat permet-il d'estimer la probabilité de voir le côté « pile » apparaître dans l'expérience ?

Le **type de problème** posé est celui de l'*estimation d'une probabilité inconnue*. Dans cet exemple, si l'on admet l'indépendance des réponses du médium (sa réussite ou son échec à l'un des essais n'influe pas sur les suivants) et la constance de sa probabilité de réussite (pas de phénomène d'apprentissage, ni de fatigue), la variable X « nombre de succès » suit une loi binomiale $B(200, \pi)$, où π est la probabilité inconnue d'apparition du côté pile de la pièce. Sachant que sur 200 essais, 115 se sont soldés par l'apparition du côté pile (soit une fréquence empirique de $f = \frac{115}{200} = 0.575$), comment estimer le paramètre π de la distribution modèle ?

On observe d'abord que si nous fixons π à une certaine valeur, nous pouvons calculer la probabilité d'observer les données telle qu'elles sont, selon ce modèle.

---

4. Le mot « télékinésie », qui signifie « mouvement à distance » étymologiquement, a été inventé par les tenants du paranormal pour désigner la capacité qu'auraient certaines personnes à déplacer ou modifier des objets à distance.

La probabilité d'observer 115 fois le côté pile sur 200 essais, selon un modèle $B(200, 0.45)$ par exemple, est :

$$L_1 = \mathrm{C}_{200}^{115}\, 0.45^{115} 0.45^{85} \approx 0.0001.$$

Si le modèle $B(200, 0.45)$ est correct, le moins qu'on puisse dire est que la configuration « 115 succès et 85 échecs » n'était pas très probable. Nous dirons que ce modèle n'est pas très *vraisemblable* (ce qui ne veut pas dire qu'il est faux). Pouvons-nous en trouver un autre plus vraisemblable ? Selon un modèle $B(200, 0.55)$ par exemple, la vraisemblance est de :

$$L_2 = \mathrm{C}_{200}^{115}\, 0.55^{115} 0.55^{85} \approx 0.0442,$$

soit environ 442 fois $(0.0442/0.0001)$ supérieure.

On voit qu'un critère pour établir une « bonne » estimation de paramètre pourrait être de retenir celui dont les valeurs de paramètres amènent la plus grande vraisemblance. Pour chaque problème, nous définirons une fonction $L(.)$, dite *fonction de vraisemblance*, et nous chercherons les valeurs de paramètres du modèle qui *maximisent cette vraisemblance*. Dans le cas présent, la fonction qui calcule la vraisemblance du modèle s'écrit :

$$L(\pi) = \mathrm{C}_{200}^{115}\, \pi^{115} (1 - \pi)^{85}.$$

On peut afficher cette fonction graphiquement (voir fig. 7.4) et chercher à identifier la valeur du paramètre π qui maximise la vraisemblance du modèle binomial.

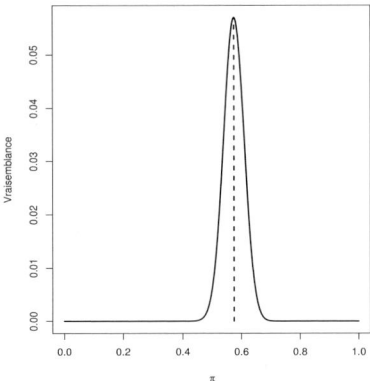

Fig. 7.4 – Fonction de vraisemblance binomiale

Nous ne sommes pas très surpris de constater que la vraisemblance du modèle atteint son maximum pour une valeur $\hat{\pi} = \frac{115}{200} = 0.575$. Nous avons en effet observé dans l'échantillon une *fréquence empirique* de résultats « pile » $f = \frac{115}{200}$ et le modèle qui décrit le mieux ces données empiriques est celui qui donne à π cette valeur particulière.

Plus formellement, cette valeur optimale est identifiée par le calcul (voir Annexe A.2) : on montre qu'il en ira toujours ainsi dans un modèle binomial (sans contraintes).

Théorème 7.1 (Estimateur MV d'une probabilité)

L'estimateur du maximum de vraisemblance (MV) du paramètre inconnu de probabilité dans une loi binomiale $\mathcal{B}(N, \pi)$, sachant que l'événement cible s'est produit empiriquement k fois, est la fréquence d'échantillon :

$$\hat{\pi} = f = \frac{k}{N}.$$

On notera toujours avec un chapeau $(\hat{\theta})$ la valeur d'un paramètre θ qui maximise la fonction de vraisemblance d'un modèle.

Sur notre exemple, la fonction de vraisemblance pour $\hat{\pi} = 0.575$ prend pour valeur :

$$L(\hat{\pi}) = \mathrm{C}_{200}^{115} \, 0.575^{115} 0.425^{85} \approx 0.057.$$

On appelle *vraisemblance maximisée* cette valeur. Les estimateurs du maximum de vraisemblance ont de nombreuses propriétés intéressantes (non détaillées ici) qui justifient qu'on les utilise souvent en modélisation.

Estimation d'un biais de réponse

Dans un certain nombre d'études en psychologie, on cherche à évaluer la prévalence d'un phénomène sensible en procédant par enquête. Par « sensible », on veut dire ici : susceptible de déclencher une protection du sujet et un biais de réponse. Ce sera le cas quand on interroge les personnes sur leurs comportements sexuels ou sur leur consommation de produits stupéfiants par exemple. Sur ces sujets, on peut s'attendre à ce que les personnes interrogées fournissent des réponses biaisées, sous pression sociale, dans un sens ou dans l'autre. Au-delà de l'estimation statistique, on peut vouloir contrôler ce biais psychologique de réponse.

Pour traiter cette situation, Warner (1965) a proposé une technique d'enquête ingénieuse qui permet de protéger la personne interrogée, tout en permettant l'estimation de la prévalence du comportement étudié.

Exemple 7.5

On souhaite évaluer la prévalence inconnue π d'au moins un usage de cannabis chez les adolescents. On donne à chaque jeune interrogé un dispositif (par exemple un écran d'ordinateur, invisible de l'enquêteur) qui affirme aléatoirement avec une probabilité fixée à l'avance (par exemple, $p = 1/6$), l'une ou l'autre des phrases : « Vous avez consommé du cannabis » ou « Vous n'avez pas consommé de cannabis ». Le jeune répond par « vrai » ou par « faux » à l'affirmation qui lui est présentée et l'enquêteur enregistre cette réponse, *sans savoir à quelle phrase la réponse correspond*. Sur 100 interviewés, on obtient 75 réponses « vrai ».

L'intérêt de la technique est que même en ignorant à quoi répond la personne interrogée, nous pouvons reconstruire la probabilité d'avoir consommé du cannabis dans cette population (si les jeunes ont bien répondu sincèrement à l'affirmation cachée).

Si on note π la probabilité vraie d'avoir consommé le produit, X la variable réponse du sujet à deux modalités (« vrai » codé 1 et 0 sinon), les probabilités des quatre cas de figures possibles pour un sujet donné, en utilisant la loi du produit, sont résumées par :

Phrase/réponse	Vrai	Faux
Consommé	πp	$(1 - \pi)p$
Pas consommé	$\pi(1 - p)$	$(1 - \pi)(1 - p)$

La probabilité $\pi_1 = P(X = 1)$ de réponse « vrai » est donc, par la loi de l'addition :

$$P(X = 1) = \pi_1 = \pi p + (1 - \pi)(1 - p).$$

Notons n_1 et $n_0 = N - n_1$ les nombres de réponses « vrai » et « faux » enregistrées. Au maximum de vraisemblance, la probabilité π_1 de réponse « vrai » est estimée par la fréquence empirique correspondante $\hat{\pi}_1 = f_1 = \frac{n_1}{N}$. On peut donc trouver une estimation $\hat{\pi}$ de la probabilité inconnue de consommation de cannabis à partir de la relation :

$$\hat{\pi}p + (1 - \hat{\pi})(1 - p) = \frac{n_1}{N},$$

c'est-à-dire, en réarrangeant :

$$\hat{\pi} = \frac{f_1 + p - 1}{2p - 1}.$$

On trouve pour l'exemple précédent une prévalence estimée du comportement :

$$\hat{\pi} = \frac{0.75 + (1/6) - 1}{(1/3) - 1} = 0.125.$$

Cet estimateur amène souvent à revoir à la hausse les prévalences de comportements sensibles dans les enquêtes. On note que, pour qu'il soit calculable, la probabilité p de choix de question fixée par le dispositif ne peut être égale à 0.5, ce qui n'est pas très contraignant en pratique.

7.2   L'approche bayésienne

On a vu au début de ce chapitre comment, dans la situation où la probabilité π d'un événement cible est inconnue, on pouvait dans certains cas faire sur elle une hypothèse, en la fixant à une valeur qui a un sens psychologique. En confrontant les prévisions d'un tel modèle aux données concrètes observées, nous pouvons décider de l'accepter ou de la rejeter. Nous réexaminons ici cette approche classique pour en montrer les limites et pour examiner une approche plus moderne du même problème.

Exemple 7.6

Reprenons comme point de départ la petite expérience de « télékinésie » présentée à la section précédente, en la modifiant un peu. Le sujet affirme, sur une série de lancers, pouvoir faire sortir l'un des côtés d'une pièce de monnaie, plus souvent que le hasard ne le laisserait attendre, par la seule « force de sa pensée ». Ajoutons que la personne ne sait pas, par contre, vous dire si c'est le côté pile ou le côté face qui sortira plus souvent. Vous le mettez à l'épreuve : sur 200 lancers par une machine d'une pièce équilibrée, 115 sont tombés sur le côté « pile ». Diriez-vous à partir de ces résultats que cette personne dispose d'un « pouvoir psychique » ?

On ne peut répondre à cette question qu'en construisant un modèle de probabilité pour la situation. Le modèle le plus simple consiste à considérer que le sujet n'a pas de pouvoir, car la probabilité de voir le côté pile sortir à chaque essai est alors connue : $\pi_0 = \frac{1}{2}$. Si ce modèle est vrai, la probabilité que le nombre X d'apparitions de « pile » soit k $(k = 0, ..., 200)$ est binomiale :

$$P(X = k|\pi_0) = C_N^k \, \pi_0^k (1 - \pi_0)^{N-k}$$

ou en abrégé $X \sim \mathcal{B}(N, \pi_0)$.

Pour mettre à l'épreuve ce modèle par l'approche traditionnelle par valeur p, on calcule la probabilité d'avoir un résultat *au moins aussi extrême* dans les deux sens (car nous aurions retenu une longue séquence de « faces » comme également surprenante). Comme la binomiale $B(200, \frac{1}{2})$ est symétrique, on peut simplement multiplier par deux la probabilité d'avoir au moins 115 piles :

$$p = 2 \times P(X \geq 115|\pi_0)$$
$$= 2 \left[P(X = 115|\pi_0) + P(X = 116|\pi_0) + ... + P(X = 200|\pi_0) \right]$$
$$= 2 \left(\frac{1}{2} \right)^{200} \sum_{k=115}^{200} C_{200}^k \approx 0.04.$$

Cette valeur est plus faible que celle du seuil usuel $\alpha = 0.05$. Dans cette situation, on rejetterait l'hypothèse de départ (équiprobabilité des faces), avec moins de 5 chances sur 100 de se tromper. Mais pour être tout à fait francs, nous sommes quand même un peu surpris de ce résultat et perturbés d'avoir à donner du crédit à ce type de « pouvoir psychique »... Sans vouloir engager un débat sur l'existence des phénomènes paranormaux, nous pouvons ici nous demander si la méthode de décision utilisée ne favorise pas un peu le rejet de l'hypothèse nulle.

7.2.1 Historique critique sur la démarche par valeur p

Les « tests de signification » ont envahi la plupart des domaines scientifiques. Un « résultat significatif » au seuil fatidique de 0.05 est pratiquement devenu une norme de publication en psychologie. Cette approche a des origines historiques qu'il faut rappeler si l'on veut comprendre à quel point elle est limitative. Nous nous appuyons dans cette partie sur le travail historique très détaillé de Poitevineau (2004).

Les travaux de Fisher

Pearson (1900) avait déjà publié le principe d'un test d'indépendance statistique, nommé test de χ^2, basé sur la notion de valeur p. Mais c'est Fisher (1925, 1935) qui cristallise et formalise la pratique de la valeur p.

Elle s'appuie sur la définition d'une hypothèse nulle, c'est-à-dire celle qui doit être « nullifiée » (rejetée). C'est en général la négation de l'hypothèse à laquelle s'intéresse le chercheur. Le résultat de la procédure est soit le rejet de l'hypothèse nulle, soit la suspension du jugement, car l'hypothèse nulle ne peut être acceptée positivement. Dans cette approche fishérienne, il n'y a donc qu'un seul type d'erreur : l'erreur de rejet de l'hypothèse nulle alors qu'elle était vraie. Une fois les données échantillonnées, on calcule la probabilité d'avoir un résultat au moins aussi extrême que celui observé, si l'hypothèse

R.A. Fisher (1880-1962)

nulle est vraie.

La valeur obtenue est considérée comme indicatrice du caractère improbable des données observées, d'après l'hypothèse nulle. On a vu plus haut que cette valeur a aussi le sens de la probabilité de se tromper si on décide de rejeter l'hypothèse nulle. On juge de ce que cette valeur est grande ou petite en référence à un seuil de décision arbitrairement choisi (par exemple $\alpha = 0.05$).

L'approche de Neyman et Pearson (1928, 1933)

Pour Fisher, la valeur p est essentiellement un indice de décision pour rejeter ou non une hypothèse nulle sur un jeu de données particulier.

Neyman & Pearson (1933) proposent un cadre de réflexion plus fréquentiste sur les tests : il s'agit de minimiser la probabilité de se tromper à long terme, sur un grand nombre d'essais du même type. Pour eux, l'hypothèse de référence dans la procédure de décision est celle qui intéresse le chercheur et ils la notent H_0 (ce n'est donc pas l'hypothèse nulle fishérienne !). La procédure de test doit mener à l'une ou l'autre des deux décisions : rejeter ou accepter cette hypothèse de référence.

Dans ce nouveau cadre, il y a deux types d'erreur de décision, inversement liés : rejeter H_0 alors qu'elle est vraie (erreur de type I ou de type α) et accepter H_0 alors qu'elle est fausse (erreur de type II ou de type β).

Dans l'approche fishérienne, on cherche à cumuler des preuves contre l'hypothèse nulle, sans égard pour la nature de l'alternative. Dans l'approche de Neyman et Pearson, on cherche à opposer et confronter plusieurs hypothèses (souvent deux), et on accepte l'une ou l'autre, selon l'appartenance ou non d'une statistique à un intervalle critique (par exemple $[0; 0.05[$ pour la valeur p).

Définir l'hypothèse de référence : un problème délicat

Au fait, dans notre exemple du lancer de pièce, quelle est notre hypothèse de référence ?

Si je suis un adepte des sciences occultes, mon hypothèse de référence est que la probabilité π de voir « pile » apparaître est supérieure à $\frac{1}{2}$: $\pi > \pi_0$. Le cadre fishérien me convient : je cherche assidûment tout élément de contradiction quel qu'il soit avec l'hypothèse nulle.

Mais si je suis rationaliste, l'hypothèse de référence est l'équiprobabilité des faces : le cadre fishérien me pose un problème car celui-ci ne permet pas de valider l'hypothèse nulle, même si elle est vraie ! Dans le cadre Neyman-Pearson, qui me conviendrait mieux, je suis conduit naturellement à fixer un seuil de décision élevé ($\alpha = 0.20$ par exemple) et à exiger d'avoir une valeur p supérieure au seuil pour donner du crédit à ma théorie (en minimisant ainsi, sans la connaître, la probabilité de me tromper ou erreur de type II).

Bien que l'approche de Neyman-Pearson préfigure une réflexion sur la comparaison de modèles, tous placés sur un pied d'égalité, que nous présenterons plus loin, Poitevineau (2004) fait remarquer que les pratiques actuelles en matière d'inférence semblent mêler les deux approches historiques sans plus les distinguer. Dans le choix des termes, on ne distingue plus H_0 (Neyman-Pearson) et hypothèse nulle (Fisher). On définit son hypothèse de référence par négation de l'hypothèse nulle (Fisher), mais on évoque parfois l'erreur de type II (Neyman-Pearson). La valeur p utilisée comme statistique de décision (Fisher) est parfois appelée « risque » (Neyman-Pearson).

En réalité, l'approche par valeur p a suscité, et depuis longtemps, de nombreuses critiques.

Le choix de la valeur seuil α est arbitraire dans l'approche fishérienne et peut d'ailleurs changer selon les champs disciplinaires. Elle oblige aussi à calculer sa valeur p différemment selon que l'hypothèse alternative est unilatérale ou bilatérale [5], et cela n'est pas toujours simple à définir, notamment dans le cas de distributions dissymétriques. On peut aussi trouver peu intuitif d'avoir, dans le calcul de la probabilité d'un résultat « au moins aussi extrême », à prendre en compte des événements qui ne se sont pas produits.

Un autre aspect est que cette approche conduit toujours à une décision par la négative : l'hypothèse d'intérêt est souvent représentée comme la négation d'une hypothèse nulle, car le non-rejet de cette hypothèse nulle est difficile à interpréter. Le non-rejet ne signifie pas que l'hypothèse nulle est vraie et on ne sait pas en tous cas calculer la probabilité de se tromper en l'affirmant. En conséquence, on entend souvent les tuteurs de recherche à l'université déconseiller fortement aux étudiants de poser des hypothèses théoriques qui se traduiraient par des hypothèses statistiques dites nulles. Cela contribue au biais de publication bien connu : les études à effets non significatifs ont peu de chances d'être publiées, même quand c'était l'absence d'effet qui était attendu.

D'autres critiques, plus pointues, portent sur la nature binaire du processus de décision auquel on est conduit dans l'approche traditionnelle : on accepte ou on

---

5. Cette notion est encore sujette à controverse. Un collègue lillois me confiait il y a quelques années que les analyses statistiques d'un de ses articles avaient été critiquées par l'expert de la revue où il soumettait, au motif qu'il avait utilisé des valeurs p unilatérales, jugées trop laxistes...

rejette le modèle de référence. On formule les hypothèses correspondantes de façon contradictoire, de sorte que quand il y a rejet, celui-ci est total. Il y a cependant des situations ou deux modèles, non strictement contradictoires, apportent des éclairages complémentaires sur un jeu de données. On aimerait par exemple pouvoir moyenner les prévisions faites par des modèles concurrents, qui montrent tous deux un certain pouvoir prédictif.

Dans ce processus de décision binaire, la valeur p n'est pas non plus un outil idéal pour mesurer l'intensité du désaccord avec l'hypothèse nulle, en particulier parce qu'elle est sensible à la taille d'échantillon étudié (certains tests conduisent presque sûrement au rejet de l'hypothèse nulle si l'échantillon est de grande taille).

Enfin, tout enseignant de statistique en sciences humaines connaît l'erreur classique des étudiants, qui tendent à interpréter la valeur p comme la probabilité que l'hypothèse nulle soit vraie. A leur décharge, le raisonnement fishérien qui, pour valider une hypothèse, cherche à montrer que la probabilité des données d'après le modèle contradictoire est faible... n'est pas des plus immédiats.

Plutôt que de calculer la probabilité $P(D|M_0)$ des données observées D d'après le modèle de référence M_0 (à contredire), on préférerait calculer la probabilité $P(M_0|D)$ que ce modèle soit vrai, au vu des données obtenues. Nul doute que si cela est possible, on pourra aussi calculer la probabilité $P(M_1|D)$ qu'un modèle M_1 concurrent soit vrai pour les mêmes données. Il suffirait alors de retenir le modèle le plus probablement vrai, sans décider *a priori* de poser l'un des deux comme vrai.

C'est précisément ce que l'approche bayésienne permet de faire.

7.2.2   Facteur de Bayes pour la comparaison d'une probabilité à une norme

Test bayésien ponctuel

Dans l'exemple du lancer de pièce, nous souhaitons comparer deux modèles :

$$\begin{cases} M_0: & X \sim \mathcal{B}(N, \frac{1}{2}) \\ M_1: & X \sim \mathcal{B}(N, \pi),\ \pi \neq \frac{1}{2} \end{cases}.$$

Comme nous l'avons vu au chapitre 6, le facteur de Bayes fait le rapport des vraisemblances des deux modèles. Dans le cas présent, et par définition de la binomiale, la vraisemblance de M_0 est :

$$P(D|M_0) = \mathrm{C}_N^k\, \pi_0^k (1 - \pi_0)^{N-k}$$

avec $\pi_0 = \frac{1}{2}$, $N = 200$ et $k = 115$, soit :

$$P(D|M_0) = \mathrm{C}_{200}^{115} \left(\frac{1}{2}\right)^{200} \approx 0.005955.$$

Par définition de la binomiale, la vraisemblance de M_1 :

$$P(D|M_1, \pi) = C_N^k \, \pi^k (1 - \pi)^{N-k} \qquad (7.2)$$

serait calculable si π était connu. Nous sommes pour M_1 confrontés à cette difficulté d'avoir une infinité de valeurs candidates possibles pour π, toutes différentes de 0.5.

Dans l'approche bayésienne, on traite un paramètre inconnu comme une variable aléatoire, en définissant sur lui une densité de probabilité $f(\pi)$, qui traduit notre jugement de plausibilité sur les valeurs possibles de π. Il s'agit à nouveau d'un usage subjectif de la notion de probabilité, au sens où cette hypothèse ne renvoie à aucune expérience concrète mais traduit plutôt une croyance initiale sur les valeurs plausibles d'un paramètre inconnu. Cependant, une forme d'objectivité peut être introduite dans ce raisonnement si par une connaissance antérieure du phénomène, nous avons des raisons particulières d'attendre π plus particulièrement dans une sous-partie du segment $[0; 1]$: on peut le traduire par une densité de probabilité plus élevée sur cette région. On dira qu'on pose une hypothèse de loi *a priori* *informative*. Si l'on n'a pas d'information *a priori* sur des valeurs plus plausibles que d'autres, il est toujours possible de supposer une densité uniforme sur π, pour traduire cette incertitude (tout comme nous avons affecté la même probabilité *a priori* sur les deux modèles eux-mêmes) :

$$f(\pi) = 1, \, \pi \in [0; 1].$$

On parle alors de loi *a priori non informative*. Ces deux possibilités sont illustrées figure 7.5.

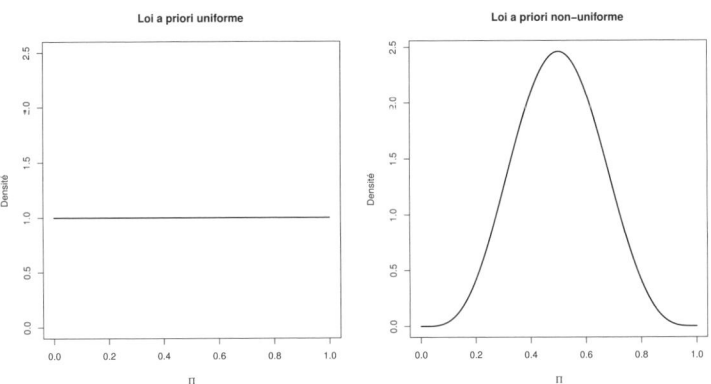

Fig. 7.5 – Densités de probabilité *a priori* pour le paramètre inconnu d'un modèle binomial

Le panneau de gauche traduit par une loi uniforme l'incertitude dans laquelle nous sommes quant à la vraie valeur du paramètre : nous les jugeons *a priori* toutes également plausibles. Le panneau de droite traduit par une densité unimodale centrée sur la valeur 0.5 une information *a priori* (mais probabiliste) que nous pourrions avoir sur sa valeur (par une étude antérieure par exemple, ou par une hypothèse). Dans ce contexte, nous n'avons pas d'information *a priori* sur le paramètre, et nous choisissons une loi *a priori* uniforme.

Nous avons vu au chapitre 4 comment recalculer la distribution marginale de probabilité d'une variable (le statut tabagique par exemple, fumeur ou non fumeur) à partir de la distribution conjointe de deux variables croisées (statut tabagique et sexe par exemple) : on fait simplement la somme des probabilités des modalités de cette variable (fumeur ou non fumeur), sur toutes les modalités de l'autre (hommes et femmes) pour obtenir la probabilité globale d'être fumeur (ou non fumeur), quel que soit le sexe.

Le même théorème des probabilités totales s'applique sur une variable continue (π) en procédant à une somme sur l'infinité des valeurs possibles de π :

$$P(D|M_1) = \int_0^1 P(D|M_1, \pi) f(\pi) d\pi = \int_0^1 C_N^k \, \pi^k (1 - \pi)^{N-k} d\pi$$

$$= C_N^k \int_0^1 \pi^k (1 - \pi)^{N-k} d\pi. \tag{7.3}$$

On dit qu'on intègre sur le paramètre inconnu. On obtient ainsi ce qu'on appelle une *vraisemblance intégrée*. Quand on procède au calcul d'intégrale correspondant, on montre (voir Annexe A.4) qu'on a finalement pour la vraisemblance intégrée de M_1 l'expression simple :

$$P(D|M_1) = \frac{1}{N+1}.$$

Compte tenu de l'expression 7.3, qui fait la somme de toutes les valeurs possibles de vraisemblance pondérées par leur probabilité, cette valeur peut s'interpréter comme l'espérance (la moyenne) des vraisemblances de M_1 calculées pour ces données pour toutes les valeurs possibles de π. On note que cette valeur ne dépend que du nombre d'essais et pas du résultat expérimental obtenu.

On peut donc calculer le facteur de Bayes comme :

$$B_{01} = \frac{P(D|M_0)}{P(D|M_1)} = \frac{C_N^k \, \pi_0^k (1 - \pi_0)^{N-k}}{1/(N+1)}.$$

Dans le cas présent, on trouve $B_{01} = 0.005955/0.004975 \approx 1.1971$. Cette valeur signifie que le rapport de probabilité a augmenté de près de 20% en faveur de M_0 en prenant connaissance des données : la balance penche donc plutôt en faveur du modèle nul d'absence de pouvoir psychique.

Kass & Raftery (1995) ont donné des repères pour juger de l'intensité de l'évidence en faveur d'une hypothèse à partir du facteur de Bayes. Ceux-ci sont résumés au tableau 7.1. On note que selon leur critère, l'évidence en faveur de M_0 n'est ici pas très forte, mais ce qui est notable est qu'elle ne va pas dans le sens de l'hypothèse télékinétique (il faudrait pour cela avoir $B_{10} < 1$).

B_{10}	Evidence
1 à 3	Négligeable
3 à 20	Positive
20 à 150	Forte
>150	Très forte

Tableau 7.1 – Valeurs repère pour l'interprétation du facteur de Bayes

Atelier 7.1 (Inférence bayésienne sur une proportion)

1. Dans l'interface AtelieR, charger l'atelier « Inférence bayésienne sur une proportion » (voir fig. 7.6).
2. Définir la loi uniforme comme loi *a priori*. Comme nous le verrons plus loin, la loi uniforme est un cas particulier de loi dite Beta, à deux paramètres, quand celle-ci prend comme valeurs de paramètres 1 et 1. On remplit donc les champs correspondants.
3. On saisit les données binomiales observées : 115 succès sur 200 essais au total.
4. On sélectionne l'hypothèse à tester $\pi = \frac{1}{2}$ et on clique sur le bouton « Afficher ». Le facteur de Bayes et la probabilité *a posteriori* de l'hypothèse sont affichées.

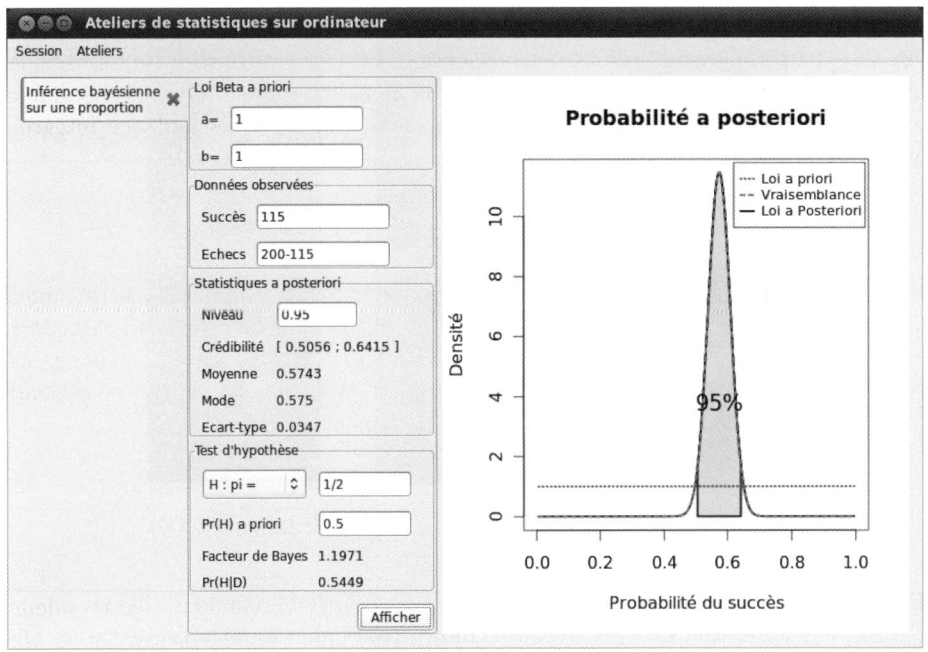

Fig. 7.6 – Inférence bayésienne sur une fréquence

Si l'on garde à l'esprit ce que représente une vraisemblance intégrée (c'est une moyenne des vraisemblances possibles pour toutes les valeurs du paramètre inconnu envisagées par le modèle), on voit que le facteur de Bayes compare deux quantités qui sont sur la même échelle, comme sur les deux plateaux d'une balance. Il compare directement les deux scénarios possibles dans la situation et est donc très simple à interpréter. Le calcul de la valeur p s'appuie quant à lui sur la prise en compte d'une série de résultats *qui ne se sont pas produits*, ce qui est plus délicat à interpréter. Il s'appuie aussi sur l'hypothèse nulle, ce qui devient vite un problème quand une théorie psychologique nous amène à poser l'hypothèse nulle comme vraie et à vouloir la tester en tant que telle.

Test bayésien orienté

Dans les enquêtes criminelles, la procédure de « tapissage » ou de présentation de suspects est parfois utilisée par la police pour identifier un criminel. Busey & Loftus (2007) ont voulu voir si certains artifices de présentation pouvaient orienter la réponse de sujets qui n'ont en réalité absolument rien vu. Ils ont présenté la photo d'un criminel dans une affaire réelle à côté de cinq autres photos (fig. 7.7) et ont demandé à des sujets de repérer le coupable sans aucune autre information. Leur hypothèse est que certaines présentations de suspects peuvent être clairement inductrices et devraient donc être prises avec prudence en tant qu'argument légal.

Fig. 7.7 – Portraits de suspects (Busey & Loftus, 2006)

La valeur théorique de référence est celle d'un processus de réponse uniforme : $\pi_0 = \frac{1}{6}$. On peut noter que s'il n'existe pas d'indice particulier dans la présentation des suspects qui induisent la réponse des sujets vers une reconnaissance du coupable, les témoins pourraient cependant fonder leur réponse sur des critères imaginaires ou superstitieux, et avoir un taux de reconnaissance *inférieur* à ce qu'un processus uniforme pourrait amener.

Dans l'approche bayésienne, on cherche à calculer la probabilité que l'hypothèse des auteurs $(\pi > \pi_0)$ soit vraie, après avoir pris connaissance des données (D), autrement dit $P(\pi > \pi_0|D)$. Cette démarche est illustrée dans l'exercice suivant.

Exercice-type 7.1 (Test bayésien orienté sur une probabilité)

Enoncé   On observe que 14 sujets sur 50 ont correctement reconnu le coupable (qui est l'homme en haut au centre). Ce résultat est-il compatible avec l'hypothèse des auteurs ?

Problème   Il s'agit de comparer la probabilité inconnue de reconnaître correctement le coupable à une valeur théorique $\pi_0 = \frac{1}{6}$, qui se déduit de l'hypothèse d'un processus de réponse totalement aléatoire uniforme (les sujets n'ont *a priori* aucune information).

Hypothèses   Les deux hypothèses en concurrence sont donc :

$$H_1 : \pi \leq \pi_0,$$
$$H_2 : \pi > \pi_0.$$

Procédure   En choisissant une loi a priori non informative (la loi uniforme ou $Beta(1,1)$). A l'aide du calculateur de probabilités, ou encore du calculateur bayésien (« Inférence bayésienne sur une proportion » de la librairie « AtelieR »), on obtient (voir fig. 7.8) :

$$P(\pi > \pi_0|D) = 0.9833.$$

Le facteur de Bayes est égal à 11.8 et l'évidence (>3) est donc positive.

Décision   L'hypothèse des auteurs est donc retenue car elle est la plus probablement vraie.

Conclusion   Il y a bien dans cette présentation des suspects un ou plusieurs indices qui tendent à faire désigner le vrai coupable, éventuellement pour des raisons qui n'ont rien de criminologiques. On peut par exemple noter sur la photo que le vrai coupable (en haut au centre) est le seul à sourire. En situation d'incertitude, on peut vouloir s'appuyer sur le moindre indice différenciateur, sans que cela ait nécessairement un lien avec la réalité comportementale.

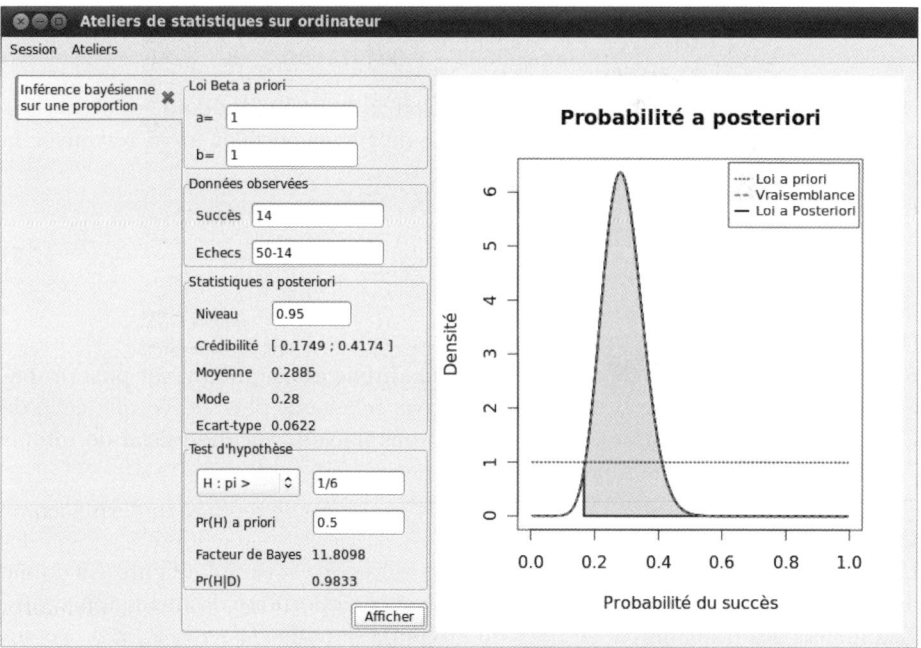

Fig. 7.8 – Inférence bayésienne sur un taux de reconnaissance

Probabilités *a posteriori* **des modèles**

On peut préférer au facteur de Bayes le calcul explicite de la probabilité *a posteriori* que chaque modèle soit vrai. C'est tout à fait équivalent mais a l'avantage de la simplicité dans l'interprétation : on choisit simplement le modèle le plus probablement vrai après examen des données. Comme nous l'avons vu au chapitre 6, on peut à partir de la vraisemblance intégrée $P(D|M)$ retrouver la probabilité *a posteriori* du modèle m ($m = 0, 1$) comme :

$$P(M_m|D) = \frac{P(D|M_m)P(M_m)}{P(D|M_0)P(M_0) + P(D|M_1)P(M_1)}.$$

Si l'on a en outre supposé, pour représenter notre incertitude sur les modèles, que $P(M_0) = P(M_1) = \frac{1}{2}$, on peut simplifier au numérateur et au dénominateur :

$$P(M_m|D) = \frac{P(D|M_m)}{P(D|M_0) + P(D|M_1)}. \tag{7.4}$$

Dans l'expérience du lancer de pièce sous l'influence d'un « médium » (exemple 7.4), en réutilisant les valeurs de vraisemblances calculées à la section 7.2.2, cela donne :

$$P(M_0|D) = \frac{0.005955892}{0.005955892 + 0.004975124} \approx 0.545,$$

$$P(M_1|D) = \frac{0.004975124}{0.005955892 + 0.004975124} \approx 0.455.$$

Nous estimons à 54.5% de chances que M_0 soit vrai, au vu des données observées. Notons que si l'on a déjà calculé le facteur de Bayes on peut aussi retrouver la probabilité de M_0 par exemple comme :

$$P(M_0|D) = \frac{P(D|M_0)}{P(D|M_0) + P(D|M_1)} = \frac{\frac{P(D|M_0)}{P(D|M_1)}}{\frac{P(D|M_0)}{P(D|M_1)} + \frac{P(D|M_1)}{P(D|M_1)}} = \frac{B_{10}}{B_{10} + 1}. \tag{7.5}$$

On retrouve $1.1971/2.1971 \approx 0.545$.

S'il faut choisir entre les deux modèles, nous dirons donc que M_0 est plus probablement vrai. Mais cette probabilité n'est pas tellement plus élevée que celle de l'événement complémentaire. En tous cas, nous n'avons aucune raison de retenir l'hypothèse télékinétique à partir de ces données.

Quelle approche choisir ?

De la valeur p ou du facteur de Bayes, quelle méthode choisir ? La figure 7.9 donne des éléments de compréhension sur une différence importante des deux approches. Elle montre les probabilités de rejet de l'hypothèse nulle $H_0 : \pi = \pi_0 = \frac{1}{2}$ par les deux méthodes, sur des échantillons binomiaux de taille 1000 et des probabilités vraies variant de 0.5 à 0.6.

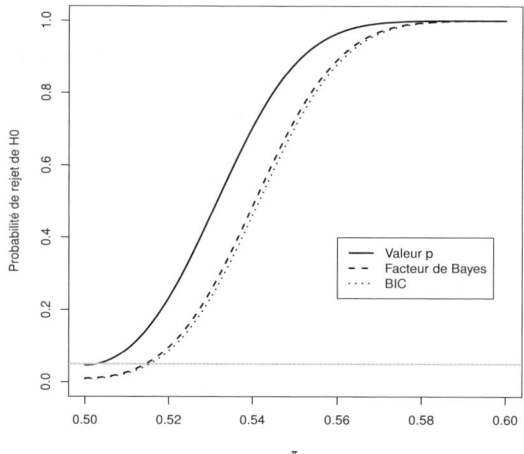

Fig. 7.9 – Fonctions puissance des tests par valeur p et par facteur de Bayes

Un « bon » test devrait réunir deux qualités : i) ne jamais rejeter cette hypothèse nulle si elle est vraie, ii) rejeter cette hypothèse dès que $\pi \neq \pi_0$. Les comportements du test binomial par valeur p et du facteur de Bayes (ainsi que de l'indice BIC étudié plus loin) sont affichés sous la forme d'une courbe des probabilités de rejet. Au premier regard, la puissance du test binomial semble supérieure (il rejette plus souvent H_0 quand elle est fausse), mais c'est en réalité dû à une inflation artificielle de l'erreur de type I : par construction, au seuil $\alpha = 0.05$, la probabilité vraie de rejet ne peut jamais descendre en dessous de 0.05 avec ce type de test (ce plancher est représenté par une ligne grise horizontale). Ainsi, même quand l'hypothèse nulle est vraie (voir la valeur à l'extrême gauche du graphique), la valeur p mène à son rejet dans 5% des cas en moyenne. On voit ainsi que la décision par valeur p tend à accumuler artificiellement l'évidence contre H_0, avec une erreur de type I plus importante. Par contraste, le facteur de Bayes a une fréquence de rejet qui tend vers 0 quand l'hypothèse nulle est vraie et vers 1 quand c'est l'alternative qui est vraie. Il n'y a pas de dissymétrie dans le processus de décision, car l'une ou l'autre des hypothèses n'est pas posée comme vraie *a priori*. On peut montrer qu'avec le facteur de Bayes, la probabilité de détecter le vrai modèle, que ce soit M_0 ou M_1, tend vers 1 quand le nombre d'observations augmente. On dit pour cette raison que le facteur de Bayes est *consistant*.

7.2.3 Estimation bayésienne d'une probabilité

La loi Beta

Nous avons vu comment dans l'approche bayésienne un paramètre inconnu est considéré comme une variable aléatoire, sur laquelle une hypothèse de distribution vient traduire statistiquement notre incertitude sur sa valeur. Il est commode de disposer dans ce contexte d'une distribution définie sur l'ensemble [0.1], et qui puisse prendre une grande variété de formes, pour traduire au mieux des hypothèses ou des informations a priori très diverses sur le paramètre binomial π.

La loi Beta est un candidat de choix pour cela, quand il s'agit d'inférer sur des probabilités, à la fois car elle peut prendre une très grande diversité de formes (unimodale, bimodale, symétrique, dissymétrique), mais aussi parce qu'elle montre une proximité mathématique particulière avec la loi binomiale. Elle a aussi d'autres applications en psychométrie pour modéliser les réponses sur les échelles visuelles analogiques (Noël & Dauvier, 2007), qui produisent des données continues bornées.

Définition 7.4 (Loi Beta)
C'est une loi à deux paramètres définie comme :

$$f(\pi|\alpha, \beta) = \frac{1}{B(\alpha, \beta)} \pi^{\alpha-1}(1 - \pi)^{\beta-1} \ pour \ \pi \in [0; 1]$$

ou $B(\alpha, \beta)$ est une constante de normalisation qui assure que la surface sous la densité est égale à 1. On écrit en abrégé $\pi \sim Beta(\alpha, \beta)$.

Nous n'allons pas nous attarder sur les propriétés de la fonction eulérienne $B(.)$ (voir Annexe A.3) : nous garderons à l'esprit simplement qu'elle permet de calculer la surface sous la courbe de la fonction $\kappa(\pi) = \pi^{\alpha-1}(1 - \pi)^{\beta-1}$. Le « noyau » de cette fonction de densité (c'est-à-dire la partie qui détermine sa forme, sans égard pour la taille de surface sous la courbe) est donc l'expression $\pi^{\alpha-1}(1 - \pi)^{\beta-1}$. La densité de π est donc proportionnelle à $\pi^{\alpha-1}(1 - \pi)^{\beta-1}$, ce que l'on écrit pour simplifier (le symbole $\propto$ signifie « est proportionnel à ») :

$$f(\pi|\alpha, \beta) \propto \pi^{\alpha-1}(1 - \pi)^{\beta-1}.$$

On voit tout de suite que le cas $\alpha = 1$ et $\beta = 1$ conduit à la fonction constante $f(\pi|\alpha, \beta) \propto 1$, c'est-à-dire la densité uniforme que nous avons utilisée précédemment.

D'autres formes possibles sont illustrées figure 7.10. Le cas $\alpha = 2$ et $\beta = 2$ par exemple conduit à

$$f(\pi|\alpha, \beta) \propto \pi(1 - \pi),$$

qui est une fonction parabolique en π. Sous cette forme, on voit que la densité est à la fois proportionnelle à π et proportionnelle à $1 - \pi$. Elle sera donc d'autant plus grande que π et $1 - \pi$ seront grands simultanément, ce qui est modulé par le fait qu'ils sont complémentaires (l'un est grand quand l'autre est petit). Le meilleur compromis est obtenu pour $\pi = 1 - \pi = 0.5$, pour lesquels le produit $\pi(1 - \pi) = 0.25$ est maximal.

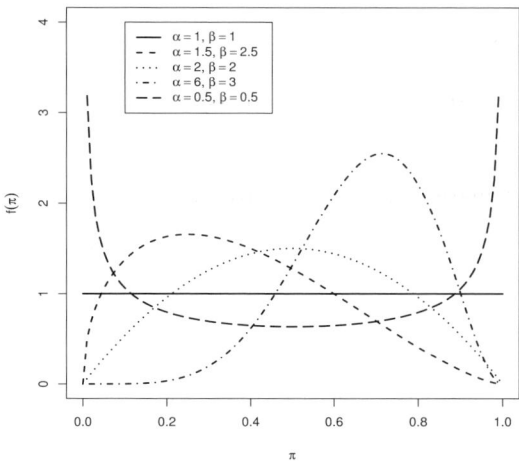

Fig. 7.10 – Formes variées de la loi Beta

D'une façon générale, quand $\alpha > 1$ et $\beta > 1$ le noyau de la loi Beta est donc le produit d'une fonction croissante ($\pi^{\alpha-1}$) avec une fonction décroissante (($1 - \pi)^{\beta-1}$) en π, dont le produit donnera naissance à toute une famille de fonctions unimodales. Elles seront symétriques pour $\alpha = \beta$, dissymétrique à gauche quand $\alpha < \beta$ et dissymétrique à droite quand $\alpha > \beta$.

Une propriété de la loi Beta sur laquelle nous reviendrons est que sa variance diminue (elle devient plus « pointue ») pour des valeurs croissantes de la somme $\alpha + \beta$ de ses paramètres.

Notons aussi que pour les cas $\alpha < 1$ et $\beta < 1$, les exposants $\alpha - 1$ et $\beta - 1$ sont négatifs et la fonction puissance devient décroissante. On voit dans ces cas apparaître une fonction en U, ce qui n'aura guère d'utilité pour nous dans l'inférence sur une proportion (mais qui a des applications en psychométrie pour modéliser l'ambiguïté et les opinions contradictoires ; Noël, 2009).

Conjugaison de la loi Beta et de la binomiale

Dans l'approche bayésienne, on conçoit le paramètre inconnu π comme une variable aléatoire, dont les valeurs possibles sont affectées d'une (densité de) probabilité hypothétique *a priori* $f(\pi)$. On cherche ensuite à calculer la probabilité $f(\pi|D)$ *a posteriori* (c'est-à-dire après avoir pris connaissance des données) que ce paramètre prenne telle ou telle valeur, ou bien appartienne à un certain intervalle.

Par le théorème de Bayes, on peut écrire :

$$f(\pi|D) = \frac{P(D|\pi)f(\pi)}{P(D)}.$$

Dans le cas d'une vraisemblance binomiale et d'une loi *a priori* Beta(α, β) sur le paramètre inconnu π, on a :

$$P(D|\pi) = \mathrm{C}_N^k \, \pi^k (1-\pi)^{N-k},$$

$$f(\pi) = \frac{\pi^{\alpha-1}(1-\pi)^{\beta-1}}{B(\alpha,\beta)}.$$

La probabilité complète $P(D)$ est obtenue en calculant $P(D) = \int_0^1 P(D|\pi)f(\pi)d\pi$. Nous ne détaillerons pas le calcul ici (voir Annexe A.3) mais nous nous concentrerons sur le résultat très simple suivant : à l'issue de ce calcul, la densité de probabilité a *posteriori* sur π est de la forme :

$$f(\pi|D) = \left[\frac{1}{B(\alpha+k, \beta+N-k)}\right] \pi^{\alpha+k-1}(1-\pi)^{\beta+N-k-1}.$$

Nous reconnaissons la forme d'une loi Beta $\pi|D \sim Beta(\alpha+k, \beta+N-k)$, dont les paramètres, par rapport à ceux de la loi a *priori*, ont simplement été augmentés du nombre k de succès et du nombre $N-k$ d'échecs. C'est une propriété très élégante que de retrouver une loi a *posteriori* qui est de la même famille que la loi a *priori*, quand on la « mélange » avec la loi (binomiale) des données. Parce que, dans un modèle binomial, la loi a *posteriori* reste Beta quand on choisit une loi Beta comme a *priori*, on dit que la loi Beta est une loi *conjuguée* pour la loi binomiale.

La loi a *priori* résumait de façon probabiliste notre (mé)connaissance sur π et la loi a *posteriori* résume de façon tout aussi probabiliste notre connaissance, désormais un peu plus informée, sur le paramètre. Comme les valeurs des paramètres ont augmenté, la variance de la loi a diminué, car comme nous l'avons indiqué dans la section précédente, la variance dans une loi Beta dépend de la somme de ses paramètres. Autrement dit, notre incertitude sur le paramètre inconnu aura nécessairement diminué. Nous étudions ce phénomène dans l'atelier suivant.

Atelier 7.2 (Découverte de la loi Beta : de l'*a priori* l'*a posteriori*)

1. Dans l'interface graphique de la librairie AtelieR, ouvrir l'atelier « Inférence bayésienne sur une proportion ». Dans une expérience fictive de lancer de pièce, on veut examiner l'hypothèse d'une pièce truquée en faveur du côté « pile » : $\pi > \frac{1}{2}$. Sur 10 lancers, on a obtenu 6 fois piles et 4 fois faces.

2. Définir successivement des lois a *priori* Beta de paramètres (1,1), (2,2), (3,3) ,(4,4), (5,5) et (10,10). Observer comment évolue la forme de la loi a *priori* en fonction du changement de valeurs de paramètres. On observe que la variance de la distribution a *priori* diminue (elle devient plus pointue) quand la somme de ses paramètres augmente.

3. Observer comment la variance (ou l'écart type) de la distribution a *posteriori* (graphiquement : son degré d'étalement) est systématiquement plus faible que celle de la distribution a *priori*. En collectant de l'information, nous diminuons donc l'incertitude sur le paramètre inconnu.

4. Examiner comment la probabilité de l'hypothèse $\pi = \frac{1}{2}$ évolue avec ce changement de distribution a *priori*. On observe que plus nous sommes convaincus a *priori* que $\pi = \frac{1}{2}$ (traduit par une distribution a *priori* très massée autour de cette valeur), plus le résultat empirique $f = \frac{6}{10}$ paraît surprenant et contradictoire : le facteur de Bayes, qui mesure l'amplitude du changement d'avis après examen des données, diminue donc.

5. Changez la loi a *priori* tour à tour pour une $Beta(8,2)$ et une $Beta(2,8)$. Ces deux lois ont la même variance (la somme de leurs deux paramètres est la même) mais sont dissymétriques dans des sens opposés. La $Beta(8,2)$ pourrait traduire l'opinion a *priori* d'une pièce truquée en faveur du côté pile.

6. Observer comment la loi a *posteriori* se confond avec la vraisemblance des données quand $\alpha = \beta = 1$ (a *priori* non informatif) et se situe toujours « entre » la loi a *priori* et la vraisemblance dans les autres cas. On voit ainsi comment la loi a *posteriori* réalise un compromis entre information initiale et information apportée par les données.

7. La moyenne d'une loi $Beta(\alpha, \beta)$ est facilement calculée comme $\mu_a = \frac{\alpha}{\alpha+\beta}$. Lorsque $\alpha = \beta$, on aura donc toujours $\mu = \frac{1}{2}$. Vérifier ce point graphiquement pour la loi *a priori* à l'aide du calculateur bayésien. Pour un résultat binomial empirique de k succès et $N-k$ échecs, la loi *a posteriori* est une $Beta(\alpha+k, \beta+N-k)$ et sa moyenne *a posteriori* sera donc $\hat{\mu}_p = \frac{\alpha+k}{\alpha+\beta+N}$. Vérifier ce point sur la loi *a posteriori* à l'aide du calculateur.

Comme on le voit dans l'atelier précédent, le choix de la loi *a priori* a dans certains cas un impact non négligeable sur la forme de la loi *a posteriori* et donc sur les conclusions psychologiques à tirer, en tous cas dès que la loi choisie est informative. On a donc tout intérêt à choisir de telles lois *a priori* quand on a réellement obtenu une information antérieure, par exemple par une étude préalable. L'inférence bayésienne a alors une propriété très intéressante : elle intègre automatiquement et naturellement l'information d'études antérieures à travers la statistique de moyenne.

On note μ_a et $\hat{\mu}_p$ les moyennes dans les lois *a priori* et *a posteriori*, respectivement. Comme nous l'avons vu dans l'atelier ci-dessus, si la moyenne μ_a de la distribution Beta *a priori* s'écrit :

$$\mu_a = \frac{\alpha}{\alpha + \beta},$$

la moyenne *a posteriori* $\hat{\mu}_p$, au vu de la fréquence de succès observée $f = \frac{k}{N}$ sur N observations indépendantes, est :

$$\hat{\mu}_p = \frac{\alpha + k}{(\alpha + k) + (\beta + N - k)} = \frac{\alpha + k}{\alpha + \beta + N}.$$

La relation entre les deux peut être réécrite comme :

$$\hat{\mu}_p = \frac{(\alpha + \beta)\mu_a + Nf}{\alpha + \beta + N} = \left(\frac{\alpha + \beta}{\alpha + \beta + N} \right) \mu_a + \left(\frac{N}{\alpha + \beta + N} \right) f.$$

Cette réécriture sous forme de moyenne pondérée suggère une interprétation intuitive pour les paramètres α et β de la loi *a priori* : on peut les voir comme un nombre de succès et d'échecs qui auraient été obtenus dans une étude antérieure, sur un ensemble $n_a = \alpha + \beta$ d'observations initiales. La moyenne *a priori* μ_a a alors le sens d'une estimation initiale de la probabilité de succès, et la moyenne *a posteriori* $\hat{\mu}_p$ est alors la moyenne (ou fréquence) générale réactualisée de l'ensemble des observations binomiales collectées :

$$\hat{\mu}_p = \left(\frac{n_a}{n_a + N} \right) \mu_a + \left(\frac{N}{n_a + N} \right) f.$$

Cette remarque donne un fondement à une utilisation informative du raisonnement bayésien, où la loi *a priori* est définie en fonction de résultats antérieurs réellement obtenus. Quand ce n'est pas le cas, on utilise simplement une loi peu ou non informative, par exemple la loi uniforme.

Estimation par maximum *a posteriori* **et moyenne de modèles**

L'inférence bayésienne se fonde sur la loi *a posteriori* et ses propriétés. Une fois que sa forme est établie, on peut décider de la résumer de plusieurs manières : on peut calculer sa moyenne, comme nous venons de le voir, ou son mode (ce qui a plus de sens si elle est fortement dissymétrique) ou encore sa variance (qui est une mesure naturelle d'incertitude sur la valeur de la probabilité inconnue).

Le mode d'une distribution $Beta(\alpha, \beta)$ est calculé aussi facilement que sa moyenne par :

$$Mo = \frac{\alpha - 1}{(\alpha - 1) + (\beta - 1)} = \frac{\alpha - 1}{\alpha + \beta - 2}.$$

Dans la loi Beta *a posteriori* $Beta(\alpha + k, \beta + N - k)$, un estimateur naturel de la probabilité inconnue est ainsi la valeur modale :

$$\tilde{\pi} = \frac{\alpha + k - 1}{\alpha + \beta + N - 2}.$$

Dans le cas d'une loi *a priori* uniforme ($\alpha = \beta = 1$), on peut voir que cet estimateur est équivalent à celui du maximum de vraisemblance $\hat{\pi} = \frac{k}{N}$.

Une autre approche, plus subtile, consiste à prendre en compte l'incertitude que nous avons sur les modèles dans l'estimation du paramètre inconnu. Dans l'exemple du lancer de pièce par exemple, nous avons calculé que les probabilités *a posteriori* des deux modèles concurrents étaient $P(M_0|D) = 0.545$ et $P(M_1|D) = 0.455$. Chacun de ces modèles proposait comme estimation de la probabilité inconnue de tomber sur « pile » $\pi_0 = \frac{1}{2}$ et (d'après la formule ci-dessus) $\tilde{\pi}_1 = \frac{115}{200} = 0.575$. On propose alors l'estimateur moyenné :

$$\tilde{\pi} = \pi_0 P(M_0|D) + \tilde{\pi}_1 P(M_1|D)$$
$$= \left(\frac{1}{2}\right) 0.545 + \left(\frac{115}{200}\right) 0.455 \approx 0.534.$$

Il s'agit d'un estimateur de compromis, qui pondère les deux estimations concurrentes par les probabilités *a posteriori* des modèles. Chaque modèle a donc dans l'estimation une influence qui est proportionnelle à sa probabilité d'être vraie, ce qui paraît sensé. La valeur estimée 0.534 est comprise entre 0.5 et 0.575, mais plus proche de 0.5 car M_0 est plus probable que M_1. Cette procédure est appelée « moyennage bayésien de modèle » (*bayesian model averaging*) et fournit des estimateurs dont l'erreur est plus faible en moyenne que les estimateurs classiques (Raftery, 2003). Ce type d'estimateur a aussi pour avantage de ne pas proposer irréalistement des valeurs de probabilités estimées exactement à 0 ou 1, quand le taux observé de succès est exactement de $0/N$ ou de N/N, ce qui sera le cas avec l'estimateur du maximum de vraisemblance.

On note que quand le facteur de Bayes a été calculé et qu'on a affecté la même probabilité *a priori* aux deux modèles, l'estimateur bayésien peut être retrouvé comme la moyenne pondérée ($B_{00} = 1$) :

$$\tilde{\pi} = \pi_0 P(M_0|D) + \tilde{\pi}_1 P(M_1|D)$$

$$= \pi_0 \left(\frac{B_{00}}{B_{00} + B_{10}} \right) + \tilde{\pi}_1 \left(\frac{B_{10}}{B_{00} + B_{10}} \right).$$

Estimation par intervalle

On peut aussi calculer un intervalle de crédibilité, c'est-à-dire un intervalle qui contient la vraie valeur du paramètre avec une probabilité de confiance fixée.

Il existe plusieurs manières de construire un tel intervalle, la plus simple étant de calculer, pour un niveau de confiance $1 - \alpha$, les quantiles $q_{\alpha/2}$ et $q_{1-\alpha/2}$ dans la loi Beta-binomiale *a posteriori*, pour définir un intervalle $[q_{\alpha/2}; q_{1-\alpha/2}]$ dit de « crédibilité ». Il s'agit d'un intervalle qui a une probabilité $1 - \alpha$ de contenir la vraie valeur du paramètre inconnu (voir la discussion de la section 9.4.5). Ces intervalles sont fournis automatiquement par le calculateur, pour le niveau de crédibilité choisi (0.95 par défaut).

7.2.4   Le critère d'information bayésien (BIC)

En pratique, les comparaisons portent souvent sur plus de deux modèles, avec des nombres variables de paramètres. L'approche bayésienne suppose alors pour chacun d'eux de poser une hypothèse de distribution sur plusieurs paramètres simultanément. Les calculs d'intégrales multiples ne mènent pas toujours à des expressions explicites et demandent des calculs assez lourds sur des logiciels spécialisés. Cette difficulté a longtemps retardé l'utilisation de l'approche bayésienne dans les applications.

G. Schwarz

Bien que la puissance des machines d'aujourd'hui lève une bonne partie de cette difficulté, de nombreux auteurs ont cherché à simplifier la procédure de décision par facteur de Bayes en proposant des indices approximatifs faciles à calculer ($GBIC$, Berger *et al.* 2003 ; ABF, Bollen *et al.* 2005 ; BIC, Schwarz, 1977).

Nous étudions dans cette partie une statistique de décision simplifiée, appelée *critère d'information bayésien*, qui propose une approximation du facteur de Bayes. Cette approximation est bonne voire très bonne tant que la dimension des modèles (nombre de paramètres) n'est pas trop importante (comparaison de deux ou trois groupes indépendants). Elle a l'avantage d'être facile à calculer à la main et permet d'initier à l'approche bayésienne en travaux dirigés.

Dérivation du BIC

Pour un modèle M de vecteur de paramètres $\theta = (\theta_1, \theta_2, ..., \theta_t)'$, la vraisemblance intégrée sur toutes les valeurs possibles de tous les paramètres s'écrit :

$$P(D|M) = \int_\theta P(D|M,\theta)P(\theta|M)d\theta.$$

Schwarz (1977) obtient, en utilisant une approximation de Laplace[6], l'expression approximative suivante pour la logvraisemblance *intégrée*, basée sur la logvraisemblance *maximisée* :

$$\ln P(D|M) \approx \ln L(\hat\theta) - \frac{t}{2}\ln N,$$

avec :
- $L(\hat\theta)$ la vraisemblance maximisée du modèle, obtenue en remplaçant les paramètres inconnus par leurs estimations au maximum de vraisemblance ;
- t le nombre de paramètres du modèle ;
- N le nombre d'observations empiriques indépendantes disponibles.

Cette expression permet donc de calculer une (bonne) approximation de la logvraisemblance intégrée, assez lourde à calculer dans certains cas, à partir de la logvraisemblance maximisée, très facile à calculer, moyennant une petite correction impliquant le nombre de paramètres et le nombre d'observations.

On note que le critère de décision pour le rejet de M_0 :

$$\frac{P(D|M_1)}{P(D|M_0)} > 1$$

peut, après transformation logarithmique, être réécrit de façon équivalente comme :

$$\ln P(D|M_1) - \ln P(D|M_0) > 0.$$

En utilisant l'approximation de Schwarz, la règle de décision pour décider du rejet de M_0 devient :

$$\ln L_1(\hat\theta_1) - \frac{t_1}{2}\ln N > \ln L_0(\hat\theta_0) - \frac{t_0}{2}\ln N.$$

Pour donner à cette expression une forme qui la rapproche d'autres statistiques courantes (voir section suivante), on la multiplie par -2 :

$$\underbrace{-2\ln L_1(\hat\theta_1) + t_1\ln N}_{BIC_1} < \underbrace{-2\ln L_0(\hat\theta_0) + t_0\ln N}_{BIC_0}.$$

Pour un modèle M_m donné, on définit ainsi une *mesure globale de qualité de modèle* nommée Critère d'Information Bayésien.

---

6. La méthode de Laplace consiste à approcher la loi *a posteriori* par une loi de Gauss (voir chapitre 9.1), en s'affranchissant ainsi dans une certaine mesure de l'hypothèse de loi *a priori*.

Définition 7.5 (Critère d'information bayésien)

On appelle BIC_m (Bayesian Information Criterion) d'un modèle M_m à t_m para-mètres, notés collectivement par le symbole unique θ_m, l'indice :

$$BIC_m = -2 \ln L(\hat{\theta}_m) + t_m \ln N.$$

Cet indice est grand quand la vraisemblance est faible et/ou quand le nombre de paramètres est élevé; il est faible quand l'ajustement est bon (vraisemblance élevée) et le nombre de paramètres peu élevé. De plusieurs modèles concurrents, on retiendra donc celui dont le BIC est *le plus faible*.

On voit que l'indice BIC prend en compte deux aspects dans l'évaluation de la qualité d'un modèle : sa qualité d'ajustement aux données (mesurée par la vraisemblance) et sa complexité (mesurée par son nombre de paramètres inconnus). La sélection de modèle selon ce principe conduit à retenir celui qui réalise le meilleur compromis entre *qualité d'ajustement* et *parcimonie du modèle*.

Facteur de Bayes et probabilités *a posteriori* approximatives

On peut retrouver approximativement le facteur de Bayes et les probabilités *a posteriori* des modèles à partir des BIC. D'après ce qui précède, on vérifie facilement qu'on a :

$$2 \ln B_{10} = 2 \left[\ln P(D|M_1) - \ln P(D|M_0) \right]$$
$$\approx BIC_0 - BIC_1,$$

soit une formule de facteur de Bayes approximatif de la forme :

$$B_{10}^{BIC} = \exp \left[-\frac{1}{2}(BIC_0 - BIC_1) \right].$$

La probabilité *a posteriori* de M_1, en utilisant la formule 7.5, est approchée par :

$$P^{BIC}(M_1|D) = \frac{B_{10}^{BIC}}{1 + B_{10}^{BIC}} \approx \frac{\exp\left[-\frac{1}{2}(BIC_0 - BIC_1)\right]}{1 + \exp\left[-\frac{1}{2}(BIC_0 - BIC_1)\right]}$$
$$= \frac{\exp\left[-\frac{1}{2}BIC_1\right]}{\exp\left[-\frac{1}{2}BIC_0\right] + \exp\left[-\frac{1}{2}BIC_1\right]}.$$

Par complément à 1, la probabilité *a posteriori* de M_0 est :

$$P^{BIC}(M_0|D) = 1 - P^{BIC}(M_1|D) = \frac{\exp\left[-\frac{1}{2}BIC_0\right]}{\exp\left[-\frac{1}{2}BIC_0\right] + \exp\left[-\frac{1}{2}BIC_1\right]}.$$

Sur les données de l'expérience de télékinésie (exemple 7.4), avec $N = 200$, $t_0 = 0$ (il n'y a aucun paramètre à estimer dans ce modèle) et $t_1 = 1$, et les valeurs de vraisemblance déjà obtenues (section 7.2.2), on trouverait :

$$BIC_0 = -2 \ln L_0(\pi_0) + t_0 \ln N = -2 \ln 0.006 \approx 10.232,$$
$$BIC_1 = -2 \ln L_1(\hat{\pi}) + t_1 \ln N = -2 \ln 0.057 + \ln 200 \approx 11.027.$$

On dira que M_0 est le meilleur modèle pour ces données, car son BIC est le plus faible. En tant qu'approximation du (log)facteur de Bayes, la différence des BIC permet également d'affirmer que le modèle M_0 est *le plus probablement vrai*. Le facteur de Bayes approximatif est $B_{10}^{BIC} = 1.49$ (valeur exacte $B_{10} = 1.2$) et la probabilité *a posteriori* de M_1 est $P^{BIC}(M_1|D) = 0.402$ (valeur exacte $P(M_1|D) = 0.45$).

La figure 7.9 montre comment la fonction puissance de la procédure basée sur les différences de BIC est pratiquement superposée à celle du facteur de Bayes (critère $B_{10} > 1$) calculé avec la loi exacte, avec une perte de puissance très faible. Ce sera le cas pour de nombreux modèles, en tous cas pour les dimensions de modèles modérées que l'on observe souvent dans les études appliquées de psychologie (modèles à un ou deux paramètres). Au-delà, l'approximation peut devenir mauvaise et se solder par une perte de puissance, notamment dans les modèles binomiaux, et les expressions exactes du facteur de Bayes sont préférables.

Critère BIC et rapport des vraisemblances maximisées

Pour la décision sur un choix de modèle, il suffira de calculer les indices BIC de chaque modèle concurrent et de garder celui dont le BIC est le plus faible. Cette approche est la plus simple quand on dispose d'un logiciel comme R2STATS qui calcule automatiquement les BIC pour n'importe quel type de modèle.

En pratique, il est souvent plus simple pour les calculs à la main de calculer une statistique classique appelée *rapport de vraisemblances* (c'est-à-dire ici le rapport des vraisemblances *maximisées*) de la forme :

$$R_{10} = 2\ln\left[\frac{L_1(\hat{\theta}_1)}{L_0(\hat{\theta}_0)}\right].$$

On note que, strictement parlant, il s'agit du *double du logarithme* du rapport des vraisemblances maximisées. Par abus de langage, on nomme rapport de vraisemblance cette statistique.

Le critère $BIC_0 > BIC_1$ pour le rejet de M_0 peut en effet s'écrire :

$$-\left(2\ln L_0(\hat{\theta}_0) - t_0 \ln N\right) - \left(-2\ln L_1(\hat{\theta}_1) + t_1 \ln N\right) > 0,$$

$$2\ln\left[\frac{L_1(\hat{\theta}_1)}{L_0(\hat{\theta}_0)}\right] - (t_1 - t_0)\ln N > 0,$$

soit :

$$R_{10} > (t_1 - t_0)\ln N.$$

La valeur $V_c = (t_1 - t_0)\ln N$ peut être vue comme une valeur critique, par analogie avec les tests fréquentistes usuels. Nous rejetons M_0 si le rapport de vraisemblance est plus grand que cette valeur critique.

Les deux usages du BIC, par calcul et comparaison de tous les BIC_m ou par calcul du rapport des vraisemblances pour des comparaisons de modèles deux à deux, sont évidemment tout à fait équivalents, et mènent aux mêmes conclusions. L'avantage de cette forme est qu'elle est fournie par de nombreux logiciels, qui ne rapportent pas nécessairement le BIC et que l'on peut obtenir indirectement ainsi, en calculant soi-même la valeur critique. Elle permet aussi de simplifier les calculs à la main dans le cas binomial si l'on ne dispose pas d'une machine avec les fonctions combinatoires (voir section suivante).

7.3   Modèles à deux paramètres

7.3.1   La théorie de la dissonance cognitive

La théorie de la dissonance cognitive (Festinger, 1957) prévoit qu'en situation d'acceptation sous pression douce d'un acte que le sujet aurait d'ordinaire réprouvé, il aura tendance après coup à le surjustifier, dans un processus dit de rationalisation secondaire. La théorie prévoit que ce phénomène est d'autant plus marqué que le sujet ne trouve pas, dans la situation elle-même, de justification extrinsèque (une menace réelle ou une récompense par exemple).

Pour tester cette hypothèse, Zimbardo (1969) met des sujets dans une situation où un expérimentateur les convainc de manger des sauterelles grillées. Dans cette expérience, tous les sujets ont accepté de le faire. Dans une condition, l'expérimentateur était « antipathique » (il y a donc peu de justification externe à accepter la demande) et dans l'autre il était « sympathique » (il y a davantage de justification externe). Sur 30 sujets dans chaque condition, il observe que 12 et 4 sujets acceptent ensuite de recommander ce mets délicieux à d'autres personnes. Peut-on dire qu'il y a un impact de la justification externe (présente ou non) sur l'internalisation du comportement ?

Dans cette expérience, la réponse comportementale observée R (variable dépendante) est le fait de conseiller (ou non) à quelqu'un d'autre, après l'expérience, de manger des sauterelles. Il s'agit d'une variable qualitative à deux modalités. La variable indépendante est la condition (C), à faible ou fort degré de justification externe de l'acte. Les sujets sont emboîtés dans les conditions indépendantes et le plan d'expérience s'écrit :

$$S_{30} < C_2 > \rightarrow U_R = \{\text{"oui"}, \text{"non"}\}$$

Pour l'analyse statistique, ce sont les *nombres* de personnes qui conseillent et ne conseillent pas l'expérience, dans l'une et l'autre des conditions, qui seront utilisés. Le nombre de personnes qui recommandent l'expérience fait office de mesure du processus supposé de rationalisation secondaire. Le problème ne se réduit cependant pas à la seule comparaison des effectifs observés de réponse (12 et 4), car nous savons bien que toute autre réplication de la même expérience n'amènerait probablement pas les mêmes valeurs. Cette question psychologique se traduit statistiquement par : pouvons-nous dire que ces deux conditions amènent la réponse type R avec des *probabilités* différentes

Le **type de problème** posé est celui de la *comparaison de deux probabilités inconnues sur échantillons indépendants.*

Dans cette situation, nous ne disposons plus d'un modèle de référence théoriquement fondé qui décrirait parfaitement la situation. Nous n'avons pas d'hypothèse absolue sur les valeurs des probabilités de réponse dans l'une et l'autre condition, et souhaitons inférer une éventuelle *différence* de ces deux probabilités dans les deux populations correspondantes, à travers les fréquences observées sur deux échantillons indépendants.

On note X_j la variable aléatoire « nombre de réponses témoin produites dans le groupe j », π_j la probabilité de la réponse dans la condition j et n_j le nombre d'observations indépendantes dans la condition j. On note aussi $N = \sum_j n_j$.

Nous sommes ici en situation de mettre en concurrence deux hypothèses possibles, celle de l'égalité et celle de la différence des probabilités de réponse dans les deux conditions :

$$H_0 : \pi_1 = \pi_2 = \pi,$$
$$H_1 : \pi_1 \neq \pi_2.$$

Si les comportements des sujets sont indépendants dans chaque condition et si l'on admet qu'une condition amène une même probabilité de collaborer pour tout sujet qu'on y met, on peut construire sur ces hypothèses les deux modèles de distribution :

$$M_0 : X_j \sim \mathcal{B}(n_j, \pi), \ j = 1, 2,$$
$$M_1 : X_j \sim \mathcal{B}(n_j, \pi_j), \ j = 1, 2.$$

On note que M_0 est un modèle à $t_0 = 1$ paramètre inconnu (π) et M_1 un modèle à $t_1 = 2$ paramètres inconnus (π_1 et π_2). Nous disposons au total de $N = n_1 + n_2 = 30 + 30 = 60$ observations indépendantes.

La question pratique peut alors être reformulée statistiquement de la façon suivante : quelle est la probabilité $P(M_m|D)$ ($m = 0, 1$) que chacun de ces deux modèles soit le bon, au vu des données empiriques obtenues (12 et 4 réponses témoin sur 30 respectivement) ?

Nous sommes ici en situation de comparer plusieurs modèles sans hypothèse exacte sur leurs valeurs de paramètres. La décision va s'appuyer sur l'examen des probabilités *a posteriori* $P(M_0|D)$ et $P(M_1|D)$: nous rejetterons le modèle nul si $P(M_1|D) > P(M_0|D)$ ou de façon équivalente si :

$$\frac{P(M_1|D)}{P(M_0|D)} > 1.$$

Sous l'hypothèse d'équiprobabilité *a priori* des deux modèles, on sait que cela revient à calculer le facteur de Bayes pour le comparer à la valeur de référence 1.

7.3.2   Facteur de Bayes pour comparer deux probabilités

Le facteur de Bayes est défini comme :

$$B_{10} = \frac{P(D|M_1)}{P(D|M_0)}.$$

Pour le calculer, nous avons besoin d'intégrer pour M_0 sur toutes les valeurs possibles de son paramètre unique inconnu π, mais également d'intégrer pour M_1 sur toutes les valeurs possibles de ses deux paramètres inconnus π_1 et π_2. Le rapport des vraisemblances intégrées, ou facteur de Bayes, est défini comme :

$$B_{10} = \frac{\int \int_{[0;1]} P(D|M_1, \pi_1, \pi_2) f(\pi_1, \pi_2) d\pi_1 d\pi_2}{\int_0^1 P(D|M_0, \pi) f(\pi) d\pi}.$$

En faisant simplement une hypothèse de loi *a priori* uniforme $f(\pi_1, \pi_2) = 1$ sur ces paramètres, le calcul d'intégrale (voir Annexe A.4), amène l'expression :

$$B_{10} = \frac{C_N^K (N+1)}{C_{n_1}^{k_1} (n_1 + 1) \, C_{n_2}^{k_2} (n_2 + 1)}.$$

Cette expression est très simple à calculer avec un ordinateur, une calculette avec des fonctions statistiques ou même avec un téléphone portable connecté à Internet [7]. Avec ces données, on trouve :

$$B_{10} = \frac{C_{60}^{16} \times 61}{C_{30}^{12} \times 31 \times C_{30}^4 \times 31} \approx 4.$$

Calcul pratique
Pour les calculs à la main, les combinaisons ci-dessus peuvent prendre des valeurs énormes. Elles sont bien stockées et gérées par les calculatrices de poche modernes, mais ne s'afficheront pas en entier sur l'écran. Il est commode dans ce cas de passer par les logarithmes. On cherchera d'abord à calculer $\ln B_{10}$:

$$\ln B_{10} = \ln C_N^K + \ln(N+1) - \left[\ln C_{n_1}^{k_1} + \ln(n_1 + 1) + \ln C_{n_2}^{k_2} + \ln(n_2 + 1) \right]$$

pour reprendre son exponentielle à la fin.
On peut présenter les données en tableau :

Groupe	$\ln C_{n_j}^{k_j}$	$\ln(n_j + 1)$	Somme
Faible justif.	18.27558	3.433987	21.70956
Forte justif.	10.21848	3.433987	13.65247
Tout	32.63904	4.110874	36.74992

---

7. Sur un moteur de recherche populaire sur Internet, il suffit de taper dans le champ de recherche l'expression : ((16 parmi 60) * 61) / ((12 parmi 30) * 31 * (4 parmi 30) * 31) pour obtenir le résultat.

On retrouve bien :

$$B_{10} = \exp\left[36.74992 - 21.70956 - 13.65247\right] \approx 4.$$

Autrement dit, après avoir vu les données, nous avons révisé notre jugement sur la plausibilité de chaque modèle. Le crédit que nous accordions au modèle alternatif a été revu à la hausse : nous le jugions initialement aussi probable que M_0 (le rapport des probabilités *a priori* est égal à 1) et nous considérons maintenant sa cote comme quatre fois plus élevée. D'après l'équation 7.5, la probabilité *a posteriori* du modèle M_1 est donnée par :

$$P(M_1|D) = \frac{B_{10}}{B_{10} + 1} \approx \frac{4}{5} = 0.80.$$

Le modèle supposant un effet de l'absence/présence de justification extrinsèque a donc près de 80% de chances d'être correct, au vu des données (et donc M_0 20% seulement). On conclut que les données soutiennent positivement ($B_{10} > 3$) la théorie de Festinger.

On note que ces probabilités ont une signification très différente (et plus intuitive) de celle de la valeur p (probabilité d'un résultat observé au moins aussi extrême si le modèle nul choisi comme référence est correct). On a bien ici la probabilité pour chaque modèle d'être le vrai modèle.

7.3.3   Approximation par la différence des BIC

Comme nous l'avons vu dans la section précédente, l'indice BIC permet d'obtenir une bonne approximation d'une décision par facteur de Bayes, quand la dimension des modèles (nombre de paramètres) n'est pas trop élevée. On illustre la décision par BIC dans cette section. L'approximation BIC remplace les calculs d'intégrale sur les paramètres inconnus par une estimation (corrigée) des paramètres au maximum de vraisemblance.

Calcul des vraisemblances maximisées

Sous M_0, la fonction de vraisemblance s'écrit (en notant k_1 et k_2 les nombres de réponse cible observées dans chacun d'eux et $K = k_1 + k_2$) :

$$
\begin{aligned}
L_0(\pi) &= P\left[(X_1 = k_1) \cap (X_2 = k_2)|\pi\right] \\
&= P(X_1 = k_1|\pi)P(X_2 = k_2|\pi) \\
&= C_{n_1}^{k_1}\,\pi^{k_1}(1-\pi)^{n_1-k_1}\,C_{n_2}^{k_2}\,\pi^{k_2}(1-\pi)^{n_2-k_2} \\
&= C_{n_1}^{k_1}\,C_{n_2}^{k_2}\,\pi^{K}(1-\pi)^{N-K},
\end{aligned}
$$

où π est la probabilité (supposée unique) de produire la réponse témoin. Pour obtenir par le calcul l'expression de l'estimateur du maximum de vraisemblance $\hat{\pi}$, il est équivalent de chercher à maximiser $\pi^{K}(1-\pi)^{N-K}$ et nous savons (voir Annexe

A.2) que l'estimateur $\hat{\pi}$ est simplement la fréquence observée du comportement sur les deux groupes de sujets non distingués, soit $\hat{\pi} = \frac{K}{N} = \frac{k_1+k_2}{n_1+n_2} = \frac{16}{60}$.
La vraisemblance maximisée de M_0 est donc :

$$
\begin{aligned}
L_0(\hat{\pi}) &= \mathrm{C}_{n_1}^{k_1}\,\mathrm{C}_{n_2}^{k_2}\left(\frac{K}{N}\right)^K \left(1-\frac{K}{N}\right)^{N-K} \\
&= \mathrm{C}_{30}^{12}\,\mathrm{C}_{30}^{4}\left(\frac{16}{60}\right)^{16}\left(\frac{44}{60}\right)^{44} \\
&\approx 0.001834739.
\end{aligned}
$$

Sous M_1, la vraisemblance est une fonction à deux paramètres, π_1 et π_2, probabilités d'apparition du comportement dans respectivement les groupes 1 et 2. En supposant toujours l'indépendance des comportements de sujets différents, elle s'écrit :

$$
\begin{aligned}
L_1(\pi_1, \pi_2) &= P\left[(X_1 = k_1) \cap (X_2 = k_2)|\pi_1, \pi_2\right] \\
&= P(X_1 = k_1|\pi_1)P(X_2 = k_2|\pi_2) \\
&= \mathrm{C}_{n_1}^{k_1}\,\pi_1^{k_1}(1-\pi_1)^{n_1-k_1}\,\mathrm{C}_{n_2}^{k_2}\,\pi_2^{k_2}(1-\pi_2)^{n_2-k_2}. \quad (7.6)
\end{aligned}
$$

On note que le passage de la ligne 1 à la ligne 2 ci-dessus est une application de la loi du produit (section 4.3.2), qui suppose l'indépendance des deux variables X_1 et X_2. Cette indépendance ne serait pas argumentable si les fréquences comparées portaient sur des événements non indépendants (si c'est le même groupe de sujets qui est testé à deux moments différents par exemple ou si des sujets de l'un des groupes appartenaient aussi à l'autre groupe, ou encore si les sujets communiquent entre eux avant de prendre une décision...).
Maximiser la vraisemblance L_1 revient à maximiser simultanément les deux expressions binomiales $\mathrm{C}_{n_1}^{k_1}\,\pi_1^{k_1}(1-\pi_1)^{n_1-k_1}$ et $\mathrm{C}_{n_2}^{k_2}\,\pi_2^{k_2}(1-\pi_2)^{n_2-k_2}$. Nous sommes ramenés à *deux* calculs de maximisation identiques au précédent, puisque chacune des deux expressions n'est fonction que de π_1 ou de π_2. Les estimateurs cherchés seront donc simplement les fréquences observées du comportement dans chacun des deux groupes. On trouve donc $(\hat{\pi}_1, \hat{\pi}_2) = \left(\frac{k_1}{n_1}, \frac{k_2}{n_2}\right) = \left(\frac{12}{30}, \frac{4}{30}\right)$.
La vraisemblance maximisée correspondante est :

$$
\begin{aligned}
L_1(\hat{\pi}_1, \hat{\pi}_2) &= \mathrm{C}_{n_1}^{k_1}\left(\frac{k_1}{n_1}\right)^{k_1}\left(1-\frac{k_1}{n_1}\right)^{n_1-k_1}\mathrm{C}_{n_2}^{k_2}\left(\frac{k_2}{n_2}\right)^{k_2}\left(1-\frac{k_2}{n_2}\right)^{n_2-k_2} \\
&= \mathrm{C}_{30}^{12}\left(\frac{12}{30}\right)^{12}\left(\frac{18}{30}\right)^{18}\mathrm{C}_{30}^{4}\left(\frac{4}{30}\right)^{4}\left(\frac{26}{30}\right)^{26} \\
&\approx 0.0309146.
\end{aligned}
$$

Définition 7.6 (Modèle saturé)
On appelle modèle saturé *le modèle qui inclut autant de paramètres à estimer que de données disponibles dans l'échantillon.*

On cherche ici à modéliser les deux données k_1 et k_2 (ou les deux fréquences relatives correspondantes) à l'aide de deux paramètres π_1 et π_2. Un tel modèle qui compte autant de paramètres que de données est souvent trivial et n'a pas toujours d'intérêt scientifique, car on cherche en priorité des modèles simples. Mais on peut être amené à le retenir si sa probabilité d'être correct au vu des données est plus grande (le modèle le plus simple n'est pas nécessairement le plus plausible).

On peut remarquer que la vraisemblance du modèle M_1 est plus élevée que celle de M_0. Cependant M_1 est un modèle plus souple puisqu'il a un paramètre de plus que M_0 et il peut plus facilement s'ajuster aux données. Comparer directement les vraisemblances maximisées de deux modèles qui ne comptent pas les mêmes nombres de paramètres, ce serait un peu comme comparer les performances cognitives d'un adulte et d'un enfant. Cela est à la limite possible si l'on impose à l'adulte un handicap bien choisi. C'est exactement ce que réalise implicitement l'application du critère d'information bayésien : il retient le modèle plus complexe M_1 si le gain obtenu en probabilité d'être correct est suffisamment important *pour le nombre de paramètres supplémentaires introduits*. Le terme $t_m \ln N$ peut être interprété comme un terme de pénalité dans l'évaluation BIC_m : plus un modèle compte de paramètres, plus son BIC augmente, à vraisemblance constante, et plus il risque d'être rejeté. A vraisemblances égales, le critère BIC sélectionne toujours le modèle le plus simple.

On peut résumer l'information disponible sur les deux modèles dans un tableau de synthèse des résultats et de décision :

Modèle	t_m	Vraisemblance	BIC
M_0	$t_0 = 1$	$L_0(\hat{\pi}) \approx 0.0018$	$-2 \ln L_0(\hat{\pi}) + t_0 \ln 60 \approx 16.7$
M_1	$t_1 = 2$	$L_1(\hat{\pi}_1, \hat{\pi}_2) \approx 0.0309$	$-2 \ln L_1(\hat{\pi}_1, \hat{\pi}_2) + t_1 \ln 60 \approx 15.14$

C'est le modèle M_1 qui a le plus petit BIC et nous savons que le BIC est en relation inverse de la probabilité *a posteriori* $P(M_1|D)$. On dira donc (sans avoir besoin de calculer cette probabilité explicitement) que M_1 est le modèle le plus probablement vrai. On peut donc dire que les prévisions de la théorie de la dissonance cognitive sont soutenues par ces données.

Décision par le rapport des vraisemblances maximisées

En pratique, plutôt que de calculer les BIC_m pour chaque modèle m, nous pouvons calculer le rapport de vraisemblance, moins difficile à calculer à la main, et fourni par défaut par nombre de logiciels. Pour le problème de comparaison de deux probabilités inconnues, il prend la forme générale suivante :

$$
\begin{aligned}
R_{10} &= 2 \ln \left[\frac{L_1(\hat{\theta}_1)}{L_0(\hat{\theta}_0)} \right] \\
&= 2 \ln \left[\frac{C_{n_1}^{k_1} \hat{\pi}_1^{k_1} (1 - \hat{\pi}_1)^{n_1 - k_1} C_{n_2}^{k_2} \hat{\pi}_2^{k_2} (1 - \hat{\pi}_2)^{n_2 - k_2}}{C_{n_1}^{k_1} \hat{\pi}^{k_1} (1 - \hat{\pi})^{n_1 - k_1} C_{n_2}^{k_2} \hat{\pi}^{k_2} (1 - \hat{\pi})^{n_2 - k_2}} \right]
\end{aligned}
$$

ou encore, après simplification par les facteurs combinatoires et applications des logarithmes :

$$R_{10} = 2\left[k_1 \ln\left(\frac{\hat{\pi}_1}{\hat{\pi}}\right) + (n_1 - k_1)\ln\left(\frac{1 - \hat{\pi}_1}{1 - \hat{\pi}}\right)\right.$$
$$\left. + k_2 \ln\left(\frac{\hat{\pi}_2}{\hat{\pi}}\right) + (n_2 - k_2)\ln\left(\frac{1 - \hat{\pi}_2}{1 - \hat{\pi}}\right)\right]. \qquad (7.7)$$

Cette expression fait simplement les rapports, terme à terme, entre les probabilités supposées par l'un et l'autre modèle concurrents. Si les modèles font les mêmes suppositions en probabilités, tous ces rapports sont égaux à 1, leur logarithme est nul et le rapport de vraisemblances est égal à zéro (les deux modèles sont aussi vraisemblables l'un que l'autre). A l'inverse, si les prédictions (au sens des probabilités estimées) des deux modèles sont fort différentes, le rapport de vraisemblance augmente en valeur absolue. On peut donc interpréter cette statistique comme une mesure de distance ou de *divergence* entre les deux modèles.

Dans l'approche fishérienne traditionnelle, on peut montrer que sous l'hypothèse $\pi_1 = \pi_2$, cette statistique suit approximativement une loi connue, appelée loi de χ^2_1 (voir section 9.3). On l'appelle parfois pour cette raison « χ^2 du rapport de vraisemblance » ou encore « G^2 du rapport de vraisemblance ». Il est donc possible de décider d'accepter ou de rejeter H_0 est calculant une valeur p dans cette loi, par comparaison à un seuil préétabli. Si on compare R_{10} à la valeur critique V_c vue plus haut (section 7.2.4), on obtient néanmoins une décision bayésienne, avec tous ses avantages dans la facilité de l'interprétation.

L'exercice type qui suit convient bien à un exercice où les calculs sont faits à la main, car la présentation sous forme de rapport de vraisemblances maximisées, facile à calculer, fait disparaître tous les termes combinatoires des formules. Cela dit, la puissance du *BIC* est moins bonne quand le nombre de groupes à comparer grandit. Les calculatrices de poche aujourd'hui peuvent calculer des termes combinatoires sans beaucoup de problèmes ; le facteur de Bayes exact donné précédemment est devenu très rapide à calculer. L'intérêt pédagogique de la présentation ci-dessous est d'amener à manipuler le rapport de vraisemblances maximisées qui est une statistique courante dont on discutera la distribution asymptotique dans la section 9.3.

Exercice-type 7.2 (Comparaison de deux probabilités par R.V.)

Enoncé   Compte tenu des résultats de l'expérience rapportés dans le tableau ci-dessous :

Justif./Réponse	Oui	Non	Total
Faible	$k_1 = 12$	$n_1 - k_1 = 18$	$n_1 = 30$
Forte	$k_2 = 4$	$n_2 - k_2 = 26$	$n_2 = 30$
Total	$K = 16$	$N - K = 44$	$N = 60$

peut-on dire que les résultats sont compatibles avec la théorie de la dissonance cognitive ?

Problème   Il s'agit de comparer deux probabilités inconnues sur échantillons indépendants.

Hypothèses   Pour ces données, les modèles concurrents à 1 et 2 paramètres proposent les distributions binomiales suivantes :

Modèles	M_0		M_1	
Justif./Réponse	Oui	Non	Oui	Non
Faible	π	$1 - \pi$	π_1	$1 - \pi_1$
Forte	π	$1 - \pi$	π_2	$1 - \pi_2$

Procédure   Ces paramètres inconnus sont estimés sur les données par maximisation de la vraisemblance. On
sait que les estimateurs correspondants ne sont autres que les fréquences empiriques de réponse
dans les groupes distingués par les modèles :

Modèles	Estimations M_0		Estimations M_1	
Justif./Réponse	OUI	NON	OUI	NON
Faible	$\hat{\pi} = \frac{K}{N} = \frac{16}{60}$	$1 - \hat{\pi} = \frac{44}{60}$	$\hat{\pi}_1 = \frac{k_1}{n_1} = \frac{12}{30}$	$1 - \hat{\pi}_1 = \frac{18}{30}$
Forte	$\hat{\pi} = \frac{K}{N} = \frac{16}{60}$	$1 - \hat{\pi} = \frac{44}{60}$	$\hat{\pi}_2 = \frac{k_2}{n_2} = \frac{4}{30}$	$1 - \hat{\pi}_2 = \frac{26}{30}$

On calcule le rapport de vraisemblances en calculant d'abord tous les lograpports de probabilités,
de case à case, du tableau ci-dessus, pondérés par les effectifs observés. Puis on en fait la somme
totale, multipliée par 2 (voir formule 7.7) :

$$2 \ln \left[\frac{L_1(\hat{\pi}_1, \hat{\pi}_2)}{L_0(\hat{\pi})} \right] = 2 \left[12 \ln \left(\frac{12/30}{16/60} \right) + 18 \ln \left(\frac{18/30}{44/60} \right) \right.$$
$$\left. + 4 \ln \left(\frac{4/30}{16/60} \right) + 26 \ln \left(\frac{26/30}{44/60} \right) \right]$$
$$= 5.6487.$$

Décision   On compare ensuite le rapport de vraisemblances à la valeur critique :

$$V_c = (t_1 - t_0) \ln N = (2 - 1) \ln 60 = 4.094.$$

Le rapport de vraisemblance est supérieur à la valeur critique. Nous retenons donc M_1 comme
le *modèle le plus probablement correct*, au vu des données.

Conclusion   Cela signifie psychologiquement que la présence ou l'absence d'une justification externe se solde
par une différence dans la probabilité de recommander à autrui un comportement *a priori* peu
attractif. On note, au vu des estimations de fréquence, que c'est dans la condition où il y a *le
moins* de justification externe (expérimentateur antipathique) qu'on trouve *le plus* de réponses
témoin (12/30 contre 4/30). C'est bien le résultat (contre-intuitif) qui était attendu par la
théorie.

7.4   Modèles à trois paramètres

7.4.1   Antécédents d'abus sexuels et délinquance

Smith & Ireland (2005) étudient les conséquences psychopathologiques de la maltraitance des filles. Parmi 211 jeunes femmes d'origine africaine ou hispanique de
la ville de Rochester, USA, elles distinguent trois groupes : celles qui n'ont pas
été maltraitées ($n_1 = 145$), celles qui ont été victimes d'abus physique non sexuel
($n_2 = 51$) et celles qui ont été victimes d'abus sexuels ($n_3 = 15$). Dans ces trois

groupes, on trouve respectivement $k_1 = 48$, $k_2 = 20$ et $k_3 = 12$ personnes consommant régulièrement des drogues dures à l'âge adulte (parmi d'autres indicateurs de délinquance). On fait dans cette étude deux hypothèses :

1. Il y a bien un lien entre l'antécédent de maltraitance et le devenir toxicomane. Au moins une différence entre deux des trois probabilités devrait donc exister.

2. La présence d'un abus ne suffit pas à expliquer l'émergence d'une conduite toxicomaniaque : l'abus n'a cet effet que s'il est de nature spécifiquement sexuelle.

Les sujets sont emboîtés dans les conditions. Le **problème statistique** correspondant est une *comparaison de 3 probabilités inconnues sur échantillons indépendants*.

Par rapport à la simple comparaison de deux groupes, ce type de problème pour $K > 2$ fait apparaître des subtilités nouvelles dans la manière de comparer des modèles concurrents pour traduire aussi précisément que possible les questions psychologiques posées. Le cas $K = 3$ groupes est le plus simple et devrait déjà être bien assimilé avant d'aborder la section sur les modèles factoriels.

Les données disponibles sont des comptages bornés sur $[0; n_j]$ dans chaque groupe j ($j = 1, 2, 3$). Statistiquement, la vraisemblance de telles données peut être calculée par une loi binomiale si deux suppositions paraissent plausibles : i) les trajectoires personnelles des sujets sont indépendantes, ii) il y a une même probabilité d'évoluer vers une toxicomanie pour tous les sujets d'un même groupe. Ces deux suppositions qui sont définitoires de la loi binomiale sont tout sauf triviales d'un point de vue psychologique et sociologique. Un grand nombre de personnes connaissant des problèmes de drogue dans une même ville sont susceptibles de se connaître et de s'influencer mutuellement. De même, l'impact d'un événement traumatique n'est pas nécessairement le même sur toute personne. Des modèles de trajectoires individuelles seraient certainement plus appropriés dans cette situation mais nous nous concentrons ici sur la plus simple des modélisations binomiales, essentiellement pour en montrer le principe. Nous admettions donc provisoirement que ces deux suppositions sont acceptables ici.

Les deux hypothèses théoriques réunies amènent à définir un modèle statistique théorique M_1, où le taux de toxicomanes dans les deux premiers groupes devrait être le même et inférieur à celui du troisième groupe. Pour tester ces attentes, il faut donc comparer trois modèles, résumés dans le tableau 7.2 par leurs paramètres de probabilités.

Modèle	M_s		M_1		M_0	
Maltrait./Toxicom.	Oui	Non	Oui	Non	Oui	Non
1. Aucune	π_1	$1 - \pi_1$	π_{12}	$1 - \pi_{12}$	π_{123}	$1 - \pi_{123}$
2. Physique	π_2	$1 - \pi_2$	π_{12}	$1 - \pi_{12}$	π_{123}	$1 - \pi_{123}$
3. Sexuelle	π_3	$1 - \pi_3$	π_3	$1 - \pi_3$	π_{123}	$1 - \pi_{123}$

Tableau 7.2 – Modèles concurrents du lien maltraitance-toxicomanie

Dans toute comparaison de groupes, nous écrirons symboliquement deux probabilités supposées identiques par un indice qui agrège les deux numéros de groupes concernés. Le symbole π_{12} désigne ainsi la probabilité de devenir toxicomane, supposée identique dans les groupes 1 et 2.

Dans cette confrontation des modèles, la comparaison de M_1 et de M_s (ou modèle saturé) vient spécifiquement tester la différence entre π_1 et π_2 car c'est la seule chose qui distingue les deux modèles. Si M_1 était retenu dans cette première comparaison, cela nous conforterait dans l'idée que la maltraitance non sexuelle n'a pas d'impact (on note que l'absence d'effet de la maltraitance non sexuelle ne se traduit pas par une probabilité nulle de devenir toxicomane, mais par une *absence de différence* avec la probabilité du groupe sans maltraitance). Si M_1 est le meilleur modèle, c'est la comparaison de M_1 avec M_0 (modèle de l'absence d'effet de la présence de maltraitance, sexuelle ou physique) qui permet de trancher sur l'existence de cet effet.

7.4.2 Facteur de Bayes pour comparer trois probabilités

Le facteur de Bayes de comparaison du modèle à trois groupes M_s au modèle nul M_0 est défini comme :

$$B_{s0} = \frac{P(D|M_1)}{P(D|M_0)} = \frac{\int\int\int_{[0;1]} P(D|M_1,\pi_1,\pi_2,\pi_3)f(\pi_1,\pi_2,\pi_3)d\pi_1 d\pi_2 d\pi_3}{\int_0^1 P(D|M_0,\pi_{123})f(\pi_{123})d\pi_{123}}.$$

En faisant comme précédemment une hypothèse de loi *a priori* uniforme sur ces paramètres $f(\pi_1,\pi_2,\pi_3) = 1$, le calcul d'intégrale (voir Annexe A.4) amène l'expression :

$$B_{s0} = \frac{C_N^K(N+1)}{C_{n_1}^{k_1}(n_1+1)\,C_{n_2}^{k_2}(n_2+1)\,C_{n_3}^{k_3}(n_3+1)}.$$

On voit qu'elle a tout à fait la même forme que pour la comparaison de deux probabilités, avec simplement un facteur de plus pour le troisième groupe au dénominateur. Avec $K = k_1 + k_2 + k_3 = 80$ et $N = n_1 + n_2 + n_3 = 211$, on trouve :

$$B_{s0} = \frac{C_{211}^{80} \times 212}{C_{145}^{48} \times 146 \times C_{51}^{20} \times 52 \times C_{15}^{12} \times 16} \approx 27.03.$$

Pour les calculs à la main, il est commode comme nous l'avons vu dans la section précédente de passer par les logarithmes. On cherchera d'abord à calculer $\ln B_{10}$:

$$\ln B_{s0} = \ln C_N^K + \ln(N+1) - \sum_{j=1}^{J}\left[\ln C_{n_j}^{k_j} + \ln(n_j+1)\right]$$

pour reprendre son exponentielle à la fin. On présente les données en tableau de logarithmes ci dessous.

Maltraitance	$\ln \mathrm{C}_{n_j}^{k_j}$	$\ln(n_j + 1)$	Somme
Non	89.40623	4.983607	94.38984
Physique	31.98175	3.951244	35.93300
Sexuelle	6.120297	2.772589	8.892886
Tout	137.1562	5.356586	142.5128

On retrouve bien :

$$B_{s0} = \exp\left[142.5128 - 94.38984 - 35.93300 - 8.892886\right] \approx 27.03.$$

Autrement dit, après avoir vu les données, nous avons révisé notre jugement sur la plausibilité de chaque modèle. Le crédit que nous accordions au modèle saturé a été revu à la hausse : nous le jugions initialement aussi probable que M_0 (le rapport des probabilités *a priori* est égal à 1) et nous le considérons maintenant vingt-sept fois plus plausible! Cela ne signifie évidemment pas que M_s est le modèle le plus probable car nous n'avons pas encore testé d'autres alternatives. Mais nous pouvons déjà rejeter clairement le modèle M_0 car nous tenons au moins un modèle qui est meilleur que lui.

Pour la simplicité des calculs, nous allons tester M_1 contre M_0 cependant (et non contre M_s) même s'il a été rejeté : cela permet simplement d'utiliser la même formule pour toutes les comparaisons. Le facteur de Bayes B_{s1} pourra en effet ensuite être retrouvé comme :

$$B_{s1} = \frac{P(D|M_s)}{P(D|M_1)} = \frac{P(D|M_s)}{P(D|M_0)}\frac{P(D|M_0)}{P(D|M_1)} = \frac{B_{s0}}{B_{10}}. \tag{7.8}$$

Tout facteur de Bayes entre deux modèles quelconques peut donc être retrouvé comme rapport des deux facteurs de Bayes des deux modèles au modèle nul.

On note que M_1, qui matérialise nos deux attentes théoriques, est un modèle qui ne distingue que deux groupes. On montre dans l'Annexe A.4 que la comparaison à M_0 est réalisée par un facteur de Bayes qui prend alors la forme à deux groupes vue dans la section précédente, en faisant porter les calculs sur les effectifs regroupés en conséquence : $n_{12} = n_1 + n_2 = 196$ et $k_{12} = k_1 + k_2 = 68$. On trouve :

$$B_{10} = \frac{\mathrm{C}_N^K(N+1)}{\mathrm{C}_{n_{12}}^{k_{12}}(n_{12}+1)\,\mathrm{C}_{n_3}^{k_3}(n_3+1)} = \frac{\mathrm{C}_{211}^{80} \times 212}{\mathrm{C}_{196}^{68} \times 197 \times \mathrm{C}_{15}^{12} \times 16} \approx 102.48.$$

Nous jugeons donc M_1 encore plus probable que M_s par rapport à M_0, après avoir vu les données. D'après l'équation 7.8, on peut aussi dire que nous jugeons la cote de M_1 $102.48/27.03 = 3.79$ fois plus élevée après avoir vu les données. Si l'on souhaite se convaincre qu'il s'agit bien là du meilleur de tous les modèles possibles, il faut strictement parlant tester toutes les alternatives possibles, ce que l'atelier « Inférence bayésienne sur plusieurs proportions » permet de faire automatiquement. On notera que dans ce contexte où tous les modèles sont testés (il y en a ici 5 possibles), notre incertitude sur les modèles se traduit par une probabilité *a priori* de 1/5.

Atelier 7.3 (Comparaison de trois probabilités)

1. Dans l'interface AtelieR, lancer le module « Inférence bayésienne sur plusieurs proportions ».
2. Saisir les nombres observés de personnes toxicomanes (48, 20 et 12) séparés par des espaces, dans le champ « Succès » et les effectifs totaux des groupes (145, 51 et 15) dans le champ « Totaux ».
3. Tester le modèle théorique M_1 contre M_0 en le spécifiant par une série de symboles traduisant l'égalité désirée $\pi_1 = \pi_2$. N'importe quelle série de trois symboles dont les deux premiers sont identiques conviendra : « a a b » par exemple, ou « 1 1 2 », ou encore, pour utiliser les mêmes conventions que dans nos écritures statistiques « 12 12 3 ». On retrouve dans le champ « Facteur de Bayes » la valeur $B_{10} = 102.48$ calculée ci-dessus. N'importe quel autre modèle peut être testé de cette manière.
4. Cliquez sur l'option « Tout tester » pour obtenir une comparaison de tous les modèles possibles : le meilleur modèle s'affiche (voir fig. 7.11) sous la forme d'une expression qui met entre parenthèses les numéros de groupes équivalents. On a ici : « (12),(3) ». M_1 est donc bien le meilleur modèle, avec une probabilité a $posteriori$ de 0.96 d'être vrai. Nos deux hypothèses sont validées.

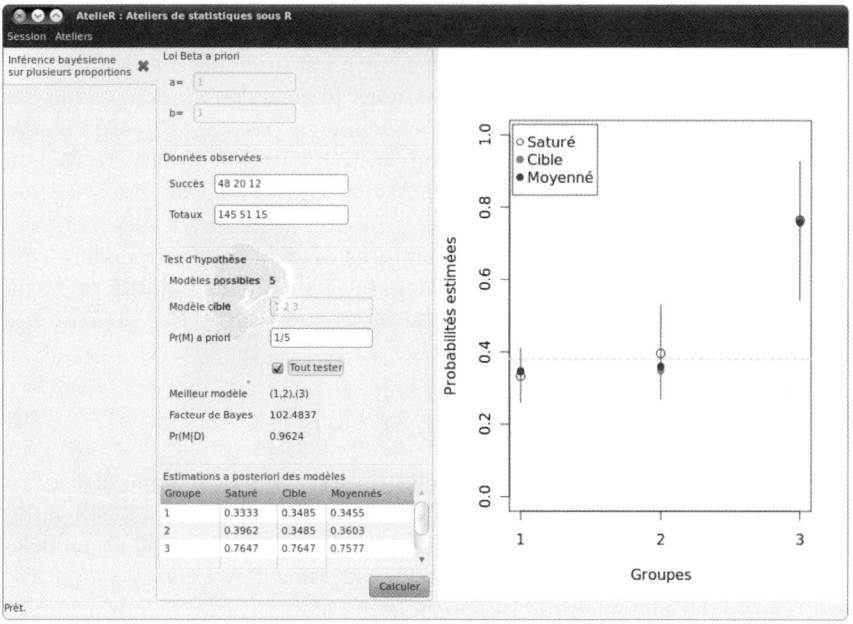

Fig. 7.11 – Comparaison de trois probabilités

Le graphique de l'atelier (fig. 7.11) superpose les estimations bayésiennes a $posteriori$ sous le modèle nul (la ligne pointillée horizontale matérialise $\hat{\pi}_{123}$), sous le modèle saturé M_s et le modèle cible ou contraint M_1. Le tableau des estimations a $posteriori$ en bas à gauche dans l'interface fournit les valeurs numériques correspondantes, ainsi que les estimations bayésiennes par moyenne de modèles (voir sous-section 7.2.3). Ces estimations sont une moyenne de toutes les estimations proposées par tous les modèles possibles (5 en l'occurrence) pondérées par les probabilités a $posteriori$ des modèles.

Les traits verticaux sur le graphique représentent les intervalles de crédibilité de chaque paramètre : on peut constater que l'incertitude est la plus faible dans le groupe 1 où l'information est la plus riche ($n_1 = 145$).

7.4.3   Approximation par la différence des BIC

On illustre dans cette section la démarche de sélection de modèle par BIC dans le cas de trois groupes, en adoptant la présentation par rapport de vraisemblances maximisées, plus simple pour les calculs à la main, et qui permet en outre d'introduire la notion importante de déviance d'un modèle.

Décision par le rapport des vraisemblances maximisées

Si l'hypothèse d'un effet spécifique de la maltraitance sexuelle est correcte, les probabilités de toxicomanie devraient être égales dans les groupes 1 et 2. On teste cette différence en opposant les modèles binomiaux M_s et M_1 définis plus haut. Pour ces modèles, les paramètres sont inconnus et doivent donc être estimés à partir des N données disponibles. Comme on l'a vu, ils sont estimés au maximum de vraisemblance par les fréquences empiriques :

	Modèles				Estimations			
	M_s		M_1		M_s		M_1	
Maltr./Toxic.	Oui	Non	Oui	Non	Oui	Non	Oui	Non
Aucune	π_1	$1-\pi_1$	π_{12}	$1-\pi_{12}$	$\frac{48}{145}$	$\frac{97}{145}$	$\frac{68}{196}$	$\frac{128}{196}$
Non sexuelle	π_2	$1-\pi_2$	π_{12}	$1-\pi_{12}$	$\frac{20}{51}$	$\frac{31}{51}$	$\frac{68}{196}$	$\frac{128}{196}$
Sexuelle	π_3	$1-\pi_3$	π_3	$1-\pi_3$	$\frac{12}{15}$	$\frac{3}{15}$	$\frac{12}{15}$	$\frac{3}{15}$

Pour les calculs à la main, on note que la contribution au rapport de vraisemblance sera nulle pour la condition 3 car les estimations sont les mêmes. On calcule par conséquent :

$$
\begin{aligned}
R_{s1} &= 2\left[48\ln\left(\frac{48/145}{68/196}\right) + 97\ln\left(\frac{97/145}{128/196}\right) + 20\ln\left(\frac{20/51}{68/196}\right) + 31\ln\left(\frac{31/51}{128/196}\right)\right] \\
&\approx 0.61.
\end{aligned}
$$

La valeur critique vaut ici $V_c^{(s1)} = (3-2)\ln 211 \approx 5.35$. On a $R_{s1} < V_c^{(s1)}$ et M_1 est donc le modèle le plus probablement correct des deux testés. On considèrera donc les probabilités égales dans les conditions 1 et 2. Nous pouvons dire que la présence d'un abus de nature non sexuelle n'est pas un prédicteur de toxicomanie à l'âge adulte. Nous ne pouvons pas dire plus avant d'avoir fait d'autres comparaisons.

Pour mettre en évidence l'existence même d'un lien entre maltraitance et toxicomanie, il nous faut confronter le modèle M_1 conservé au modèle constant M_0. Les paramètres sont estimés au maximum de vraisemblance par les fréquences empiriques des événements correspondants :

	Modèles				Estimations			
	M_1		M_0		M_1		M_0	
Maltr./Toxic.	Oui	Non	Oui	Non	Oui	Non	Oui	Non
Aucune	π_{12}	$1-\pi_{12}$	π_{123}	$1-\pi_{123}$	$\frac{68}{196}$	$\frac{128}{196}$	$\frac{80}{211}$	$\frac{131}{211}$
Non sexuelle	π_{12}	$1-\pi_{12}$	π_{123}	$1-\pi_{123}$	$\frac{68}{196}$	$\frac{128}{196}$	$\frac{80}{211}$	$\frac{131}{211}$
Sexuelle	π_3	$1-\pi_3$	π_{123}	$1-\pi_{123}$	$\frac{12}{15}$	$\frac{3}{15}$	$\frac{80}{211}$	$\frac{131}{211}$

On calcule :

$$R_{10} = 2\left[48\ln\left(\frac{68/196}{80/211}\right) + 97\ln\left(\frac{128/196}{131/211}\right)\right.$$
$$+ 20\ln\left(\frac{68/196}{80/211}\right) + 31\ln\left(\frac{128/196}{131/211}\right)$$
$$\left.+ 12\ln\left(\frac{12/15}{80/211}\right) + 3\ln\left(\frac{3/15}{131/211}\right)\right]$$
$$\approx 12.$$

La valeur critique vaut ici $V_c^{(10)} = (2-1)\ln 211 \approx 5.35$. On a $R_{10} > V_c^{(s1)}$ et M_1 est donc le modèle le plus probablement correct des deux testés. On considérera donc π_3 comme différente de π_{12}. En conclusion, on peut dire que la présence d'un abus de nature non sexuelle n'est pas un prédicteur de toxicomanie à l'âge adulte ($\pi_1 = \pi_2$), mais l'abus de nature sexuelle en est un ($\pi_1 < \pi_3$).

Notons que, strictement parlant, il est nécessaire de s'assurer que M_1 est bien le meilleur de tous les modèles pour tirer cette conclusion, ce que nous avons fait à la section précédente. Nous avons ici volontairement simplifié la présentation, pour illustrer la démarche générale de conversion d'une question psychologique en comparaison de modèles.

Notion de déviance

Lorsque deux modèles font les mêmes prédictions sur les données (mêmes paramètres estimés), ils ont la même vraisemblance. Leur rapport de vraisemblance est donc nul. Plus leurs prédictions divergent, plus le rapport de vraisemblance est grand : il représente donc une mesure de divergence entre leurs deux distributions théoriques.

Le modèle saturé « représente » les données observées : ses paramètres estimés sont les fréquences brutes observées. Le rapport de vraisemblance du modèle saturé à un modèle quelconque représente donc une mesure de divergence de ce modèle aux données elles-mêmes.

Définition 7.7 (Déviance résiduelle)

On appelle déviance résiduelle *d'un modèle le rapport de vraisemblance du modèle saturé à ce modèle. Remarque : par construction, la déviance résiduelle du modèle saturé est nulle.*

La déviance résiduelle est une mesure d'erreur du modèle. Comme on le voit sur la figure 7.12, elle augmente quand l'écart entre données et prévisions du modèle augmente. De ce point de vue et pour un jeu de données fixé, le rapport de vraisemblance maximal est celui du modèle nul (ou constant) au modèle saturé : R_{s0}. Il mesure la divergence entre un modèle constant et un modèle de la différence complète.

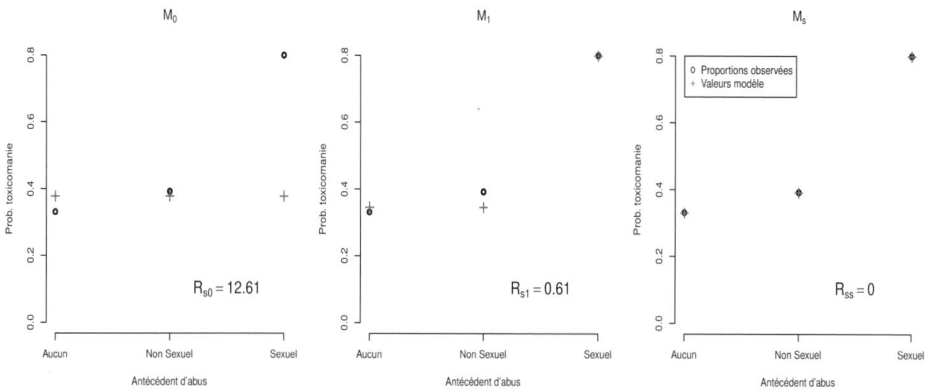

Fig. 7.12 – Notion de déviance

Définition 7.8 (Déviance nulle)
On appelle déviance nulle *ou* déviance totale *le rapport de vraisemblance du modèle saturé au modèle nul (ou contant). Il représente une mesure de l'information disponible dans les données.*

Pourcentage de déviance expliquée La notion de déviance nulle est une mesure intéressante d'information disponible dans les données, qui peut être partitionnée. Sur nos trois modèles, la déviance nulle (ou totale) peut être réécrite :

$$R_{s0} = 2\ln\frac{L_s(\hat{\theta}_s)}{L_0(\hat{\theta}_0)} = 2\ln\frac{L_s(\hat{\theta}_s)}{L_1(\hat{\theta}_1)}\frac{L_1(\hat{\theta}_1)}{L_0(\hat{\theta}_0)} = 2\ln\frac{L_s(\hat{\theta}_s)}{L_1(\hat{\theta}_1)} + 2\ln\frac{L_1(\hat{\theta}_1)}{L_0(\hat{\theta}_0)} = R_{s1} + R_{10}.$$

Il y a donc une propriété d'additivité sur les déviances qui rend possible la distinction et l'interprétation de plusieurs sources d'information. On a par exemple sur nos données : $R_{s0} = R_{s1} + R_{10} = 0.61 + 12 = 12.61$. Dans cette somme, la valeur $R_{s1} = 0.61$ représente la déviance résiduelle de notre modèle théorique M_1. Par conséquent, la valeur :

$$R_{s0} - R_{s1} = 12.61 - 0.61 = 12$$

représente la portion de déviance totale dont M_1 rend compte. C'est ce qu'on appelle la déviance expliquée.

Définition 7.9 (Déviance expliquée)
On appelle déviance expliquée *d'un modèle m la différence $R_{s0} - R_{sm}$. Elle a le sens de la part de déviance nulle dont le modèle peut rendre compte.*

La relation entre déviance nulle, déviance résiduelle et déviance expliquée est représentée schématiquement sur la figure 7.13.

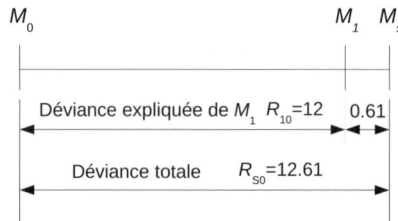

Fig. 7.13 – Illustration de la déviance expliquée de M_1

Cette propriété d'additivité permet de définir des proportions de déviance expliquée. En effet, la décomposition $R_{s1} + R_{10} = R_{s0}$ peut être réécrite en proportion de la déviance totale :

$$\frac{R_{s1}}{R_{s0}} + \frac{R_{10}}{R_{s0}} = 1.$$

Sur nos données, on dira par exemple que M_1 explique une proportion $\eta^2 = \frac{12}{12.61} \approx 0.95$ de l'information disponible. L'indice η^2 est une mesure de la taille de l'effet (estimée) du facteur « antécédent d'abus » sur le devenir toxicomane dans cette population féminine.

7.5   Modèles généraux et factoriels

La démarche adoptée dans la section précédente se généralise sans difficulté au cas $K > 3$. Le facteur de Bayes en faveur du modèle saturé contre le modèle constant prend alors la forme générale suivante (voir Annexe A.4) :

$$B_{10} = \frac{(N + 1)\, C_N^K}{\prod_{j=1}^{J} (n_j + 1)\, C_{n_j}^{k_j}}.$$

Dans un certain nombre de ces cas, les groupes indépendants comparés résultent d'un croisement factoriel. Cela ne change pas la méthode : il s'agit simplement d'une comparaison de K probabilités inconnues sur des groupes indépendants ; on cherche le bon jeu de contraintes d'égalité qui permet de rendre compte des données avec aussi peu de paramètres que possible. Nous illustrons cette démarche ci-dessous.

7.5.1   Etiquetage social négatif et « compliance »

Guéguen (2001) étudie l'effet d'un étiquetage social négatif sur la « compliance » avec une requête. Cette expérience se déroule en plusieurs étapes :

– Etape 1 : le recrutement. Un compère se promène dans la rue avec un sac visiblement très lourd avec une inscription « viande de cheval » bien visible. Il demande à une personne au hasard dans la rue (qui devient sujet de l'expérience) de bien vouloir garder son sac pendant qu'il fait une course.

– Etape 2 : l'étiquetage social négatif. Pendant ce temps, un autre compère passe, s'arrête, dévisage le sujet et lui fait comprendre par tous arguments qu'il devrait avoir honte de manger de la viande de cheval (étiquetage social négatif), puis s'en va. Dans une condition contrôle, cet épisode n'a pas lieu. Le premier compère, revenu, vient remercier chaleureusement le sujet pour son aide et s'en va.

– Etape 3 : la requête. Au coin de la rue, un troisième compère sollicite le même sujet pour signer une pétition concernant, selon les conditions :

  ▷ la défense de la cause animale (requête convergente avec l'étiquetage),

  ▷ la pollution dans le quartier (requête dissociée de l'étiquetage).

Les conditions définissent des groupes indépendants (il y a 40 sujets par groupe). Ces groupes sont construits par croisement de deux facteurs : marquage négatif (oui/non) et type de requête (animal/pollution), notés M et R. La variable dépendante X est le nombre de sujets qui dans chaque condition acceptent de signer la pétition.

Le plan d'expérience intergroupe s'écrit :

$$M_2 * R_2 \to U_X = \{0, ..., 40\}.$$

Compte tenu de la littérature existante, l'auteur formule les hypothèses théoriques suivantes :

– un marquage négatif n'a d'effet sur le comportement que si on donne l'occasion au sujet d'émettre un comportement qui contredit le marquage (« je suis bienveillant à l'égard des animaux ») ;

– toute autre requête sans rapport ne devrait donc pas avoir d'influence sur l'acceptation, et cette acceptation devrait être aussi probable que celle d'un sujet n'ayant pas subi de marquage.

Si ces hypothèses théoriques sont correctes, on devrait observer : i) qu'on accepte plus souvent de signer la pétition sur la défense des animaux que celle contre la pollution quand il y a eu marquage négatif sur ce point, ii) la signature de la pétition contre la pollution devrait être aussi probable avec ou sans étiquetage négatif, car cette requête est sans rapport avec le marquage.

7.5.2   Modélisation

On enregistre les nombres de personnes (sur 40) qui acceptent de signer :

	Cause animale	Pollution
Etiquetage	28	16
Contrôle	14	11

Comme les personnes ont été démarchées séparément, on admet que leurs décisions sont indépendantes. On admet également (hypothèse fondamentale de la démarche expérimentale) que la probabilité de signer dans chaque condition est unique. Cela revient à dire que toute personne placée dans la même condition matérielle voit sa réponse gouvernée par le même mécanisme probabiliste de réponse.

A ces conditions, le modèle de distribution sur ces comptages est binomial. Le **type de problème** posé est celui de la comparaison de probabilités inconnues dans un plan factoriel à groupes indépendants.

En réalité, ce n'est pas un nouveau type de problème car la structure factorielle des données n'est qu'une manière commode pour l'expérimentateur de présenter les choses, en qualifiant les groupes par des attributs psychologiques qui ont du sens dans sa théorie. D'un point de vue statistique, il s'agit simplement de comparer des probabilités sur groupes indépendants, en introduisant des contraintes d'égalité dans le modèle.

Pour définir ces contraintes, il est commode de présenter les conditions en tableau linéaire :

Etiquetage négatif	OUI		NON	
Requête	Animal	Pollution	Animal	Pollution
Probabilités	π_1	π_2	π_3	π_4

On note que les deux hypothèses opérationnelles peuvent être réunies dans un modèle de la forme :

Etiquetage négatif	OUI		NON	
Requête	Animal	Pollution	Animal	Pollution
M_1	π_1	π_{24}	π_3	π_{24}

Pour tester la qualité de ce modèle, on doit montrer *qu'il est meilleur que n'importe quel autre*. En particulier, on doit montrer qu'il permet de rejeter le modèle nul de l'absence d'effet expérimental (test de l'existence d'un effet) et qu'il est meilleur que le modèle saturé (test de l'égalité des conditions 2 et 4). Un autre modèle est compatible avec les attentes théoriques. Si l'on attend au minimum $\pi_1 > \pi_{24}$, une version plus contrainte du modèle existe, qui correspondrait à l'hypothèse selon laquelle les deux pétitions ont initialement le même pouvoir attractif sur les sujets. Cela ajouterait la contrainte $\pi_{24} = \pi_3$.

Dans la situation de comparaison de quatre groupes, il y a 15 modèles possibles selon les contraintes d'égalité que l'on pose sur les paramètres (voir sous-section suivante). Mais d'un point de vue théorique, on met en concurrence au minimum les modèles suivants, dont les comparaisons ont du sens :

Etiquetage négatif	OUI		NON	
Requête	Animal	Pollution	Animal	Pollution
M_s	π_1	π_2	π_3	π_4
M_2	π_1	π_{234}	π_{234}	π_{234}
M_1	π_1	π_{24}	π_3	π_{24}
M_0	π_{1234}	π_{1234}	π_{1234}	π_{1234}

Les paramètres de ces modèles sont inconnus et la méthode de décision va donc s'appuyer sur le calcul d'une vraisemblance qui intègre toutes les valeurs possibles de ces paramètres, en leur affectant *a priori* la même probabilité (hypothèse de loi *a priori* uniforme). Le calcul des facteurs de Bayes pour les 15 modèles possibles révèle que M_2 est le plus probablement vrai ($B_{20} = 529.6$, $P(M_2|D) = 0.975$). Les hypothèses de l'auteur paraissent donc extrêmement plausibles : il n'y a d'effet de l'étiquetage sur la compliance que lorsque la requête concernait la pétition pour la défense des animaux.

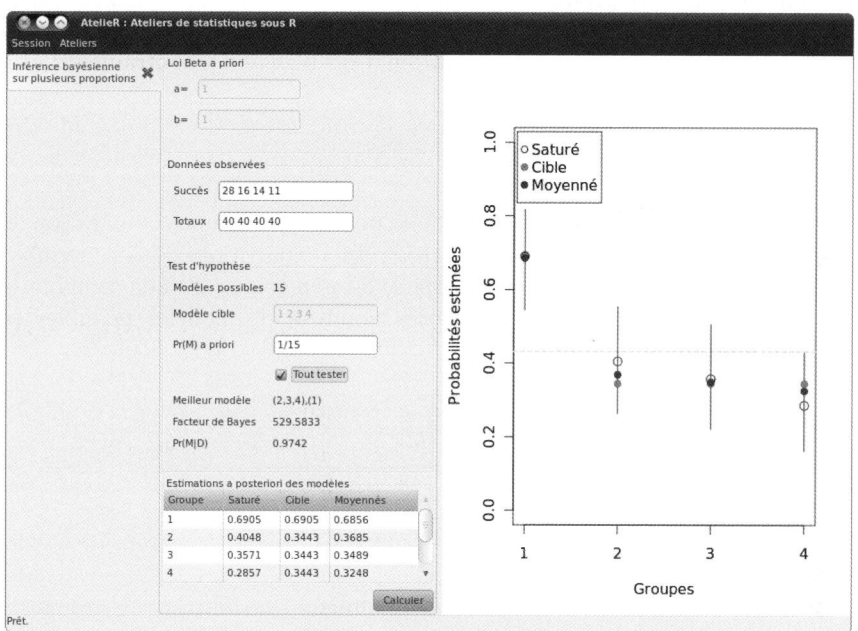

Fig. 7.14 – Comparaison de quarte probabilités inconnues dans un plan factoriel

Des calculs semblables à ceux des sections précédentes permettent d'obtenir la déviance nulle de ces données $R_{s0} = 17.21$ et la déviance résiduelle du modèle final M_2 : $R_{s2} = 1.42$. On voit que l'hypothèse de l'auteur, traduite par le modèle M_2, permet d'expliquer une large proportion de l'information présente dans les données :

$$\eta^2 = 1 - \left(\frac{1.42}{17.21}\right) = \frac{15.79}{17.21} \approx 0.92.$$

7.5.3 Comparaison de tous les modèles possibles

Le facteur de Bayes permet de détecter le modèle le plus probablement vrai dans un ensemble de modèles. On part naturellement du principe que le vrai modèle fait partie de ceux qu'on a testé. C'est toujours possible dans le cadre des modèles binomiaux à comparaison de groupes, car le nombre de modèles possibles obtenus par libération successive de contraintes d'égalité dans le modèle nul est fini.

On peut alors se demander combien de modèles différents on peut définir pour une comparaison de K groupes. Si on numérote les groupes par nombres entiers $1, ..., K$, il y a en fait autant de modèles qu'on peut définir de partitions sur l'ensemble des groupes $G = \{1, 2, ..., K\}$. Une part permet de définir un sous-ensemble de groupes dont les probabilités sont contraintes à l'égalité. La partie pleine $\{1, 2, ..., K\}$ définit ainsi le modèle nul (toutes les probabilités sont supposées égales). Pour $K = 3$ par exemple, en numérotant les groupes par nombre entiers et en symbolisant les équivalences par des regroupements entre parenthèses, on peut écrire les modèles possibles comme :

M_0	M_1	M_2	M_3	M_s
(1,2,3)	(1,2),3	1,(2,3)	(1,3),2	1,2,3

On voit que dénombrer le nombre de modèles possibles dans une comparaison de K groupes revient alors à dénombrer le nombre total de partitions dans l'ensemble G. Ce nombre est calculé grâce à ce qu'on appelle les *nombres de Bell* en combinatoire. Pour illustration, le tableau 7.3 donne les nombres de modèles possibles pour $K = 1, ..., 10$.

K	#Modèles	K	#Modèles
3	5	7	877
4	15	8	4140
5	52	9	21147
6	203	10	115975

Tableau 7.3 – Nombres de modèles binomiaux possibles sur K groupes

On voit que le nombre de modèles possibles, même fini, explose très rapidement avec le nombre de groupes. Dans ces cas, l'usage d'un logiciel comme le module AtelieR « Inférence bayésienne sur k proportions » est indispensable.

Chapitre 8

Modèles multinomiaux

8.1 Construction de la loi multinomiale

Cette loi généralise la loi binomiale au cas où l'événement qu'on étudie compte plus de deux issues possibles. Le lancer d'un dé par exemple compte six issues, dont on peut modéliser les probabilités d'apparition.

Imaginons une expérience simple où l'on lance un dé 12 fois et où l'on compte au final le nombre de fois où chaque face est sortie. On peut calculer la probabilité d'obtenir une distribution empirique particulière de ces issues, pour peu qu'on dispose d'une hypothèse sur les probabilités π_k d'apparition de chaque face k, $k = 1, ..., 6$.

Imaginons que la distribution observée des valeurs de face soit la suivante :

Face k	1	2	3	4	5	6
n_k	3	2	1	1	2	3

Quelle était la probabilité d'observer cette distribution empirique sachant un modèle de probabilité $\pi = (\pi_1, \pi_2, \pi_3, \pi_4, \pi_5, \pi_6)$ d'apparition des six faces ?

Imaginons que chacune des faces est apparue dans l'ordre de ce tableau : la face « 1 » les trois premiers lancers, puis la face « 2 » les deux suivants, etc. Pour cette configuration particulière et en supposant l'indépendance des lancers, la probabilité est clairement $\pi_1^3 \pi_2^2 \pi_3 \pi_4 \pi_5^2 \pi_6^3$, par application de la loi du produit, et en supposant que la probabilité d'apparition de chaque face soit toujours la même, quelle que soit son rang de survenue dans la série.

Naturellement ce n'est pas la seule manière d'obtenir au long des 12 lancers ces effectifs par face : nous savons qu'il y a $\binom{12}{3,2,1,1,2,3}$ séquences de lancers qui peuvent amener cette distribution (voir section 4.4.4). La probabilité totale de cette distribution particulière est donc :

$$P(\mathbf{n}|\boldsymbol{\pi}) = \binom{12}{3, 2, 1, 1, 2, 3} \pi_1^3 \pi_2^2 \pi_3^1 \pi_4^1 \pi_5^2 \pi_6^3.$$

Définition 8.1 (Loi multinomiale)

Quand on étudie la distribution de N éléments dans C catégories, de probabilités constantes π_c, $c = 1, ..., C$, telles que

$$\pi_1 + \pi_2 + ... + \pi_C = 1,$$

la probabilité d'observer une distribution particulière $\boldsymbol{n} = (n_1, n_2, ..., n_C)$, en supposant l'indépendance des événements et en notant collectivement $\boldsymbol{\pi}$ l'ensemble des C paramètres de probabilité, est donnée par :

$$P(\boldsymbol{n}|\boldsymbol{\pi}) = \binom{N}{n_1, n_2, ..., n_C} \prod_{c=1}^{C} \pi_c^{n_c}.$$

On appelle loi multinomiale *cette fonction de distribution. On écrit en abrégé $\boldsymbol{n}|\boldsymbol{\pi} \sim M(N, \boldsymbol{\pi})$, où les symboles $\boldsymbol{\pi}$ et $\boldsymbol{n}$ sont notés en gras pour indiquer qu'il s'agit d'ensembles de valeurs (vecteurs).*

On voit que dans le cas particulier où $C = 2$, on obtient simplement la loi binomiale, que la loi multinomiale généralise à $C > 2$:

$$P(\boldsymbol{n}|\pi_1, \pi_2) = \binom{N}{n_1, n_2} \pi_1 \pi_2 = C_N^{n_1} C_{N-n_1}^{n_2} \pi_1 \pi_2$$

$$= C_N^{n_1} C_{n_2}^{n_2} \pi_1 (1 - \pi_1) = C_N^{n_1} \pi_1 (1 - \pi_1).$$

8.2   Modèles sur une variable catégorisée

8.2.1   Comparaison à une distribution multinomiale fixée

A la fin des années 1920, le psychologue américain J.B. Rhine défraya la chronique en lançant une série d'expériences à l'Université de Caroline du Sud sur les phénomènes dits « paranormaux » (télépathie, clairvoyance, télékinésie...). En dépit du fait qu'on sait aujourd'hui que deux de ses principaux sujets « psychiques » étaient des usurpateurs (Broch, 1985), cela n'a pas découragé certains psychologues de continuer à faire des recherches sur ces sujets (Bem, 2011). Mais leurs résultats sont très controversés, notamment à cause de l'usage qu'il font des statistiques pour affirmer que ces phénomènes existent (Wagenmakers *et al.*, 2011).

L'une des expériences type de Rhine était d'essayer d'influencer le résultat d'un lancer de dé mécanique pour qu'il tombe sur une valeur choisie.

Imaginons qu'une personne se livre à cette expérience et cherche à obtenir un « 6 » aussi souvent que possible sur une série de 18 lancers. Elle obtient les résultats reproduits ci-dessous.

Faces du dé	1	2	3	4	5	6
Effectifs	2	2	2	3	4	5

Le sujet se déclare satisfait du résultat et pense avoir infléchi le hasard. Partagez-vous son avis ?

Si nous sommes sceptiques, nous pouvons décider de mettre à l'épreuve l'hypothèse d'équiprobabilité sur $\pi = (\pi_1, ..., \pi_6)$, contre toute autre alternative. Le **type de problème** est alors de *comparer une distribution catégorisée inconnue à une distribution théorique* (en l'occurrence une loi uniforme catégorisée).

La question revient statistiquement à construire deux modèles : un modèle nul M_0 de l'équiprobabilité des faces ($\pi_c = \pi_0$, $\forall c$) et un modèle alternatif ne posant pas de contrainte sur la valeur des π_c ($c = 1, ..., 6$) :

$$M_0 : \boldsymbol{n}|\boldsymbol{\pi} \sim M(18, (\pi_0, \pi_0, \pi_0, \pi_0, \pi_0, \pi_0)),$$
$$M_1 : \boldsymbol{n}|\boldsymbol{\pi} \sim M(18, (\pi_1, \pi_2, \pi_3, \pi_4, \pi_5, \pi_6)).$$

On note que la contrainte $\sum_c \pi_c = 1$ amène nécessairement $\pi_0 = \frac{1}{6}$ sous M_0. Ses paramètres sont donc connus. Sa vraisemblance est directement obtenue de la fonction multinomiale :

$$P(D|M_0) = \binom{N}{n_1, ..., n_6} \pi_0^{n_1} \pi_0^{n_2} \pi_0^{n_3} \pi_0^{n_4} \pi_0^{n_5} \pi_0^{n_6} = \binom{N}{n_1, ..., n_6} \pi_0^N.$$

Si l'on savait définir les valeurs de paramètres sous M_1, on pourrait écrire sa vraisemblance comme :

$$P(D|M_1, \boldsymbol{\pi}) = \binom{N}{n_1, ..., n_6} \prod_{c=1}^{6} \pi_c^{n_c}.$$

Mais les valeurs de probabilités sont inconnues et nous allons les considérer comme des variables aléatoires, sur lesquelles nous posons une hypothèse de distribution. Celle qui traduit au mieux notre incertitude est de la forme $f(\boldsymbol{\pi}) \propto 1$ (hypothèse d'équiprobabilité). Sans entrer dans les détails du calcul (voir Annexe A.4), on calcule la vraisemblance de M_1 en intégrant sur tous les vecteurs de valeurs possibles, dont la somme fait 1. On trouve en général, pour une variable multinomiale à C modalités :

$$P(D|M_1) = \int_0^1 ... \int_0^1 P(D|M_1, \boldsymbol{\pi}) f(\boldsymbol{\pi}) d\pi_1 ... d\pi_{C-1} = \frac{1}{C_{N+C-1}^{C-1}}. \tag{8.1}$$

Cette formule est très importante et simple à calculer. Nous allons l'utiliser souvent dans tout ce chapitre. On obtient le facteur de Bayes en faveur de M_1 contre M_0 en faisant le rapport :

$$B_{10} = \frac{P(D|M_1)}{P(D|M_0)} = \frac{1}{C_{N+C-1}^{C-1} \binom{N}{n_1, n_2, ..., n_C} \pi_0^N}.$$

Sur nos données, en se souvenant que $\binom{18}{2,2,2,3,4,5} = C_{18}^2 \, C_{16}^2 \, C_{14}^2 \, C_{12}^3 \, C_9^4$, on calcule :

$$B_{10} = \frac{1}{C_{23}^5 \, C_{18}^2 \, C_{16}^2 \, C_{14}^2 \, C_{12}^3 \, C_9^4 \left(\frac{1}{6}\right)^{18}} \approx 0.065.$$

L'évidence est ici très clairement en défaveur de M_1 ($B_{10} < 1$). Si nous jugions *a priori* également probables les deux modèles, on voit que le modèle M_1 aurait pour probabilité *a posteriori* d'être correct :

$$P(M_1|D) = \frac{B_{10}}{1 + B_{10}} \approx 0.061.$$

8.2.2   Comparaison à une alternative structurée

Si l'on suit à la lettre la consigne qui a été donnée au sujet d'essayer de faire apparaître la face 6 plus souvent que les autres, on peut estimer que cela donne plus d'information sur la structure de la distribution sous M_1. La consigne en effet ne porte que sur un privilège de la face 6 et ne dit rien des cinq autres faces, dont nous supposons donc une probabilité commune d'apparition $\pi_{1\ldots 5}$ différente de π_6. Les modèles à comparer sont résumés dans le tableau ci-dessous :

Face	'1'	'2'	'3'	'4'	'5'	'6'	$\sum$
M_1	$\pi_{1\ldots 5}$	$\pi_{1\ldots 5}$	$\pi_{1\ldots 5}$	$\pi_{1\ldots 5}$	$\pi_{1\ldots 5}$	π_6	1
M_0	π_0	π_0	π_0	π_0	π_0	π_0	1

On note que dans cette reformulation, il n'y a plus que deux événements possibles : faire un « 6 » ou bien autre chose. Le modèle M_1 n'a donc plus qu'un paramètre libre puisque $5\pi_{1\ldots 5} + \pi_6 = 1$. L'intégration n'aura donc lieu que sur un seul paramètre inconnu, ce qui revient à dire que M_1 est un modèle à $C = 2$ catégories. Le facteur de Bayes de M_1 contre M_0 peut être calculé sur un tableau simplifié de comptages avec $n_{1\ldots 5} = n_1 + n_2 + \ldots + n_5$ et n_6 inchangé. Le facteur de Bayes devient :

$$B_{10} = \frac{1}{C_{N+1}^1 \binom{N}{n_{1\ldots 5}, n_6}(1 - \pi_0)^{N-n_6}\pi_0^{n_6}} = \frac{1}{(N+1)\, C_N^{n_6}(1 - \pi_0)^{N-n_6}\pi_0^{n_6}}.$$

On retrouve l'expression du facteur de Bayes pour le cas binomial. On calcule :

$$B_{10} = \frac{1}{19 \times C_{18}^5 \left(\frac{5}{6}\right)^{18-5} \left(\frac{1}{6}\right)^5} \approx 0.511.$$

Là encore, l'évidence (faible) va dans le sens de l'hypothèse nulle.

D'une façon générale, tout modèle multinomial avec contraintes d'égalité pourra ainsi être testé contre une alternative par le facteur de Bayes, en regroupant les événements associés et leurs comptages, et en adaptant le nombre C de catégories.

8.3   Modèles sur deux variables catégorisées

Dans de nombreuses situations en psychologie, on souhaite non seulement ajuster une distribution empirique mais tester si elle est identique dans des groupes indépendants d'observations.

Exemple 8.1

Gross (1985, rapporté par Howell, 1998) étudie les troubles de conduites alimentaires chez les adolescentes. Il a demandé à des jeunes filles, de type européen ou afro-américain, si elles préféraient maigrir, garder leur poids actuel ou grossir, et obtenu les distributions empiriques rapportées au tableau 8.1.

Groupe/Intention	Maigrir	Garder	Grossir	Total
Européen	$n_{11} = 352$	$n_{12} = 152$	$n_{13} = 31$	$N_1 = 535$
Afro-américain	$n_{21} = 47$	$n_{22} = 28$	$n_{23} = 24$	$N_2 = 99$
Total	$K_1 = 399$	$K_2 = 180$	$K_3 = 55$	$N = 634$

Tableau 8.1 – Désir de changer de poids chez des adolescentes

Peut-on dire que les distributions des intentions ou souhaits sont homogènes pour ces deux groupes ?

8.3.1 Comparaison de distributions multinomiales

Une première approche est de voir le **type de problème** posé comme celui de la *comparaison de distributions conditionnelles d'une variable catégorisée sur I groupes indépendants*.

On note X la variable « réponse à la question » et on note $P(X = c|i) = \pi_{c|i}$ la probabilité conditionnelle de choisir la catégorie de réponse c sachant qu'on appartient au groupe i. On note n_{ic} le nombre d'apparitions de la réponse c dans le groupe i et N_i la taille du groupe i.

La famille des modèles cherchant ainsi à expliquer les réponses de sujets à des questions s'appelle *modèles de réponse à l'item*, en psychologie. Nous cherchons ici à modéliser le mécanisme de réponse de deux groupes de sujets (certains modèles psychométriques, plus fins, modélisent le mécanisme de réponse au niveau de l'individu lui-même).

Pour traiter le problème, on peut construire deux modèles concurrents : l'un supposant l'homogénéité des distributions (M_h), l'autre les supposant hétérogènes (M_s). Si on note en abrégé π_1, π_2 et π_3 les probabilités selon M_h de déclarer son souhait de maigrir, garder son poids actuel ou grossir, respectivement, on peut résumer dans un tableau les distributions supposées par ces deux modèles :

	M_h			M_s		
Groupe/Réponse	Maigrir	Garder	Grossir	Maigrir	Garder	Grossir
Européen	π_1	π_2	π_3	$\pi_{1|1}$	$\pi_{2|1}$	$\pi_{3|1}$
Afro-américain	π_1	π_2	π_3	$\pi_{1|2}$	$\pi_{2|2}$	$\pi_{3|2}$

Sous M_h, la fonction de vraisemblance s'écrit :

$$L_h = P(n_{11}, n_{12}, n_{13} | \pi_1, \pi_2, \pi_3) P(n_{21}, n_{22}, n_{23} | \pi_1, \pi_2, \pi_3)$$

$$= \binom{N_1}{n_{11}, n_{12}, n_{13}} \pi_1^{n_{11}} \pi_2^{n_{12}} \pi_3^{n_{13}} \binom{N_2}{n_{21}, n_{22}, n_{23}} \pi_1^{n_{21}} \pi_2^{n_{22}} \pi_3^{n_{23}}$$

$$\propto \pi_1^{K_1} \pi_2^{K_2} \pi_3^{K_3}.$$

Sous M_s, la fonction de vraisemblance s'écrit :

$$L_s = P(n_{11}, n_{12}, n_{13} | \pi_{1|1}, \pi_{2|1}, \pi_{3|1}) P(n_{21}, n_{22}, n_{23} | \pi_{1|2}, \pi_{2|2}, \pi_{3|2})$$

$$= \binom{N_1}{n_{11}, n_{12}, n_{13}} \pi_{1|1}^{n_{11}} \pi_{2|1}^{n_{12}} \pi_{3|1}^{n_{13}} \binom{N_2}{n_{21}, n_{22}, n_{23}} \pi_{1|2}^{n_{21}} \pi_{2|2}^{n_{22}} \pi_{3|2}^{n_{23}}$$

$$\propto \left(\pi_{1|1}^{n_{11}} \pi_{2|1}^{n_{12}} \pi_{3|1}^{n_{13}} \right) \left(\pi_{1|2}^{n_{21}} \pi_{2|2}^{n_{22}} \pi_{3|2}^{n_{23}} \right).$$

On a omis dans les expressions finales ci-dessus les facteurs combinatoires car ceux-ci sont identiques pour L_h et L_s et seront donc éliminés dans le rapport que constitue le facteur de Bayes. Les paramètres dans ces deux modèles sont inconnus. On les considère comme des variables aléatoires sur lesquelles une hypothèse de loi uniforme est posée, pour traduire de manière probabiliste notre incertitude sur eux. Avec cette hypothèse de loi *a priori* pour chaque jeu de paramètres, le calcul d'intégration sur toutes leurs valeurs possibles, pondérés par leur probabilité constante d'apparition, amène pour une ligne i quelconque du tableau la vraisemblance intégrée (voir Annexe A.4, formule A.3) :

$$P(\boldsymbol{n}_i | \boldsymbol{\pi}_i) \propto \frac{1}{\mathrm{C}_{N_i+C-1}^{C-1} \binom{N_i}{n_{i1}, \dots, n_{iC}}}.$$

Le facteur de Bayes en faveur du modèle saturé contre le modèle de l'homogénéité est facilement retrouvé comme :

$$B_{sh} = \frac{\mathrm{C}_{N+C-1}^{C-1} \binom{N}{K_1, \dots, K_C}}{\prod_{i=1}^{I} \mathrm{C}_{N_i+C-1}^{C-1} \binom{N_i}{n_{i1}, \dots, n_{iC}}}. \tag{8.2}$$

Calcul pratique

Pour les calculs à la main, il est commode de passer par les logarithmes, pour ne pas avoir de problèmes d'affichage sur les calculettes de poche. On calcule d'abord :

$$\ln B_{sh} = \ln \mathrm{C}_{N+C-1}^{C-1} + \ln \binom{N}{K_1, \dots, K_C} - \sum_{i=1}^{I} \left\{ \ln \mathrm{C}_{N_i+C-1}^{C-1} + \ln \binom{N_i}{n_{i1}, \dots, n_{iC}} \right\}$$

pour en reprendre l'exponentielle à la fin. Il est pratique de disposer les calculs en tableau :

Groupe	$\ln C_{N_i+C-1}^{C-1}$	$\ln \left(_{n_{i1},\dots,n_{iC}}^{N_i} \right)$	Total
Européen	11.87699	421.0703	432.9473
Afro-américain	8.527144	99.65701	108.1842
Tous	12.21568	539.6593	551.875

On trouve :

$$B_{sh} = \exp\left[551.875 - 432.9473 - 108.1842\right] \approx 46327.92.$$

Cette valeur calculée à la main comporte une erreur d'arrondi assez importante car nous n'avons gardé que quelques décimales sur les log ci-dessus et arrondir sur les log crée une erreur potentiellement importante sur les valeurs non transformées. Mais la valeur du facteur de Bayes est tellement énorme que ça n'a guère de conséquence ici sur notre conclusion [1]. La probabilité *a posteriori* du modèle de réponse hétérogène, si on lui attribue *a priori* la même plausibilité que M_h, est $P(M_s|D) = \frac{B_{sh}}{1+B_{sh}} = 0.9999784$. On peut donc conclure avec confiance que ces deux groupes de personnes n'ont pas la même distribution de réponses à la question posée. L'examen des fréquences conditionnelles de réponses par groupe montre que le désir de maigrir est beaucoup plus marqué chez les jeunes femmes de type européen et que le désir de grossir n'existe pour ainsi dire pas chez elles.

Groupe/Intention	Maigrir	Garder	Grossir	Total
Européen	0.65	0.28	0.05	1.00
Afro-américain	0.47	0.28	0.24	1.00

Le désir de maigrir est également prépondérant chez les jeunes femmes de type afro-américain mais de façon moins marquée, et le désir de grossir, bien que réponse minoritaire, concerne quand même presque un quart d'entre elles.

8.3.2   Examen des liaisons locales

Dans ce type de problème, le rapport de vraisemblance mesure l'écart global qui existe entre la table de fréquences conditionnelles empiriques et la table de fréquences qui se déduit de l'hypothèse d'indépendance. Quand toutes les fréquences conditionnelles empiriques $\hat{\pi}_{c|i}$ sont exactement égales aux fréquences attendues sous l'hypothèse d'homogénéité des distributions $\hat{\pi}_c$, leurs rapports sont tous égaux à 1, leurs logarithmes à zéro et le rapport de vraisemblance R est nul. Dans tous les autres cas, R est d'autant plus grand que l'écart au modèle de l'indépendance (ou de l'homogénéité) est important.

Il est souvent utile de regarder en détail dans les données où cet écart apparaît et dans quel sens. On peut pour cela calculer pour chaque case (i, c) le rapport des

---

1. La valeur plus précise obtenue avec le module « Inférence bayésienne sur table de contingence » de la librairie AtelieR est 46332.2879. Ce module est présenté plus loin dans ce chapitre.

probabilités supposées par l'un et l'autre modèles :

$$l_{ic} = \frac{\hat{\pi}_{c|i}}{\hat{\pi}_c}$$

pour localiser les rapports fortement différents de 1.

Probabilités estimées sous M_0				
Groupe/Intention	Maigrir	Garder	Grossir	Total
Européen	0.63	0.28	0.09	1.00
Afro-américain	0.63	0.28	0.09	1.00

Probabilités estimées sous M_1				
Groupe/Intention	Maigrir	Garder	Grossir	Total
Européen	0.66	0.28	0.06	1.00
Afro-américain	0.47	0.28	0.24	1.00

Sur les données ci-dessus, les rapports de probabilités estimées donnent :

Groupe/Intention	Maigrir	Garder	Grossir
Européen	1.04	1.00	**0.66**
Afro-américain	**0.75**	0.99	**2.79**

Les trois cases (2,1), (1,3) et (2,3) s'écartent franchement de la valeur 1. On peut donc dire que :
- La fréquence de sujets de type européen rapportant un désir de grossir est de 34% inférieure $(1 - 0.66)$ à ce que suppose l'hypothèse d'homogénéité.
- La fréquence de sujets de type afro-américain qui rapportent un désir de maigrir est de 25% inférieure à ce que suppose le modèle nul.
- Le désir de grossir chez les adolescentes noires est supérieur de 179% à ce qu'on attendrait sous l'hypothèse nulle.

On peut donc dire que, *par contraste avec la distribution marginale des réponses*, les adolescentes de type européen se caractérisent par leur désir *de ne pas grossir* et les adolescentes noires par leur désir de ne pas maigrir *et* par celui de grossir.

8.3.3 Modèle de l'indépendance

Test de l'indépendance de deux variables catégorisées
A certaines conditions, le même problème peut aussi être présenté comme un test de l'hypothèse d'indépendance des deux variables « groupe ethnique » et « réponse ». Si elles sont indépendantes, pour tout groupe i et réponse c on sait que la probabilité conjointe π_{ic} de ce groupe et de cette réponse doit être (voir section 4.3.2) :

$$\pi_{ic} = \pi_{i.} \times \pi_{.c},$$

où $\pi_{i.}$ et $\pi_{.c}$ sont les probabilités marginales du groupe et de la réponse, respectivement ($i = 1, ..., I$ et $c = 1, ..., C$). On voit qu'ici le modèle est formulé sur les *probabilités conjointes* et non plus les probabilités conditionnelles, ce qui donne un rôle symétrique aux deux variables. Pour l'étude de Gross (1985), le modèle peut être représenté sous la forme du tableau :

Groupe/Intention	Maigrir	Garder	Grossir	Somme
Européen	$\pi_{1.} \times \pi_{.1}$	$\pi_{1.} \times \pi_{.2}$	$\pi_{1.} \times \pi_{.3}$	$\pi_{1.}$
Afro-américain	$\pi_{2.} \times \pi_{.1}$	$\pi_{2.} \times \pi_{.2}$	$\pi_{2.} \times \pi_{.3}$	$\pi_{2.}$
Somme	$\pi_{.1}$	$\pi_{.2}$	$\pi_{.3}$	1

Sur des probabilités conjointes, c'est cette fois-ci la somme des six cases qui fait 1 et non plus la somme de chaque ligne. Cela veut dire aussi que nous pouvons « dérouler » la table en un vecteur multinomial à six composantes :

Groupe	Européen			Afro-américain		
Intention	Maigrir	Garder	Grossir	Maigrir	Garder	Grossir
Probabilités	$\pi_{1.}\pi_{.1}$	$\pi_{1.}\pi_{.2}$	$\pi_{1.}\pi_{.3}$	$\pi_{2.}\pi_{.1}$	$\pi_{2.}\pi_{.2}$	$\pi_{2.}\pi_{.3}$

On peut donc calculer la vraisemblance de ce modèle, pour une table à $I \times C$ cases, comme la multinomiale :

$$P(D|M_I, \boldsymbol{\pi}_i, \boldsymbol{\pi}_c) = \binom{N}{n_{11}, n_{12}, ..., n_{IC}} \prod_i \prod_c (\pi_{i.}\pi_{.c})^{n_{ic}}$$

$$= \binom{N}{n_{11}, n_{12}, ..., n_{IC}} \prod_i \pi_{i.}^{n_{i.}} \prod_c \pi_{.c}^{n_{.c}}.$$

Les facteurs $\prod_i \pi_{i.}^{n_{i.}}$ et $\prod_c \pi_{.c}^{n_{.c}}$ sont simplement les noyaux de deux distributions multinomiales pour les marges du tableau de contingence. Pour chacune de ces deux marges, les paramètres de la distribution sont inconnus mais en intégrant sur toutes leurs valeurs possibles, pondérées par des probabilités d'apparition tirées d'une loi uniforme, on trouve la vraisemblance intégrée totale, selon le modèle de l'indépendance :

$$P(D|M_I) = \frac{\binom{N}{n_{11}, n_{12}, ..., n_{IC}}}{C_{N+I-1}^{I-1} \binom{N}{n_{1.}, n_{2.}, ..., n_{I.}} C_{N+C-1}^{C-1} \binom{N}{n_{.1}, n_{.2}, ..., n_{.C}}}.$$

Le modèle de l'indépendance peut être comparé au modèle saturé, n'imposant pas de contrainte sur les six probabilités conjointes. La table est alors vue comme un vecteur multinomial à six composantes, avec cinq paramètres inconnus (le sixième s'en déduisant par complément à 1). Sa vraisemblance intégrée est donc :

$$P(D|M_s) = \binom{N}{n_{11}, n_{12}, ..., n_{IC}} \frac{1}{C_{N+IC-1}^{IC-1} \binom{N}{n_{11}, n_{12}, ..., n_{IC}}}.$$

Le facteur de Bayes en faveur du modèle saturé contre le modèle de l'indépendance est donc (O'Hagan & Forster, 2004, p. 351) :

$$B_{sI} = \frac{P(D|M_s)}{P(D|M_I)} = \frac{C_{N+I-1}^{I-1} \binom{N}{n_{1.},n_{2.},\dots,n_{I.}} C_{N+C-1}^{C-1} \binom{N}{n_{.1},n_{.2},\dots,n_{.C.}}}{C_{N+IC-1}^{IC-1} \binom{N}{n_{11},n_{12},\dots,n_{IC}}}.$$

Calcul pratique

L'expression ci-dessus est plus lourde à calculer à la main que celle rencontrée avec les modèles conditionnels, dès que la table de contingence est un peu conséquente. Mais elle est facile à calculer avec R, notamment à partir de la librairie `LearnBayes` (à installer au préalable). Sur nos données on trouve :

$$B_{sI} = \frac{C_{634+2-1}^{2-1} \binom{634}{535,99} C_{634+3-1}^{3-1} \binom{634}{399,180,55}}{C_{634+6-1}^{6-1} \binom{634}{352,152,31,47,28,24}} = 24465.12.$$

Sous R :

```
>library(LearnBayes)
>gross85 =matrix(c(352,47,152,28,31,24),ncol=3)
>a.priori=matrix(1,2,3)
>ctable(gross85,a.priori)
[1] 24465.12
```

La valeur du facteur de Bayes est simplement énorme et nous affirmons qu'il existe un lien de dépendance entre la variable groupe ethnique et la variable réponse.

Modèle d'homogénéité et modèle d'indépendance

Le modèle d'indépendance s'écrit :

$$\pi_{ic} = \pi_{i.} \times \pi_{.c}.$$

Or, par définition $\pi_{c|i} = \frac{\pi_{ic}}{\pi_{i.}}$. Si les variables sont indépendantes, on aura donc :

$$\pi_{c|i} = \frac{\pi_{ic}}{\pi_{i.}} = \frac{\pi_{i.} \times \pi_{.c}}{\pi_{i.}} = \pi_{.c}.$$

Le modèle $\pi_{c|i} = \pi_{.c}$ est précisément celui de l'homogénéité des distributions traité plus haut. Quand il y a indépendance, il y a homogénéité, mais la réciproque n'est pas nécessairement vraie.

Dans l'usage du modèle de l'indépendance, on doit prêter attention au fait que les probabilités marginales $\pi_{i.}$ doivent avoir du sens, pour le problème considéré, *ce qui n'est pas toujours le cas*. Par exemple, si l'on étudie le niveau de réussite (faible, moyen, élevé) à une épreuve de conservation des longueurs chez des enfants de différents niveaux (CP, CE1, CE2), la distribution marginale de la variable réussite a du sens et fait l'objet du questionnement scientifique. Mais la « probabilité d'être en CP » ne renvoie à rien de concret et serait estimée à des valeurs relatives bien différentes selon que nous aurions beaucoup ou peu de CP dans notre échantillon, au gré des hasards de l'échantillonnage. Dans ce contexte, c'est la probabilité *conditionnelle* de réussite, sachant qu'on est en CP, qui a du sens. On construit donc un modèle sans exploiter l'information de la marge ligne, qui n'a pas de sens. Dans notre exemple ci-dessus, l'usage d'un modèle sur probabilités conjointes suppose que nous donnons un sens aux deux distributions marginales et notamment à la variable groupe. Ce sera le cas si l'échantillonnage des sujets est aléatoire et que la distribution marginale du groupe est un reflet des probabilités des deux phénotypes dans la population générale.

Il arrive en fait très souvent dans les études appliquées que l'étude de la liaison de deux variables catégorisées donne à l'une des variables le statut de variable explicative et à l'autre celui de variable expliquée. Dans ce contexte, les modèles multinomiaux conditionnels sont plus naturels. En formalisant la distribution conditionnelle de l'une des variables sachant les valeurs de l'autre, ils représentent un modèle de *régression* de la variable à expliquer sur la variable explicative. L'autre avantage des modèles conditionnels est leur plus grande flexibilité, notamment pour tester des contrastes intergroupes.

8.3.4   Contrastes dans une table de contingence

Cooper *et al.* (2004) compare trois modes d'accompagnement de fumeurs qui essaient d'arrêter de fumer avec des patches à la nicotine :
- Dans la condition A, les fumeurs reçoivent un message général d'encouragement à l'arrêt et un traitement par patches de six semaines.
- Dans la condition B, les sujets reçoivent, outre l'accompagnement de type A, 12 appels téléphoniques et 6 courriers personnalisés pendant un an.
- Dans la condition C, les sujets se voient proposer, en plus de l'accompagnement de type B, quatre entretiens de face à face avec un éducateur de santé.

On mesure le degré d'adhésion des patients au traitement en distinguant trois niveaux : adhésion complète, adhésion partielle, non-adhésion, sur la base du nombre de patches effectivement utilisés au bout de 7 semaines de traitement. La répartition des sujets par condition et niveau d'adhésion est la suivante :

Condition / Adhésion	Complète	Partielle	Aucune	Total
A	46	93	42	181
B	53	82	28	163
C	46	86	9	141
Total	145	261	79	485

Comme on le voit, les traitements expérimentaux sont emboîtés les uns dans les autres : chaque condition ajoute un ingrédient supplémentaire à la précédente. Dans ce contexte, on ne cherche pas seulement à montrer que les différents traitements produisent des effets différents, mais à localiser les effets : l'introduction d'un

suivi personnalisé (courriers et appels téléphoniques) ajoute-t-il une efficacité supplémentaire ? L'introduction d'entretiens individuels apporte-t-elle quelque chose ?
Ce type de question ne peut pas être traité par une statistique globale usuelle.
C'est l'approche par comparaison de modèles conditionnels qui va permettre d'y
répondre.
On note que si l'on trouve ne serait-ce qu'un modèle meilleur que le modèle de
l'homogénéité, cela permet déjà d'affirmer que les accompagnements n'ont pas tous
la même efficacité. On peut par exemple comparer le modèle saturé au modèle de
l'homogénéité, résumés, dans les tableaux ci-dessous :

Cond.	M_s				M_h			
	Comp.	Part.	Non	$\sum$	Comp.	Part.	Non	$\sum$
A	π_1	π_2	π_3	1	π_{147}	π_{258}	π_{369}	1
B	π_4	π_5	π_6	1	π_{147}	π_{258}	π_{369}	1
C	π_7	π_8	π_9	1	π_{147}	π_{258}	π_{369}	1

La comparaison de ces deux modèles par le facteur de Bayes (formule 8.2) donne
$B_{sh} = 6.883$. La probabilité *a posteriori* du modèle M_s comparé au seul modèle
M_h, en affectant aux deux la même probabilité *a priori* est $P(M_s|D) = 0.8731$.
Sans affirmer que M_s est le meilleur modèle, il est quoi qu'il arrive meilleur que
M_h et on peut déjà dire que tous les accompagnements ne se valent pas.
Mais il se pourrait que les accompagnements A et B par exemple ne se distinguent
pas véritablement, ou bien B et C, etc. Il nous faut en réalité tester tous les modèles
possibles, résultant de la fusion de certaines lignes du tableau considérées comme
relevant d'une même distribution multinomiale. Tout comme nous l'avons montré
dans le cas binomial (voir Annexe A.4), le test d'un modèle postulant l'absence
de différence de deux conditions est réalisé en calculant le facteur de Bayes 8.2 à
partir de la table où les deux lignes de comptages correspondantes ont simplement
été agrégées. Par exemple, pour tester le modèle M_1 d'absence de différence des
conditions A et B, résumé par le tableau de paramètres suivant :

Cond.	M_1			
	Comp.	Part.	Non	$\sum$
A	π_{14}	π_{25}	π_{36}	1
B	π_{14}	π_{25}	π_{36}	1
C	π_7	π_8	π_9	1

on procède au calcul de B_{1h} à partir du tableau de données simplifié :

Condition / Adhésion	Complète	Partielle	Aucune	Total
A et B	99	175	70	344
C	46	86	9	141
Total	145	261	79	485

On trouve :

$$B_{1h} = \frac{\mathrm{C}_{N+C-1}^{C-1}\binom{N}{K_1,\ldots,K_C}}{\mathrm{C}_{N_1+C-1}^{C-1}\binom{N_1}{n_{11},\ldots,n_{1C}}\mathrm{C}_{N_2+C-1}^{C-1}\binom{N_2}{n_{21},\ldots,n_{2C}}}$$

$$= \frac{\mathrm{C}_{485+3-1}^{3-1}\binom{485}{145,261,79}}{\mathrm{C}_{344+3-1}^{3-1}\binom{344}{99,175,70}\mathrm{C}_{141+3-1}^{3-1}\binom{141}{46,86,9}} \approx 61.2103.$$

Ce modèle est très clairement meilleur encore que M_s. Mais est-il le meilleur de tous les modèles possibles ? On ne peut répondre à cette question qu'en les testant tous. C'est ce que permet de faire automatiquement le module « Inférence bayésienne sur une table de contingence » de la librairie `AtelieR`.

Atelier 8.1 (Contrastes dans une table de contingence)

1. Charger la librairie AtelieR par la commande : `library(AtelieR)`

2. Charger le module `Ateliers > Calculer > Inférence bayésienne sur table de contingence`.

3. Saisir les données de la table d'origine (à 9 cases) dans le champ « Données observées », en les séparant par une espace et en sautant à la ligne pour chaque nouvelle condition (fig. 8.1).

4. Le champ « Modèle cible » permet de définir une structure de groupe sur les lignes de la table. Par exemple « 1 2 3 » (séparés par des espaces) définit le modèle qui distingue les trois conditions (M_s). La syntaxe « 1 1 2 » (ou n'importe quel autre jeu de trois symboles ou de trois lettres dont les deux premiers sont identiques) définit le modèle qui affirme l'absence de différence des conditions A et B (M_1). Tester tour à tour ces deux modèles, en entrant la définition du modèle et en cliquant sur « Calculer ». Vérifier qu'on retrouve bien les deux valeurs du facteur de Bayes rapportées ci-dessus.

5. Quelle syntaxe permet de définir le modèle de l'homogénéité ? Tester ce modèle. Pourquoi trouve-t-on un facteur de Bayes égal à 1 ?

6. Examiner les estimations bayésiennes *a posteriori* des deux modèles M_1 et M_s pour vérifier qu'elles respectent les contraintes du modèle. Observer également leur représentation graphique à droite.

7. Pour vérifier que M_1 est bien le meilleur de tous les modèles, cliquer sur l'option « Tout tester ». Le programme donne le nombre de modèles possibles (il y a cinq jeux de contraintes d'égalité possibles sur trois lignes) et rapporte le meilleur modèle en mettant entre parenthèses les groupes fusionnés : (1,2), (3). Dans le meilleur modèle, les groupes A et B ne se distinguent pas, mais C se distingue des autres.

8. Comme il y a cinq modèles possibles, il est raisonnable de traduire notre incertitude initiale sur les modèles par une probabilité *a priori* $P(M_1) = \frac{1}{5}$ plutôt que 1/2. Tester ces deux valeurs et examiner la façon dont la probabilité *a posteriori* $P(M_1|D)$ s'en trouve affectée.

On peut donc dire que l'envoi de courriers et le suivi téléphonique, même personnalisés, n'ont pas amélioré le niveau d'adhésion au traitement. Par contre, l'introduction d'entretiens individuels change bien quelque chose. L'examen des estimations bayésiennes des paramètres montre qu'en condition C, il y a moins d'abandons (0.069 au lieu de 0.205), plus d'adhésions partielles (0.604 au lieu de 0.507) et plus d'adhésions complètes (0.326 au lieu de 0.288).

On voit comment cette approche par comparaison de modèles permet une analyse beaucoup plus fine et poussée d'une table de contingence que celle fournie par les tests globaux, tels le facteur de Bayes pour tester l'indépendance vu plus haut ou le traditionnel χ^2 de Pearson.

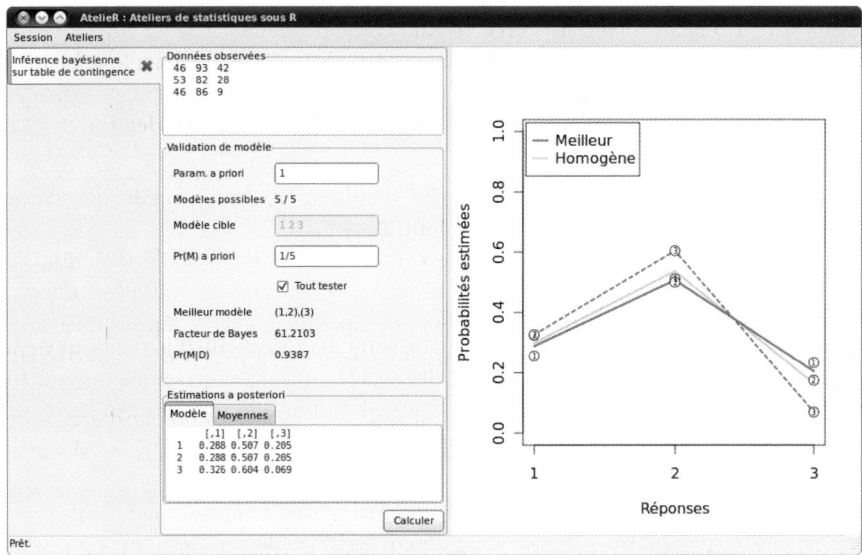

Fig. 8.1 – Contrastes sur des distributions multinomiales

8.4   Modèles sur trois variables catégorisées

L'approche par comparaison de modèles multinomiaux conditionnels vue à la section précédente se généralise sans problème à un nombre quelconque de groupes et par conséquent permet d'analyser les résultats d'études en plans factoriels. Nous avons déjà abordé ce type de problème dans le cadre des modèles binomiaux à la section 7.5. Le **type de problème** est celui de la comparaison de distributions catégorisées sur des groupes indépendants dans un plan factoriel.

Sexe	Scolarité	Pas heureux	Plutôt heureux	Très heureux
	<12	40	131	82
H	12	21	116	61
	13-16	14	112	55
	≥ 17	3	27	27
	<12	62	155	87
F	12	26	156	127
	13-16	12	95	76
	≥ 17	3	15	15

Tableau 8.2 – Durée de scolarité et bonheur déclaré

L'étude américaine *General Social Survey* de 1977 (ICPSR, 1978) rapporte le niveau de bonheur auto déclaré de sujets (« pas heureux », « plutôt heureux », « très heureux ») en relation avec la durée totale de la scolarité (« < 12 années », « 12 années », « 13-16 années », « ≥ 17 années »). Les données sont dans le tableau 8.2. Dans ce contexte, les questions qui se posent sont :

1. Y a-t-il une relation entre durée de scolarité et bonheur auto déclaré ?
2. Si oui, de quelle nature est-elle ?
3. La relation entre durée de scolarité et bonheur déclaré (quelle qu'elle soit) diffère-t-elle entre les hommes et les femmes ?

Dans ce contexte, la variable « Réponse » joue le rôle de variable dépendante et les variables Genre et Durée de scolarité le rôle de variables indépendantes. On souhaite se faire une idée de leurs influences respectives sur la réponse des sujets, mais aussi de leur interaction éventuelle : l'impact de la durée de scolarité sur le bonheur, si cette influence existe, peut n'être pas de même nature chez les hommes et les femmes par exemple. Plus encore, si interaction il y a, on souhaite pouvoir la définir précisément : l'effet de la durée de scolarité se différencie-t-il chez les hommes et les femmes sur quelques modalités de durée seulement ?

Pour pouvoir interpréter correctement les résultats de l'analyse qui suit, il est utile de se familiariser avec la forme à donner aux modèles conditionnels pour traduire certaines hypothèses simples (tableau 8.3).

		M_s			M_2		
Sexe	Durée	Pas	Plutôt	Très	Pas	Plutôt	Très
H	<12	π_1	π_2	π_3	π_1	π_2	π_3
	12	π_4	π_5	π_6	π_4	π_5	π_6
	13-16	π_7	π_8	π_9	π_7	π_8	π_9
	≥ 17	π_{10}	π_{11}	π_{12}	π_{10}	π_{11}	π_{12}
F	<12	π_{13}	π_{14}	π_{15}	π_1	π_2	π_3
	12	π_{16}	π_{17}	π_{18}	π_4	π_5	π_6
	13-16	π_{19}	π_{20}	π_{21}	π_7	π_8	π_9
	≥ 17	π_{22}	π_{23}	π_{24}	π_{10}	π_{11}	π_{12}
		M_1			M_h		
Sexe	Durée	Pas	Plutôt	Très	Pas	Plutôt	Très
H	<12	π_1	π_2	π_3	π_1	π_2	π_3
	12	π_1	π_2	π_3	π_1	π_2	π_3
	13-16	π_1	π_2	π_3	π_1	π_2	π_3
	≥ 17	π_1	π_2	π_3	π_1	π_2	π_3
F	<12	π_4	π_5	π_6	π_1	π_2	π_3
	12	π_4	π_5	π_6	π_1	π_2	π_3
	13-16	π_4	π_5	π_6	π_1	π_2	π_3
	≥ 17	π_4	π_5	π_6	π_1	π_2	π_3

Tableau 8.3 – Durée de scolarité et bonheur déclaré

Le premier modèle (M_s) a tous ses paramètres libres. C'est le modèle saturé.

Il traduit l'hypothèse que les deux variables Genre et Durée ont un impact sur la distribution de la réponse. Toutes les distributions conditionnelles ligne sont donc différentes. Le deuxième modèle (M_2) pose 12 paramètres différents (dont 8 libres seulement car un paramètre par ligne est le complément à 1 des deux autres) pour les 4 distributions conditionnelles chez les hommes, et la même série de 4 distributions chez les femmes. Ce modèle correspond donc à une hypothèse d'absence d'effet de Genre sur la distribution des réponses, mais à la présence d'un effet de Durée de la scolarité. Le troisième modèle (M_1) pose la même distribution de réponse chez les hommes, pour les 4 durée de scolarité. Il suppose la même structure d'homogénéité chez les femmes, mais avec des paramètres différents. Ce modèle traduit donc l'hypothèse d'une absence d'effet de la Durée, mais d'un effet du Genre sur la distribution de la réponse. Le dernier modèle (M_h) pose la même distribution de réponse dans tous les groupes et traduit donc l'absence de tout effet expérimental pour les variables invoquées du plan d'étude.

On note que toutes nos hypothèses sont dans cette approche traduites par des contraintes d'égalité *en colonnes* sur les paramètres. Comme nous l'avons vu, l'introduction de contraintes d'égalité en ligne dans un modèle multinomial sur une distribution est possible (voir sous-section 8.2.2) mais rarement signifiante dans un contexte de comparaison de groupes. Nous n'étudions pas ici cette possibilité supplémentaire des modèles multinomiaux.

Nous cherchons le meilleur modèle sur la structure intergroupe et il n'est pas nécessairement parmi ces 4 modèles simples. Il existe en effet de nombreux modèles possibles (4140 exactement), obtenus en définissant des contraintes d'égalité différentes sur les 8 groupes de sujets. Ces contraintes d'égalité produisent des regroupements de distributions en classes d'équivalence, *qui n'ont aucune raison de respecter la structure factorielle poséea priori par le chercheur*. La manipulation de facteurs par le chercheur est une pure commodité psychologique permettant de nommer des sources d'influence supposées, mais la modélisation peut fort bien faire émerger des structures où la dissociation des facteurs n'a plus guère de sens. Les psychologues ont l'habitude de dire dans ces cas qu'il y a une interaction entre les facteurs. Il est très important de comprendre que si une telle « interaction » est détectée, cela indique que la définition des facteurs comme sources séparées n'a plus guère de sens (et parler d'interaction non plus du coup). On ne cherchera jamais dans ces cas à quantifier les importances relatives de chaque facteur, car elles ne sont plus séparables. Ici comme dans les modèles binomiaux (et dans les modèles gaussiens vus plus loin), il est définitivement plus simple et plus souple de concevoir ces modèles « factoriels » comme des comparaisons de distributions sur groupes indépendants. Cela permet d'envisager des découpages plus complexes de l'effet expérimental global.

Atelier 8.2 (Modèles multinomiaux factoriels)

1. Charger la librairie `AtelieR` par la commande : `library(AtelieR)`
2. Lancer le module `Atelier > Calculer > Inférence bayésienne sur table de contingence`.
3. Saisir les données dans le champ « Données observées », séparées par des espaces ou des tabulations (voir fig. 8.2), chaque ligne étant séparée par un retour-charriot (un simple copier-coller depuis un tableur fonctionne).
4. Tester pour commencer le modèle de l'homogénéité M_h. On peut constater que son facteur de Bayes est égal à 1. C'est simplement parce que le facteur de Bayes calculé ici par défaut est justement celui du

modèle cible contre le modèle M_h de l'homogénéité. On sait que n'importe quel facteur de Bayes entre deux modèles quelconques peut s'en déduire facilement (équation 7.8).

5. Tester le modèle saturé M_s. Il est défini en écrivant une suite de 8 symboles différents séparés par des espaces dans le champ « Modèle cible » (par exemple « 1 2 3 4 5 6 7 8 »). On trouve $B_{sh} = 0.0557$. Puisque $B_{sh} < 1$, on donne pour cette comparaison la faveur au modèle de l'homogénéité. Mais cela ne veut pas dire qu'il n'y a pas d'effet expérimental ! Nous n'avons pas encore testé tous les modèles.

6. Tester les deux autres modèles simples du tableau 8.3. On trouve $B_{2h} = 309.34$ et $B_{1h} = 0.0395$. Le modèle M_2 étant meilleur que M_h ($B_{2h} > 1$), on peut déjà affirmer qu'il y a bien un effet expérimental, car au moins un modèle est meilleur que M_h. Mais nous ne savons pas encore si ce modèle est le meilleur de tous.

7. Cliquer sur l'option « Tout tester ». Le meilleur modèle final M_f regroupe les conditions selon la structure : (4,6,7,8), (1,5), (2,3). Le facteur de Bayes correspondant est énorme : $B_{fh} = 860406.33$. Si on lui affecte une probabilité *a priori* de 1/4140, on a $P(M_f|D) = 0.9952$. Au vu des données observées, ce modèle est donc très probablement vrai.

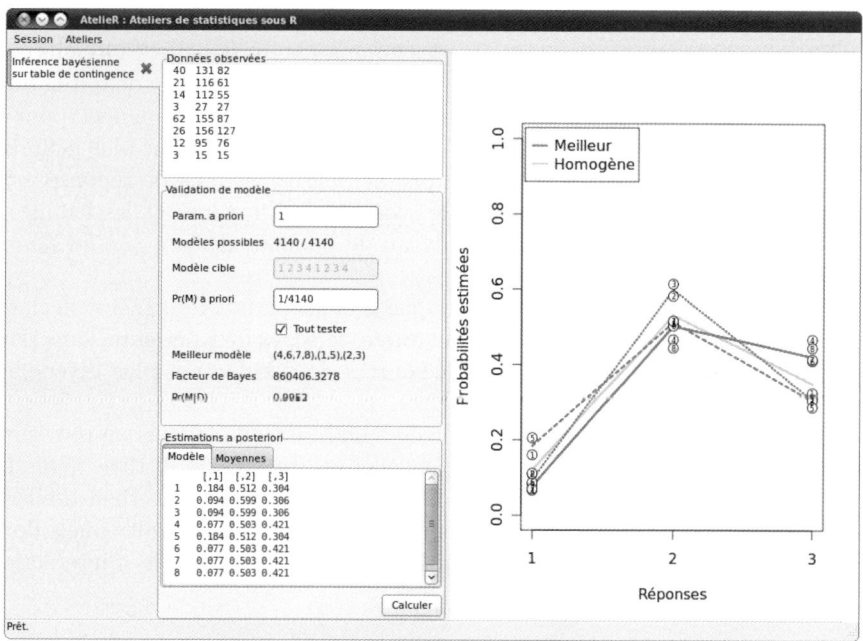

Fig. 8.2 – Modèles multinomiaux dans un plan factoriel

Pour interpréter ce résultat, il est commode de présenter en tableau les estimations bayésiennes des paramètres (voir section 7.2.3) résumées en bas à gauche dans l'interface :

Groupe	Sexe	Durée	M_f		
			Pas	Plutôt	Très
1		<12	0.184	0.512	0.304
2	H	12	0.094	0.599	0.306
3		13-16	0.094	0.599	0.306
4		≥ 17	0.077	0.503	0.421
5		<12	0.184	0.512	0.304
6	F	12	0.077	0.503	0.421
7		13-16	0.077	0.503	0.421
8		≥ 17	0.077	0.503	0.421

On peut de l'examen de cette table des paramètres estimés tirer plusieurs inter-prétations concrètes :

— on constate globalement que les proportions de réponse « pas heureux » diminuent avec la durée croissante des études, tandis qu'augmentent les proportions de réponse « très heureux ». Il y a bien un lien positif entre la durée de scolarité et le niveau de bonheur déclaré ;

— ce lien n'a pas la même structure chez les hommes et les femmes. Si les uns et les autres ne se distinguent pas dans leurs distributions de réponse quand la durée totale de leur scolarité est inférieure à 12 années, ils se distinguent pour les durées intermédiaires de 12 à 16 années, les femmes se déclarant plus heureuses que les hommes (moins de réponse « pas heureuse » et plus de réponse « très heureuse »). A partir de 17 années de scolarité, les hommes et les femmes ne se distinguent plus et ont ce même niveau de bonheur déclaré *que les femmes affichent déjà à 12 années de scolarité.*

Il semble bien que les femmes de cette époque (l'enquête date de 1977) se déclarent plus heureuses que les hommes pour une durée de scolarité inférieure, sans doute parce qu'elles disposaient socialement de sources de satisfaction plus diversifiées, familiales et professionnelles.

On voit comment la structure qui émerge de l'analyse ne donne pas un rôle simple aux variables indépendantes du plan, dont l'effet est intriqué. A ce titre, la distinction des facteurs est surtout une commodité pour l'interprétation verbale des résultats. L'approche par comparaison de modèles multinomiaux conditionnels donne une grande souplesse dans la mise en évidence de tels effets subtils d'interaction.

Chapitre 9

Modèles gaussiens

9.1 Construction de la loi normale

9.1.1 La loi normale

A. de Moivre (1667-1754)

Le psychologue s'intéresse à des phénomènes (comportements, attitudes, émotions, compétences cognitives...) pour lesquels il n'a pas de modèle déterministe : il ne sait pas prévoir quelle forme ils prendront dans une observation.

Dans un certain nombre de cas de figure, il sait par contre définir une *distribution de probabilité* sur les valeurs d'un comportement, quand il sait argumenter le mécanisme par lequel la mesure comportementale est produite (une somme de temps élémentaires, un produit d'effets indépendants ou un comptage sur des événements de même probabilité, etc.). Les lois binomiale et multinomiale résultaient d'un mécanisme d'échantillonnage bien défini. Nous étudions ci-dessous un autre mécanisme de production de données, cette fois-ci sous la forme d'une loi limite.

Construction

Imaginons que nous tirions des nombres dans p urnes. Dans chaque urne, la loi de distribution est la même. Nous tirons un seul nombre x_i à la fois dans chacune de ces urnes ($i = 1, ..., p$) et additionnons ensuite l'ensemble des p valeurs tirées pour obtenir une première somme s_1. Puis nous recommençons : nous tirons à nouveau p nombres que nous additionnons pour obtenir une nouvelle somme s_2. Les valeurs s_1, s_2, etc. sont les modalités d'une variable aléatoire dont nous pourrions représenter graphiquement la distribution.

Un résultat tout à fait suprenant en statistique nous apprend que la variable somme ainsi construite tend vers une forme unique de distribution, *quelle que soit la distribution initiale* dans les urnes (pour peu qu'elle soit bien la même dans chaque urne). On appelle couramment « loi normale » cette distribution limite.

Théorème 9.1 (Théorème central limite)

Soit p variables aléatoires $X_1, X_2, ..., X_p$ indépendantes et de même distribution. La somme $Y = X_1 + X_2 + ... + X_p$ a une distribution qui tend vers une forme unique, dite « loi normale » ou « loi de Gauss », quand p devient très grand. La densité de probabilité correspondante s'écrit :

$$f(y|\mu, \sigma^2) = \frac{1}{\sigma\sqrt{2\pi}} e^{-\frac{1}{2}\left(\frac{y-\mu}{\sigma}\right)^2}. \tag{9.1}$$

Les paramètres μ et σ^2 sont la moyenne et la variance de la distribution. On écrit de façon synthétique : $Y \sim N(\mu, \sigma^2)$.

Ce théorème, déjà connu d'Abraham de Moivre pour ce qui concerne spécifiquement la loi binomiale, qui par construction tombe sous le coup du théorème central limite, a été établi formellement par Laplace en France et Gauss en Allemagne. Il est tout à fait remarquable et d'une importance pratique considérable, car la loi des X_j ($j = 1, ..., p$) peut vraiment être quelconque (dissymétrique, discrète, multimodale...). Le théorème reste valable tant que ces variables ont bien même distribution et que p est assez grand.

Caractéristiques de forme

On remarque que la fonction :

$$g(x) = -\frac{1}{2}\left(\frac{x-\mu}{\sigma}\right)^2$$

est simplement l'équation d'une parabole (en U inversé), à valeurs toujours négatives (ou nulle), centrée sur la valeur μ. Elle atteint son maximum pour $x = \mu$. La transformation exponentielle :

$$e^{g(x)} = e^{-\frac{1}{2}\left(\frac{x-\mu}{\sigma}\right)^2}$$

la ramène dans les valeurs positives et donne à la fonction finale une forme « en cloche », en recourbant les branches de cette parabole. On voit donc que la fonction résultante est parfaitement symétrique par rapport à l'axe $x = \mu$. Moyenne, médiane et mode sont donc confondus (dans la population théorique) : c'est la valeur pour laquelle la densité est la plus élevée. Le paramètre σ peut être représenté géométriquement comme l'écart entre l'axe de symétrie et le point d'inflexion de la courbe (voir fig. 9.1).

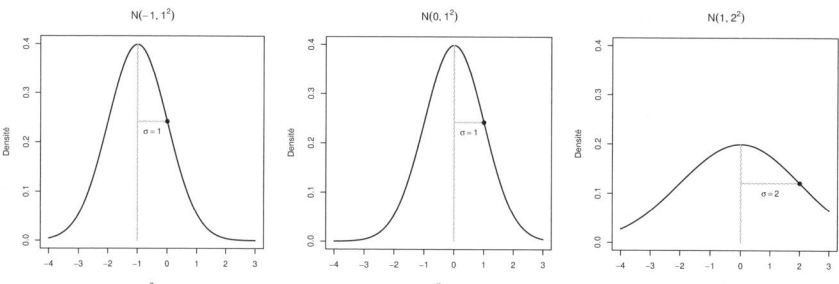

Fig. 9.1 – Formes de la loi normale. Quand on augmente l'écart type, la fonction s'aplatit, car la surface sous la courbe reste constante. Le point noir est le point où la décélération de la courbe change de signe (point d'inflexion).

On peut montrer aussi que la surface sous la courbe correspondante a pour valeur :

$$\int_{-\infty}^{+\infty} e^{g(x)}\,dx = \int_{-\infty}^{+\infty} e^{-\frac{1}{2}\left(\frac{x-\mu}{\sigma}\right)^2}\,dx = \sigma\sqrt{2\pi}.$$

La valeur $\frac{1}{\sigma\sqrt{2\pi}}$ joue donc le rôle de constante de normalisation dans l'expression de la densité (9.1), qui assure que la surface sous la courbe de densité fait toujours 1.

Estimation des paramètres

Dans une étude réelle ou l'on souhaite utiliser le modèle de la loi normale, les paramètres μ et σ^2 sont inconnus et on doit les estimer sur les données observées $\{x_i\}$, $i = 1, ..., N$. Pour une observation donnée x_1, la fonction de vraisemblance gaussienne s'écrit :

$$f(x_1|\mu, \sigma^2) = \frac{1}{\sigma\sqrt{2\pi}} c^{-\frac{1}{2}\left(\frac{x_1-\mu}{\sigma}\right)^2}.$$

Pour deux observations x_1 et x_2 indépendantes, on obtient la vraisemblance du modèle sur ce jeu de deux données en multipliant leurs deux densités de probabilités. En se souvenant que dans le produit de deux exponentielles, les exposants s'ajoutent, cela donne :

$$f(x_1, x_2|\mu, \sigma^2) = \left(\frac{1}{\sigma\sqrt{2\pi}}\right) e^{-\frac{1}{2}\left(\frac{x_1-\mu}{\sigma}\right)^2} \left(\frac{1}{\sigma\sqrt{2\pi}}\right) e^{-\frac{1}{2}\left(\frac{x_2-\mu}{\sigma}\right)^2}$$

$$= \left(\frac{1}{\sigma\sqrt{2\pi}}\right)^2 e^{-\frac{1}{2}\left[\left(\frac{x_1-\mu}{\sigma}\right)^2 + \left(\frac{x_2-\mu}{\sigma}\right)^2\right]}.$$

D'une façon générale, sur un jeu de N données x_i, la fonction de vraisemblance s'écrit :

$$f(\boldsymbol{x}|\mu, \sigma^2) = \left(\frac{1}{\sigma\sqrt{2\pi}}\right)^N e^{-\frac{1}{2}\sum_{i=1}^{N}\left(\frac{x_i-\mu}{\sigma}\right)^2}. \tag{9.2}$$

Quand on étudie cette fonction de vraisemblance bivariée (c'est-à-dire fonction des deux paramètres μ et σ^2) et qu'on calcule leurs estimateurs au maximum de la vraisemblance, on trouve les expressions simples (voir annexe A.5) :

$$\hat{\mu} = \frac{\sum_{i=1}^{N} x_i}{N} \text{ et } \hat{\sigma}^2 = \frac{\sum_{i=1}^{N}(x_i - \hat{\mu})^2}{N}.$$

Autrement dit, les deux estimateurs sont respectivement la moyenne d'échantillon $\bar{x}$ et la moyenne des carrés des écarts à la moyenne d'échantillon s^2. On nomme généralement variance d'échantillon cette dernière quantité, car elle est sensible à la dispersion des données autour de la moyenne empirique. Les deux paramètres peuvent donc être interprétés comme paramètres de moyenne et paramètre de variance [1]. Ce sont les deux indices de centralité et de dispersion qui ont été présentés dans les chapitres 1 et 2 pour résumer les distributions de variables numériques. Ils trouvent là leur légitimité, au sein du modèle de la loi normale.

Comme nous allons progressivement le découvrir, les indices couramment appelés « descriptifs » en statistique sont toujours l'émanation d'un modèle, même si celui-ci ne dit pas toujours son nom. En ce sens, on pourrait dire qu'il n'y a pas de statistique descriptive, tout au plus des modèles qui s'ignorent... Résumer une distribution de scores en moyenne et écart type est comme une seconde nature chez la plupart des psychologues, sans doute parce que bon nombre de tests psychologiques ont été construits pour respecter le modèle de la loi normale. Cela peut poser problème quand les données étudiées ont une distribution fortement dissymétrique, ou bimodale par exemple. On gardera donc à l'esprit que lorsque nous résumons descriptivement une distribution en centralité et dispersion, nous posons dans le même temps un *modèle statistique* de loi symétrique et unimodale. L'effet de la modulation de ces deux paramètres sur la forme de la loi normale est illustré figure 9.1. Quand on change la moyenne de -1 à 0, on voit que l'on ne modifie pas son allure globale, mais seulement sa position sur l'axe de la variable. Quand on modifie σ de 2 à 3, on note que la densité prend une forme différente, plus étalée. Pour cette raison, μ et σ (ou σ^2) sont appelés aussi paramètres de *position* et paramètre de *forme*. On note aussi graphiquement que quand on augmente σ, la densité maximale *diminue* car la surface sous la courbe doit toujours être égale à 1 (effet de la constante de normalisation).

L'atelier suivant vise à faire toucher du doigt à la fois l'émergence de la forme « en cloche » typique de la loi normale et la tendance d'une somme, en distribution, vers la loi limite gaussienne.

Atelier 9.1 (Une loi limite)

1. Charger la librairie AtelieR par la commande : `library(AtelieR)`

2. Charger le module `Ateliers > Comprendre > Construction de la loi normale`. Cet atelier permet d'étudier la distribution d'une variable qui résulte de la somme de p variables indépendantes de même loi.

---

1. On remarque que si plusieurs lois ont deux paramètres, ceux-ci n'ont pas nécessairement le même sens : nombre d'essais et probabilité de succès dans la binomiale, borne gauche et borne droite d'un intervalle dans l'uniforme, moyenne et variance dans la normale...

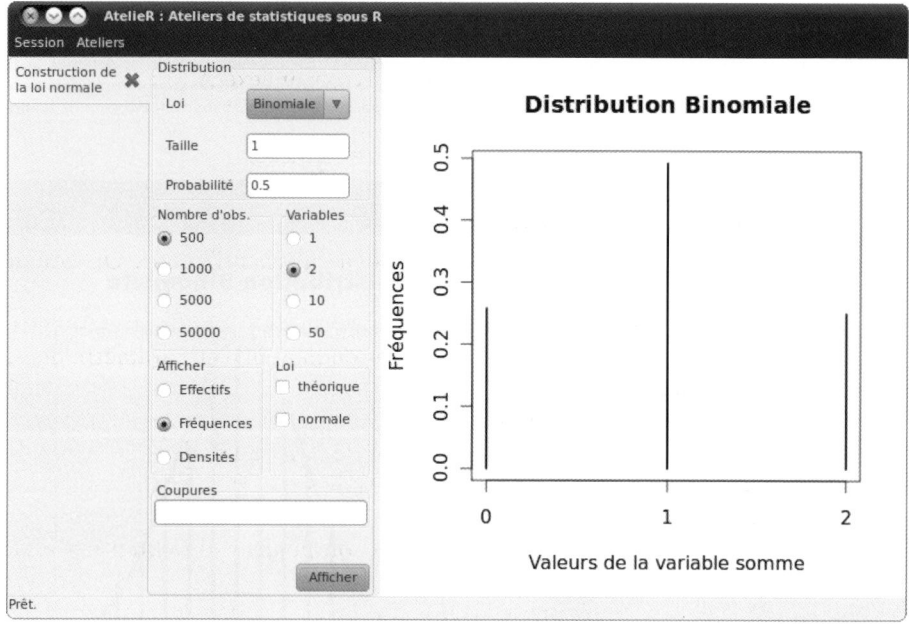

Fig. 9.2 – Une binomiale à deux essais

3. Sélectionner « Loi binomiale » pour la distribution d'origine et régler à 1 et 0.5 les paramètres de nombre d'essais et de probabilité. On construit ainsi une variable de Bernoulli, ne prenant que deux valeurs, 0 ou 1. En échantillonnant dans cette loi, on fait apparaître un histogramme de fréquences à deux bâtons fins. En cochant l'option « Loi théorique », on peut superposer un bâton de hauteur 0.5 correspondant à la probabilité vraie du processus.

4. On construit à l'aide de l'interface une nouvelle variable $Y = X_1 + X_2$ avec $X_1 \sim Ber(0.5)$ et $X_2 \sim Ber(0.5)$, en cliquant sur l'option « 2 variables ». Observer comment se distribuent les modalités 0, 1 ou 2 de cette nouvelle variable sur 500 tirages. La fréquence pour $Y = 1$ tend à dominer les autres. Il y a en effet deux scénarios qui produisent la somme 1 et un seul qui produit la somme 0 ou la somme 2. On a, sous hypothèse d'indépendance des tirages et d'incompatibilité des scénarios différents :

$$P(Y = 1) = P\left[((X_1 = 1) \cap (X_2 = 0)) \cup ((X_1 = 0) \cap (X_2 = 1))\right]$$
$$= P\left[(X_1 = 1) \cap (X_2 = 0)\right] + P\left[(X_1 = 0) \cap (X_2 = 1)\right]$$
$$= P(X_1 = 1)P(X_2 = 0) + P(X_1 = 0)P(X_2 = 1)$$
$$= (0.5 \times 0.5) + (0.5 \times 0.5) = 0.5,$$

tandis que :

$$P(Y = 0) = P\left[(X_1 = 0) \cap (X_2 = 0)\right]$$
$$= P(X_1 = 0)P(X_2 = 0)$$
$$= (0.5 \times 0.5) = 0.25.$$

On conçoit intuitivement que ce sera toujours le cas que la somme de N variables de Bernoulli 0.5 donnera plus fréquemment des valeurs centrales (proches de N/2) que des valeurs extrêmes, car il y a simplement plus de combinaisons qui mènent à ces valeurs centrales.

5. Régler maintenant la probabilité à 0.2. En essayant successivement plusieurs nombres de variables à sommer (2, 10, 50), on observe que le phénomène ne tient pas seulement à la « symétrie » de la $Ber(0.5)$ car à nouveau, avec cette probabilité, la somme des variables tend à se distribuer de façon symétrique au final.

6. La distribution ainsi construite est bien entendu une binomiale (somme de Bernoulli), qui tombe donc naturellement sous le coup du théorème central limite. On le vérifie en tirant cette fois-ci dans une seule variable et en réglant le nombre d'essais à des valeurs variables. En cochant l'option « Afficher la loi normale », on voit comment la binomiale tend vers la loi normale (fig. 9.3), quand on augmente le paramètre nombre d'essais et le nombre d'observations, même avec des paramètres de probabilité relativement faibles.

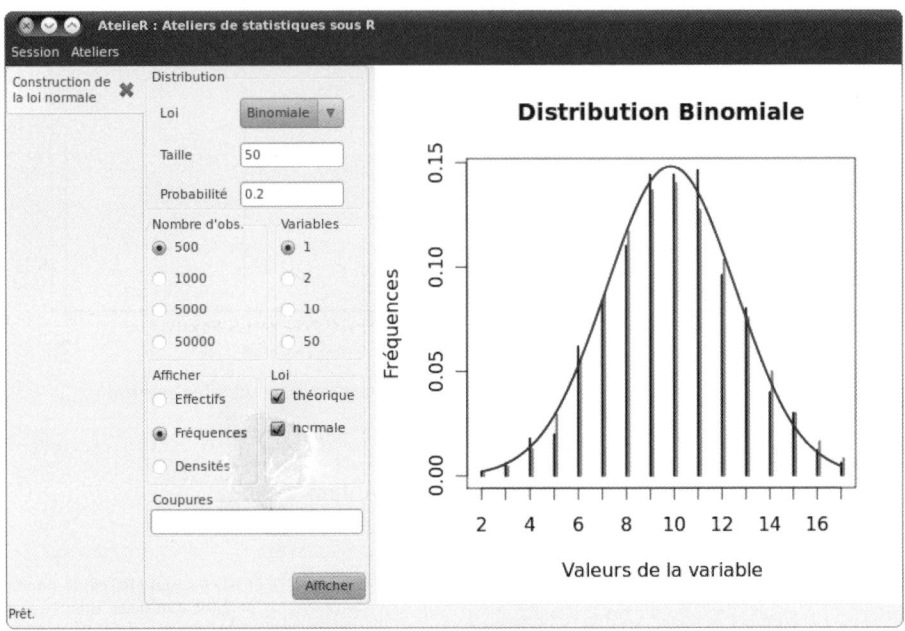

Fig. 9.3 – Approximation de la loi binomiale par la loi normale

La loi normale est donc une loi limite. Elle peut être utilisée pour modéliser un phénomène dont on pense qu'il résulte de la somme d'une multitude de causes indépendantes. Un cas de figure fréquent (voir section 9.2) est l'étude de la distribution d'une moyenne empirique : la moyenne arithmétique sur N observations indépendantes d'un même score est en effet une somme (pondérée) de N termes indépendants de même distribution. Elle a de ce point de vue un statut un peu différent de celui de la loi binomiale par exemple, qui est une loi exacte pour des comptages indépendants. La « normalité » d'une distribution sera plus difficile à argumenter et nous serons amenés à utiliser des tests spécifiques pour cela.

Au minimum, on s'assurera que la nature des données est appropriée pour un modèle défini sur un domaine continu sans bornes. Dans tous les autres cas (données numériques discrètes avec un grand nombre de modalités), un test de normalité s'impose pour vérifier qu'elle fournit un modèle *satisfaisant* de la distribution des données. Si les variables de l'étude sont qualitatives et qu'on étudie des comptages indépendants, il est préférable de se tourner vers les modèles bi/multinomiaux.

Atelier 9.2 (Ajustement à des données observées)

1. Sélectionner la « Distribution normale » dans l'interface et fixer les deux paramètres (qui correspondent à la moyenne et à l'écart type de la loi) à 100 et 15 par exemple (sur le modèle du test d'intelligence de Wechsler). Choisir les options 1000 observations et 1 variable et observer l'allure caractéristique (en « cloche ») de cette distribution, dans la représentation en effectifs, puis en fréquences.

2. Cocher l'option « Afficher la loi théorique » pour superposer loi théorique et données échantillonnées. Observer comment les deux représentations ne se superposent pas correctement si les données ne sont pas représentées en densités de fréquence (fig. 9.4).

3. En sélectionnant bien l'affichage en densités, faire varier le nombre de classes (en augmentant au besoin le nombre d'observations) et leurs largeurs, en entrant des nombres de coupures différents dans le champ « Coupures », pour observer comment cet ajustement est insensible au nombre et à la largeur des classes.

4. Sélectionner maintenant une distribution de type Gamma[2], de paramètres 2 et 15 par exemple pour observer comment une fonction de densité peut très bien monter au-dessus de la valeur 1 (il ne s'agit pas de probabilités).

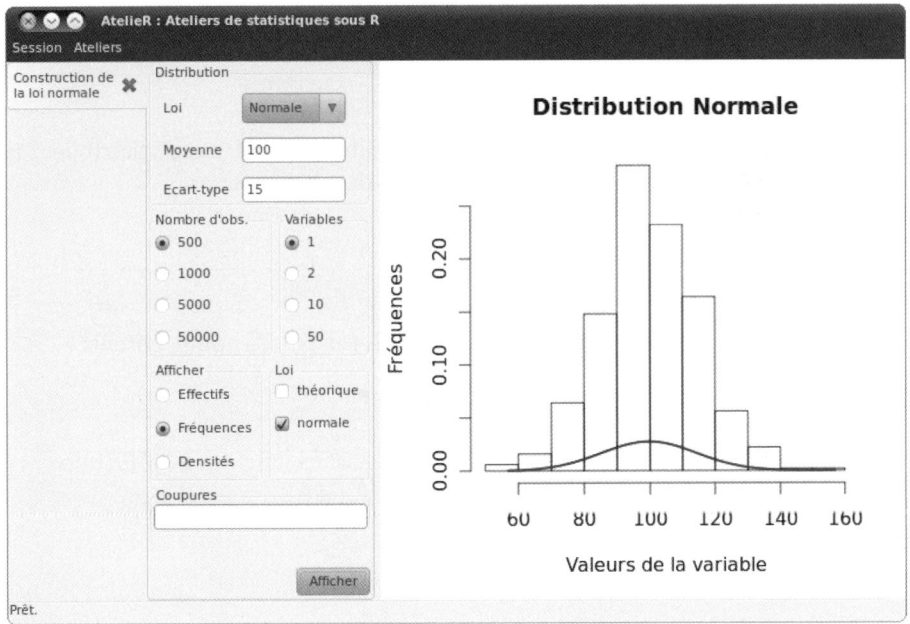

Fig. 9.4 – Notion de densité normale. La loi normale n'est pas un modèle des données en fréquences, mais en densités de fréquence.

9.1.2   Changement d'échelle et d'origine d'une loi normale

Il arrive très souvent en psychologie qu'on soit amener à transformer des mesures, soit par addition/soustraction d'une constante (changement d'origine), soit par multiplication/division par une constante (changement d'échelle), soit les deux.

---

2. La loi Gamma permet de modéliser des temps de réactions en psychologie ou des temps de réalisation d'une tâche quand celle-ci est décomposable en sous-tâches de difficultés égales. Elle est définie sur $\mathbb{R}^+$.

Ces transformations d'une mesure X en une nouvelle mesure X' sont résumables sous la forme linéaire $X' = aX + b$.

Effet sur l'espérance et la variance

Il existe une infinité de lois normales, selon les valeurs prises par ses deux paramètres μ et σ^2. Nous savons que la transformation linéaire $X' = aX + b$, avec a et b réels quelconques, produit une nouvelle variable dont la moyenne μ' et la variance σ'^2 se trouveront transformées selon $\mu' = a\mu + b$ et $\sigma'^2 = a^2\sigma^2$.

En particulier, la transformation $X' = \frac{X-\mu}{\sigma} = \left(\frac{1}{\sigma}\right)X - \left(\frac{\mu}{\sigma}\right)$ construit une nouvelle variable telle que :

$$\mu' = \left(\frac{1}{\sigma}\right)\mu - \left(\frac{\mu}{\sigma}\right) = 0 \text{ et } \sigma'^2 = \left(\frac{1}{\sigma}\right)^2 \sigma^2 = 1.$$

Effet sur la densité

Une telle transformation, appliquée à une variable normalement distribuée, ne changera pas la famille de distribution. Dans la densité de X :

$$f(x|\mu,\sigma^2) = \frac{1}{\sigma\sqrt{2\pi}}e^{-\frac{1}{2}\left(\frac{x-\mu}{\sigma}\right)^2},$$

nous pouvons remplacer x par $\frac{x'-b}{a}$, μ par $\frac{\mu'-b}{a}$ et σ par $\frac{\sigma'}{|a|}$, pour obtenir :

$$f(x|\mu,\sigma^2) = \frac{1}{\frac{\sigma'}{|a|}\sqrt{2\pi}}e^{-\frac{1}{2}\left[\frac{\left(\frac{x'-b}{a}\right)-\left(\frac{\mu'-b}{a}\right)}{\frac{\sigma'}{|a|}}\right]^2} = \frac{|a|}{\sigma'\sqrt{2\pi}}e^{-\frac{1}{2}\left[\frac{x'-\mu'}{\sigma'}\right]^2} = |a|.f'(x'|\mu',\sigma'^2).$$

Autrement dit :

$$f'(x'|\mu',\sigma'^2) = \frac{f(x|\mu,\sigma^2)}{|a|}.$$

Il s'agit bien de la même classe de fonction de densité normale. Par exemple, si nous multiplions par 2 les valeurs d'une variable gaussienne, la nouvelle variable obtenue suit une loi normale dont l'écart type est deux fois plus grand et les densités deux fois plus petites (ce qui se comprend intuitivement puisque la surface sous la courbe fait toujours 1).

La loi normale centrée réduite

Définition 9.1 (Standardisation)

Toute variable $X \sim N(\mu,\sigma^2)$ peut être transformée en une variable $X' \sim N(0,1)$ par la transformation $X' = \frac{X-\mu}{\sigma}$. On appelle standardisation *cette transformation.*

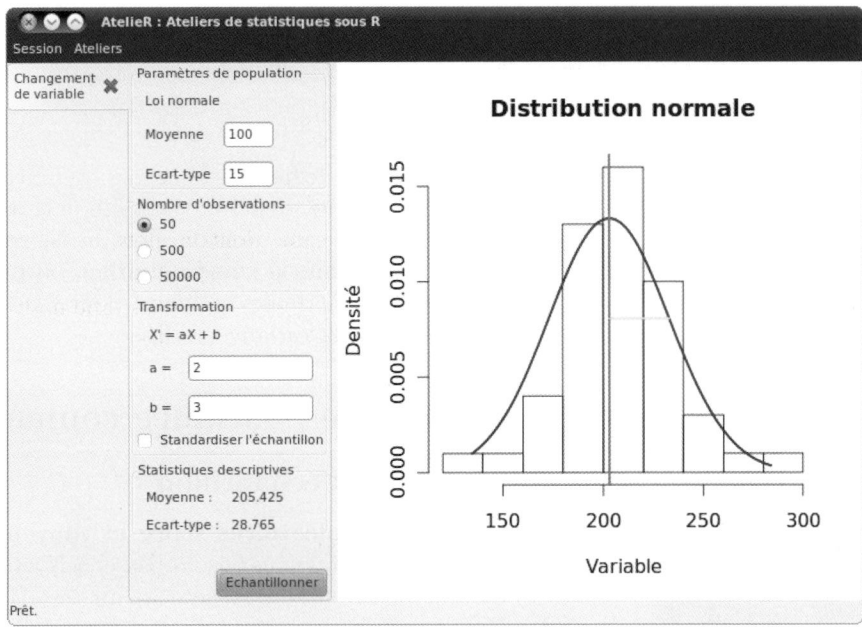

Fig. 9.5 – Changement de variable dans une loi normale

Atelier 9.3 (Changement linéaire de variable dans une loi normale)

1. Charger la librairie AtelieR par la commande : `library(AtelieR)`

2. Charger le module `Ateliers > Comprendre > Changement d'origine et d'échelle`. Cette interface permet de tirer au hasard un échantillon de taille fixée dans une loi normale de paramètres μ et σ choisis.

3. Échantillonner 50 valeurs dans une loi normale de moyenne 100 et d'écart type 15 (ignorer les champs « additionner » et « multiplier » qui permettent de définir une transformation). Examiner les statistiques descriptives (moyenne et écart type) de l'échantillon ainsi produit et observer comment ils diffèrent des paramètres vrais dans la population sous l'effet de l'erreur d'échantillonnage (la moyenne et l'écart type de population sont aussi matérialisés en rouge et en vert sur le graphique).

4. Rééchantillonner plusieurs fois selon les mêmes modalités et observer comment fluctuent les moyennes et écarts types d'échantillon à chaque tirage.

5. En utilisant les champs « a » et « b » de la transformation $X' = aX + b$, définir sur la variable la transformation $X' = 2X + 3$. Observer et interpréter l'évolution de la moyenne et de l'écart type après transformation. On crée ainsi une nouvelle variable de moyenne vraie $\mu' = 2\mu + 3 = 203$ et d'écart type $\sigma' = 2\sigma = 30$.

6. En utilisant les champs « a » et « b » de la transformation $X' = aX + b$, définir la transformation[3] $X' = \frac{X-100}{15} = \left(\frac{1}{15}\right) X + \left(-\frac{100}{15}\right)$. Observer l'effet de cette transformation sur la moyenne et l'écart type de population de la nouvelle variable ainsi définie et sur les résumés descriptifs des échantillons tirés.

7. En restaurant les valeurs 0 et 1 dans les champs « a » et « b » (absence de transformation), cliquer maintenant sur l'option « Standardiser l'échantillon », pour appliquer le centrage-réduction sur l'échantillon lui-même selon $X' = \frac{X-\bar{x}}{s}$. Observer comment la moyenne et l'écart type des échantillons sont désormais exactement 0 et 1.

Toute variable, quelles que soient sa moyenne et sa variance initiale, peut être transformée en une variable de moyenne nulle et de variance 1. Toute variable de distribution normale peut donc, moyennant standardisation, être modélisée par

---

3. On peut entrer directement des expressions fractionnelles dans ces champs (par exemple 1/15).

une loi normale de moyenne nulle et de variance 1. Après standardisation d'une variable normale, l'expression de la loi de densité se simplifie :

$$f(x') = \frac{1}{\sqrt{2\pi}} e^{-\frac{1}{2}x'^2}. \tag{9.3}$$

Sous cette forme, on l'appelle *loi normale centrée réduite*.

Cette forme standardisée de la loi normale est utile quand on souhaite utiliser la loi pour modéliser la distribution d'une statistique de décision, dont la distribution est normale à certaines conditions. Moyennant la standardisation, on peut alors consulter une table unique de probabilités normales standard pour tous les problèmes, quelle que soit l'échelle de mesure de la variable étudiée.

9.2 Inférence sur une moyenne : variance connue

9.2.1 Distribution d'une moyenne d'échantillon

C.F. Gauss (1777-1855)

Notion de variables aléatoires score et moyenne
Considérons la situation où nous faisons passer à N sujets un test. Chaque sujet obtient la note x_i au test ($i = 1, ..., N$). Il faut prendre conscience de ce que ce score est en réalité la réalisation concrète d'une variable aléatoire, notée en majuscule X_i, que nous appelerons *variable de score* du sujet i.

Cela suppose de s'abstraire de ce que nous observons concrètement dans une étude donnée (une série de scores), en considérant que si le sujet i a obtenu le score observé x_i, *les choses auraient pu se passer autrement.*

Un patient Alzheimer par exemple, à qui l'on fait passer deux fois le même test de perception spatiale (et qui en oublie les détails quelques minutes après), n'obtiendra pas deux fois le même score en général. Sa note observée sur une passation est donc la réalisation concrète d'une variable aléatoire.

De la même manière, nous pouvons calculer sur une étude donnée une moyenne empirique $\bar{x}_1$ de scores sur un échantillon de sujets. La même étude, reproduite une deuxième fois sur les mêmes sujets, avec un nouveau test absolument parallèle[4] au premier, dans des conditions standardisées supposées identiques, n'est pas assurée de conduire à une valeur de moyenne empirique $\bar{x}_2$ telle que $\bar{x}_2 = \bar{x}_1$. Dans une perspective d'inférence, la moyenne d'échantillon, pour une taille N fixée, apparaît donc également comme une variable aléatoire, notée en majuscule $\bar{X}_N$, dont $\bar{x}_1$, $\bar{x}_2$, etc. sont des réalisations concrètes.

Ce double niveau d'échantillonnage peut être représenté comme le tirage de p échantillons $E_1, E_2, ..., E_p$ de même taille N, dont on calcule les moyennes empiriques :

---

4. On rappelle que deux tests psychologiques parallèles ont même moyenne et même variance dans la population.

Echantillon	Scores				Moyenne
	X_1	X_2	...	X_N	$\bar{X}_N$
E_1	$x_1^{(1)}$	$x_2^{(1)}$	...	$x_N^{(1)}$	$\bar{x}_1$
E_2	$x_1^{(2)}$	$x_2^{(2)}$	...	$x_N^{(2)}$	$\bar{x}_2$
$\vdots$			$\vdots$		$\vdots$
E_p	$x_1^{(p)}$	$x_2^{(p)}$	...	$x_N^{(p)}$	$\bar{x}_p$

Si nous concevons $\bar{X}_N$ comme une variable aléatoire, peut-on spécifier sa distribution de probabilité ? Peut-on également spécifier les paramètres de cette distribution en fonction des caractéristiques de la variable score X, supposées connues ? C'est ce que nous cherchons à définir dans cette section.

Application du théorème central limite
Nous allons considérer que les N variables de scores X_i de N sujets à ce test sont tirées indépendamment d'une même loi de distribution. Par exemple, la passation du test de Wechsler à 30 enfants d'âge scolaire peut être conçu comme le tirage de 30 valeurs dans une distribution normale de moyenne $\mu = 100$ et d'écart type $\sigma = 15$, par norme d'étalonnage. On note qu'en posant cela, nous nous plaçons dans un schéma d'échantillonnage relativement simple où toutes les performances sont indépendantes et supposées tirées d'une même distribution. C'est ce qu'on appelle un échantillon de mesures *indépendantes et identiquement distribuées*, une caractéristique notée « i.i.d » en abrégé. On notera que cette hypothèse n'est pas très réaliste d'un point de vue psychologique, comme tout enseignant pourrait le dire. Il est plus probable que chaque élève a sa propre distribution, probablement pas de même moyenne. Mais les modèles considérant les scores individuels comme des tirages dans des lois différentes par individu (appelés modèles de réponse à l'item en psychologie) sortent du cadre de cet ouvrage et nous explorons ici la plus simple des situations.

A ces conditions, nous pouvons dire de ces variables aléatoires scores :

1. qu'elles ont même moyenne μ et même variance σ^2 ;
2. que leur somme $S_N = X_1 + X_2 + ... + X_N$ suit approximativement[5] une loi normale si N est assez grand et par conséquent leur moyenne $\bar{X}_N = \frac{S_N}{N}$ suit aussi une loi normale (la multiplication de la variable S_N par $\frac{1}{N}$ ne change pas les probabilités).

La question est : si $\bar{X}$ suit une loi normale, pouvons-nous en spécifier les paramètres de moyenne et de variance ? En particulier, la moyenne de cette distribution est-elle bien μ, la moyenne vraie des scores d'origine ? C'est ce que nous cherchons à approcher intuitivement dans l'exercice de simulation ci-dessous.

Atelier 9.4 (Etude de la distribution d'une moyenne d'échantillon)
1. Dans l'interface graphique des ateliers, sélectionner l'atelier 3 : « Distribution asymptotique d'une moyenne d'échantillon ».

---

5. S_N suit *exactement* une loi normale si les scores sont eux-mêmes des variables normales.

2. Définir une distribution de Bernoulli $Ber(0.2)$ comme modèle de population. Prélever 500 échantillons de taille 10 et examiner la distribution des 500 moyennes empiriques correspondantes (on peut noter que les « moyennes » d'une variable binaire peuvent s'interpréter comme des fréquences et sont donc comprises entre 0 et 1).

3. Cocher l'option « Afficher la loi normale » et examiner la qualité de l'approximation par la loi normale quand on augmente la taille des échantillons à 20, 50 et 100. On note que la distribution des moyennes ne couvre pas toute l'étendue du segment [0 ;1] et ce d'autant plus que la taille des échantillons augmente. Ce n'est pas surprenant car une moyenne d'échantillon « gomme » une partie de la variabilité et on s'attend à moins de variabilité sur les moyennes que sur les scores d'origine.

4. Sélectionner la distribution uniforme $U(0, 1)$ comme modèle de population et observer les mêmes points. Le domaine de définition d'une variable $U(0, 1)$ est $[0, 1]$. Comparer à cela l'étendue empirique des moyennes d'échantillons qui apparaît sur le graphique (cocher l'option « Afficher la distribution des scores » pour le percevoir).

5. Sélectionner la loi normale $N(100, 10^2)$ de variance théorique $10^2 = 100$. Prélever des échantillons de taille 10 et observer la variance de la distribution des moyennes (des statistiques descriptives s'affichent en bas à gauche). Recommencer avec des échantillons de taille 20, 50 et 100. Comment évolue la variance d'une moyenne d'échantillon, en fonction de la variance initiale de la variable et de la taille d'échantillon ? En notant la série des valeurs de variance empiriques et les tailles d'échantillon correspondantes, essayer de l'établir sous la forme d'une règle numérique.

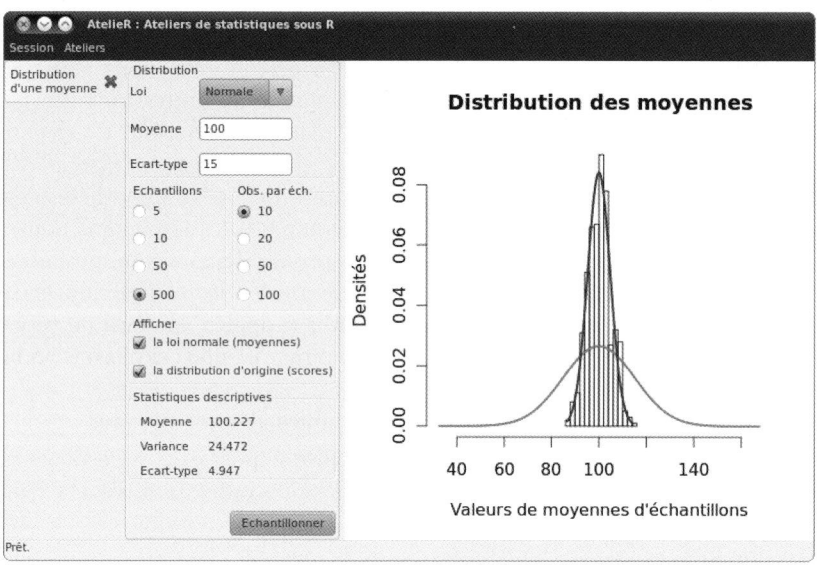

Fig. 9.6 – Dispersion des scores et des moyennes d'échantillon

Espérance et variance d'une moyenne d'échantillon

Une fois établie la distribution normale asymptotique d'une moyenne d'échantillon, on peut chercher à calculer les paramètres de cette loi de la *moyenne* en fonction des paramètres de la distribution des *scores*. Par application des propriétés de l'espérance et de la variance d'une somme de variables indépendantes (voir chapitre 5), on a :

$$E(\bar{X}_N) = E\left[\frac{X_1 + X_2 + ... + X_N}{N}\right] = \frac{1}{N}E(X_1 + X_2 + ... + X_N)$$

$$= \frac{1}{N}\{E(X_1) + E(X_2) + ... + E(X_N)\} = \frac{1}{N}N\mu$$

$$= \mu,$$

$$V(\bar{X}_N) = V\left[\frac{X_1 + X_2 + ... + X_N}{N}\right] = \frac{1}{N^2}V(X_1 + X_2 + ... + X_N)$$

$$= \frac{1}{N^2}\{V(X_1) + V(X_2) + ... + V(X_N)\} \text{ si les scores sont indépendants}$$

$$= \frac{\sigma^2}{N}.$$

Autrement dit, à défaut d'avoir accès à la vraie valeur de moyenne d'une distribution quand on travaille sur un échantillon, on constate que l'*espérance* de la distribution des moyennes est simplement la même que l'espérance μ de la distribution des scores. On dit pour cette raison que la moyenne empirique (ou d'échantillon) est un *estimateur sans biais* de la moyenne de population.

On constate par ailleurs que la variance de la distribution des moyennes d'échantillons de taille N est exactement N fois plus petite que la variance des scores dans la population. C'est ce que nous apercevions empiriquement dans l'atelier de simulation (fig. 9.6).

Nous pouvons donc dire que, si N est assez grand, alors approximativement :

$$\bar{X}_N \sim N\left(\mu, \frac{\sigma^2}{N}\right).$$

L'écart type $\sigma_{\bar{X}} = \frac{\sigma}{\sqrt{N}}$ de la distribution des moyennes est appelé *erreur type*. Dans la mesure où la variance de X_N est un indicateur de sa qualité en tant qu'estimateur de la moyenne vraie μ, on voit qu'on a toujours intérêt à disposer d'un échantillon de grande taille pour réduire autant que possible l'erreur type ou erreur d'estimation de la moyenne.

9.2.2 Comparaison à une valeur théorique

Si $\bar{X}$ est une variable aléatoire qui suit une loi normale de moyenne μ et d'écart type $\frac{\sigma}{\sqrt{N}}$, alors on a pour la variable centrée réduite (ou standardisée) :

$$Z = \frac{\bar{X} - \mu}{\sqrt{\sigma^2/N}} \sim N(0, 1).$$

Cette variable transformée peut donc être utilisée comme statistique de décision pour juger de la valeur d'une moyenne observée, dans les cas où l'on connaît la moyenne et la variance vraie du phénomène.

La disponibilité des logiciels statistiques rend théoriquement moins utile cette transformation qui se justifiait surtout à l'époque où l'on utilisait une simple table sur papier de loi normale centrée réduite. Elle est néanmoins d'usage courant et a l'avantage de fournir des valeurs sur une échelle identique quelles que soient les variables étudiées.

Exercice-type 9.1 (Comparaison d'une moyenne à une norme)

Enoncé   Le test d'intelligence de la WAIS est étalonné dans la population pour être de moyenne $\mu_0 = 100$ et d'écart type $\sigma = 15$. Sur un groupe de 30 étudiants, on trouve un QI moyen empirique de $\bar{x} = 105$. En admettant que l'écart type des scores chez ces étudiants soit le même que dans la population générale [6], peut-on dire qu'ils ont une intelligence supérieure à la moyenne ?

Problème   Le type de problème posé est la comparaison d'une moyenne à une valeur normative, en supposant connue la variance.

Hypothèses   En appelant μ la moyenne dans la population des étudiants, on peut opposer deux hypothèses statistiques :

$$\begin{cases} H_0 : & \mu = \mu_0, \\ H_1 : & \mu > \mu_0. \end{cases}$$

Il est légitime dans ce contexte d'orienter l'alternative à droite. Nous ne connaissons pas μ mais pouvons faute de mieux faire l'hypothèse $\mu = \mu_0$. L'avantage de cette hypothèse est que nous savons, si elle est correcte, que :

$$\bar{X} \sim N\left(\mu_0, \frac{\sigma^2}{N}\right)$$

si, en outre, les observations sont indépendantes (si les sujets ont bien été testés séparément) et que ces scores peuvent être conçus comme tirés d'une même loi. On peut à ces conditions invoquer le théorème central limite. Par conséquent, sous l'hypothèse nulle :

$$Z = \frac{\bar{X} - \mu_0}{\sigma/\sqrt{N}} \sim N(0, 1).$$

Procédure   On peut calculer dans cette loi une probabilité cumulée à droite (l'alternative est unilatérale à droite) pour toute valeur z, qui permet d'avoir une idée de la rareté de cette valeur (ou une valeur plus grande), si H_0 est vraie. On calcule :

$$z = \frac{105 - 100}{15/\sqrt{30}} \approx 1.826.$$

Décision   A l'aide du calculateur de probabilités (voir ci-dessous), on trouve que la probabilité d'obtenir une valeur au moins aussi grande que celle-là, si H_0 était correcte, est infime : $P(Z > z) \approx 0.034$. Selon un raisonnement semblable à celui que nous avons mené avec les tests binomiaux, nous décidons de rejeter H_0 car la valeur p associée est inférieure au seuil de décision $\alpha = 0.05$ (fig. 9.7).

Conclusion   La performance moyenne de ces étudiants est supérieure à celle de la population générale, avec moins de 5% de chances de se tromper en l'affirmant.

Pour traiter ce problème, nous pouvons utiliser le calculateur de probabilités. Il permet de calculer la probabilité cumulée, à gauche ou à droite, pour une certaine valeur fixée de variable. Inversement, il permet aussi, en spécifiant une valeur de probabilité cumulée (à gauche ou à droite), d'obtenir la valeur de variable qui lui correspond dans la loi choisie.

Atelier 9.5 (Utilisation du calculateur de probabilités)

1. Charger la librairie Atelier par la commande : library(AtelieR)

---

6. Nous verrons dans les sections suivantes une méthode de test sur une moyenne qui s'affranchit de cette hypothèse sur la variance.

2. Charger le module Ateliers > Calculer > Calculateur de probabilités.
3. C'est une $N(0, 1)$ qui sert de modèle de distribution pour ce test : sélectionner « Loi normale », et régler les champs « Moyenne » et « Ecart type » à 0 et 1 respectivement.
4. Le troisième champ permet de fournir la valeur fixée, quantile ou probabilité (attention, si nous entrons ici une probabilité cumulée fixée, il faudrait cocher l'option « Probabilité⇒quantile »). Ici, c'est la valeur $z = 1.826$ que nous entrons. On peut aussi entrer la formule littérale $(105-100)/(15/\text{sqrt}(30))$ et laisser R faire le calcul.
5. L'hypothèse alternative est unilatérale à droite : on coche donc l'option « Cumul à droite » et le résultat du calcul apparaît : on trouve une probabilité cumulée à droite $P(Z > z) \approx 0.034$.
6. Refaire la même chose en choisissant comme modèle de référence une $N(100, 15)$ et en entrant directement la valeur de moyenne observée $\bar{x} = 105$. Observer la valeur p obtenue. Commenter.

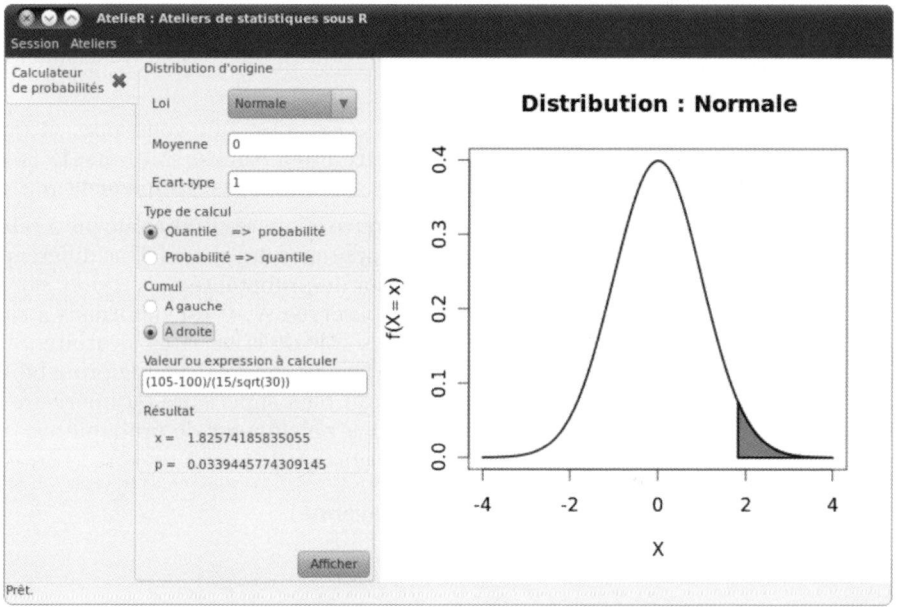

Fig. 9.7 – Comparaison d'une moyenne à une norme

9.2.3   Approche bayésienne

Dans l'approche bayésienne, encore peu répandue en psychologie dans les études appliquées, on traite le paramètre inconnu de moyenne non comme un nombre mais comme une *variable aléatoire* sur laquelle on pose une hypothèse de distribution *a priori*. Une possibilité pour cela, que nous avons déjà largement exploitée pour les modèles binomiaux et multinomiaux, est de postuler une distribution initiale uniforme, qui traduit au mieux notre incertitude sur ce paramètre.

Loi *a priori* **non informative**
On suppose que les données suivent une loi normale de variance connue : $X \sim N(\mu, \sigma_0^2)$. Sur un échantillon de taille n, on observe la statistique empirique $\bar{x}$. Nous

supposons pour μ une loi uniforme, donnant *a priori* même densité de probabilité à toutes les valeurs possibles de μ. On doit remarquer tout de suite que, si cela n'a pas posé problème dans les modèles binomiaux et multinomiaux, dont les paramètres sont bornés sur $[0;1]$, c'est moins naturel avec un paramètre de moyenne qui n'a pas de bornes inférieure et supérieure. L'intégrale d'une loi uniforme définie sur un support sans bornes est en effet infinie ! On dit alors que la loi *a priori* est *impropre*. Comme on va le voir, cela ne pose pas nécessairement problème lorsqu'il s'agit de calculer la loi *a posteriori* sur cette moyenne, mais en posera un pour calculer une vraisemblance *intégrée*, dont nous aurions besoin pour calculer un facteur de Bayes. Pour l'inférence dans ce cas particulier, l'outil de décision principal sera donc les probabilités cumulées dans la loi *a posteriori* (mais nous verrons une autre approche du problème dans les sections suivantes, qui permet de calculer le facteur de Bayes).

Si l'on suppose sur μ une loi impropre $g(\mu) = c$, où c est une constante, et que la variance des données σ_0^2 est connue, on montre (voir Annexe A.6) que la loi *a posteriori* du paramètre, sachant l'ensemble des données $\boldsymbol{x}$, est simplement $\mu|\boldsymbol{x} \sim N(\bar{x}, \frac{\sigma_0^2}{N})$. Il est frappant de constater qu'on retrouve ici un résultat analogue à celui de l'inférence traditionnelle, en tous cas dans l'apparence des choses. Une différence importante cependant est qu'il s'agit là d'une loi de probabilité *a posteriori sur le paramètre inconnu* μ et non sur la statistique observée $\bar{X}$. C'est désormais $\bar{x}$ qui sert de point de référence central et μ qui joue le rôle de la variable aléatoire. Sur les données de l'exemple précédent, nous allons donc pouvoir calculer la probabilité que μ soit comprise dans un certain intervalle, ou bien supérieure ou inférieure à une valeur de référence, en utilisant simplement le calculateur de probabilités.

Atelier 9.6 (Inférence bayésienne sur une moyenne)
Cas : variance connue.

1. Charger le module Ateliers > Calculer > Calculateur de probabilités.
2. Définir une loi normale $N(105, \frac{15}{\sqrt{30}})$ comme modèle de référence : il s'agit pour nous de la loi *a posteriori* sur la moyenne inconnue, après examen des données (voir fig. 9.8).
3. On souhaite tester l'hypothèse $H_1 : \mu > 100$. Entrer la valeur normative $\mu_0 = 100$ dans le champ éditable de la rubrique « Valeur ou expression à calculer » et choisir l'orientation « à droite » du cumul.
4. Cliquer sur « Afficher » : on obtient $P(H_1|D) = 0.9661$.

En dépit du fait que nous utilisons le même calculateur de probabilités que dans l'approche classique, on doit faire attention ici au fait que l'interprétation de nos résultats est très différente : la probabilité que nous calculons est la probabilité $P(H|D)$ *que notre hypothèse soit vraie* et non la probabilité $P(D|H)$ des données d'après une certaine hypothèse. On note que dans cet usage bayésien, l'inteprétation est beaucoup plus simple et ce type de test devrait être privilégié dans tous les cas. On dira que la probabilité de l'hypothèse cible est extrêmement élevée : nous avons plus de 96% de chances d'avoir raison en affirmant que ces étudiants ont un niveau de performance au test supérieur à la norme 100.

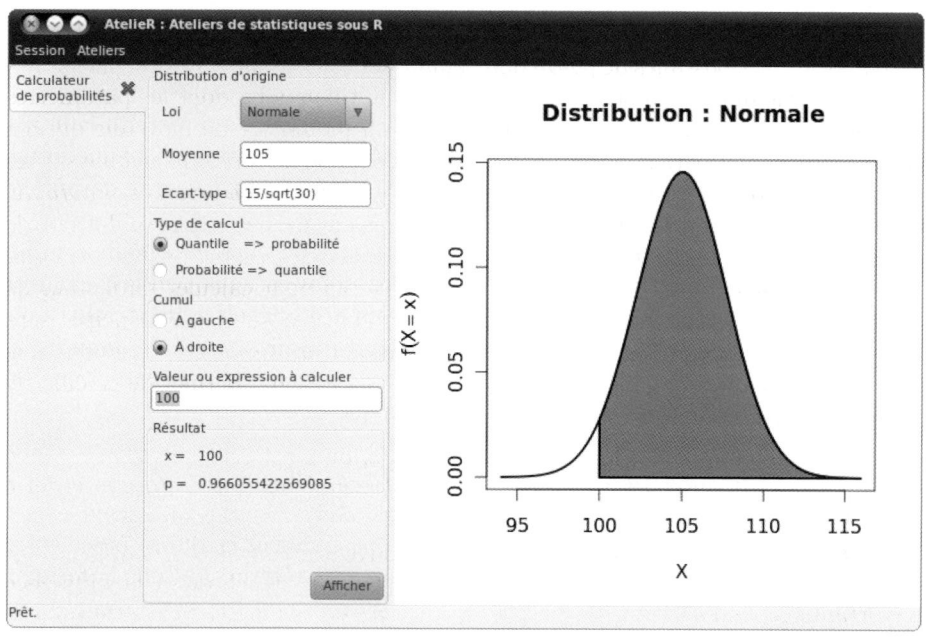

Fig. 9.8 – Inférence bayésienne sur une moyenne (variance connue)

Loi *a priori* **informative**

Dans l'usage des tests en psychologie, on dispose d'une connaissance préalable sur les performances probables à ce test dans la population générale : ce sont les normes d'étalonnage du test. L'approche bayésienne permet d'intégrer cette information préalable de façon très élégante dans le processus inférentiel, comme on va le voir ci-dessous.

On suppose que les données suivent une loi normale de moyenne inconnue μ et de variance connue $\sigma_0^2 : X \sim N(\mu, \sigma_0^2)$. A nouveau, le paramètre inconnu μ va être considéré non comme une valeur numérique, mais comme une variable aléatoire sur laquelle nous posons une hypothèse de distribution subjective, traduisant de façon probabiliste l'idée *a priori* que nous nous en faisons. Par exemple, si je fais passer un test de WAIS à un groupe de personnes, j'ai dans l'idée que leur moyenne vraie ne devrait pas être trop éloignée de 100, car c'est la norme d'étalonnage connue du test. Mais cette moyenne peut aussi être un peu en dessous, ou un peu au-dessus de la valeur normative 100. Je ne m'attends cependant pas à la trouver fort différente de 100, mais je peux aussi être surpris à l'examen des données. C'est au fond une mesure de cette surprise potentielle que nous cherchons à appppréhender, de l'*a priori* à l'*a posteriori*, dans la démarche bayésienne.

Nous allons supposer une loi *a priori* normale sur μ, de la forme $\mu \sim N(\mu_a, \frac{\sigma_0^2}{n_a})$. Le paramètre n_a ici représente en quelque sorte un effectif d'échantillon virtuel, sur lequel nous aurions pu établir une première connaissance de la moyenne. Dans un contexte psychologique, cela pourrait fort bien par exemple représenter la taille de l'échantillon qui a servi à étalonner le test utilisé. Comme cela ne correspond pas nécessairement à la réalité, nous pouvons aussi le concevoir comme un paramètre de « confiance » en notre première estimation de la moyenne *a priori*. En le fixant à une valeur faible (par exemple $n_a = 1$), nous donnons à la loi *a priori* une forme relativement « plate », peu informative. S'il est élevé, nous massons davantage notre hypothèse de distribution autour de μ_a.

A partir de cette hypothèse et de la vraisemblance, on cherche à définir la loi *a posteriori* de μ, qui traduit la façon dont les données nous ont fait changer d'avis sur la valeur probable du paramètre inconnu. Le résultat important (voir Annexe A.6 pour le détail des calculs) est qu'après avoir observé N données x_i ($i = 1, ..., N$), de moyenne empirique $\bar{x}$, la loi *a posteriori* sur μ est aussi une loi normale, de moyenne et variance $\hat{\mu}_p$ et $\hat{\sigma}_p^2$ telles que [7] :

$$\hat{\mu}_p = \frac{n_a \mu_a + N \bar{x}}{n_a + N} \quad \text{et} \quad \hat{\sigma}_p^2 = \frac{\sigma_0^2}{n_a + N}.$$

On peut comprendre en examinant les expressions ci-dessus ce qui se passe entre avant et après l'examen des données. On peut en effet réécrire $\hat{\mu}_n$ sous la forme :

$$\begin{aligned}
\hat{\mu}_n &= \left[\frac{n_a}{n_a + N}\right] \mu_a + \left[\frac{N}{n_a + N}\right] \bar{x} \\
&= w\mu_a + (1 - w)\bar{x},
\end{aligned} \qquad (9.4)$$

avec un coefficient $w = n_a/(n_a + N)$ nécessairement compris entre 0 et 1. La formule 9.4 est simplement une formule de moyenne pondérée entre μ_a et $\bar{x}$. Autrement dit, après avoir pris connaissance des données, le modèle de distribution que nous avons sur le paramètre de moyenne inconnue, initialement centré sur μ_a, s'est *déplacé* vers la moyenne observée $\bar{x}$. Ce déplacement sera d'autant plus fort que le coefficient $1 - w = N/(n_a + N)$ sera élevé (autrement dit que la taille de l'échantillon est importante). De même, plus nous définirons une loi *a priori* peu dispersée (n_a élevé), plus la valeur de moyenne *a priori* μ_a pèsera dans l'évaluation *a posteriori*. On appelle « réduction » ou « rétrécissement » (*shrinkage*) ce phénomène d'attraction de l'estimation bayésienne vers l'hypothèse a priori. Naturellement, quand $n_a \to 0$ (aucune information initiale disponible), on retrouve à la limite les estimations *a posteriori* $\bar{x}$ et $\frac{\sigma_0^2}{N}$ de l'inférence non informative.

Par ailleurs, on note sur la variance *a posteriori* que :

$$\hat{\sigma}_p^2 = \frac{\sigma_0^2}{n_a + N} < \frac{\sigma_0^2}{n_a}. \qquad (9.5)$$

En accumulant l'information observée dans les données, la variance finale est donc inférieure à celle qu'on avait au départ. Notre distribution normale initiale s'est donc non seulement déplacée, mais également déformée (la variance a diminué).

---

7. Les indices a et p servent ici à distinguer les paramètres de loi avant (*ante*) et après (*post*) l'examen des données.

La démarche bayésienne mène donc à une accumulation d'informations très facile à interpréter intuitivement : la moyenne estimée *a posteriori* est simplement une moyenne pondérée de notre hypothèse *a priori* μ_a et du résultat moyen $\bar{x}$ de nos observations concrètes. On dit qu'on *met à jour* notre information *a priori* sur la moyenne du phénomène étudié, en y intégrant l'information acquise dans les données. C'est un résultat très parlant pour le psychologue car la formule de mise à jour (9.4) a justement été utilisée en psychologie et en intelligence artificielle pour modéliser les processus d'apprentissage et l'accumulation de connaissance. Ce processus de mise à jour est illustré dans l'atelier suivant.

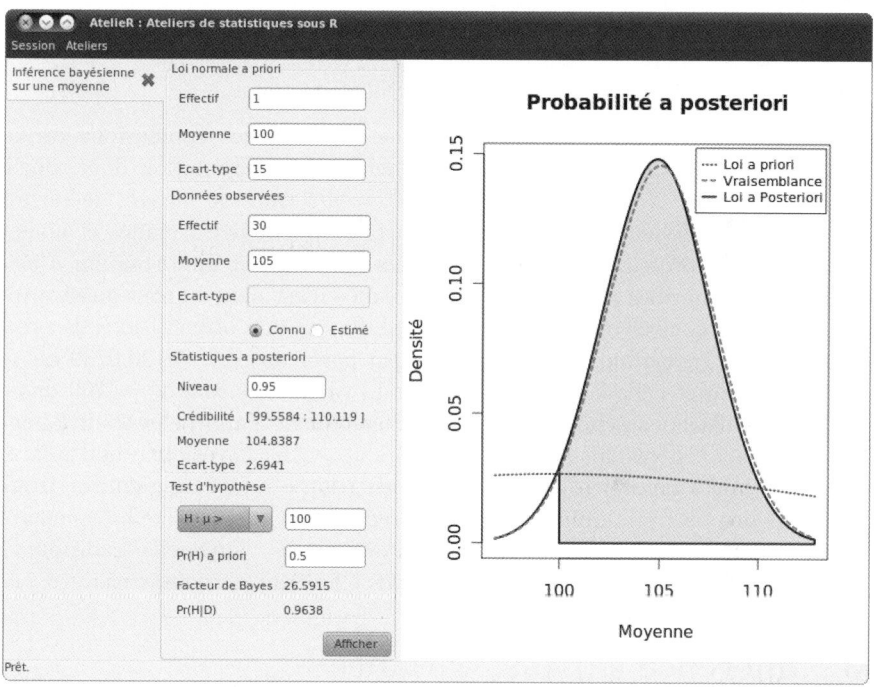

Fig. 9.9 – Inférence bayésienne sur une moyenne (variance connue). A partir d'une hypothèse de loi *a priori* relativement « plate », la prise en compte des données conduit à réviser ce jugement vers une loi normale déplacée et concentrée sur $\bar{x}$.

Atelier 9.7 (Inférence bayésienne sur une moyenne)
Cas : variance connue, *a priori* informatif.

1. Charger le module Ateliers > Calculer > Inférence bayésienne sur une moyenne (informatif).

2. A la rubrique « Loi normale *a priori* » (voir fig. 9.9), nous devons choisir les paramètres d'une loi normale hypothétique, traduisant au mieux nos attentes sur les valeurs probables du paramètre de moyenne. Un bon choix par défaut est de prendre les valeurs de norme d'étalonnage pour la moyenne, c'est-à-dire $\mu_a = 100$.

3. Pour l'écart type de cette distribution, nous allons d'abord considérer que nous avons peu d'information préalable, ce qui équivaut à ne pas (ou peu) prendre en compte la connaissance de l'étalonnage. Nous pouvons choisir l'écart type attendu pour *une seule* observation, c'est-à-dire $\sigma_a = 15$. Cela correspond à

une hypothèse de loi normale plutôt « plate » (souvenez-vous que l'écart type d'une distribution de moyenne empirique est $15/\sqrt{N}$). Nous réglons donc à 1 le paramètre « Effectif » de la loi *a priori*.

4. Entrer les données observées, effectif et moyenne : $\bar{x} = 105$ et $N = 70$. Cliquer sur l'option « Valeur connue » pour l'écart type (qui est alors la valeur définie dans la loi *a priori*).

5. On souhaite tester l'hypothèse $H_1 : \mu > 100$. Entrer la valeur normative $\mu_0 = 100$ dans le champ éditable de la rubrique « Test d'hypothèse » et choisir le bon type d'hypothèse : $H : \mu > 100$.

6. Cliquer sur « Afficher » : la zone des valeurs de $\mu > 100$ et sa probabilité cumulée apparaît en grisé sur le graphique, et la valeur numérique correspondante en bas à gauche $P(H|D) = 0.9638$. Notez comment l'écart type de la distribution de la moyenne a évolué après avoir pris en compte les données : initialement fixé arbitrairement à 15, l'examen des données conduit à le réviser et mettre à jour cette valeur à 2.7. Nous avons donc réduit notre incertitude sur la moyenne en examinant les données.

7. Considérons maintenant le cas de figure où nous disposons d'informations préalables. Les normes du test WAIS sont classiquement établies sur des échantillons de taille importante (de 1500 à 2000 sujets, stratifiés pour toutes les classes d'âge). Saisir la valeur d'effectif $n_a = 2000$ dans les paramètres de la loi *a priori* et mettre à jour le graphique. Observer comment la moyenne *a posteriori* se trouve maintenant fortement attirée vers la valeur $\mu_a = 100$ et comment la variance *a posteriori* (autrement dit l'incertitude) diminue, comme les formules 9.4 et 9.5 permettent de l'anticiper. La probabilité de l'hypothèse n'est plus que de $P(H|D) = 0.5878$!

Que se passe-t-il ? Selon l'information entrée *a priori*, nos conclusions risquent d'être extrêmement différentes sur les spécificités de la population dont sont extraits ces étudiants. Nous pouvons l'interpréter en termes de *mesure de surprise*. Sans information préalable, nous sommes surpris de leur performance et nous jugeons hautement probable que $\mu > 100$. Mais en intégrant l'information *a priori* apportée par les normes du test, leur performance n'est plus du tout aussi surprenante. Une fois replacés dans l'ensemble total des $n_a + N$ observations désormais disponibles, leur contribution à la moyenne *a posteriori* $\hat{\mu}_p = 100.0739$ devient assez négligeable et celle-ci est dominée par la valeur *a priori* $\mu_a = 100$ dans la formule 9.4. Cela nous éclaire sur les particularités de l'approche traditionnelle, qui apporte des conclusions semblables à une approche bayésienne non informative. En décidant d'ignorer toute forme d'information *a priori*, on risque de trouver surprenants des résultats qui ne le sont pas réellement. L'approche bayésienne informative est de ce point de vue plus conservatrice que l'approche traditionnelle. Elle court aussi moins le risque de signaler des effets qui n'existent pas.

9.3   Inférence sur une variance

K. Pearson (1857-1936)

Les hypothèses sur la moyenne d'un phénomène sont fréquentes en psychologie. Elle permettent de mettre à l'épreuve des hypothèses sur la tendance centrale d'une mesure, pour affirmer par exemple que la moyenne observée est étonnamment élevée, ou étonnamment faible. Mais la même interrogation peut se porter parfois sur la *variabilité* d'un phénomène. On peut par exemple se demander si la performance de personnes âgées à certaines épreuves peut être en moyenne comparable à celle de sujets plus jeunes, mais plus variables.

Nous cherchons dans cette section à étudier la distribution de la variance d'échantillon S^2, conçue comme une variable aléatoire (et donc notée en majuscule), comme nous l'avons fait pour la moyenne. Cela nous amène à étudier la notion d'estimateur sans biais de la variance inconnue σ^2 du phénomène étudié et à introduire une loi théorique nouvelle : la loi dite de χ^2.

9.3.1   Construction d'un estimateur de variance sans biais

Une variance d'échantillon peut se calculer de deux manières, selon que l'on connaît ou non la moyenne vraie μ du phénomène. Si on la connaît, on peut calculer :

$$S_\mu^2 = \frac{\sum_{i=1}^{N}(X_i - \mu)^2}{N}. \tag{9.6}$$

Si on ne la connaît pas, on utilise la variance descriptive, vue en première année, qui s'écrit :

$$S_{\bar{X}}^2 = \frac{\sum_{i=1}^{N}(X_i - \bar{X})^2}{N}. \tag{9.7}$$

On note que sous cette deuxième forme, l'indice de variance est soumis à la fois à l'erreur d'échantillonnage et à l'erreur d'estimation de la moyenne. Si nous devons utiliser l'une ou l'autre de ces formes dans le calcul d'une statistique, nous devons nous convaincre qu'elles ne sont pas une trop mauvaise mesure de la vraie variance inconnue σ^2.

En particulier, même si sur un échantillon donné nous savons bien que $s^2 \neq \sigma^2$, nous aimerions assez que la variance d'échantillon, en moyenne sur une infinité d'échantillons (c'est-à-dire en espérance), égale la variance vraie (propriété dite de « non-biais » dont dispose la moyenne d'échantillon, comme nous l'avons vu).

Atelier 9.8 (Distribution d'une variance d'échantillon)

1. Lancer l'interface des ateliers et sélectionner l'atelier « Distribution d'une variance d'échantillon ». Cette interface permet de tirer au hasard des échantillons de taille fixée dans une loi normale de paramètres μ et σ choisis, puis de calculer leurs variances empiriques. Ces variances sont affichées sous forme d'une distribution sur le graphique.

2. Prélever 500 échantillons de taille 10 dans une loi normale centrée réduite, en utilisant la moyenne vraie pour calculer la variance (formule 9.6 ci-dessus). Cliquer plusieurs fois sur le bouton « Echantillonner » pour observer la relation entre la moyenne de cette distribution des variances et la variance vraie : la variance vraie dans la population est affichée en trait plein et la moyenne de cette distribution apparaît en trait pointillé. Les valeurs numériques correspondantes apparaissent dans le champ « statistiques descriptives ».

3. Renouveler l'opération en utilisant cette fois-ci la moyenne d'échantillon pour calculer la variance. Qu'observez-vous ?

Pour expliquer ce qui se passe, on rappelle d'abord que la variance vraie est l'espérance des écarts carrés à la moyenne vraie : $\sigma^2 = E(X_i - \mu)^2$. Calculons d'abord la moyenne théorique (espérance) de la variable aléatoire variance, quand la moyenne μ est connue :

$$E\left[\frac{\sum_{i=1}^{N}(X_i - \mu)^2}{N}\right] = \frac{1}{N}\sum_{i=1}^{N} E(X_i - \mu)^2 = \frac{1}{N}\sum_{i=1}^{N} \sigma^2 = \frac{1}{N} \times N \times \sigma^2 = \sigma^2.$$

La variance avec moyenne vraie connue est donc une statistique sans biais, par définition.

Pour étudier ce qu'il en est de la statistique $S_{\bar{X}}^2$, calculée avec la moyenne empirique, essayons d'évaluer $E\left[S_{\bar{X}}^2\right]$ en faisant surgir artificiellement $\bar{X}$ dans l'espérance ci-dessus :

$$
\begin{aligned}
& E\left[\frac{\sum_{i=1}^N (X_i - \mu)^2}{N}\right] \\
=\ & E\left[\frac{\sum_{i=1}^N (X_i - \bar{X} + \bar{X} - \mu)^2}{N}\right] \\
=\ & E\left[\frac{\sum_{i=1}^N (X_i - \bar{X})^2 + \sum_{i=1}^N (\bar{X} - \mu)^2 + 2\sum_{i=1}^N (X_i - \bar{X})(\bar{X} - \mu)}{N}\right] \\
=\ & E\left[\frac{\sum_{i=1}^N (X_i - \bar{X})^2 + \sum_{i=1}^N (\bar{X} - \mu)^2 + 2(\bar{X} - \mu)\sum_{i=1}^N (X_i - \bar{X})}{N}\right].
\end{aligned}
$$

On sait que la somme des scores centrés $\sum_{i=1}^N (X_i - \bar{X})$ est toujours nulle (voir section 1.2.3), par conséquent :

$$
\begin{aligned}
E\left[\frac{\sum_{i=1}^N (X_i - \mu)^2}{N}\right] =\ & E\left[\frac{\sum_{i=1}^N (X_i - \bar{X})^2 + \sum_{i=1}^N (\bar{X} - \mu)^2}{N}\right] \\
=\ & E\left[\frac{\sum_{i=1}^N (X_i - \bar{X})^2}{N} + (\bar{X} - \mu)^2\right] \\
=\ & E\left[S_N^2\right] + E\left[(\bar{X} - \mu)^2\right].
\end{aligned}
$$

On reconnaît dans le deuxième terme à droite l'expression d'une variance sur la moyenne d'un échantillon, que nous avons déjà exprimée $V(\bar{X}) = E\left[(\bar{X} - \mu)^2\right] = \frac{\sigma^2}{N}$. Au final on a donc :

$$
\sigma^2 = E\left[S_N^2\right] + \frac{\sigma^2}{N} \Leftrightarrow E\left[S_N^2\right] = \sigma^2 - \frac{\sigma^2}{N} = \sigma^2 \left[\frac{N-1}{N}\right].
$$

Le biais de la statistique $S_{\bar{X}}^2$, qui apparaissait graphiquement comme un décalage systématique du trait pointillé vers la gauche, est donc égal à $-\sigma^2/N$. En moyenne, la variance empirique est donc *trop petite* d'une quantité $\frac{\sigma^2}{N}$ (ou d'un facteur $\frac{N-1}{N}$), par rapport à la variance vraie. Par exemple, dans la simulation ci-dessus, la variance estimée se distribuait autour de $1 - \frac{1}{10} = 0.9$ en moyenne et non pas 1. Compte tenu du sens que nous connaissons pour $\frac{\sigma^2}{N}$ (c'est la variance d'une moyenne d'échantillon), nous pouvons dire que la statistique $S_{\bar{X}}^2$ ne prend pas en compte l'erreur d'estimation sur la moyenne dans l'estimation de la variance de la population. Mais si on adopte l'estimateur corrigé :

$$S^2_{N-1} = \left[\frac{N}{N-1}\right] S^2_N = \frac{\sum_{i=1}^{N}(X_i - \bar{X})^2}{N-1},$$

on a alors bien :

$$E\left[S^2_{N-1}\right] = E\left\{\left[\frac{N}{N-1}\right] S^2_N\right\} = \left[\frac{N}{N-1}\right] E\left[S^2_N\right] = \left[\frac{N}{N-1}\right]\sigma^2\left[\frac{N-1}{N}\right] = \sigma^2.$$

C'est la raison pour laquelle dans l'estimation d'une variance inconnue, c'est l'estimateur S^2_{N-1} qui est couramment utilisé. Cet estimateur sera désormais noté simplement S^2.

9.3.2   La loi de χ^2

Définition 9.2 (Loi de χ^2)
La distribution de χ^2 (prononcer « ki-2 ») à ν (prononcer « nu ») degrés de liberté est la distribution d'une somme de carrés de k variables normales standard indépendantes. . Sa densité s'écrit :

$$f(y|\nu) = \frac{1}{C(\nu)} y^{\frac{\nu}{2}-1} e^{-\frac{y}{2}}$$

où $C(\nu)$ est une constante de normalisation. On écrit en abrégé $Y \sim \chi^2(\nu)$.

Par exemple, sur un ensemble de N variables scores individuels X_i $(i = 1, ..., N)$ de même loi $N(\mu, \sigma^2)$, la statistique :

$$D^2 = \sum_{i=1}^{N}\left(\frac{X_i - \mu}{\sigma}\right)^2$$

suit par définition une loi de χ^2 à N degrés de liberté.

Propriétés
1. *Domaine de définition.* Par construction, les valeurs d'une telle variable sont toujours positives. C'est donc une densité définie sur une variable continue (car une variable normale est continue), bornée à gauche par 0 et sans borne à droite.

   Lorsqu'il y a peu de degrés de liberté, la distribution apparaît « écrasée » sur l'axe $x = 0$ (voir figure 9.10) et a une forme dissymétrique à gauche (ou étalée à droite).
2. *Loi de χ^2 et loi normale.* Par construction, une variable χ^2 fait la somme de ν variables indépendantes de même loi et relève donc du théorème central-limite. On sait alors que lorsque le nombre de degrés de liberté (qui représente le nombre de variables sommées) croît, la loi tendra vers une loi normale. On

peut montrer que la moyenne et la variance d'une variable $D^2 \sim \chi^2_\nu$ sont respectivement $E(D^2) = \nu$ et $V(D^2) = 2\nu$. Lorsque ν est grand, on aura donc approximativement $D^2 \sim N(\nu, 2\nu)$ et aussi approximativement quand $\nu \to \infty$:

$$\frac{D^2 - \nu}{\sqrt{2\nu}} \sim N(0, 1).$$

3. *Sommes de variables* χ^2. Si une variable D_1^2 est distribuée $\chi^2(\nu_1)$, elle fait la somme de ν_1 carrés de variables normales standard indépendantes. Si une variable D_2^2 est distribuée $\chi^2(\nu_2)$, elle fait la somme de ν_2 carrés de variables normales standard indépendantes. Si D_1^2 et D_2^2 sont indépendantes, une variable $D^2 = D_1^2 + D_2^2$ fait donc la somme de $\nu_1 + \nu_2$ carrés de variables normales centrées réduites indépendantes, et suit par définition une loi de $\chi^2(\nu_1 + \nu_2)$. On a donc une propriété d'*additivité des degrés de liberté* dans une somme de variables χ^2.

Distribution d'une variance d'échantillon

La loi du χ^2 est utile pour décrire la distribution d'une variance. On peut transformer la variance sans biais (avec moyenne connue) :

$$S_\mu^2 = \frac{\sum_{i=1}^N (X_i - \mu)^2}{N}$$

pour faire apparaître une variable χ^2. En effet :

$$D^2 = N\frac{S_\mu^2}{\sigma^2} = \sum_{i=1}^N \left(\frac{X_i - \mu}{\sigma}\right)^2 \sim \chi^2(N).$$

On peut rappeler que lorsqu'on modifie une variable par un facteur d'échelle, les densités sont divisées par ce facteur (ce qui préserve une surface totale sous la courbe égale à 1). Nous en déduisons que la distribution de la variance d'échantillon $S_\mu^2 = \frac{\sigma^2}{N}D^2$ peut être spécifiée en utilisant des valeurs de densités inversement transformées $\frac{N}{\sigma^2}\chi^2(N)$. Dans cette distribution, la nouvelle moyenne $E[S_\mu^2]$ est obtenue en répercutant la transformation linéaire sur l'ancienne espérance $\nu = N$:

$$E[S_\mu^2] = \frac{\sigma^2}{N}E[D^2] = \sigma^2.$$

Cela permet de superposer à la distribution empirique des variances une densité bien définie (fig. 9.10).

Atelier 9.9 (Distribution d'une variance corrigée)

1. Dans l'atelier « Distribution d'une variance », sélectionner l'option « Calcul de la variance > avec moyenne vraie ». Prélever 500 échantillons de taille 10 en cochant l'option « Afficher la loi de χ^2 » pour observer la forme de cette distribution.
2. Cliquer sur l'option « Afficher la loi normale » : qu'en pensez-vous ?
3. Augmenter la taille des échantillons progressivement de 10 à 100 : que se passe-t-il ?

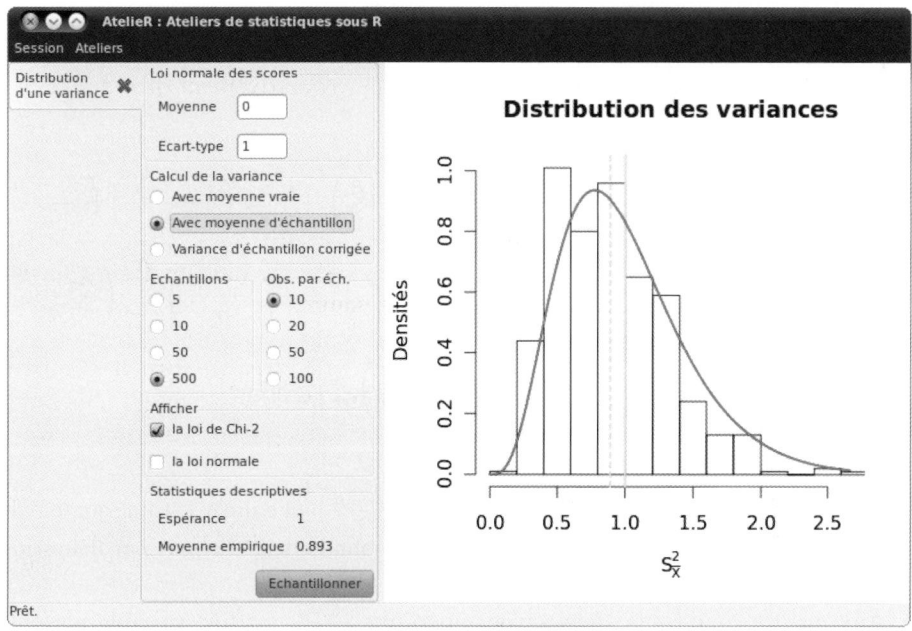

Fig. 9.10 – Distribution d'une variance d'échantillon

4. Rééchantillonner en sélectionnant cette fois-ci l'option « Calcul de la variance > avec moyenne d'échantillon ». Calculer l'espérance de la distribution correspondante.

5. Rééchantillonner en calculant les variances avec les moyennes d'échantillon corrigées. Calculer l'espérance de la distribution correspondante.

Nous serons plus souvent condamnés à utiliser la moyenne empirique comme centre de distribution, pour calculer la variance corrigée :

$$S^2 = \frac{\sum_{i=1}^{N}(X_i - \bar{X})^2}{N-1}.$$

Dans l'expression :

$$(N-1)\frac{S^2}{\sigma^2} = \sum_{i=1}^{N}\left(\frac{X_i - \bar{X}}{\sigma}\right)^2,$$

le membre à droite est bien une somme de carrés de variables normales centrées réduites, si X suit une loi normale. Par contre, même si en apparence on fait la somme de N termes, il n'y a pas N termes *indépendants* dans cette expression car la moyenne $\bar{X}$ qui apparaît dans chacun des termes sommés est estimée sur les données elles-mêmes. On cherche à établir la distribution de cette statistique où la moyenne d'échantillon $\bar{X}$ vient remplacer la moyenne vraie inconnue μ.

Par un calcul très semblable à celui de la section précédente, on peut voir que :

$$
\begin{aligned}
\sum_{i=1}^{N}\left(\frac{X_i - \mu}{\sigma}\right)^2 &= \sum_{i=1}^{N}\left(\frac{X_i - \bar{X} + \bar{X} - \mu}{\sigma}\right)^2 \\
&= \sum_{i=1}^{N}\left(\frac{X_i - \bar{X}}{\sigma}\right)^2 + \sum_{i=1}^{N}\left(\frac{\bar{X} - \mu}{\sigma}\right)^2 + \sum_{i=1}^{N} 2\left(\frac{X_i - \bar{X}}{\sigma}\right)\left(\frac{\bar{X} - \mu}{\sigma}\right) \\
&= \sum_{i=1}^{N}\left(\frac{X_i - \bar{X}}{\sigma}\right)^2 + N\left(\frac{\bar{X} - \mu}{\sigma}\right)^2 + 2\left(\frac{\bar{X} - \mu}{\sigma}\right)\sum_{i=1}^{N}\left(\frac{X_i - \bar{X}}{\sigma}\right) \\
&= \sum_{i=1}^{N}\left(\frac{X_i - \bar{X}}{\sigma}\right)^2 + \left(\frac{\bar{X} - \mu}{\sigma/\sqrt{N}}\right)^2 .
\end{aligned}
$$

On mène alors le raisonnement suivant :

1. Comme nous savons que l'expression $\sum_{i=1}^{N}\left(\frac{X_i - \mu}{\sigma}\right)^2$ à gauche est une somme de carrés de N variables normales standard indépendantes, elle suit par définition une loi de $\chi^2(N)$.

2. Aux mêmes conditions, nous savons aussi que $\frac{\bar{X} - \mu}{\sigma/\sqrt{N}}$ est une variable normale centrée réduite et par conséquent $\left(\frac{\bar{X} - \mu}{\sigma/\sqrt{N}}\right)^2$ suit par définition une loi $\chi^2(1)$.

3. On peut par ailleurs montrer (on l'accepte ici sans démonstration) que les variables $\frac{X_i - \bar{X}}{\sigma}$ et $\frac{\bar{X} - \mu}{\sigma/\sqrt{N}}$ sont indépendantes.

4. Au final, par la propriété d'additivité des degrés de liberté de variables χ^2 indépendantes, on en déduit que la statistique $\sum_{i=1}^{N}\left(\frac{x_i - \bar{X}}{\sigma}\right)^2$ suit une loi de χ^2 à $N - 1$ degrés de liberté.

On a donc :

$$
(N - 1)\frac{S^2}{\sigma^2} \sim \chi^2(N - 1).
$$

9.3.3   Comparaison à une valeur théorique

Ce résultat important peut être utilisé pour tester des hypothèses sur la variance.

Exercice-type 9.2 (Comparaison d'une variance à une valeur théorique)

Enoncé   Dans l'évaluation de scores de WAIS sur $N = 30$ étudiants, la variance sans biais est de $s^2 = 14.5^2$. Peut-on dire que la variance σ^2 dans la population dont sont extraits ces étudiants est plus faible que celle théoriquement attendue de $\sigma_0^2 = 15^2$?

Problème   Le type de problème statistique posé est la comparaison d'une variance inconnue à une valeur normative.

Hypothèses Les hypothèses statistiques en concurrence sont :

$$
\begin{cases}
H_0 : & \sigma^2 = \sigma_0^2, \\
H_1 : & \sigma^2 < \sigma_0^2.
\end{cases}
$$

Procédure Selon $H_0 : \sigma^2 = \sigma_0^2$, et sous hypothèse de normalité, on a $D^2 = (N-1)\frac{S^2}{\sigma_0^2} \sim \chi^2(N-1)$.

On calcule :

$$d^2 = 29 \times \frac{14.5^2}{15^2} \approx 27.09.$$

Décision L'alternative est unilatérale *à gauche*et on définit une région critique de décision dans les valeurs les plus basses de la statistique. A l'aide du calculateur de probabilités, en choisissant une distribution de χ^2 à 29 degrés de liberté, on obtient facilement : $P(\chi^2(29) < 27.09) \approx 0.433$. Cette probabilité est trop grande pour qu'on puisse rejeter l'hypothèse nulle (fig. 9.11).

Conclusion Il n'est pas possible ici de conclure que la variabilité est plus faible chez les étudiants que dans la population générale.

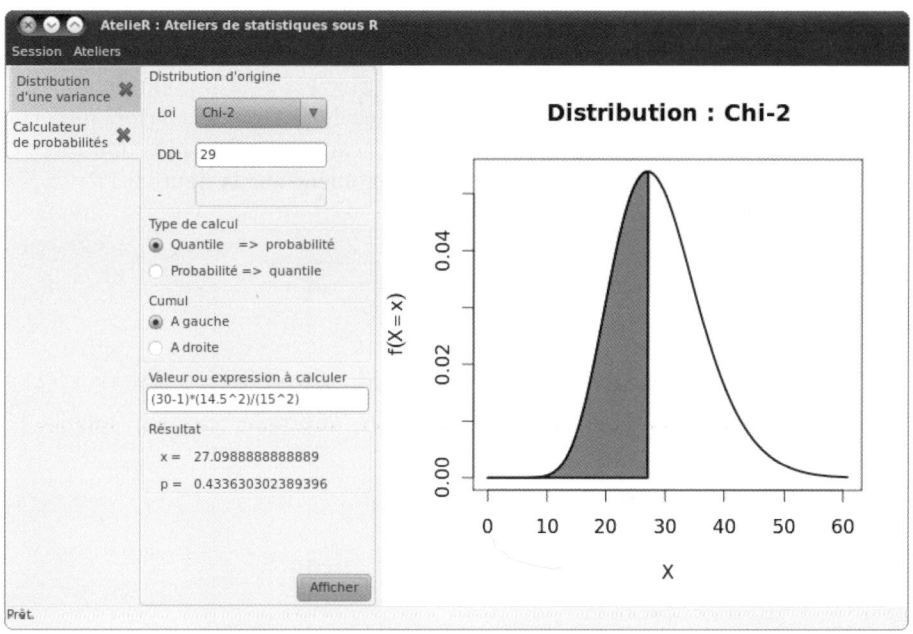

Fig. 9.11 – Valeur p dans une $\chi^2(29)$

9.3.4 Approche bayésienne

Pour introduire l'approche bayésienne de l'inférence sur la variance, il nous faut réfléchir au fait que moyenne et variance sont toujours manipulées conjointement dans l'inférence traditionnelle : on a besoin de connaître la variance pour inférer sur la moyenne et inversement. Si l'on veut pouvoir développer une approche complètement bayésienne de l'inférence sur une moyenne, nous allons devoir définir une distribution *a priori* qui prenne en compte simultanément les deux paramètres. On dit qu'il faut poser un modèle de *distribution conjointea priori* $f(\mu, \sigma^2)$ des deux paramètres. Conformément à la méthode bayésienne, on étudiera ensuite la « déformation » de cette distribution initiale vers la distribution *a posteriori* $f(\mu, \sigma^2|\boldsymbol{x})$, sous l'effet de l'examen des données.

Il existe plusieurs distributions candidates possibles. Nous en étudions deux ci-dessous, dans une perspective non informative, puis informative.

A *priori* non informatif

Nous avons vu dans la section 9.2.3 que, pour des données normales, une loi *a priori* non informative pour μ pouvait être de la forme (impropre) $f(\mu) \propto 1$, et que ce choix conduisait à une distribution *a posteriori* à nouveau normale, quand la variance est connue. Qu'en est-il du paramètre de variance, considéré à son tour comme une variable aléatoire ?

Un problème d'échelle

Pourrions-nous faire une hypothèse de la forme $f(\sigma^2) \propto 1$? Un point de difficulté que nous rencontrons est que si nous posons une hypothèse d'*a priori* uniforme sur la variance, alors la loi correspondante sur l'écart type n'est plus uniforme, ce qui est contre-intuitif ! On peut observer ce phénomène sur la figure 9.12.

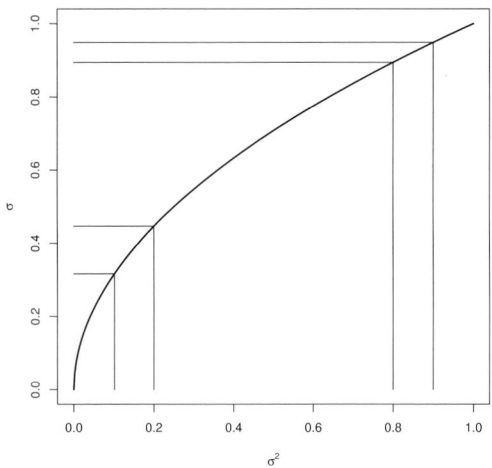

Fig. 9.12 – Evolution des intervalles sur σ^2 et σ

On voit que si l'on définit pour σ^2 une densité uniforme sur l'intervalle $[a; a+0.1]$ par exemple, l'intervalle correspondant $[\sqrt{a}; \sqrt{a+0.1}]$ sur σ sera nécessairement plus petit, et que par conséquent, comme nous l'avons vu pour d'autres lois, la densité correspondante va augmenter. On peut montrer que si l'on définit une loi uniforme $f(\sigma^2) \propto 1$ sur σ^2, la densité correspondante sur σ sera $f(\sigma) \propto 2\sigma$, ce qui signifierait que nous attendons des densités élevées pour de *larges* valeur de σ. Inversement, si nous définissons une loi uniforme $f(\sigma) \propto 1$ sur σ, on montre que la densité sur σ^2 est $f(\sigma^2) \propto \frac{1}{2\sigma}$, ce qui signifie que nous attendons des densités élevées pour de *faibles* valeurs de σ. Comme on le voit, définir des hypothèses de distribution sur un paramètre n'est pas indépendant de l'échelle sur laquelle nous le mesurons, ou des transformations, même monotones, que nous pourrions faire sur lui. Il faut donc y réfléchir avec prudence.

Jeffreys (1961) a étudié ce problème et a proposé des lois *a priori* non informatives, indépendantes de l'échelle de mesure, pour toute une série de cas. Pour le cas de la variance, il a proposé la loi : $f(\sigma^2) \propto \frac{1}{\sigma^2}$. Ce choix particulier conduit aussi à $f(\sigma) = \frac{1}{\sigma}$, ce qui n'amène plus de contradiction. L'intuition d'importance égale véhiculée par la loi uniforme peut être retrouvée si on voit ce modèle comme une hypothèse de loi uniforme posée non sur σ, mais sur $\ln \sigma$, ce qui la rend indépendante de toute transformation par une fonction puissance.

Avec cette proposition, nous pouvons construire une loi *a priori* bivariée de la forme $f(\mu, \sigma^2) \propto f(\mu) f(\sigma^2) = 1 \times \frac{1}{\sigma^2} = \frac{1}{\sigma^2}$. Muni de cet outil, nous pouvons manipuler le raisonnement bayésien sur des données gaussiennes, en utilisant conjointement les deux paramètres inconnus de moyenne et variance.

Loi conjointe *a posteriori* pour la moyenne et la variance

La loi conjointe *a posteriori* des deux paramètres, sachant les données, est donnée par le théorème de Bayes, de façon tout à fait analogue à ce que nous avons vu dans l'inférence sur un seul paramètre :

$$f(\mu, \sigma | \boldsymbol{x}) = \frac{f(\boldsymbol{x} | \mu, \sigma^2) f(\mu, \sigma^2)}{f(\boldsymbol{x})},$$

en utilisant pour $f(\boldsymbol{x} | \mu, \sigma^2)$ la loi normale des données 9.2 :

$$f(\boldsymbol{x} | \mu, \sigma^2) = (2\pi\sigma^2)^{-\frac{N}{2}} \exp\left[-\frac{1}{2\sigma^2} \sum_{i=1}^{N} (x_i - \mu)^2\right].$$

Il est commode pour la suite de réécrire cette vraisemblance gaussienne sous une forme plus synthétique, en utilisant les nouveaux outils de cette section. On note que, comme nous l'avons vu dans les sections précédentes, on peut décomposer la somme de carrés comme :

$$\sum_{i=1}^{N} (x_i - \mu)^2 = \sum_{i=1}^{N} (x_i - \bar{x})^2 + N(\bar{x} - \mu)^2 = (N-1)s^2 + N(\bar{x} - \mu)^2.$$

Par conséquent, la vraisemblance peut être réécrite sous forme plus synthétique comme :

$$f(\boldsymbol{x} | \mu, \sigma^2) = (2\pi)^{-\frac{N}{2}} \sigma^{-N} \exp\left[-\frac{1}{2\sigma^2} \left\{(N-1)s^2 + N(\bar{x} - \mu)^2\right\}\right].$$

Sous cette forme, on voit que les données observées n'apparaissent qu'à travers les statistiques $\bar{x}$ et s^2. On dit pour cette raison qu'elles sont des *statistiques suffisantes*, car toute l'information contenue dans les données est résumée par elles dans la vraisemblance.

La loi *a posteriori* est donnée par (en négligeant dans l'écriture la vraisemblance intégrée $f(\boldsymbol{x})$ qui joue le rôle d'une constante de normalisation) :

$$f(\mu, \sigma^2|\boldsymbol{x}) = \frac{f(\boldsymbol{x}|\mu, \sigma^2)f(\mu, \sigma^2)}{f(\boldsymbol{x})}$$

$$\propto \sigma^{-N} \exp\left[-\frac{1}{2\sigma^2}\left\{(N-1)s^2 + N(\bar{x}-\mu)^2\right\}\right] \times \sigma^{-2}$$

$$= \sigma^{-N-2} \exp\left[-\frac{1}{2\sigma^2}\left\{(N-1)s^2 + N(\bar{x}-\mu)^2\right\}\right] \qquad (9.8)$$

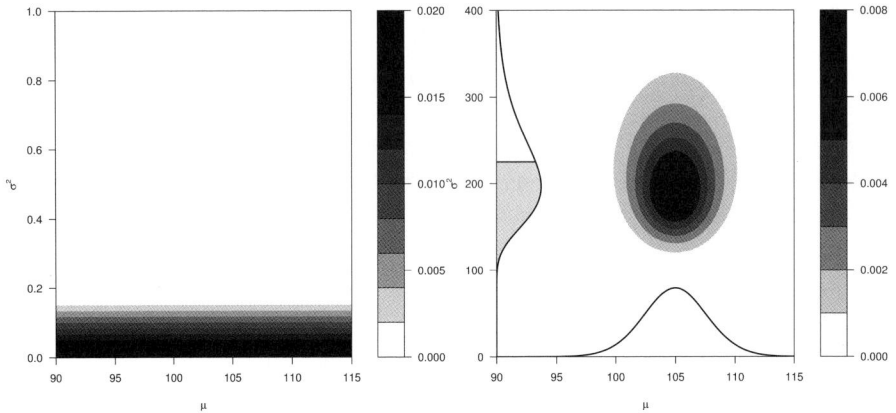

Fig. 9.13 – Lois conjointes *a priori* non informative (à gauche) et *a posteriori* (à droite) sur μ et σ^2. On voit comment le poids important mis sur les faibles valeurs de σ^2 *a priori* se trouve révisé après l'examen des données (noter la différence d'échelle sur l'axe des Y).

Cette loi bivariée est représentée à la figure 9.13, ainsi que les deux lois marginales qui s'en déduisent : la loi marginale de σ^2 et la loi marginale de μ (sur les marges basse et gauche du panneau de droite).

Loi marginale du paramètre de variance

Pour bien comprendre ce que représente ce graphique, il faut faire le parallèle avec les distinctions posées au chapitre 4 entre distribution conjointe et distribution marginale. Sur des données catégorisées, il est facile de représenter ces notions sur deux variables, dans un tableau de probabilités conjointes à double entrée. Nous avons vu comment les sommes en ligne et en colonne dans un tel tableau permettent de reconstruire les distributions de chaque variable séparément, par sommation dans les marges de toutes les probabilités des modalités de l'autre. C'est l'origine de l'appellation *marginale*. La figure 9.13 ne représente pas autre chose, mais sur des variables numériques continues (en l'occurrence deux paramètres de moyenne et de variance). La loi conjointe est représentée par le graphique de densité au centre (une couleur sombre représente une densité élevée pour le couple (μ, σ^2) considéré), tandis que les distributions marginales sur chaque paramètre sont représentées en marge du graphique (à l'échelle près), par sommation infinie sur toutes les valeurs de l'autre. On a ainsi les densités marginales :

$$ f(\sigma^2|\boldsymbol{x}) = \int_0^{+\infty} f(\mu, \sigma^2)d\mu \quad \text{et} \quad f(\mu|\boldsymbol{x}) = \int_{-\infty}^{+\infty} f(\mu, \sigma^2)d\sigma^2. $$

Pour pouvoir faire de l'inférence sur la variance spécifiquement, c'est la première de ces densités que nous allons utiliser, qui élimine en quelque sorte le paramètre de moyenne dans l'intégration sur toutes ses valeurs possibles. L'autre sera étudiée dans la section suivante, pour inférer sur la moyenne, toute valeur possible de σ^2 intégrée. Le calcul d'intégrale fait apparaître un résultat très simple : on obtient une loi de χ^2 sur la statistique $(N-1)\frac{s^2}{\sigma^2}$.

Ce résultat peut paraître semblable à ce que nous avons vu dans l'approche traditionnelle au début de cette section, mais on doit bien comprendre que c'est désormais σ^2 qui joue le rôle de variable dans cette statistique, tandis que $(N-1)s^2$ n'est qu'une constante multiplicative. A ce titre d'ailleurs, ce n'est pas σ^2 qui suit une loi de χ^2, mais son inverse, à un facteur d'échelle près.

Définition 9.3 (Loi de χ^2 inverse)

On dit qu'une variable θ suit une loi de χ^2 inverse *à ν degrés de liberté, à l'échelle λ, si on a :*

$$ \nu\frac{\lambda}{\theta} \sim \chi^2(\nu). $$

On note $\theta \sim$ Inv-$\chi^2(\nu, \lambda)$.

Nous sommes exactement dans ce cas avec la loi marginale *a posteriori* sur σ^2. Le calcul d'intégrale révèle en effet que $(N-1)\frac{s^2}{\sigma^2} \sim \chi^2(N-1)$. On dira donc que dans ce modèle avec *a priori* non informatif de Jeffreys sur le paramètre de variance, on a $\sigma^2 \sim$ Inv-$\chi^2(N-1, s^2)$. Munis de cette loi *a posteriori*, nous pouvons donc chercher à calculer $P(\sigma^2 < 15^2|\boldsymbol{x})$.

Atelier 9.10 (Inférence bayésienne sur une variance, *a priori* non informatif)

1. Ouvrir l'atelier « Ateliers > Calculer > Calculateur de probabilités ».
2. Sélectionner une loi de χ^2 inverse, à 29 degrés de liberté et un facteur d'échelle de 14.5^2 (la mise au carré peut être écrite telle quelle : R se charge du calcul, voir fig. 9.14).
3. Nous souhaitons calculer $P(\sigma^2 < 15^2|\boldsymbol{x})$: entrer la valeur de norme 15^2 dans le champ « Valeur ou expression à calculer » et choisir le cumul à gauche.
4. On trouve $P(\sigma^2 < 15^2|\boldsymbol{x}) \approx 0.56637$. Il y a à peine plus d'une chance sur deux que la variance vraie de cette population soit inférieure à la norme. L'évidence n'est pas suffisamment élevée pour que nous concluions à une quelconque spécificité des étudiants en termes de variabilité des scores QI.

Malgré une similitude de surface entre les résultats des approches traditionnelle et bayésienne, dans ce cas particulier d'une loi *a priori* non informative, il y a, dans le raisonnement, plusieurs différences importantes. La première d'entre elles

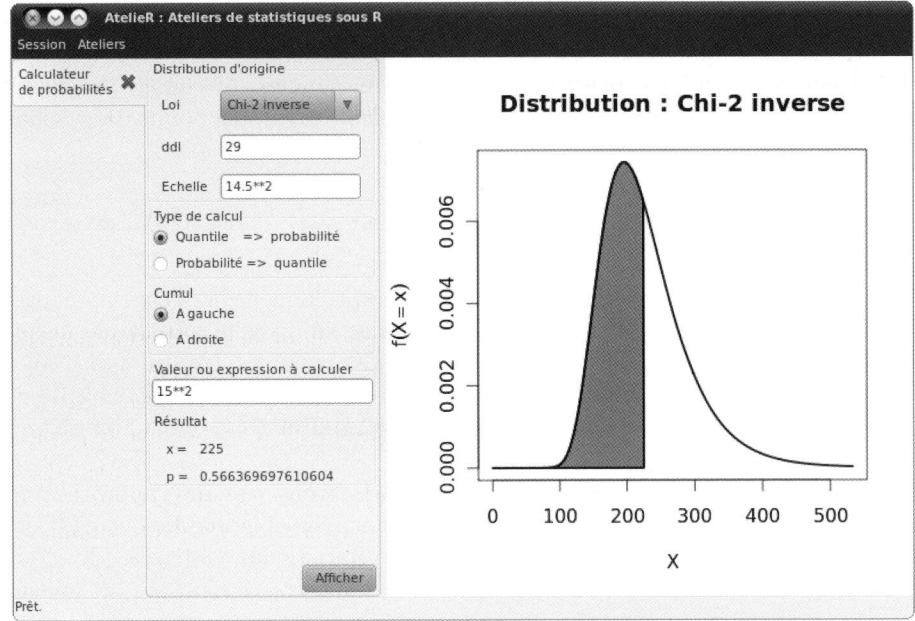

Fig. 9.14 – Distribution *a posteriori* de σ^2 (*a priori* non informatif)

est que nous calculons ici la probabilité d'une hypothèse qui a du sens pour le chercheur, $P(\sigma^2 < 15^2|\boldsymbol{x})$, et non la probabilité des données d'après une certaine hypothèse prise comme référence arbitraire. La deuxième est que le paramètre de moyenne, qui n'a pas d'intérêt central pour la question posée, n'est pas fixé a sa valeur observée, mais traité comme une variable aléatoire dont toutes les valeurs potentielles sont implicitement prises en compte (au prix d'une hypothèse distributionnelle). Cette deuxième caractéristique peut conduire à des résultats différents dès que l'on commence à se donner un peu de liberté dans la définition des lois *a priori*, comme nous le voyons dans la section suivante.

A priori informatif : la loi normale-χ^2-inverse

Dans certains contextes, on peut vouloir intégrer une information préalable sur la variance, comme nous l'avons fait pour l'inférence sur la moyenne dans la section précédente. Cette information peut être apportée par des études antérieures ou les normes d'étalonnage du test. La loi χ^2 inverse que nous avons vue dans la section précédente a suffisamment de flexibilité pour nous permettre de définir des zones de densité privilégiées sur la variance inconnue. Elle a par ailleurs la propriété très intéressante d'être une loi *conjuguée* pour le paramètre de variance dans une loi normale : si nous supposons que σ^2 suit une loi χ^2 inverse *a priori*, alors pour des données gaussiennes, la loi *a posteriori* est également une χ^2 inverse. C'est une propriété que nous avons déjà rencontrée deux fois, à propos de la loi Beta pour la loi binomiale et à propos de la loi normale pour la loi normale des données. Plus spécifiquement, pour pouvoir manipuler un modèle conjoint sur les moyenne et variance inconnues, en nous donnant les moyens de moduler sa forme en fonction d'informations préalables, nous allons faire les deux hypothèses de distribution *a priori* suivantes, en deux niveaux hiérarchiques :

$$\mu|\sigma^2 \sim N\left(\mu_a, \frac{\sigma^2}{n_a}\right),$$

$$\sigma^2 \sim \text{Inv}{-}\chi^2(n_a - 1, \sigma_a^2).$$

La première fait sur la moyenne inconnue une hypothèse de distribution normale *a priori, conditionnelle à la variance*, c'est-à-dire pour une valeur de variance σ^2 donnée. Cela signifie que nous posons sur μ une hypothèse de loi normale dont la forme dépend de la valeur de la variance inconnue. La seconde fait une hypothèse *a priori* sur σ^2 qui dépend d'un paramètre *a priori* σ_a^2 que nous devrons choisir et qui donnera sa forme, plus ou moins étalée, à la loi χ^2 inverse correspondante.

Par définition d'une loi conditionnelle, la loi conjointe *a priori* des deux paramètres peut être retrouvée en calculant $f(\mu, \sigma^2) = f(\mu|\sigma^2)f(\sigma^2)$. Nous ne détaillerons pas ce calcul (voir Gill, 2008, p. 80) mais nous noterons que cette multiplication revient à « mélanger » une loi normale et une loi χ^2 inverse. Nous l'appellerons donc loi normale-χ^2-inverse. Elle hérite des quatre paramètres [8] de ses composantes : μ_a, $\frac{\sigma_a^2}{n_a}$, $\nu_a = n_a - 1$ et σ_a^2. Elle est représentée figure 9.15 (à gauche) pour des valeurs *a priori* $\mu_a = 100$, $\sigma_a = 15$ et $n_a = 2$ (on note que cette valeur d'effectif initial est la plus faible qu'on puisse entrer pour garantir que le nombre de degrés de liberté est non nul). Ces choix de valeurs *a priori* donnent une distribution conjointe sur (μ, σ^2) assez étalée dans l'espace des paramètres. Le point important pour nous est que le calcul de la loi *a posteriori* sur ces paramètres par la formule de Bayes :

$$f(\mu, \sigma|\boldsymbol{x}) = \frac{f(\boldsymbol{x}|\mu, \sigma^2)f(\mu, \upsilon^2)}{f(\boldsymbol{x})}$$

redonne à nouveau une loi Normale-χ^2-inverse, dont les paramètres $\hat{\mu}_p$, n_p et $\hat{\sigma}_p^2$ mis à jour deviennent (Hoff, 2009, p. 75) :

$$\hat{\mu}_p = \left(\frac{n_a}{n_a + N}\right)\mu_a + \left(\frac{N}{n_a + N}\right)\bar{x},$$

$$n_p = n_a + N,$$

$$\hat{\sigma}_p^2 = \left(\frac{1}{n_p - 1}\right)\left[(n_a - 1)\sigma_a^2 + (N - 1)s^2 + \frac{(\bar{x} - \mu_a)^2}{\frac{1}{n_a} + \frac{1}{N}}\right]. \qquad (9.9)$$

---

8. Dans certaines présentations, les nombres d'observations *a priori* qui ont servi à établir l'information disponible sur μ et σ^2 sont distingués. Nous faisons le choix, pour simplifier la présentation, de considérer que nous avons collecté une première série de n_a observations qui ont servi à une première estimation simultanée des deux paramètres μ et σ^2.

Le premier paramètre est remis à jour selon la formule de moyenne pondérée entre moyenne *a priori* et moyenne observée, que nous avons déjà rencontrée. L' effectif *a posteriori* est simplement la somme des effectifs initiaux et actuels, après avoir collecté N données supplémentaires. La variance *a posteriori* a trois composantes (dans les crochets), assez aisément interprétables comme trois sources de variance : la variance des données *a priori*, la variance des N données empiriques nouvellement collectées et la variance inter échantillons (qui mesure le décalage entre l'ancienne et la nouvelle évaluation de la moyenne). Cette deuxième loi normale-χ^2-inverse est représentée sur le panneau de droite de la figure 9.15. Le phénomène déjà observé de « réduction » de l'incertitude est immédiatement observable dans la comparaison des deux panneaux : à partir d'un niveau de connaissance *a priori* assez faible (nous avions choisi $n_a = 2$), l'intégration de N données supplémentaires permet d'affiner l'estimation et la distribution *a posteriori* se resserre autour d'un point modal.

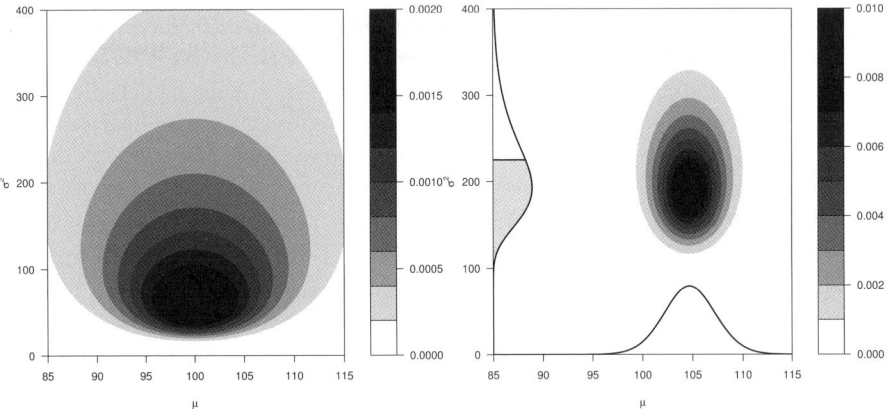

Fig. 9.15 – Lois conjointes *a priori* informative (à gauche) et *a posteriori* (à droite) sur μ et σ^2. On voit comment l'hypothèse assez diffuse *a priori* sur σ^2 se trouve révisée et recentrée après l'examen des données. La loi marginale sur la variance, représentée à gauche du panneau de droite, est une loi χ^2 inverse.

Loi marginale du paramètre de variance

Pour l'inférence sur la variance, c'est la loi marginale $f(\sigma^2|\boldsymbol{x})$ qui est intéressante. Une propriété intéressante de la loi normale-χ^2-inverse est que la loi marginale qui s'en déduit sur le paramètre σ^2 est simplement une loi χ^2 inverse, comme dans le cas non informatif. En particulier, dans la normale-χ^2-inverse *a posteriori* dérivée ci-dessus, la distribution sur la variance est :

$$\sigma^2|x \sim \text{Inv-}\chi^2(n_p - 1, \hat{\sigma}_p^2).$$

Il suffit donc de calculer n_p et $\hat{\sigma}_p^2$ pour pouvoir inférer sur σ^2, par exemple en utilisant le calculateur de probabilités de la librairie `AtelieR`. Sur les données de l'exercice précédent ($\bar{x} = 105$, $s^2 = 14.5^2$, $N = 30$), avec les choix de paramètres *a priori* définis ci-dessus, on trouve :

$$n_p = n_a + N = 32,$$

$$\hat{\sigma}_p^2 = \left(\frac{1}{32-1}\right)\left[(2-1)15^2 + (30-1)14.5^2 + \frac{(105-100)^2}{\frac{1}{2}+\frac{1}{30}}\right] = 205.4556.$$

En entrant les paramètres de 31 degrés de liberté et de facteur d'échelle 205.4556 dans le calculateur de probabilités, loi χ^2 inverse, on trouve $P(\sigma^2 < 15^2|\boldsymbol{x}) = 0.6053$. Cette valeur est peu différente de celle que nous avons obtenue en utilisant une loi non informative, ce qui n'est pas surprenant car nous avons intégré peu d'information *a priori* ici ($n_a = 2$). Nous pouvons observer ce qu'il se passe en variant la quantité d'information *a priori* fournie. Les calculs peuvent être faits automatiquement à l'aide de l'atelier « Inférence bayésienne sur une variance ».

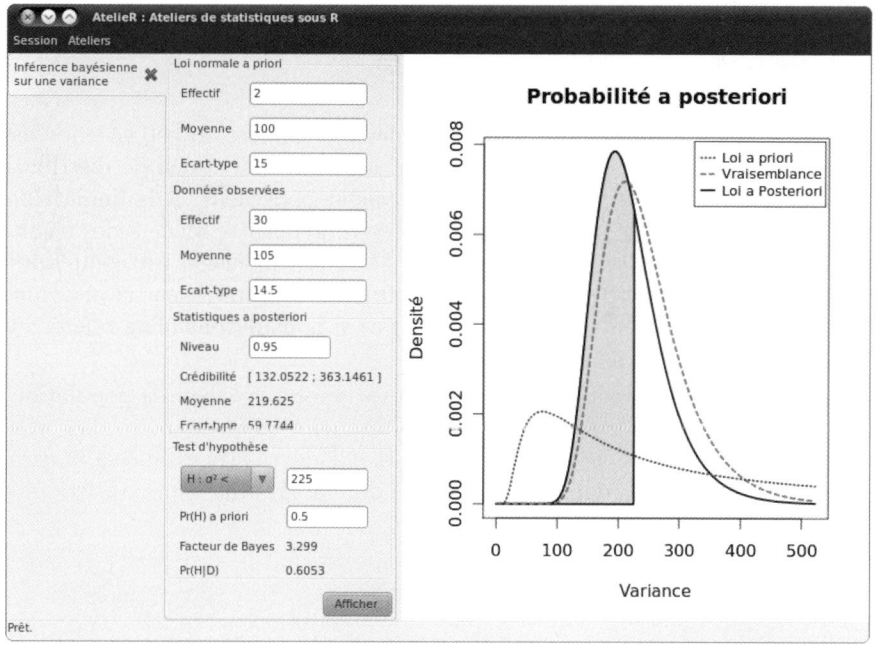

Fig. 9.16 – Distribution *a posteriori* de σ^2 (a priori informatif)

Atelier 9.11 (Inférence bayésienne sur une variance, *a priori* informatif)

1. Ouvrir l'atelier « Ateliers > Calculer > Inférence bayésienne sur une variance ».
2. Reproduire les calculs faits ci-dessus à la main en entrant simplement les paramètres *a priori* ($n_a = 2$, $\mu_a = 100$, $\sigma_a = 15$), les données observées ($\bar{x} = 105$, $s = 14.5$ et $N = 30$), et en sélectionnant l'hypothèse $H : \sigma^2 < 15^2$ (fig. 9.16).
3. Introduire de l'information *a priori* plus riche, constituée des normes du test sur $n_a = 2000$ personnes. La probabilité tombe brutalement à $P(\sigma^2 < 15^2|x) = 0.4934$. Nous avons encore moins de raisons de penser que la variance de score chez ces étudiants est inférieure à la norme.

On voit à nouveau comment l'intégration d'une information préalable peut rendre moins surprenante une différence apparente. *A contrario*, cela devrait nous rendre méfiants vis-à-vis des tests traditionnels, qui font le choix d'ignorer toute forme d'information préalable et courent donc davantage le risque de fausse alerte sur un jeu de données particulier.

9.4   Inférence sur une moyenne : variance inconnue

Dans cette section, nous étudions la loi de Student [9] et l'une de ses applications : la comparaison d'une moyenne à une valeur normative quand la variance du phénomène étudié n'est pas connue et doit être estimée sur les données.

Dans la section 9.2, nous avons traité ce problème en ignorant volontairement le fait que dans la statistique :

$$Z = \frac{\bar{X} - \mu}{\sigma/\sqrt{N}}$$

la moyenne et la variance sont toutes les deux inconnues. Il est en effet facile de s'affranchir d'un seul paramètre inconnu dans une statistique de distribution connue, en posant sur lui une hypothèse de valeur ponctuelle. A la lumière de la valeur p, on peut se faire une idée de ce que cette hypothèse mène à des résultats par trop invraisemblables (faible valeur p). Mais la conclusion est compliquée à tirer si la valeur p faible résulte de deux hypothèses conjointes, sur la moyenne et la variance simultanément. Nous ne savons pas si nous devons alors rejeter l'une ou l'autre, ou même les deux hypothèses.

Nous avons simplifié le problème en fixant la variance à la valeur de population de référence, mais c'est assez artificiel. Il arrive rarement qu'on connaisse la variance vraie d'un phénomène et, la plupart du temps, elle devra être estimée à partir des données. Nous cherchons dans cette section à donner du sens à une statistique qui s'écrirait :

$$T = \frac{\bar{X} - \mu}{S/\sqrt{N}}$$

où la variance inconnue σ^2 est remplacée par son estimation sans biais S^2. La forme de la distribution de la statistique centrée réduite s'en trouve modifiée, car elle dépend désormais de deux variables aléatoires, $\bar{X}$ et S^2. Pour déterminer la distribution de cette statistique, nous avons besoin d'introduire la loi de Student, qui dérive à la fois de la loi normale et de la loi de χ^2.

---

9. Pour la petite histoire, Student ne s'appelait pas du tout Student mais... Gosset. Statisticien pour les bières Guinness, une clause de confidentialité l'empêchait normalement de publier ses travaux. Ce qu'il a tout de même fait, sous ce nom d'emprunt un peu ironique.

9.4.1   La loi de Student

Définition 9.4 (Loi de Student)

Si deux variables aléatoires indépendantes U et V sont telles que $U \sim N(0,1)$ et $V \sim \chi^2(\nu)$, alors la variable :

$$T = \frac{U}{\sqrt{V/\nu}}$$

suit par définition une loi de Student *à ν degrés de liberté. On note $T \sim t(\nu)$. La densité de probabilité correspondante s'écrit :*

$$f(t|\nu) = \frac{1}{C(\nu)} \frac{1}{\sqrt{\left(1 + \frac{t^2}{\nu}\right)^{\nu+1}}},$$

où $C(\nu)$ est une constante de normalisation, dépendant du nombre de degrés de liberté, qui garantit que la surface sous la courbe est égale à 1.

W.S. Gosset (1876-1937)

On voit que dans la construction, la seule liberté qu'on ait est le nombre de degrés de liberté de la χ^2 qui apparaît au dénominateur. C'est donc le seul paramètre de la loi de Student et on l'appelle aussi « nombre de degrés de liberté », hérité de la loi de χ^2 dont elle dérive. L'espérance de la variable est toujours nulle $E(T) = 0$ (pour $\nu > 1$) et sa variance est $V(T) = \frac{\nu}{\nu-2}$ n'est définie que pour $\nu > 2$. On voit qu'elle tend vers 1 quand $\nu \to +\infty$. C'est une loi symétrique, en général plus étalée que la loi normale. Elle tend néanmoins vers la loi normale centrée réduite lorsque le nombre de degrés de liberté croît (fig. 9.17).

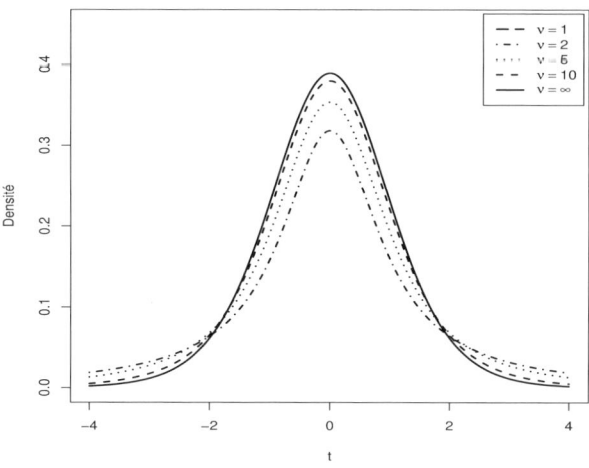

Fig. 9.17 – Formes de la loi de Student pour $\nu \to \infty$. La forme limite est la loi normale $N(0,1)$

9.4.2   Test de comparaison à une norme

Cette distribution peut servir de modèle de distribution pour plusieurs statistiques de décision. En particulier, on note que dans une population normale de moyenne μ_0 supposée connue et de variance σ^2, on a à la fois :

$$U = \frac{\bar{X} - \mu_0}{\sigma/\sqrt{N}} \sim N(0,1) \text{ et } V = (N-1)\frac{S^2}{\sigma^2} \sim \chi^2(N-1).$$

On peut montrer que dans ce cas précis, U et V sont bien indépendantes (car elles dépendent respectivement uniquement de la moyenne et de la variance d'échantillon, qui sont indépendantes dans la distribution normale). On peut donc construire une statistique de Student de la forme (Student, 1908) :

$$T = \frac{U}{\sqrt{V/(N-1)}} = \frac{\frac{\bar{X}-\mu_0}{\sigma/\sqrt{N}}}{\sqrt{(N-1)\frac{S^2}{\sigma^2}\left(\frac{1}{N-1}\right)}} = \frac{\bar{X}-\mu_0}{S/\sqrt{N}} \sim t(N-1), \qquad (9.10)$$

où le paramètre de variance inconnue σ^2 a simplement disparu.

On dispose donc d'une loi exacte (sous l'hypothèse de normalité de la population parente) pour cette statistique de décision calculée avec les moyenne et variance *empiriques*. Lorsque la taille N d'échantillon grandit, l'estimateur S^2 de la variance tend vers la valeur vraie σ^2 et la forme de la distribution de Student se rapproche rapidement (pour $N = 100$ par exemple) de la forme de la loi normale centrée-réduite. On peut donc utiliser la statistique T dans tous les cas : elle n'est pas pénalisée dans le cas où il y a peu d'observations et donne des conclusions semblables à la statistique Z quand il y en a beaucoup.

On note que si la forme de la statistique ressemble beaucoup à celle de la statistique Z, où la variance vraie est remplacée par son estimateur sans biais, le raisonnement qui y mène est très différent. En particulier, si nous n'avions pas besoin de faire d'hypothèse précise sur la distribution des X avec le test Z (seule la distribution asymptotiquement normale de la moyenne $\bar{X}$ était invoquée), il n'en va plus de même avec le T de Student : sa construction requiert que la variable score suive une loi normale. Nous apprendrons à tester cette hypothèse un peu plus loin.

Exercice-type 9.3 (Comparaison à une norme, variance inconnue)

Enoncé   Nous pouvons appliquer cette statistique au problème déjà traité de la comparaison de la moyenne inconnue μ à la WAIS d'un groupe d'étudiants, à la moyenne de la population générale $\mu_0 = 100$. Sur 30 étudiants, nous avons observé $\bar{x} = 105$ et $s = 14.5$.

Problème   Le type de problème posé est la comparaison d'une moyenne à une valeur normative dans le cas où la variance vraie est inconnue.

Hypothèses   Les hypothèses statistiques sont :
$$\begin{cases} H_0 : & \mu = \mu_0, \\ H_1 : & \mu > \mu_0. \end{cases}$$

Procédure   Comme la variance vraie est inconnue, on doit l'estimer à partir des données disponibles et on sait que si les données sont issues d'une loi normale et que H_0 est vraie, on a :
$$T = \frac{\bar{X}-\mu_0}{S/\sqrt{N}} \sim t(N-1).$$

A partir des valeurs empiriques $\bar{x}$ et s, on calcule :

$$t = \frac{\bar{x} - \mu_0}{s/\sqrt{N}} = \frac{105 - 100}{14.5/\sqrt{30}} \approx 1.88.$$

Avec le calculateur de probabilités, on trouve $P(T_{29} > 1.88) \approx 0.0345$.

Décision   Cette probabilité est faible et nous décidons, par comparaison à la valeur seuil $\alpha = 0.05$, de rejeter l'hypothèse nulle.

Conclusion   Les étudiants ont une performance moyenne supérieure à celle de la population générale, avec moins de 5% de chances de tromper.

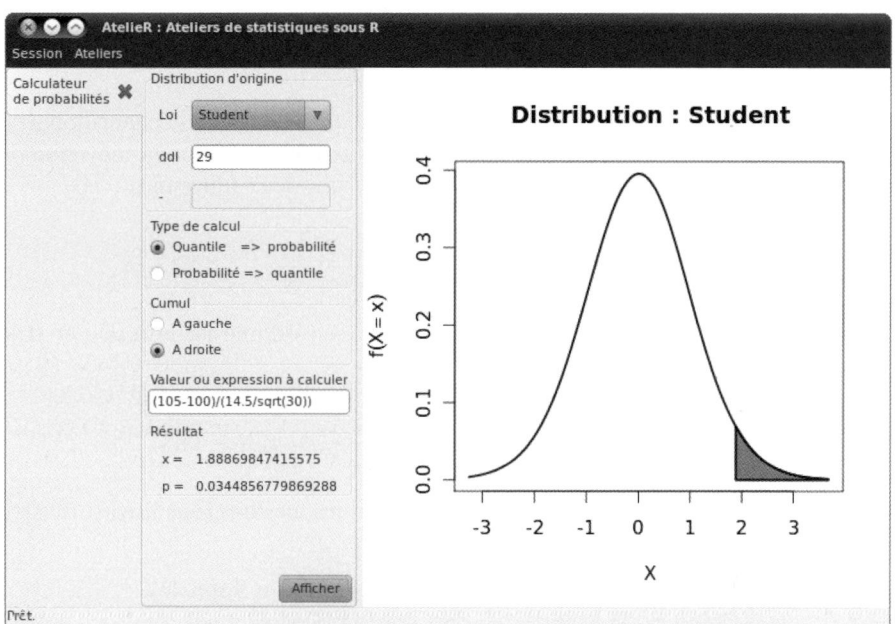

Fig. 9.18 – Performance à la WAIS chez des étudiants

9.4.3   Analyse d'une différence test-retest

On cherche souvent en psychologie à mettre en place une intervention dont on souhaite évaluer les effets sur un groupe de sujets, dans un schéma avant/après : une méthode éducative, une psychothérapie, une manipulation expérimentale... En général, on établit une mesure de performance avant toute intervention, puis on met en place l'intervention et on mesure la performance des sujets une deuxième fois, pour voir si elle a changé.

Dans ce contexte, on cherche donc à comparer deux moyennes de performances sur les mêmes sujets. On appelle ce type de problème : comparaison de deux moyennes sur échantillons dépendants (ou appariés). Il est en fait très simple de le reformuler comme une simple comparaison d'une moyenne à une valeur théorique.

Appelons X_1 et X_2 les deux variables de score, avant et après l'intervention. Dans ce contexte, on choisit de réfléchir sur une nouvelle variable $D = X_1 - X_2$. S'il n'y a pas d'évolution de la performance avec la manipulation ou l'intervention, X_1 et X_2 ont même moyenne, disons μ, et la moyenne vraie μ_D d'évolution des performances dans la population est nulle :

$$\mu_D = E(X_1 - X_2) = E(X_1) - E(X_2) = \mu - \mu = 0.$$

Nous sommes donc simplement en situation de comparer la moyenne μ_D à la norme $\mu_0 = 0$:

$$H_0 : \mu_D = \mu_0 = 0.$$

On peut sur la variable D définir une moyenne et une variance d'échantillon $\bar{D}$ et S_D^2, pour une taille d'échantillon N fixée. On peut remarquer que la moyenne des différences $\bar{D}$ peut être réécrite comme différence des deux moyennes :

$$\bar{D} = \frac{\sum_{i=1}^{N}(x_{1i} - x_{2i})}{N} = \frac{\sum_{i=1}^{N} x_{1i}}{N} - \frac{\sum_{i=1}^{N} x_{2i}}{N} = \bar{X}_1 - \bar{X}_2.$$

Si H_0 est vraie, si les différences de scores sont issues d'une loi normale et si les performances sont indépendantes, on sait que :

$$T = \frac{\bar{D} - \mu_0}{S_d/\sqrt{N}} = \frac{\bar{D} - 0}{S_d/\sqrt{N}} = \frac{\bar{X}_1 - \bar{X}_2}{S_d/\sqrt{N}} \sim t(N - 1).$$

Cette application particulière du T de Student sur des mesures répétées est illustrée dans l'exercice type suivant.

Exercice-type 9.4 (Comparaison de deux moyennes en apparié)

Enoncé   La marine américaine s'intéresse aux effets de la profondeur sur la performance des plongeurs. Une expérience est menée sur 20 sujets pour voir si une pression partielle forte d'azote (liée à la profondeur) porte atteinte à la faculté de raisonner conceptuellement, ceci étant mesuré par un temps moyen mis à résoudre des problèmes. Sur les mêmes plongeurs, on observe à 30 mètres un temps moyen de résolution de 7.47 secondes et à 60 mètres un temps moyen de 10.21 secondes. L'écart type des différences de temps de résolution observées sur chaque plongeur est $s_d = 2.573631$. Diriez-vous que la narcose ralentit le raisonnement ($\alpha = 0.05$) ?

Problème   Le type de problème est la comparaison de deux moyennes inconnues sur deux échantillons de données dépendants. Si P dénote le facteur « profondeur » à deux modalités, et T la variable dépendante de « temps de résolution » le plan d'expérience s'écrit $S_{20} * P_2 \to U_T = [0, +\infty[$. C'est un plan à mesures répétées. On simplifie néanmoins le type de problème en raisonnant sur la variable D « différence des temps à 30 et 60 mètres », et le plan d'analyse devient alors simplement $S_{20} \to U_D =]-\infty; +\infty[$.

Hypothèses   En appelant μ_D la différence moyenne vraie des scores à 30 et à 60 mètres respectivement, les hypothèses statistiques sont :

$$\begin{cases} H_0 : & \mu_D = 0, \\ H_1 : & \mu_D < 0. \end{cases}$$

Sous H_0, on suppose les moyennes de performances égales dans les deux conditions (leur différence est nulle). Sous H_1, la moyenne vraie à 30 mètres est supposée inférieure à celle pour 60 mètres. L'alternative est unilatérale à gauche. Sous cette forme, le type de problème est simplement la comparaison d'une moyenne inconnue à la norme 0.

Procédure   Si H_0 est vraie, si les performances sont indépendantes et si la distribution des temps est normale [10], on a :

$$T = \frac{\bar{X}_1 - \bar{X}_2}{S_d/\sqrt{N}} \sim t(N-1).$$

On calcule :

$$t_{19} = \frac{\bar{x}_1 - \bar{x}_2}{s_d/\sqrt{N}} = \frac{7.47 - 10.21}{2.573631/\sqrt{20}} \approx -4.74.$$

Décision   A l'aide du calculateur de probabilités, on trouve que $P(T_{19} < -4.74) = 0.000067$. On peut donc rejeter l'hypothèse nulle avec une probabilité infime de se tromper.

Conclusion   On conclut que le temps moyen de résolution des problèmes est plus court à 30 mètres qu'à 60.

9.4.4   Inférence sur la taille de l'effet

Le d de Cohen

La puissance statistique de détection d'un effet varie en fonction de plusieurs paramètres : le nombre d'observations disponibles, la taille de l'effet dans la population (par exemple la différence des moyennes vraies $\delta = \mu - \mu_0$) et le seuil de décision α qu'on se donne.

Les revues internationales de psychologie exigent maintenant que tout résultat statistique soit accompagné d'une mesure de la *taille de l'effet expérimental*. On peut en effet mettre en évidence une différence de moyenne significative, sans que cette différence soit de très grande amplitude, notamment si les échantillons sont de grande taille. Avec une taille d'effet petite, une différence même reconnue comme significative n'a pas beaucoup d'intérêt d'un point de vue psychologique. Il faut donc distinguer entre la conclusion qu'on tire au vu de la valeur p (dont la petitesse n'est pas simplement liée à la taille de l'effet) et l'estimation de cette taille d'effet.

En pratique, Cohen (1988) propose de mesurer la taille de l'effet expérimental en proportion de l'erreur de mesure σ, pour pouvoir établir plus facilement des normes applicables à tous les contextes expérimentaux. C'est ce qu'on appelle l'*effet standardisé* :

$$\delta_s = \frac{\mu - \mu_0}{\sigma}.$$

Les quantités concernées sont inconnues et on calcule en pratique un indice de taille d'effet sur les estimations disponibles $d_s = (\bar{x} - \mu_0)/s$, où s est l'écart type empirique des données. L'avantage d'une telle mesure est qu'elle permet de comparer des amplitudes d'effets expérimentaux d'une étude à l'autre, éventuellement sur des variables dépendantes différentes (pour un même construit psychologique). Cohen (1988) donne les repères suivants, arbitraires mais basés sur une certaine expérience des données, sur la valeur absolue du d :

---

10. Ceci doit faire l'objet d'un test approprié, que l'on étudie plus loin.

d de Cohen	Taille d'effet
<0.20	Négligeable
0.20-0.50	Faible
0.50-080	Moyenne
>0.80	Elevée

On note que le lien à la formule du T de Student est simple et si on a déjà calculé un t observé, on a :

$$d_s = \frac{t}{\sqrt{N}}.$$

Sur notre exemple ci-dessus, on trouve (en valeur absolue) $d_s = \frac{4.74}{\sqrt{20}} = 1.06$ et on peut dire que la taille de l'effet est élevée. Sous cette forme purement descriptive, la mesure de la taille de l'effet ne représente en aucune manière un test statistique en tant que tel. Il vient simplement compléter l'information fournie par le test, pour donner une mesure d'amplitude de l'effet. Si nous voulons pouvoir dire plus sur la valeur vraie inconnue δ_s, il nous faut tenter d'établir la distribution d'échantillonnage de d_s.

La loi de Student non centrale
Il est commode pour cela de faire le lien avec ce que nous savons de la distribution de la statistique T de Student, qui lui est liée de manière simple par $T = d_s\sqrt{N}$. On peut rendre le lien plus apparent encore en examinant la structure de la statistique de Student usuelle $T = (\bar{x} - \mu_0)/\sqrt{s^2/N}$ *quand l'hypothèse nulle est fausse,* autrement dit quand $\mu \neq \mu_0$. Dans ce cas, la statistique centrée réduite définitoire 9.10 peut être réécrite comme :

$$T' = \frac{\frac{\bar{X}-\mu_0}{\sigma/\sqrt{N}}}{\sqrt{\frac{(N-1)S^2}{\sigma^2(N-1)}}} = \frac{\frac{\bar{X}-\mu+\mu-\mu_0}{\sigma/\sqrt{N}}}{\frac{S}{\sigma}} = \frac{\left(\frac{\bar{X}-\mu}{\sigma/\sqrt{N}}\right) + \sqrt{N}\left(\frac{\mu-\mu_0}{\sigma}\right)}{\frac{S}{\sigma}}. \tag{9.11}$$

Comme on le voit, le numérateur de cette statistique fait la somme d'une variable $N(0,1)$ et de la constante $\delta_s\sqrt{N}$. Ce n'est donc plus une $N(0,1)$, comme dans la définition de la loi de Student usuelle, mais une $N(\delta_s\sqrt{N}, 1)$, par les propriétés des espérances. Quand l'hypothèse nulle est fausse, la distribution du numérateur du T n'est plus centrée sur 0, mais est *décentrée* d'une quantité $\delta_s\sqrt{N}$. La loi qui en résulte n'est plus une loi de Student ordinaire, mais une *loi de Student non centrale*.

Définition 9.5 (Loi de Student non centrale)
Si deux variables aléatoires indépendantes U et V sont telles que $U \sim N(\Delta, \lambda^2)$ et $V \sim \chi^2(\nu)$, alors la variable :

$$T' = \frac{U}{\sqrt{V/\nu}}$$

suit par définition une loi de Student non centrale *à ν degrés de liberté, de para-mètre de non-centralité* Δ *et de facteur d'échelle* λ. *On note* $T' \sim t'_\nu(\Delta, \lambda^2)$.

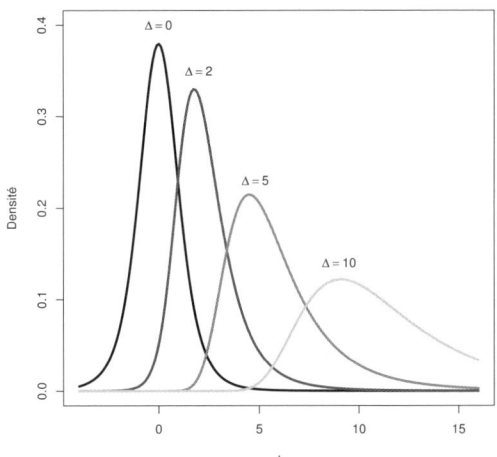

Fig. 9.19 – Formes variées de la loi de Student quand on varie le paramètre Δ de non-centralité

Comme on peut s'y attendre, cette distribution décentrée est en général dissymétrique, spécialement pour les faibles valeurs de degrés de liberté (voir fig. 9.19). Elle tend cependant vers la loi normale quand $\nu \to \infty$. On retrouve naturellement la loi de Student quand $\Delta = 0$ et $\lambda = 1$.

Dans la décomposition :

$$\left(\frac{\bar{X} - \mu_0}{S/\sqrt{N}} \right) = \frac{\left(\frac{X-\mu}{\sigma/\sqrt{N}} \right) + \sqrt{N}\left(\frac{\mu-\mu_0}{\sigma} \right)}{\frac{S}{\sigma}},$$

on peut réécrire de façon symbolique les différentes variables aléatoires de lois connues qui sont combinées :

$$T' = \frac{N(0,1) + \sqrt{N}\delta_s}{\sqrt{\frac{\chi^2_\nu}{\nu}}}.$$

La distribution de la statistique T' en 9.11 est donc par définition une Student non centrale à $N - 1$ degrés de liberté, dont le paramètre de non-centralité est $\Delta = \sqrt{N}\left(\frac{\mu_0 - \mu}{\sigma}\right)$ et l'échelle $\lambda = 1$. Cette relation peut aussi être exprimée sur les effets standardisés en divisant à gauche et à droite par $\sqrt{N}$, ce qui représente un simple changement d'échelle dans la Student non centrale, sans changer la famille de distribution :

$$\left(\frac{\bar{X} - \mu_0}{S}\right) = \frac{\left(\frac{\bar{X} - \mu}{\sigma}\right) + \left(\frac{\mu - \mu_0}{\sigma}\right)}{\frac{S}{\sigma}}$$

$$D_s = \frac{N\left(0, \frac{1}{N}\right) + \delta_s}{\sqrt{\frac{\chi_\nu^2}{\nu}}}.$$

En résumant les données simplement par le d de Cohen empirique (qui intègre les deux statistiques suffisantes $\bar{X}$ et S^2), on voit donc que la vraisemblance des données ainsi présentées est une loi de Student non centrale à $N-1$ degrés de liberté, d'échelle $1/N$ et de non centralité δ_s, ce que l'on peut écrire symboliquement : $D_s|\delta_s \sim t'_{N-1}\left(\delta_s, \frac{1}{N}\right)$. Naturellement δ_s est inconnu dans cette expression et nous aimerions pouvoir inférer sur ses valeurs probables. A partir des résultats d'une expérience où nous trouvons un effet standardisé d_s non négligeable, on peut par exemple faire des hypothèses ponctuelles sur δ_s, comme nous l'avons fait pour la moyenne. On note que si l'on pose par exemple l'hypothèse $H_0 : \delta_s = 0$, la loi redevient centrale et la distribution de D_s est une Student généralisée $t_{N-1}\left(0, \frac{1}{N}\right)$, qui ne diffère de la loi de Student habituelle que par un facteur d'échelle $1/N$. Le test de $H_0 : \delta_s = 0$ dans ce cas est totalement équivalent au test de $H_0 : \mu = \mu_0$ par le T de Student classique. Mais l'on peut vouloir tester $H_0 : \delta_s = 0.2$ contre $H_1 : \delta_s > 0.2$ par exemple, en prenant comme norme de référence la valeur d'effet minimale notable définie par Cohen (1988). Sous l'hypothèse nulle, on a $D_s \sim t'_{N-1}(0.2, 1/N)$ et on peut alors calculer $p = P(D_s > d_s|\delta_s = 0.2)$. Si cette valeur p est trop faible, on jugera que notre effet standard observé est trop grand pour accepter $\delta_s = 0.2$. Les valeurs 0.5 ou 0.8 peuvent faire l'objet des mêmes comparaisons.

Exercice-type 9.5 (Comparaison d'une taille d'effet à une norme)

Enoncé Dans l'étude de la marine américaine sur la narcose à l'azote, on a trouvé $t = -4.74$ pour $N = 20$ sujets, autrement dit une taille d'effet signée de $d_s = t/\sqrt{N} = -1.06$. Diriez-vous que la taille d'effet est grande dans cette expérience ($\alpha = 0.05$) ?

Problème Le type de problème est la comparaison d'un effet standardisé à une norme.

Hypothèses Selon les conventions usuelles en psychologie, on appelle taille d'effet grande une valeur $|\delta_s| > 0.8$. Compte tenu du sens observé (et attendu) de l'effet ici, les hypothèses statistiques sont :

$$\begin{cases} H_0 : & \delta_s = -0.8, \\ H_1 : & \delta_s < -0.8. \end{cases}$$

Sous H_0, on suppose l'effet standard vrai égal à la borne limite définitoire d'un effet de taille moyenne et sous H_1 on suppose une valeur plus extrême encore. L'alternative est unilatérale à gauche.

Procédure Si H_0 est vraie, si les performances sont indépendantes, et si la distribution des temps est normale, on sait que :

$$D_s = \frac{\bar{X}_1 - \bar{X}_2}{S_d} = \frac{T}{\sqrt{N}} \sim t'_{N-1}\left(-0.8, \frac{1}{N}\right).$$

On a calculé $d_s = t/\sqrt{N} = -1.06$.

Décision   A l'aide du calculateur de probabilités (voir fig. 9.20), en sélectionnant loi de Student non cen-
              trale, et en fixant les paramètres de non centralité et d'échelle à -0.8 et $1/\sqrt{20}$ respectivement,
              pour $20 - 1 = 19$ degrés de liberté, on trouve que $P(D_s < -1.06) = 0.19$. On ne peut donc
              pas rejeter l'hypothèse nulle.

Conclusion   On ajoute donc à la conclusion sur le caractère significatif de l'effet de la profondeur, déjà établi
              dans un exercice précédent, la qualification de ce que l'effet en question peut être prudem-
              ment considéré comme de taille moyenne (on vérifie facilement qu'un test analogue rejetterait
              l'hypothèse $\delta_s = -0.5$).

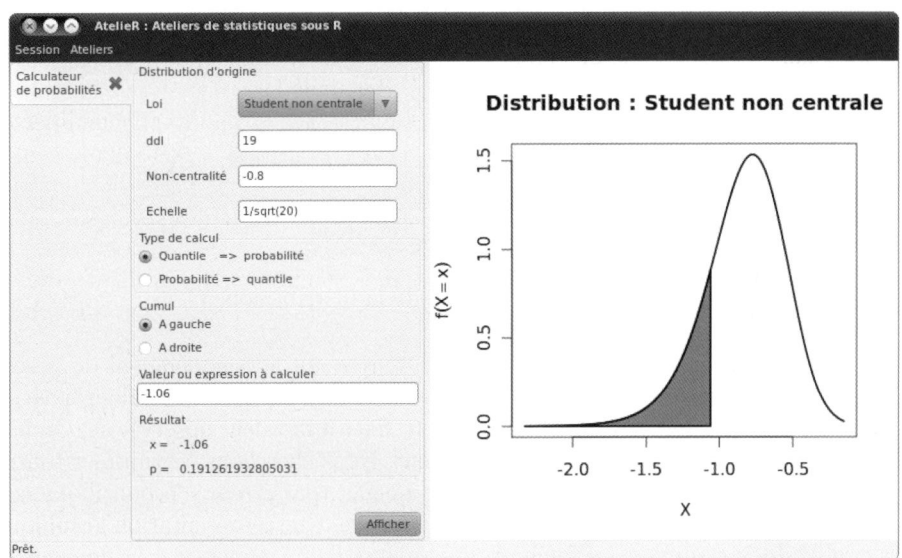

Fig. 9.20 – Calcul d'une valeur p dans une loi de Student non-centrale pour le test sur une taille d'effet standardisée

La distribution Λ'

Nous pourrions mener l'analyse précédente pour toute une série de valeurs possibles de δ_s et observer à chaque fois quelle est la probabilité d'avoir un d_s au moins aussi extrême que celui observé. Une procédure présentée dans Steiger & Fouladi (1997) désormais recommandée dans la littérature psychologique (Cumming & Finch, 2001) pour caractériser la taille d'un effet, consiste à chercher les valeurs de δ_s pour lesquelles une valeur au moins aussi extrême que d_s a 2.5% de chances (par exemple) de survenir, *dans un sens comme dans l'autre*, c'est-à-dire comme petite ou grande valeur. Nous illustrons cette procédure, très facile à mettre en œuvre avec le calculateur de probabilités, dans l'atelier suivant.

Atelier 9.12 (Intervalle de confiance sur une taille d'effet)

1. Ouvrir l'atelier « Ateliers > Calculer > Calculateur de probabilités ».
2. Sélectionner une loi de Student non centrale, et définir les paramètres de degrés de liberté et d'échelle à $20 - 1 = 19$, et $1/\sqrt{20}$ respectivement.
3. Par tâtonnements successifs, chercher la valeur du paramètre de non-centralité pour laquelle le $d_s = -1.06$ observé est une valeur extrême à droite, de telle sorte que la probabilité d'une valeur plus extrême encore n'est que de 0.025. On appellera $\delta_s^{(B)}$ cette valeur basse d'effet vrai standard.

4. Faire de même pour trouver une valeur de non-centralité pour laquelle le d_s observé est une valeur extrême à gauche, de telle sorte que la probabilité d'une valeur plus faible encore n'est que de 0.025. On appellera $\delta_s^{(H)}$ cette valeur haute d'effet vrai standard.

5. On appelle intervalle de confiance sur l'effet standardisé, à 95% de confiance, l'intervalle $IC_{0.95} = [\delta_s^{(B)}; \delta_s^{(H)}]$ ainsi construit. On trouve approximativement $IC_{0.95} = [-1.60; -0.49]$.

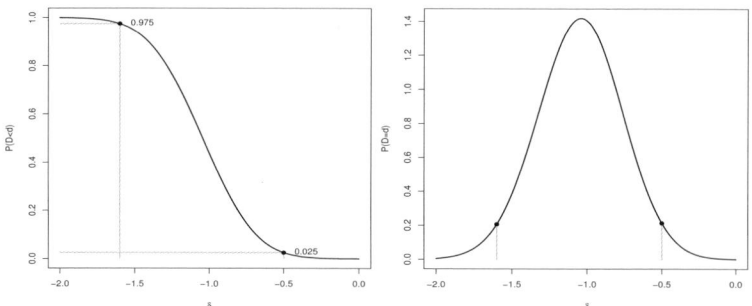

Fig. 9.21 – Construction de la distribution Λ'

Nous pouvons généraliser cette procédure en renversant le raisonnement de la section précédente : plutôt que d'étudier la distribution de D_s pour une valeur fixée de δ_s, faisons varier systématiquement δ_s pour D_s fixée à sa valeur observée d_s. On fait ainsi « pivoter » d_s et δ_s dans le raisonnement. Nous cherchons à examiner toutes les valeurs plausibles de δ_s qui auraient pu amener, par erreur d'échantillonnage, notre valeur observée d_s ou une valeur plus extrême. Une représentation graphique des probabilités associées, en fonction des valeurs de δ_s, apparaît à la figure 9.21 (panneau de gauche). On voit que lorsque $\delta_s \to -\infty$ (large grandeur d'effet négative), la probabilité d'obtenir d_s ou un effet plus marqué encore augmente. On peut considérer cette fonction comme une distribution cumulée, dont la densité est reconstruite sur le panneau de droite de la figure. Lecoutre (2007) fait remarquer que le problème d'avoir à rechercher les bornes d'un intervalle de confiance sur l'effet standardisé est alors simplement le problème de chercher les quantiles d'ordre $\alpha/2$ et $1-\alpha/2$ dans cette distribution, ce qui est beaucoup plus simple. Il est surprenant que cette approche, déjà évoquée par Rouanet (1996), ne soit pas aujourd'hui plus répandue dans la littérature internationale. En procédant ainsi, nous sommes aux frontières d'un raisonnement bayésien, car la fonction de vraisemblance obtenue peut être vue comme une loi *a posteriori* sur le paramètre inconnu δ, quand on dote celui-ci d'une loi *a priori* non informative. Nous développons ce point dans la section suivante.

La distribution peut être caractérisée à partir du pivotement :

$$P\left(\frac{N\left(0, \frac{1}{N}\right) + \delta_s}{\sqrt{\frac{\chi_\nu^2}{\nu}}} < d_s\right) = P\left(\delta_s < d_s\sqrt{\frac{\chi_\nu^2}{\nu}} - N\left(0, \frac{1}{N}\right)\right). \qquad (9.12)$$

Définition 9.6 (Loi Λ')

Si deux variables aléatoires indépendantes U et V sont telles que $U \sim N(0, \lambda^2)$ et $V \sim \chi^2(\nu)$, alors la variable :

$$\Delta = U + a\sqrt{V/\nu}$$

suit par définition une loi Λ' *(lire « lambda prime ») à ν degrés de liberté, de paramètre de non-centralité a et de facteur d'échelle λ. On note $\Delta \sim \Lambda'_\nu(a, \lambda^2)$.*

Cette loi, mise en avant par Lecoutre (1984, 1999) après Fisher (1990), est notamment celle d'un effet standardisé. Elle a pour propriété de tendre vers la loi normale $N(a, \lambda^2)$ quand le nombre de degrés de liberté augmente. Dans le cas du d de Cohen, cette distribution tend donc vers une loi normale $N\left(d_s, \frac{1}{N}\right)$. De la relation de pivotement 9.12, on peut aussi déduire que $P\left(T'_{N-1}\left(\delta_s, \frac{1}{N}\right) < d_s\right) = P\left(\Lambda'_{N-1}\left(d_s, \frac{1}{N}\right) > \delta_s\right)$. Les probabilités cumulées dans une Λ' peuvent donc être calculées dans une Student non centrale, en échangeant simplement les rôles du quantile et du paramètre de non centralité, et en changeant le sens du cumul. C'est ainsi qu'elle est implémentée dans l'atelier « Calculateur de probabilités », distribution « Lambda-prime ».

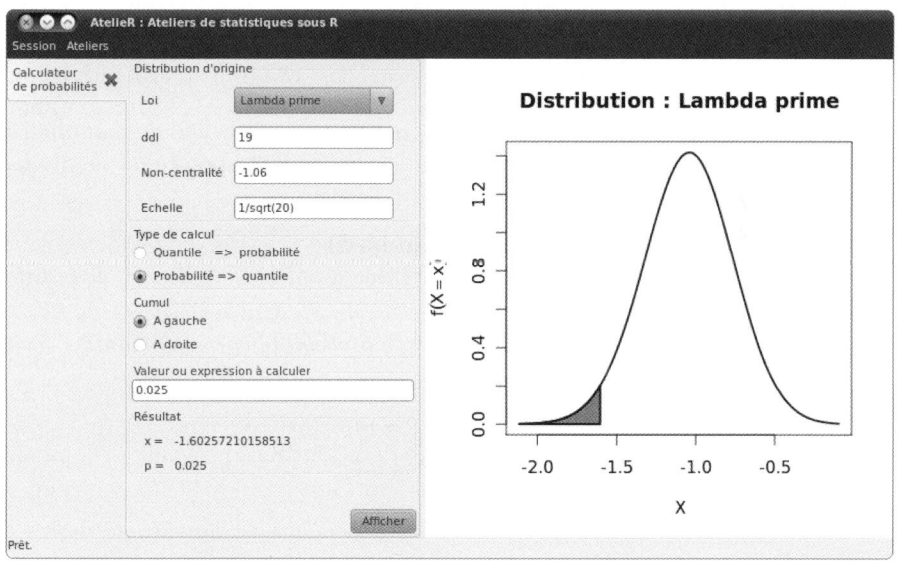

Fig. 9.22 – Usage de la distribution Λ'

Atelier 9.13 (Intervalle de confiance sur une taille d'effet)

1. Ouvrir l'atelier « Ateliers > Calculer > Calculateur de probabilités ».

2. Sélectionner la loi « Lambda-prime » et définir les paramètres de degrés de liberté et d'échelle à $20 - 1 = 19$ et $1/\sqrt{20}$ respectivement. Fixer le paramètre de non-centralité à -1.06.

3. Cherchez les quantiles d'ordre 0.025 et 0.975 en entrant tour à tour ces probabilités dans le champ « Valeur ». Prendre soin de définir le sens du calcul comme « Probabilité→Quantile » (fig. 9.22).
4. On trouve $IC_{0.95} = [-1.60; -0.5]$.

9.4.5   Approche bayésienne

Dans l'approche bayésienne, nous cherchons à calculer des probabilités sur les paramètres directement, considérés comme des variables aléatoires. Cette approche peut être utilisée pour inférer sur la variance inconnue, comme nous l'avons vu, mais aussi sur la moyenne, ainsi que sur l'effet standardisé.

Inférence sur la moyenne
L'inférence bayésienne sur la moyenne considère ce paramètre comme une variable aléatoire sur laquelle l'incertitude est formalisée par une hypothèse de distribution *a priori*. Comme nous l'avons vu avec la variance, l'inférence sur l'un ou l'autre des deux paramètres de la loi normale suppose de prendre en compte l'autre. On doit donc disposer d'un modèle de loi conjointe *a priori* $f(\mu, \sigma^2)$, ainsi que d'hypothèses de loi marginales *a priori* $f(\mu)$ et $f(\sigma^2)$ pour ces deux paramètres séparément, pour retrouver par le théorème de Bayes une loi conjointe *a posteriori* $f(\mu, \sigma^2|\boldsymbol{x}) = f(\boldsymbol{x}|\mu, \sigma^2)f(\mu, \sigma^2)/f(\boldsymbol{x})$. La démarche étant tout à fait la même que celle utilisée pour la variance dans la section précédente, nous amenons directement les résultats principaux.

Loi *a priori* non informative
Avec le choix non informatif de loi *a priori* $f(\mu, \sigma^2) \propto \frac{1}{\sigma^2}$, le calcul de marginalisation de σ^2 fait apparaître une variante de la loi de Student appelée *loi de Student non standard* ou généralisée.

Définition 9.7 (Loi de Student non standard)
Une variable Y suit une loi de Student généralisée *à ν degrés de liberté, de position θ et de facteur d'échelle λ, si $\frac{Y-\theta}{\lambda}$ suit une loi de Student à ν degrés de liberté. On écrit en abrégé $Y \sim t_\nu(\theta, \lambda^2)$. La densité de probabilité correspondante s'écrit :*

$$f(t|\nu, \theta, \lambda^2) = \frac{1}{C(\nu)}\left(\frac{1}{\lambda}\right)\frac{1}{\sqrt{\left(1 + \frac{((t-\theta)/\lambda)^2}{\nu}\right)^{\nu+1}}}$$

où $C(\nu)$ est une constante de normalisation, dépendant du nombre de degrés de liberté.

Cette loi ne diffère donc de la loi de Student que nous avons vue dans la première partie de cette section que d'une constante additive (sa moyenne n'est plus nécessairement nulle) et d'un facteur d'échelle (elle est dilatée). Une autre manière de le dire est que si une variable X suit une loi de Student standard (celle du début de cette section), notée $t_\nu(0, 1)$, alors sa transformée $Y = \lambda X + \theta$ suit une loi de

Student généralisée (ou non standard) $t_\nu(\theta, \lambda^2)$, de centre θ et d'échelle λ. La figure 9.23 montre une loi de Student standard à 10 degrés de liberté à côté de celle qu'on obtient en multipliant par 2 la même variable et en lui ajoutant 3. On voit que la forme initiale se trouve ainsi simplement déplacée de 3 unités vers la droite et dilatée horizontalement d'un facteur 2. Les densités se trouvent automatiquement divisées par 2 (la nouvelle forme est plus aplatie) pour conserver une surface sous la courbe égale à 1 : c'est la raison pour laquelle on voit apparaître le facteur $1/\lambda$ dans la densité écrite ci-dessus. Les *probabilités* ne changeront donc pas par cette opération de dilatation et il sera tout à fait équivalent de cumuler à droite d'une valeur de référence t_0 dans une $t_\nu(\theta, \lambda^2)$ ou à droite de $\frac{t_0 - \theta}{\lambda}$ dans une $t_\nu(0, 1)$.

C'est un peu le même genre de relation que nous avons déjà vue entre loi normale standard et loi normale générale. On prendra garde cependant à ne pas confondre le facteur d'échelle λ avec l'écart type de la distribution de Student généralisée. L'écart type de la loi de Student dite standard n'est en effet pas égal à 1 mais à $\sqrt{\nu/(\nu-2)}$ où ν est son nombre de degrés de liberté. L'écart type d'une loi de Student généralisée obtenue par la transformation $Y = \lambda X + \theta$ est donc $\lambda\sqrt{\nu/(\nu-2)}$ et non pas λ.

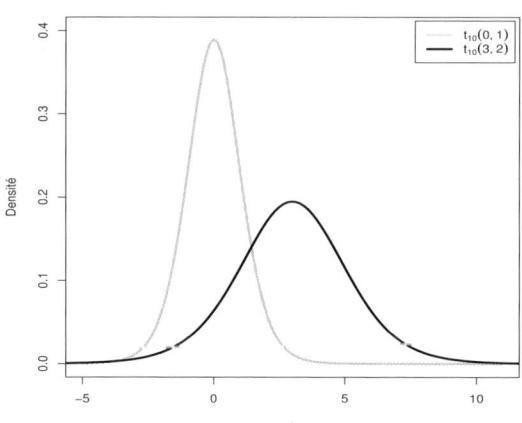

Fig. 9.23 – Lois de Student standard et généralisée. La forme généralisée est obtenue par modification de centre et d'échelle à partir de la forme standard.

Le résultat simple qui apparaît lorsqu'on calcule la densité *a posteriori* $f(\mu|x)$, en intégrant sur σ^2 l'expression 9.8, est une loi de Student généralisée centrée sur $\bar{x}$ et de facteur d'échelle s^2/N. On écrit : $\mu|x \sim t_{N-1}\left(\bar{x}, \frac{s^2}{N}\right)$. Si l'on veut tester l'hypothèse $H : \mu > \mu_0$, où μ_0 est une valeur de référence signifiante, il suffit de calculer $P(\mu > \mu_0|x)$ en cumulant à droite dans cette Student généralisée. On acceptera cette hypothèse si $P(\mu > \mu_0|x)$ est suffisamment grande, par exemple plus grande qu'un niveau de garantie choisi à l'avance. On pourrait aussi se ramener à une procédure très semblable à l'inférence traditionnelle, en notant que, par les propriétés décrites ci-dessus de la Student non standard, on a par simple restandardisation :

$$T = \frac{\mu - \bar{x}}{\sqrt{\frac{s^2}{N}}} \sim t_{N-1}(0,1).$$

On voit que les rôles de μ et de $\bar{x}$ se trouvent en quelque sorte échangés dans cette statistique, par rapport à la statistique traditionnelle. C'est bien μ qui est variable aléatoire dans cette expression, et $\bar{x}$ n'est plus qu'un paramètre de position (c'est la raison pour laquelle elle est écrite en minuscule). Cette différence importante de formulation apparaît dans l'exercice-type suivant, qu'on pourra comparer à la version traditionnelle présentée dans l'exercice 9.3.

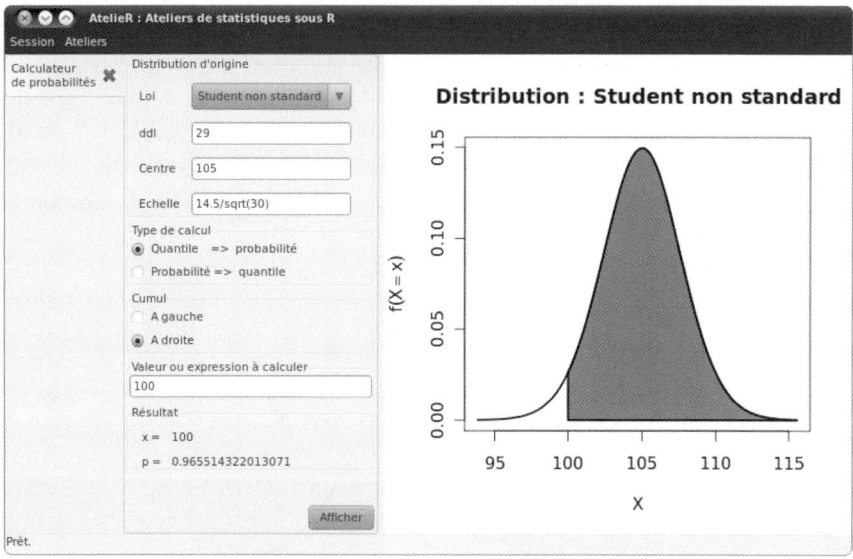

Fig. 9.24 – Probabilité *a posteriori* de l'hypothèse $H : \mu > 100$ dans une loi de Student, avec *a priori* non informatif

Exercice-type 9.6 (Comparaison d'une moyenne à une norme)
Nous reprenons ici ce problème avec une approche bayésienne.

Enoncé	On fait passer un test de WAIS à $N = 30$ étudiants et on observe $\bar{x} = 105$ et $s = 14.5$. Peut-on dire que ce groupe est issu d'une population d'intelligence supérieure à la norme, avec un niveau de garantie au moins égal à 0.95 ?
Problème	Le type de problème posé est la comparaison d'une moyenne à une valeur normative dans le cas où la variance vraie est inconnue, dans une approche bayésienne.
Hypothèse	Nous souhaitons mettre à l'épreuve l'hypothèse $H : \mu > 100$.
Procédure	La statistique de décision est la probabilité *a posteriori* de l'hypothèse : $P(\mu > \mu_0 \vert \boldsymbol{x})$. Comme la variance vraie est inconnue, on doit l'estimer à partir des données disponibles et on sait que si les données sont issues d'une loi normale et les paramètres inconnus dotés d'une loi *a priori* non informative, on a sur la moyenne inconnue la distribution *a posteriori* $\mu\vert\boldsymbol{x} \sim t_{N-1}\left(\bar{x}, \frac{s^2}{N}\right)$ et $P(\mu > \mu_0 \vert \boldsymbol{x})$ peut donc être calculée dans cette loi. Avec le calculateur de probabilités (voir fig. 9.24), en choisissant la loi de Student non standard, à $N - 1 = 29$ degrés de liberté, de centre

105 et d'échelle $14.5/\sqrt{30}$, on trouve immédiatement $P(\mu > \mu_0|\boldsymbol{x}) = 0.9655$. On note que, de façon équivalente, on aurait pour la statistique normalisée :

$$T = \frac{\mu - \bar{x}}{s/\sqrt{N}} \sim t_{N-1}(0,1),$$

ce qui permettrait d'utiliser une loi de Student usuelle. A partir des valeurs empiriques $\bar{x}$ et s, on calculerait :

$$t = \frac{\mu_0 - \bar{x}}{s/\sqrt{N}} = \frac{100 - 105}{14.5/\sqrt{30}} \approx -1.88.$$

Avec le calculateur de probabilités, on vérifie qu'on retrouve bien $P(T_{29} > -1.88) \approx 0.9655$.

Décision   Cette probabilité est très élevée, plus élevée que le niveau de garantie 0.95 que nous nous sommes fixés et nous décidons d'accepter l'hypothèse.

Conclusion   Au vu des données et sans information *a priori*, les étudiants ont une performance moyenne supérieure à celle de la population générale, avec au moins 95% de chances d'avoir raison.

Plusieurs différences importantes dans le raisonnement et les formulations apparaissent dans la démarche bayésienne. On note que le modèle de distribution porte désormais sur l'*hypothèse* et non sur les données. La conclusion se formule donc en terme de *probabilité que l'hypothèse soit vraie*, ce qui est beaucoup plus intuitif que « la probabilité d'avoir des données au moins aussi extrêmes si l'hypothèse de référence H_0 est vraie » ! Le modèle de distribution ne dépend pas d'une hypothèse de référence : nous n'avons plus besoin de poser $H_0 : \mu = \mu_0$ vraie pour donner du sens à la statistique de Student. Par contre, elle dépend du choix particulier que nous avons fait pour la loi *a priori* (ici une loi uniforme sur μ) et d'autres choix pourraient amener d'autres conclusions. Nous avons donc une grande liberté dans la manière de poser notre sentiment initial sur μ et cette liberté a pu être vue par certains comme trop subjective. En situation d'incertitude complète, on privilégiera une loi non informative, mais dès qu'une information initiale est disponible, on prendra soin de l'intégrer au raisonnement bayésien, car comme nous l'avons vu, des résultats peuvent apparaître beaucoup moins surprenants dès lors qu'une information *a priori* vient nous éclairer.

Loi *a priori* informative

Nous avons déjà vu que le modèle de la loi normale-χ^2-inverse pouvait servir de loi conjointe pour les deux paramètres μ et σ^2 d'une loi normale. Nous avons à la section 9.3.4 obtenu un modèle de loi χ^2-inverse pour la variance σ^2, en intégrant sur le paramètre de moyenne inconnue. Nous pouvons maintenant regarder l'autre marge de cette distribution bivariée, en intégrant sur le paramètre de variance σ^2 pour obtenir la loi *a posteriori* marginale sur μ : $f(\mu|\boldsymbol{x}) = \int_0^{+\infty} f(\mu, \sigma^2|\boldsymbol{x})d\sigma^2$. Une vue d'ensemble du modèle informatif normal-χ^2-inverse, et ses deux marges sur μ et σ^2, est proposée fig. 9.25, qui résume visuellement les principaux éléments du modèle dont nous avons besoin pour inférer sur la variance et sur la moyenne en présence d'information *a priori*.

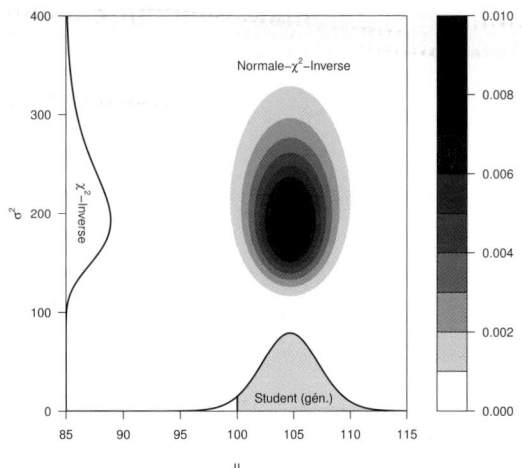

Fig. 9.25 – Loi marginale *a posteriori* de Student généralisée pour le paramètre de moyenne

Le résultat principal de ce calcul de la loi *a posteriori* sur μ est très simple à formuler : c'est à nouveau une loi de Student généralisée, mais dont les paramètres sont calculés à partir des données par les équations de mise à jour 9.9. On a :

$$\mu | \boldsymbol{x} \sim t_\nu \left(\hat{\mu}_p, \frac{\hat{\sigma}_p^2}{n_p} \right).$$

Au sein de cette loi, nous pouvons, pour des données observées $\bar{x}$ et s^2, calculer facilement des probabilités éclairantes telles que $P(\mu > \mu_0 | \boldsymbol{x})$ ou $P(\mu < \mu_0 | \boldsymbol{x})$, si l'on dispose d'une valeur de norme μ_0. Tous ces calculs peuvent être faits automatiquement à l'aide de l'atelier « Inférence bayésienne sur une moyenne ».

Atelier 9.14 (Inférence bayésienne sur une moyenne)
Cas : variance inconnue, *a priori* informatif.

1. Ouvrir l'atelier « Ateliers > Calculer > Inférence bayésienne sur une moyenne ».
2. Entrez les valeurs connues d'étalonnage dans les champs moyenne et écart type de la loi *a priori* ($\mu_a = 100$, $\sigma_a = 15$) et les données observées ($\bar{x} = 105$, $s = 14.5$ et $N = 30$), en précisant que l'écart type est ici estimé. Choisir pour commencer de rendre l'*a priori* assez peu informatif, en fixant à $n_a = 2$ l'effectif des données *a priori* disponibles. Testez l'hypothèse $H : \mu > 100$. Notez comment la probabilité *a posteriori* de cette hypothèse est peu différente de celle obtenue avec une loi non informative : $P(\mu > 100 | \boldsymbol{x}) = 0.9631$ (nous avions 0.9655).
3. Introduire maintenant l'information *a priori* réelle, constituée des normes du test sur $n_a = 2000$ personnes. La probabilité tombe brutalement à $P(\mu > 100 | \boldsymbol{x}) = 0.5878$ (fig. 9.26). Une fois intégrée cette information, nous n'avons plus de raison de penser que la moyenne de score QI chez ces étudiants est supérieure à la norme.
4. En jouant avec la valeur de moyenne observée, vérifier par essais et erreurs que la valeur de moyenne qu'il faudrait obtenir sur 30 étudiants pour conclure à une différence significative avec une garantie de 0.95 est... $\bar{x} = 138$ (une valeur énorme de QI). De même, en conservant la valeur $\bar{x} = 105$, vérifier que l'effectif qu'il faudrait avoir pour conclure à une différence significative par rapport à la norme est $N = 234$.

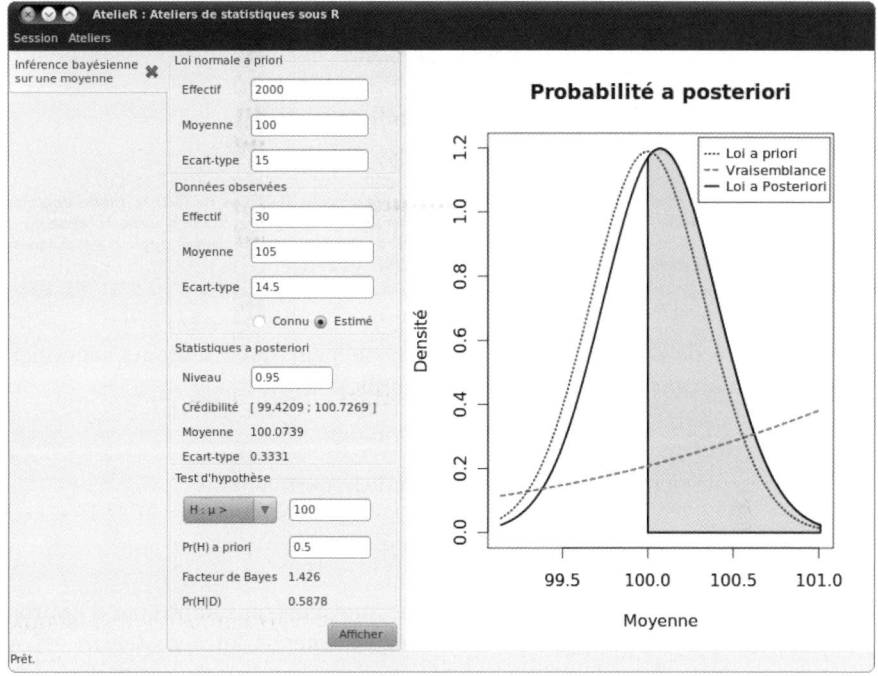

Fig. 9.26 – Distribution *a posteriori* de μ (*a priori* informatif)

On note que l'approche non informative vue dans la section précédente est fina-lement assez bien approchée par une approche « informative » dont on choisit le paramètre n_a d'effectif initial à la valeur la plus faible possible ($n_a = 2$). On voit à nouveau dans cet atelier comment l'intégration d'une information préalable peut rendre moins surprenante une différence apparente. Il est clair qu'en faisant le choix d'ignorer toute forme d'information préalable, les tests statistiques tradi-tionnels courent le risque de fausse alerte sur des effets que nous cherchons. Les psychologues ont la chance de disposer de normes pour la plupart des tests psycho-techniques qu'ils utilisent. Ces normes et les effectifs d'étalonnage fournis dans les manuels des tests devraient être pris en compte avant toute tentative d'inférence sur la moyenne d'un groupe singulier.

Intervalle de crédibilité sur une moyenne
Une fois connue la distribution *a posteriori* d'une moyenne inconnue, on peut, comme nous l'avons vu, calculer la probabilité que la valeur vraie soit supérieure ou inférieure à une certaine valeur de norme. Mais on peut aussi calculer la proba-bilité qu'elle se trouve comprise dans un certain intervalle ou inversement calculer l'intervalle pour lequel elle a une probabilité fixée de se trouver. C'est ce qu'on appelle un *intervalle de crédibilité*. Par exemple, si la loi *a priori* sur μ est choisie comme uniforme, on sait que la loi *a posteriori* sur μ est $t_{N-1}(\bar{x}, \frac{s^2}{N})$. On peut

chercher dans cette distribution les bornes d'un intervalle $[-t; +t]$ qui encadrent (par exemple) 95% des valeurs possibles. L'atelier suivant illustre cette première étape du calcul sur une variable de Student standard.

Atelier 9.15 (Notion d'intervalle de crédibilité)

1. Ouvrir l'atelier « Calculateur de probabilités ».

2. A partir d'une loi de Student à 10 degrés de liberté, on veut calculer t tel que $P(-t < T_{10} < t) = 0.95$. On voit qu'il suffit de fixer dans le champ valeur le cumul à gauche 0.975 et de fixer le mode de calcul à « Probabilité →Quantile », pour obtenir la coupure t cherchée : $t_{10,0.975} = 2.2281$. Celle-ci laisse en effet un cumul de 0.025 à droite. Il y aura donc aussi un cumul de 0.025 à gauche de son opposé $-t$. Autrement dit un cumul de 0.95 dans l'intervalle $[-t; +t] = [-2.2281; 2.2281]$.

3. On aurait pu aussi calculer t tel que $P(T_{10} < t) = 0.025$. On trouve $t_{10,0.025} = -2.2281$. Par symétrie de la loi de Student, on aura toujours $t_{\nu,p/2} = -t_{\nu,1-p/2}$.

Pour un nombre de degrés de liberté ν fixé, on peut donc toujours identifier t, pour un niveau de garantie de 95% (par exemple), tel que :

$$P(-t < T_\nu < t) = 0.95.$$

Considérons maintenant la statistique de Student normalisée :

$$T = \frac{\mu - \bar{x}}{s/\sqrt{N}}$$

que nous avons utilisée pour inférer sur une moyenne inconnue, par l'approche bayésienne avec loi *a priori* non informative. Puisque sa loi *a posteriori* est une t_{N-1}, nous pouvons faire le même calcul que dans l'atelier ci-dessus. Imaginons que nous ayons en effet collecté des données empiriques $\bar{x}$ et s sur $N = 11$ sujets, de sorte que la Student *a posteriori* ait bien 10 degrés de liberté. On va pouvoir dire que :

$$0.95 = P\left(t_{10,0.025} < \frac{\mu - \bar{x}}{s/\sqrt{N}} < t_{10,0.975}\right) = P\left(-2.2281 < \frac{\mu - \bar{x}}{s/\sqrt{N}} < 2.2281\right).$$

En multipliant les trois termes de cette double inéquation par $s/\sqrt{(N)}$ (toujours positif) et en ajoutant $\bar{x}$, on obtient le réarrangement :

$$0.95 = P\left(\bar{x} - 2.2281\frac{s}{\sqrt{N}} < \mu < \bar{x} + 2.2281\frac{s}{\sqrt{N}}\right).$$

On pourra donc dire dans ce contexte que la vraie valeur de la moyenne a 95% de chances de se trouver comprise dans l'intervalle $\left[\bar{x} - 2.2281\frac{s}{\sqrt{N}}; \bar{x} + 2.2281\frac{s}{\sqrt{N}}\right]$. Naturellement, la valeur de quantile $t_{10,0.975} = 2.2281$ de la loi de Student prise comme référence ici est à adapter dans chaque contexte, selon le nombre de degrés de liberté, autrement dit selon la taille de l'échantillon.

Définition 9.8 (Intervalle de crédibilité - loi *a priori* non informative)
Pour une moyenne $\bar{x}$ estimée sur N sujets, on appelle intervalle de crédibilité*, au niveau de crédibilité $1 - \alpha$ fixé, l'intervalle :*

$$IC_{1-\alpha} = \left[\bar{x} - t_{N-1,1-\alpha/2}\frac{s}{\sqrt{N}}; \bar{x} + t_{N-1,1-\alpha/2}\frac{s}{\sqrt{N}}\right]$$

en calculant la valeur repère $t_{N-1,1-\alpha/2}$ dans la Student à $N-1$ degrés de liberté.

On peut noter que cet intervalle sera d'autant plus étroit que la variabilité initiale des données est peu importante (s faible), mais aussi et surtout que la taille N de l'échantillon est élevée. On a donc toujours intérêt à disposer de tailles d'échantillons importantes si l'on souhaite estimer le paramètre avec précision.

Cet intervalle a la signification suivante : il y a $100(1-\alpha)$ % de chances que la vraie valeur inconnue de la moyenne soit comprise dans cet intervalle. Cette interprétation doit être bien distinguée de celle qui correspond à ce qu'on appelle *intervalle de confiance* dans les approches traditionnelles, desquelles le lecteur psychologue est peut-être plus familier. En réalité, ce qu'il est commun d'appeler intervalle de confiance (à 95% par exemple), et dont le calcul est exactement le même que celui présenté ci-dessus, n'a pas la signification qu'on lui impute d'être l'*intervalle qui a 95% de chances de contenir la valeur vraie μ*, car l'inférence traditionnelle ne peut calculer de probabilité sur un paramètre, mais uniquement la probabilité des données d'après un certain modèle sur le paramètre. Seule la présentation bayésienne faite ici autorise cette interprétation commode de l'*IC* comme intervalle contenant μ avec une probabilité connue. Ce point a été soulevé par de nombreux auteurs bayésiens (par exemple Lecoutre, 1996 ; Lecoutre & Poitevineau, 2000), qui font par là remarquer à quel point les conclusions de type bayésiennes sont presque spontanées, parce que plus intuitives, chez les utilisateurs (à leur insu) [11].

Exercice-type 9.7 (Estimation d'une moyenne par intervalle)

Enoncé   Sur un échantillon de 30 personnes ayant passé la WAIS, on trouve $\bar{x} = 101.96$ et $s^2 = 310.63$. Dans quel intervalle la moyenne vraie a-t-elle 95% de chances de se trouver ?

Problème   Il s'agit d'estimer une moyenne vraie inconnue par intervalle. La question posée portant sur une probabilité sur un paramètre, il faut utiliser une approche bayésienne.

Hypothèses   On suppose que les données suivent une loi normale dans la population. On pose une loi *a priori* uniforme $f(\mu) \propto 1$.

Procédure   Aux conditions précédentes, la statistique $T = (\mu - \bar{x})/\sqrt{s^2/N}$ suit *a posteriori* une loi de Student standard à $N-1 = 29$ degrés de libertés. Le calculateur de probabilités permet d'identifier le quantile $t_{29,0.975} = 2.04523$ (fig. 9.27). Sur la base de ces données, l'intervalle de confiance à 95% de la moyenne est calculé par :

$$IC_{0.95} = \left[101.96 - 2.04523\sqrt{\frac{310.63}{30}}; 101.96 + 2.04523\sqrt{\frac{310.63}{30}}\right] = [95.378; 108.54].$$

Conclusion   On peut dire que la moyenne vraie dans la population a 95% de chances de se trouver comprise dans l'intervalle [95.378 ;108.54].

---

11. L'interprétation correcte d'un intervalle de confiance fréquentiste est : si l'on répliquait l'étude une infinité de fois, la valeur vraie de la moyenne serait comprise dans l'intervalle de confiance empirique dans 95% des cas. On voit à quel point ce raisonnement qui repose sur des études que nous ne ferons pas n'a aucun intérêt pratique.

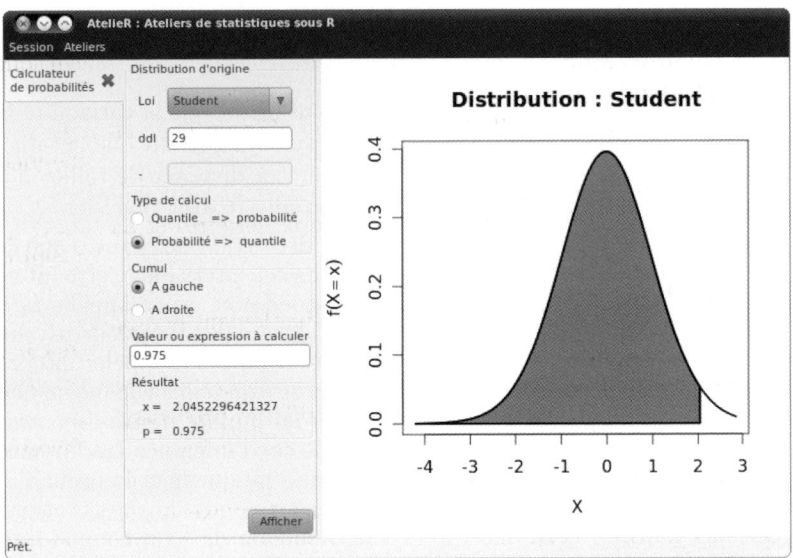

Fig. 9.27 – Identification d'un quantile dans la Student. En cherchant le quantile d'ordre 0.975 cumulé à gauche, on identifie la borne droite de l'intervalle de crédibilité à 95%

Si l'on choisit d'adopter une loi *a priori* informative, par exemple la loi conjointe normale-χ^2-inverse sur (μ, σ^2), la loi marginale *a posteriori* sur μ est encore une Student généralisée $t_\nu \left(\hat{\mu}_p, \frac{\hat{\sigma}_p^2}{n_p} \right)$, dont les paramètres sont calculés à partir des données par les équations de mise à jour 9.9. On peut procéder au calcul à la main de la même façon que ci-dessus, une fois calculés les paramètres mis à jour $\hat{\mu}_p$, n_p et $\hat{\sigma}_p^2$, à partir de la statistique standardisée $(\mu - \hat{\mu}_p)/\sqrt{\hat{\sigma}_p^2/n_p}$. Mais l'intervalle de crédibilité correspondant est fourni automatiquement par l'atelier « Inférence bayésienne sur une moyenne ». Par exemple, figure 9.26, à la rubrique « Statistiques *a posteriori* > Crédibilité », on trouve l'intervalle de crédibilité à 95% $IC_{0.95} = [99.42; 100.73]$. Le niveau de garantie peut naturellement être modifié dans l'interface selon les besoins.

Inférence sur l'effet standardisé

En 1999, la *Task Force on Statistical Inference*, groupe de réflexion sur les pratiques statistiques en psychologie dépendant de l'*American Psychological Association*, a publié un certain nombre d'exigences sur la façon de rapporter et de cumuler des résultats dans les publications scientifiques en psychologie (Wilkinson *et al.*, 1999). Ces exigences visaient à réduire le nombre de mauvais usages et interprétations de la valeur p dans les études et aussi de promouvoir des outils de décision qui offraient une autre manière qu'en tout-ou-rien de procéder à l'inférence sur des paramètres. Deux outils mis en avant dans ces recommandations sont : i) l'intervalle de crédibilité et ii) la mesure de la taille de l'effet. Ces experts mentionnaient aussi l'approche bayésienne comme importante à envisager.

L'intervalle bayésien de crédibilité, vu ci-dessus, offre en effet un regard nuancé sur un paramètre, sous la forme d'un intervalle dont la largeur en elle-même est informative (un intervalle trop large relativise la portée des conclusions psychologiques qu'on pourrait être tentés de faire sur un paramètre) et au sein duquel on peut vouloir regarder si une valeur de norme se trouve comprise. Le seul test de significativité n'apporte que la deuxième de ces informations ; certains auteurs recommandent même d'abandonner purement et simplement le rapport de résultats en valeur p pour le remplacer par des intervalles de confiance (Cumming & Finch, 2001). La promotion de la mesure de la taille de l'effet (par exemple, le d de Cohen vu plus haut) dans le rapport des résultats scientifiques procédait d'une même volonté de ne pas simplifier la décision statistique en processus binaire (significatif / non significatif), car un résultat significatif mais peu important en taille n'a guère d'intérêt psychologique. C'est d'autant plus crucial qu'avec certains tests statistiques à valeur p, on est presque sûr de rejeter l'hypothèse nulle dès que la taille de l'échantillon est suffisamment grande, pour des effets de taille négligeable.

Nous pouvons en réalité réunir les deux outils en un seul, en proposant une inférence bayésienne sur le d de Cohen (que nous noterons d_s comme « différence standardisée » pour le distinguer de la différence absolue $d = \bar{x} - \mu_0$), qui fournira au-delà de la valeur d_s un intervalle de crédibilité sur lui. Nous notons $D_s = D/S$ la variable aléatoire d'effet standardisé. Sur N données concrètes, on a $d_s = d/s$, par quoi l'on cherche en réalité à approcher la taille d'effet « vraie » $\delta_s = \delta/\sigma$.

Si l'on choisit pour les paramètres μ et σ^2 inconnus une loi a priori non informative $f(\mu, \sigma^2) = 1/\sigma^2$, on montre (Lecoutre, 1999) que la loi a posteriori sur δ_s, sachant la valeur observée d_s obtenue sur N données, est $\delta_s | d_s \sim \Lambda'_{N-1}\left(d_s, \frac{1}{N}\right)$. L'inférence sur δ_s est donc très facilement réalisée à l'aide du calculateur de probabilités, en sélectionnant la loi « lambda prime » et en entrant les degrés de liberté $(N-1)$, le paramètre de non-centralité (valeur observée d_s) et le paramètre d'échelle $(1/\sqrt{N})$. Cette démarche est la même que celle qui a été utilisée pour le calcul des bornes d'un intervalle de confiance sur δ_s à la section 9.4.4.

Si l'on choisit, en présence d'information préalable sur des tailles d'effets plausibles (par des études antérieures par exemple), la loi informative normale-χ^2-inverse pour $f(\mu, \sigma^2)$, on montre que la loi a posteriori sur δ_s est encore une $\Lambda'_{n_p-1}\left(\frac{\hat{\mu}_p - \mu_0}{\hat{\sigma}_p}, \frac{1}{n_p}\right)$, où n_p, $\hat{\mu}_p$ et $\hat{\sigma}_p$ sont les estimateurs a posteriori d'effectif, de moyenne et d'écart type, mis à jour par la formule 9.9.

Mais, comme on ne dispose pas toujours en pratique d'information objective préalable, en particulier une taille d'échantillon a priori, une autre approche bayésienne d'inférence sur l'effet standardisé peut être développée à l'aide d'une loi a priori subjective, c'est-à-dire qui n'est pas liée à une expérience objective préalable. Ce sont alors les performances a posteriori du test qui en résulte qui vont nous servir de repère pour juger de la pertinence du choix de loi a priori.

Facteur de Bayes pour la comparaison d'une moyenne à une norme

Comme on l'a vu à plusieurs reprises, il y a deux grandes approches de l'inférence bayésienne. On peut vouloir inférer sur un paramètre inconnu (une probabilité, une moyenne, une variance, un effet standardisé, etc.) en étudiant sa distribution *a posteriori*. Ou bien on peut chercher à sélectionner un modèle parmi plusieurs concurrents, en calculant les probabilités *a posteriori* des modèles eux-mêmes, toutes valeurs de leurs paramètres inconnus prises en compte par intégration. Dans le cas de la comparaison d'une moyenne à une norme, le problème peut aussi être reformulé comme celui d'avoir à choisir entre deux modèles sur la variable dépendante Y étudiée : $M_0 : Y \sim N(\mu_0, \sigma^2)$ ou bien $M_1 : Y \sim N(\mu, \sigma^2)$. Si l'on sait calculer les probabilités *a posteriori* de ces deux modèles et leur rapport, alors on peut décider quel est le meilleur. On sait qu'il est équivalent de calculer le facteur de Bayes, c'est-à-dire le rapport des vraisemblances intégrées des deux modèles.

Dans le cadre des modèles gaussiens, Gönen *et al.* (2005) ont proposé une approche bayésienne simple qui a l'avantage de mener à une expression du facteur de Bayes facile à calculer à la main. Initialement proposée par ces auteurs pour le cas de la comparaison de deux moyennes sur groupes indépendants (voir section suivante), nous l'adaptons ici pour le cas de la comparaison d'une moyenne à une norme (voir aussi Rouder *et al.*, 2009). Gönen *et al.* (2005) procèdent à l'inférence non pas directement sur la moyenne inconnue, mais sur la taille d'effet standard $\delta_s = (\mu - \mu_0)/\sigma$, ce qui a l'avantage de faciliter le travail de la définition de paramètres *a priori*, car nous disposons de repères pratiques sur cette statistique. Spécifiquement, ils font l'hypothèse, quand un effet existe, d'une loi *a priori* normale sur l'effet standardisé : $\delta_s|\sigma^2 \sim N(\mu_\delta, \sigma_\delta^2)$. Nous pouvons choisir de traduire notre connaissance *a priori* des tailles d'effet dans un domaine par une définition judicieuse des deux paramètres *a priori* μ_δ et σ_δ^2. La mesure d'effet standardisé étant signée, on peut aussi raisonnablement faire l'hypothèse $\mu_\delta = 0$, dans la situation où il n'y a pas d'attente particulière sur le sens de la différence. Le choix de la valeur de σ_δ^2, couplée avec celui sur μ_δ, cherche à traduire les attentes que nous avons sur les tailles d'effet attendues dans une expérience de psychologie. Cette valeur doit être suffisamment élevée pour permettre la détection d'un effet s'il existe, mais pas trop élevée pour ne pas conduire à un rejet trop fréquent de M_0. Le choix $\sigma_\delta^2 = 1$ réalise en général un bon compromis. Comme nous avons vu que la distribution a posteriori sur δ_s tend vers une $N\left(d_s, \frac{1}{N}\right)$, le choix $\sigma_\delta^2 = 1$ représente en quelque sorte l'information a posteriori apportée par une seule observation (nous avons utilisé cette approche précédemment pour fixer la variance *a priori* dans l'inférence sur une moyenne). C'est ce qu'on appelle dans la littérature la loi *a priori* d'information unité (*unit information prior*). La façon dont elle attribue de l'importance a priori à différentes valeurs de taille d'effet est représentée fig. 9.28 (à gauche). Les tailles d'effet faible et moyenne se trouvent favorisées *a priori*, mais cela peut se trouver modulé dans la loi *a posteriori* par l'apport spécifique des données.

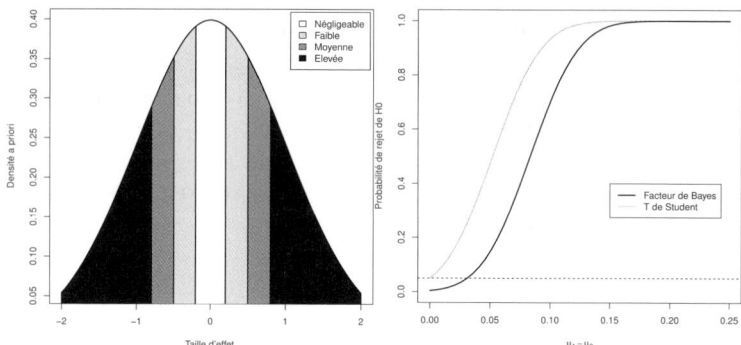

Fig. 9.28 – A gauche : le choix de loi *a priori* d'information unitaire $\delta_s | \sigma_\delta^2 \sim N(0,1)$ permet de donner des poids raisonnables aux valeurs faibles et moyennes de taille d'effet et moins d'importance aux valeurs extrêmes. A droite : l'erreur de type I du facteur de Bayes tend vers 0 quand N augmente (ici $N = 1000$, $\sigma^2 = 1$), tandis que celle du T de Student reste fixée à 0.05 (en pointillés)

Dans la comparaison de M_1 et M_0, les paramètres μ et σ^2 sont inconnus et on doit faire sur eux des hypothèses de loi *a priori*. On note que dans le cas présent, l'hypothèse de loi *a priori* faite sur $\delta_s | \sigma^2$ (conditionnellement à la variance inconnue) représente implicitement une hypothèse de loi normale sur μ. Ils font par ailleurs le choix d'une loi *a priori* non informative uniforme sur $\log \sigma^2$. Nous disposons ainsi de tous les éléments pour construire le test.

Le facteur de Bayes fait le rapport des deux vraisemblances intégrées, sous l'un et l'autre modèle :

$$B_{10} = \frac{P(D|M_1)}{P(D|M_0)} = \frac{\int\int P(D|M_1,\delta,\sigma^2)d\delta d\sigma^2}{\int P(D|M_0,\sigma^2)d\sigma^2}.$$

Le calcul d'intégration montre (Gönen *et al.*, 2005) que les vraisemblances intégrées des données sous l'un comme sous l'autre modèle sont proportionnelles à des lois de Student non centrales. On peut l'anticiper en raisonnant sur le T de Student, qui est simplement proportionnel à l'effet standardisé. On se souvient que le t de Student calculé peut être décomposé comme :

$$t = \frac{\left(\frac{\bar{x}-\mu}{\sigma/\sqrt{N}}\right) + \sqrt{N}\left(\frac{\mu-\mu_0}{\sigma}\right)}{\frac{s}{\sigma}}.$$

Si l'on décide de considérer μ dans cette formule comme une variable aléatoire de loi *a priori* normale (à σ^2 fixé), on voit que le numérateur de cette fraction fait la somme d'une loi $N(0,1)$ et d'une loi $N(\sqrt{N}\mu_\delta, N\sigma_\delta^2)$, autrement dit est une $N(\mu_\delta\sqrt{N}, 1 + N\sigma_\delta^2)$. La prise en compte du paramètre de variance σ^2 avec une loi *a priori* non informative amène donc une vraisemblance des données (résumées par le

t calculé) proportionnelle à une $t'_{N-1}\left(\mu_\delta \sqrt{N}, 1 + N\sigma_\delta^2\right)$. Les choses sont en réalité plus simples encore si l'on fait le choix, discuté ci-dessus, de $\mu_\delta = 0$, car le paramètre de non centralité s'annule et nous retrouvons une Student $t'_{N-1}\left(0, 1 + N\sigma_\delta^2\right)$, autrement dit une Student centrée mais non standard, de paramètre d'échelle $\sqrt{1 + N\sigma_\delta^2}$. Sous l'hypothèse nulle, le paramètre de non centralité n'est pas probabilisé car fixé à 0 et on retrouve la Student usuelle $t'_{N-1}(0, 1)$.

Rappelons que la densité d'une Student non standard s'écrit d'une manière générale (voir page 234) :

$$f(t|\nu, \theta, \lambda^2) = \frac{1}{C(\nu)} \left(\frac{1}{\lambda}\right) \frac{1}{\sqrt{\left(1 + \frac{((t-\theta)/\lambda)^2}{\nu}\right)^{\nu+1}}}.$$

Avec un paramètre de position $\theta = 0$ dans les deux cas, un paramètre d'échelle $\lambda = \sqrt{1 + N\sigma_\delta^2}$ et un nombre de degrés de liberté identique pour les deux modèles $\nu = N - 1$, on pourra donc au final calculer un facteur de Bayes directement à partir d'un t calculé, sous la forme :

$$B_{10} = \frac{\frac{1}{\sqrt{(1+N\sigma_\delta^2)\left(1 + \frac{t^2}{(1+N\sigma_\delta^2)(N-1)}\right)^N}}}{\frac{1}{\sqrt{\left(1 + \frac{t^2}{N-1}\right)^N}}} = \sqrt{\frac{\left(1 + \frac{t^2}{N-1}\right)^N}{(1 + N\sigma_\delta^2)\left(1 + \frac{t^2}{(1+N\sigma_\delta^2)(N-1)}\right)^N}}.$$

Le choix $\sigma_\delta^2 = 1$ amène par conséquent la formule pratique :

$$B_{10} = \sqrt{\frac{\left(1 + \frac{t^2}{N-1}\right)^N}{(1 + N)\left(1 + \frac{t^2}{(1+N)(N-1)}\right)^N}}. \tag{9.13}$$

Exercice-type 9.8 (Comparaison bayésienne de modèles gaussiens)

Enoncé Février (2011) teste un protocole d'induction d'humeur négative (visionnage de film stressant). Sur $N = 9$ sujets, elle mesure l'humeur avant et après induction à l'aide d'une échelle fournissant des scores d'humeur de -5 (humeur très négative) à $+5$ (humeur très positive). On admettra que les données ainsi collectées sont numériques par nature. Elle observe des moyennes d'humeur avant et après induction de $\bar{x}_1 = 2.545$ et $\bar{x}_2 = 1.167$, soit une diminution moyenne de $\bar{x}_d = 1.378$ (variance de la diminution $s_d^2 = 1.082$). La taille de l'effet est donc $d = \bar{x}_d / \sqrt{s_d^2} = 1.325$. Un modèle de l'absence d'effet d'induction vous paraît-il plausible au vu de ces données ?

Problème Le type de problème posé est implicitement celui de la comparaison d'une moyenne à une valeur normative dans le cas où la variance vraie est inconnue. La moyenne étudiée ici porte sur une variation d'humeur et la norme naturelle est donc simplement 0, qui correspond à l'hypothèse d'absence d'effet. La question posée est formulée en termes de plausibilité d'un modèle et nous devons donc utiliser une approche bayésienne.

Hypothèse Sous hypothèse de normalité des données, nous souhaitons comparer deux modèles sur la variable Y « évolution de l'humeur » : $Y \sim N(0, \sigma^2)$ (modèle de l'absence d'effet) et $M_1 : Y \sim N(\mu, \sigma^2)$ (modèle de l'effet d'induction).

Procédure   On utilise le facteur de Bayes comme outil de sélection de modèle. Nous ne disposons pas d'informations préalables sur la variable, qui seraient issues de données d'étalonnage ou d'études antérieures, mais nous pouvons adopter une approche informative subjective, en posant une loi *a priori* raisonnable sur l'effet standardisé. On pose les lois *a priori* $\delta_s|\sigma^2 \sim N(0,1)$ et $\sigma^2 \sim 1/\sigma^2$. Sous l'hypothèse que les données sont indépendantes et issues d'une loi normale, la statistique de décision est le facteur de Bayes (9.13), calculable à partir d'un T de Student usuel. Celui-ci est rapidement retrouvé à partir de la taille d'effet : $t = d\sqrt{N} = 3.974$. Le facteur de Bayes est donc :

$$B_{10} = \sqrt{\frac{\left(1 + \frac{3.974^2}{8}\right)^9}{10\left(1 + \frac{3.974^2}{10 \times 8}\right)^9}} = 18.967.$$

Décision   Le facteur de Bayes est très nettement supérieur à 1 et même à 3 (limite de Jeffreys pour un effet notable). Les probabilités *a posteriori* des modèles sont immédiatement calculables. Si l'on définit M_1 et M_0 comme également plausibles *a priori*, leurs probabilités *a posteriori* sont $P(M_0|D) = 1/(B_{10} + 1) = 0.05$ et $P(M_1|D) = B_{10}/(B_{10} + 1) = 0.95$. Le modèle M_1 est donc le plus probablement vrai.

Conclusion   Le modèle de l'absence d'effet d'induction n'est pas un bon modèle pour ces données. Il y a très probablement eu un effet d'induction d'humeur dans cette étude.

Quels sont les avantages du facteur de Bayes par rapport au T de Student plus communément utilisé dans les travaux de psychologie ? Un aspect de la réponse se trouve illustré figure 9.28 (à droite). Ce graphique montre la probabilité de rejet de M_0 par le facteur de Bayes et le T de Student traditionnel, pour une gamme d'effet vrai compris entre 0 et 0.25 ($\sigma^2 = 1$). On voit que lorsqu'il n'y a aucun effet, le T de Student déclarera l'existence d'un effet dans 5% des cas en moyenne, par construction, tandis que cette erreur de type I tend vers 0 pour le facteur de Bayes, quand la taille de l'échantillon augmente. L'erreur de type I d'un test par valeur p peut même être plus dramatique encore si l'on suppose que les situations expérimentales avec et sans effet réels arrivent à parité dans l'expérience d'un chercheur. Sellke *et al.* (2001) montrent [12] que dans cette situation l'erreur de type I est au minimum de 0.22 ! L'apparente puissance supplémentaire du T de Student (sa courbe de détection est au-dessus de l'autre) est donc en réalité un biais de fausse alarme. C'est très exactement ce phénomène qui a amené l'*American Psychological Association* en 1999 à amorcer un changement assez radical des consignes de publication des résultats scientifiques en psychologie (Wilkinson *et al.*, 1999). Un certain nombre d'auteurs, après Killeen (2005) ont attiré l'attention sur les faibles tailles d'effet observées dans de nombreuses études, et le faible pouvoir de réplication de résultats communément publiés au seuil fatidique $\alpha = 0.05$ (Wagenmakers *et al.*, 2011). Les approches bayésiennes apportent une réponse élégante à ce problème.

Le facteur de Bayes permet en outre de calculer la probabilité qu'un modèle soit vrai, ce qui, il faut bien le dire, est quand même plus intuitivement parlant que la valeur p comme probabilité d'observer un résultat au moins aussi extrême, si l'une des hypothèses choisies arbitrairement comme vraie l'est vraiment...

---

12. Voir l'applet Java en ligne très instructive de ces auteurs sur ce point : http ://www.isds.duke.edu/~berger/p-values.html

9.5   Inférence sur deux moyennes d'échantillons indépendants

Dans cette partie, nous étudions le problème de comparaison de deux moyennes, dans le cas où les deux échantillons de données ont été prélevés sur deux échantillons indépendants de sujets. Le psychologue est très souvent amené à comparer les manifestations d'un phénomène psychologique dans deux groupes indépendants : efficacité de deux méthodes d'apprentissage de la lecture dans deux classes distinctes, de deux conditions de mémorisation d'une liste de mots (avec ou sans imagerie associée), d'un groupe traitement et d'un groupe témoin en psychologie clinique, etc. La construction d'un modèle pour cette situation courante demande une réflexion particulière.

Comparaison de conditions expérimentales et statistiques
Imaginons que nous ayons mis des sujets en situation de dilemme du prisonnier. La situation expérimentale les incite à trahir un partenaire, dans deux conditions : anonyme (la victime n'en saura rien) et publique. L'expérience de Fox & Guyer (1978), dont les données sont dans le fichier `Guyer` de la librairie `car`, cherche à tester l'impact du caractère public de la décision sur la tendance à ne pas trahir (variable coopération). Cette variable résume par sujets les choix de coopération sur 120 essais et représente donc un « score de coopération » de 0 à 120.

Dans cette situation, que nous attendons-nous à observer sur les scores si le caractère public de la décision de trahir a bien un impact ? On peut légitimement s'attendre, en situation publique, à observer une tendance des sujets à moins trahir. Mais comment cela apparaîtra-t-il dans les données ? Cette question n'est pas aussi simple qu'il pourrait y paraître. Quand elle est posée dans une séance de travaux dirigés de statistique, elle mène souvent à une première réponse du type : « Les scores de coopération des sujets en situation publique devraient être plus élevés que ceux des sujets en situation anonyme. »

Pourtant, si l'on observe la situation (a) de la figure 9.29, où sont représentés des histogrammes de scores pour les deux conditions, on voit qu'au moins certains des scores de la condition anonyme peuvent être supérieurs à certains scores de la condition publique, alors que le graphique dans son ensemble suggère fortement un effet de la condition. Ce n'est donc certainement pas au niveau des *scores individuels* que nous pouvons formuler une attente.

Une deuxième réponse plus élaborée qui émerge alors est : « Les scores en condition publique seront *en moyenne* plus élevés. » Les choses ne sont là encore pas si simples, comme on peut le voir sur le scénario (b) de la figure 9.29. Dans cette situation, les moyennes sont égales alors que les distributions suggèrent globalement que la tendance à coopérer ne se répartit pas de la même manière dans les deux conditions : il y a plus de sujets à niveaux de coopération élevés en condition publique. On peut vouloir comparer les médianes ou les modes des distributions, pour mettre en évidence la différence inter condition, en contournant (partiellement) le problème de la dissymétrie des distributions empiriques.

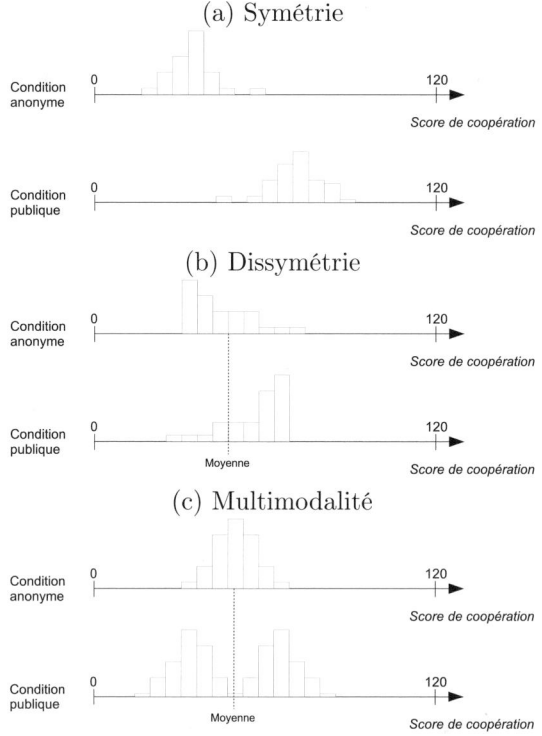

Fig. 9.29 – Comparaison de distributions de scores

Ce ne serait pas non plus une solution générale, cependant, comme le montre le scénario (c), où la moyenne et la médiane de la distribution des scores en situation publique sont l'une des valeurs les moins représentées dans l'échantillon ! Par ailleurs, la bimodalité rend caduque toute tentative d'utiliser le mode comme résumé valide.

Ce que cette réflexion révèle, c'est que ce que nous comparons statistiquement quand nous sommes amenés à comparer des conditions expérimentales en psychologie, ce ne sont pas des scores individuels ni même des moyennes, médianes ou modes, mais des *distributions* dans leur ensemble.

Qualité de la moyenne comme résumé de distribution

On voit quand même à partir de ces exemples que cette comparaison de distributions pourrait se trouver simplifiée sous la forme d'une simple comparaison de moyennes dans les cas où cet indice est un résumé valide de la distribution sous-jacente des données. Il faut pour cela avoir des raisons sérieuses de penser que la distribution sous-jacente, dans la population, est unimodale et symétrique. C'est évidemment loin d'être toujours le cas en psychologie, où les données sont très souvent bornées.

Quand cette hypothèse sur la forme de la distribution est acceptable, à la fois la moyenne et la variance d'échantillon sont des descripteurs valides de distribution. D'une certaine manière, on peut dire que la variance est un indicateur de la qualité de la moyenne comme résumé de distribution : quand la variance est nulle, la moyenne est un résumé parfait de la distribution (tout le monde a le même score), et plus la variance est grande, plus la moyenne est un résumé grossier de ce qui se passe. Dans l'idéal, si l'on souhaite simplifier la comparaison de distribution en une simple comparaison de moyennes, on souhaite que les moyennes soient d'égale qualité dans le résumé qu'elles proposent de chaque sous-distribution, ce qui suggère que les variances ne devraient pas être trop différentes l'une de l'autre (voir discussion sur la variance ci-dessous).

Comme on le voit, une simple comparaison de moyennes est déjà un modèle qui ne dit pas son nom et il est crucial d'en prendre conscience pour avoir de bonnes pratiques de modélisation. La mesure de temps de réaction par exemple, fréquente en psychologie, conduit souvent à des distributions fortement dissymétriques, dont les variances sont fortement différentes d'une condition à l'autre. Dans ces situations, d'autres approches que celles vues dans cette partie sont à envisager, basées sur des distributions non normales.

9.5.1   Statistique de Student

On appelle $\bar{X}_1$ et $\bar{X}_2$ les variables moyennes d'échantillon des deux groupes indépendants. On s'intéresse à la variable aléatoire différence des deux moyennes $D = \bar{X}_1 - \bar{X}_2$.

Nous savons que :

$$\bar{X}_1 \sim N\left(\mu_1, \frac{\sigma_1^2}{n_1}\right) \text{ et } \bar{X}_2 \sim N\left(\mu_2, \frac{\sigma_2^2}{n_2}\right).$$

Théorème 9.2 (Somme de deux variables normales)
Si deux variables suivent indépendamment des lois normales, leur somme suit aussi une loi normale.

Il s'agit d'un résultat exact et non d'une approximation comme le théorème central-limite. Si $\bar{X}_2$ suit une loi normale, $-\bar{X}_2$ suit aussi une loi normale de moyenne $-\mu_2$. La somme $\bar{X}_1 + (-\bar{X}_2)$ suit donc une loi normale elle aussi. Les paramètres de cette loi normale sont :

$$\mu_D = E(\bar{X}_1 - \bar{X}_2) = E(\bar{X}_1) - E(\bar{X}_2) = \mu_1 - \mu_2$$

et (parce que les variables $\bar{X}_1$ et $\bar{X}_2$ sont indépendantes) :

$$\sigma_D^2 = V(\bar{X}_1 - \bar{X}_2) = V(\bar{X}_1) + V(\bar{X}_2) = \frac{\sigma_1^2}{n_1} + \frac{\sigma_2^2}{n_2}.$$

On a donc au final :

$$\bar{X}_1 - \bar{X}_2 \sim N\left(\mu_1 - \mu_2, \frac{\sigma_1^2}{n_1} + \frac{\sigma_2^2}{n_2}\right).$$

Si nous connaissons les quatre paramètres de population, nous pouvons donc utiliser le calculateur de probabilités et la loi normale, pour juger de l'amplitude observée de la différence des moyennes dans une étude donnée.
La variable $D = \bar{X}_1 - \bar{X}_2$ peut aussi être standardisée. On a alors :

$$Z = \frac{(\bar{X}_1 - \bar{X}_2) - (\mu_1 - \mu_2)}{\sqrt{\frac{\sigma_1^2}{n_1} + \frac{\sigma_2^2}{n_2}}} \sim N(0,1)$$

avec les paramètres de population connus.
En pratique cependant, nous ne connaissons aucun des paramètres des populations parentes. Les moyennes ne posent pas réellement problème car nous pouvons fixer :

$$H_0 : \mu_1 = \mu_2 \Leftrightarrow \mu_1 - \mu_2 = 0.$$

On a alors, si H_0 est vraie :

$$U = \frac{\bar{X}_1 - \bar{X}_2}{\sqrt{\frac{\sigma_1^2}{n_1} + \frac{\sigma_2^2}{n_2}}} \sim N(0,1).$$

Mais les variances restent dans la plupart des cas inconnues et ce résultat n'est guère utilisable en pratique.

Hypothèse d'homogénéité des variances
On peut simplifier les choses en faisant l'hypothèse supplémentaire qu'elles sont identiques dans les deux populations : $\sigma_1^2 = \sigma_2^2 = \sigma^2$. C'est ce qu'on appelle l'*hypothèse d'homogénéité des variances*. Elle se justifie par le fait qu'en comparant deux conditions distinctes, nous nous attendons à une éventuelle différence de moyennes, mais pas à une différence de variabilité des scores. Si une différence franche de variabilité était observée dans les deux conditions comparées, on pourrait se poser des questions sur la légitimité de la comparaison des moyennes, car la variance est un indice indirect de qualité de résumé des données par leur moyenne. Par ailleurs, dans la conception d'une étude expérimentale en psychologie, toute source de différence intersujets autre que la différence des moyennes de groupe est considérée comme de l'erreur, indépendante de la source de variation manipulée expérimentalement. Il est donc raisonnable d'attendre que cette erreur soit de même amplitude moyenne. Une nette différence de variances est souvent un révélateur de ce que les conditions de passation dans l'un et l'autre groupe ne sont pas homogènes, ou que les individus dans l'un ou l'autre groupe diffèrent

de manière systématique dans leur sensibilité aux sources de perturbations de la performance [13].

On appelle *variance commune* le paramètre inconnu σ^2. En l'absence d'hypothèse plausible sur σ^2, elle doit être estimée sur les données.

Si nous connaissions les moyennes vraies des deux populations, on pourrait estimer sur les données la variance supposée identique des deux populations par une moyenne des écarts carrés calculée sur les deux échantillons en même temps (en notant X_{i1} la variable score du sujet i dans le groupe 1, $i = 1, ..., n_1$) :

$$S^2_{\mu_{1,2}} = \frac{\sum_{i=1}^{n_1}(X_{i1} - \mu_1)^2 + \sum_{j=1}^{n_2}(X_{j2} - \mu_2)^2}{n_1 + n_2}$$

qui est sans biais. En effet :

$$E\left[S^2_{\mu_{1,2}}\right] = \frac{1}{n_1 + n_2}\left\{\sum_{i=1}^{n_1} E(X_{i1} - \mu_1)^2 + \sum_{j=1}^{n_2} E(X_{j2} - \mu_2)^2\right\}$$

$$= \frac{1}{n_1 + n_2}\left\{n_1\sigma^2 + n_2\sigma^2\right\}$$

$$= \sigma^2.$$

Mais en pratique, nous ignorons μ_1 et μ_2 et sommes condamnés à l'estimation :

$$S^2_{\bar{X}_{1,2}} = \frac{\sum_{i=1}^{n_1}(X_{i1} - \bar{X}_1)^2 + \sum_{i=1}^{n_1}(X_{j2} - \bar{X}_2)^2}{n_1 + n_2}$$

qui telle quelle est biaisée car les valeurs inconnues μ_1 et μ_2 ont été remplacées par leurs estimations sur l'échantillon. Pour le voir, on peut calculer son espérance, en prenant $S^2_{\mu_{1,2}}$ comme point de départ. On a d'abord (voir section 9.3) :

$$S^2_{\mu_{1,2}} = \frac{\sum_{i=1}^{n_1}(X_{i1} - \mu_1)^2 + \sum_{j=1}^{n_2}(X_{j2} - \mu_2)^2}{n_1 + n_2}$$

$$= \frac{\sum_{i=1}^{n_1}(X_{i1} - \bar{X}_1)^2 + n_1(\bar{X}_1 - \mu_1)^2 + \sum_{j=1}^{n_2}(X_{j2} - \bar{X}_2)^2 + n_2(\bar{X}_2 - \mu_2)^2}{n_1 + n_2}.$$

---

13. Cette hypothèse d'homogénéité des variances doit faire l'objet d'un test spécifique qui nécessite l'étude de la distribution de Fisher, qui sera vue plus loin.

Par conséquent, en espérance :

$$E[S^2_{\mu_{1,2}}] = E\left[\frac{\sum_{i=1}^{n_1}(X_{i1} - \bar{X}_1)^2 + \sum_{j=1}^{n_2}(X_{j2} - \bar{X}_2)^2}{n_1 + n_2}\right]$$

$$+ E\left[\frac{n_1(\bar{X}_1 - \mu_1)^2 + n_2(\bar{X}_2 - \mu_2)^2}{n_1 + n_2}\right]$$

$$= E[S^2_{\bar{X}_{1,2}}] + \left(\frac{n_1}{n_1 + n_2}\right)\frac{\sigma^2}{n_1} + \left(\frac{n_2}{n_1 + n_2}\right)\frac{\sigma^2}{n_2}$$

$$= E[S^2_{\bar{X}_{1,2}}] + 2\left(\frac{\sigma^2}{n_1 + n_2}\right).$$

On a donc :

$$E[S^2_{\bar{X}_{1,2}}] = \sigma^2 - 2\left(\frac{\sigma^2}{n_1 + n_2}\right) = \sigma^2\left[\frac{n_1 + n_2 - 2}{n_1 + n_2}\right].$$

Pour corriger le biais inhérent à $S^2_{\bar{X}_{1,2}}$, on utilisera donc la statistique inversement compensée :

$$S^2 = \left[\frac{n_1 + n_2}{n_1 + n_2 - 2}\right]S^2_{\bar{X}_{1,2}}$$

$$= \frac{\sum_{i=1}^{n_1}(X_{i1} - \bar{X}_1)^2 + \sum_{j=1}^{n_2}(X_{j2} - \bar{X}_2)^2}{n_1 + n_2 - 2}.$$

Ce raisonnement se généraliserait sans problème à l'estimation d'une variance supposée commune à $J > 2$ groupes (voir section 9.6).

Construction de la statistique

Sous l'hypothèse que les scores X_{i1} et X_{j2} suivent des lois normales indépendantes et que les variances soient homogènes, on a alors :

$$(n_1 + n_2 - 2)\frac{S^2}{\sigma^2} = \sum_{i=1}^{n_1}\frac{(X_{i1} - \bar{X}_1)^2}{\sigma^2} + \sum_{j=1}^{n_2}\frac{(X_{j2} - \bar{X}_2)^2}{\sigma^2}.$$

Le premier terme à droite est un $\chi^2(n_1 - 1)$ et le second un $\chi^2(n_2 - 1)$, soit :

$$V = (n_1 + n_2 - 2)\frac{S^2}{\sigma^2} \sim \chi^2(n_1 + n_2 - 2).$$

Sous ces hypothèses supplémentaires et par définition de la loi de Student, on a :

$$T = \frac{U}{\sqrt{\frac{V}{n_1 + n_2 - 2}}} = \frac{\frac{\bar{X}_1 - \bar{X}_2}{\sqrt{\frac{\sigma^2}{n_1} + \frac{\sigma^2}{n_2}}}}{\frac{S}{\sigma}} = \frac{\bar{X}_1 - \bar{X}_2}{S\sqrt{\frac{1}{n_1} + \frac{1}{n_2}}} \sim t(n_1 + n_2 - 2).$$

Là encore, le paramètre inconnu de variance (supposé identique dans les deux groupes) a disparu et nous pouvons faire des hypothèses sur la différence des moyennes sans avoir à en faire sur la variance (à part l'homogénéité bien entendu). On note cependant que dans cette construction, nous sommes partis d'une statistique avec quatre paramètres inconnus, qui s'est trouvée simplifiée au fil du calcul au prix de trois hypothèses : i) l'égalité des moyennes de population (ce que la valeur p va venir mettre à l'épreuve), ii) l'égalité des variances de population (posée comme vraie *a priori* mais qui devra faire l'objet d'une test) et iii) la distribution normale des scores dans les deux populations. Il est frappant de constater que ces deux dernières conditions sont encore trop souvent oubliées dans les études appliquées en psychologie. Il devrait être clair après ce développement que si l'une ou l'autre des conditions de normalité et d'homogénéité des variances faisait défaut, nous ne saurions plus rien dire sur la distribution de la statistique finale et que la valeur p obtenue sous le logiciel n'aurait simplement pas de sens. C'est la raison pour laquelle nous apprendrons dans la section 9.6 qui suit à tester systématiquement ces deux aspects.

L'exercice qui suit est à cet égard incomplet : toute comparaison de moyennes devra être précédée d'un test de normalité et d'un test d'homogénéité des variances.

Exercice-type 9.9 (Comparaison de deux moyennes, éch. indépendants)

Enoncé   Dans l'étude Fox & Guyer (1978) sur la prévalence d'un comportement de coopération en situation de dilemme du prisonnier, on a observé sur $n_A = n_P = 10$ sujets des moyennes de coopération $\bar{x}_A = 40.9$ et $\bar{x}_P = 55.7$. Les variances empiriques de score sont $s_A^2 = 88.76667$ et $s_P^2 = 220.45556$. Peut-on dire que le niveau de coopération est augmenté en condition publique de décision ($\alpha = 0.05$) ?

Problème   Le type de problème posé est celui de la comparaison de deux moyennes inconnues sur échantillons indépendants.

Hypothèses   Les hypothèses statistiques en concurrence supposent respectivement que les moyennes de population sont identiques ou différentes :

$$\begin{cases} H_0 : & \mu_A = \mu_P, \\ H_1 : & \mu_A < \mu_P. \end{cases}$$

L'alternative est ici unilatérale à gauche : si un effet existe, on s'attend à ce qu'il apparaisse dans le sens d'une augmentation de la coopération en situation publique.

Procédure   La procédure de décision consiste à calculer la statistique :

$$T = \frac{\bar{X}_A - \bar{X}_P}{S\sqrt{\frac{1}{n_A} + \frac{1}{n_P}}}$$

avec l'écart type commun :

$$S = \sqrt{\frac{\sum_{i=1}^{n_1}(X_{iA} - \bar{X}_A)^2 + \sum_{j=1}^{n_2}(X_{jP} - \bar{X}_P)^2}{n_A + n_P - 2}} = \sqrt{\frac{(n_A - 1)S_A^2 + (n_P - 1)S_P^2}{(n_A - 1) + (n_P - 1)}}.$$

La statistique T suit une loi de Student ($n_A + n_P - 2$) si : i) l'hypothèse nulle est vraie, ii) les scores suivent des lois normales dans les deux populations, iii) les variances sont homogènes. On calcule [14] :

$$s = \sqrt{\frac{9 \times s_A^2 + 9 \times s_P^2}{2 \times 9}} \approx 12.43427$$

---

14. On note que quand les effectifs sont égaux, la variance commune est la moyenne simple des deux variances de groupe.

puis :

$$t = \frac{\bar{x}_A - \bar{x}_P}{s\sqrt{\frac{1}{n_A} + \frac{1}{n_P}}} = \frac{40.9 - 55.7}{12.43427\sqrt{\frac{1}{10} + \frac{1}{10}}} \approx -2.6615.$$

Décision   A l'aide du calculateur de probabilité, on trouve $P(T_{18} < -2.6615) = 0.008$. Cette probabilité est inférieure au seuil $\alpha = 0.05$ et on peut donc rejeter l'hypothèse nulle, avec moins de 5 chances sur 100 de se tromper.

Conclusion   On peut dire que le niveau de coopération des sujets qui savent que leur décision sera connue de leur partenaire est significativement plus élevé que celui des sujets en condition anonyme.

9.5.2   Mesure de la taille d'effet (g de Hedges)

En situation de comparaison de deux groupes, la mesure de la taille d'effet standardisée s'écrit :

$$\delta_s = \frac{\mu_1 - \mu_2}{\sigma}.$$

Les quantités concernées sont inconnues et le calcul concret oblige à estimer les moyennes et la variance sur les données. On estime μ_1 et μ_2 par $\bar{x}_1$ et $\bar{x}_2$. Pour σ^2, il existe plusieurs propositions dans la littérature, mais nous l'estimerons comme la variance commune s^2 vue dans la section précédente et utilisée dans l'exercice ci-dessus. Sous cette forme :

$$d_s = \frac{\bar{x}_1 - \bar{x}_2}{s},$$

la mesure de taille d'effet standard est appelée g de Hedges (Hedges & Olkin, 1985). Les repères de taille fournis par Cohen (1988) et déjà évoqués à la section 9.4.4 sont les mêmes. On distingue des tailles d'effet négligeable, faible, moyenne et élevée selon les coupures arbitraires 0.2, 0.5 et 0.8.

On note que le lien à la formule du T de Student est également le même. Si on a déjà calculé un t observé, on a :

$$d_s = t\sqrt{\frac{1}{n_1} + \frac{1}{n_2}}.$$

Nous verrons plus loin une mesure plus générale de taille de l'effet, lorsqu'on veut comparer plus de deux moyennes entre elles. Dans l'étude de Fox & Guyer (1978), la taille d'effet est $d_s = -2.6615\sqrt{2/10} = -5.95$, valeur extrêmement importante.

9.5.3   Approche bayésienne

Comme dans le cas à une moyenne inconnue, la comparaison de deux moyennes inconnues peut être réalisée dans une perspective bayésienne, par les deux approches principales que sont : i) l'analyse de la distribution *a posteriori* du paramètre $\delta = \mu_1 - \mu_2$, ii) le facteur de Bayes. Il n'y a en réalité aucun élément théorique nouveau à introduire car, sous l'hypothèse d'homogénéité des variances, la comparaison de deux moyennes est simplement l'inférence sur le paramètre δ, sur lequel on teste les mêmes modèles et hypothèses que ceux de la section précédente 9.4 (par exemple la comparaison à la valeur théorique 0). Le problème est donc ramené à l'inférence sur un seul paramètre. Toutes les solutions bayésiennes de la section 9.4.5 peuvent donc être directement utilisées, en remplaçant partout le paramètre μ inconnu par $\delta = \mu_1 - \mu_2$, $\bar{x}$ par $d = \bar{x}_1 - \bar{x}_2$, N par $n_\delta = 1/[(1/n_1) + (1/n_2)]$ et $\nu = n_1 + n_2 - 2$. Il est donc conseillé d'avoir assimilé et pratiqué les méthodes bayésiennes vues précédemment dans le cas d'une seule moyenne avant d'aborder cette partie.

Avec ces substitutions, le T de Student traditionnel de comparaison de deux moyennes par exemple, s'écrit :

$$T = \frac{d - \delta}{s/\sqrt{n_\delta}} \sim t_{n_1+n_2-2}.$$

Inférence sur le paramètre $\delta = \mu_1 - \mu_2$

Sous une hypothèse *a priori* non informative $f(\delta, \sigma^2) \propto 1/\sigma^2$, la loi marginale *a posteriori* sur δ est une Student généralisée (ou non-standard) de façon analogue à ce que nous avons vu dans le cas à une seule moyenne :

$$\mu_1 - \mu_2|\boldsymbol{x} \sim t_{n_1+n_2-2}\left(\bar{x}_1 - \bar{x}_2, \frac{s^2}{n_\delta}\right).$$

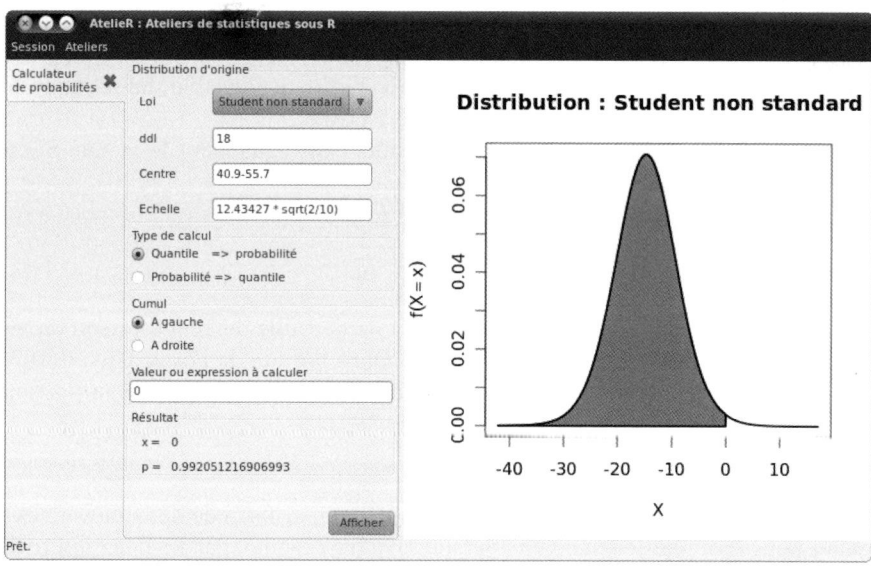

Fig. 9.30 – Comparaison bayésienne de deux moyennes. Le test revient simplement à comparer la différence des deux moyennes à la valeur de référence 0, dans une loi *a posteriori* Student non standard.

A partir du calcul des quantités d, s^2 et n_δ, on peut donc utiliser le calculateur de probabilités de façon immédiate. Nous le voyons dans l'atelier ci-dessous où nous reprenons les résultats de l'étude de Guyer et Fox (1978).

Atelier 9.16 (Inférence bayésienne sur deux moyennes, *a priori* non informatif)
1. Ouvrir l'atelier « Calculateur de probabilités ».
2. Sélectionner la loi de Student non standard. Entrer le nombre de degrés de liberté ($n_A + n_P - 2 = 18$), le paramètre de position ($\bar{x}_A - \bar{x}_P = 40.9 - 55.7$) et l'échelle $s/\sqrt{n_\delta}$ (attention : on n'entre pas l'échelle au carré comme dans l'écriture symbolique de la loi). On a ici $n_\delta = 10/2 = 5$ et $s = 12.43427$.
3. On entre la valeur de référence dans le champ « valeur » : c'est 0 dans le cas présent (car tester la différence de deux moyennes, c'est comparer leur différence à 0). On demande un cumul à gauche car l'alternative est unilatérale à gauche.
4. On trouve $P(\delta < 0|x) = 0.99205$. Nous avons donc un bon degré de confiance dans notre conclusion : le niveau de coopération est plus faible en condition anonyme.

On pourrait tout aussi bien procéder à l'inférence dans le modèle normal-χ^2-inverse, si l'on disposait d'information *a priori* sur ce type d'expérience. Le contexte d'une expérimentation, cependant, ne se prête pas toujours aussi bien que l'usage de tests étalonnés, à l'introduction d'information objective *a priori* dans le raisonnement bayésien, car une expérience peut être novatrice et n'avoir pas d'antécédent. A défaut, on peut vérifier, à partir de l'atelier « Inférence bayésienne sur une moyenne », que l'introduction d'une information minimale ($n_a = 2$, $\mu_a = 0$, $\sigma_a = 15$) puis la saisie des données ($n_\delta = 5$, $d = -14.8$ et l'écart type estimé $s = 12.43427$), amènent au final au test de comparaison à 0 une réponse très semblable à celle obtenue ci-dessus ($P(\delta < 0|d) = 0.9547$). Mais ce n'est au fond qu'une manière de régler les paramètres d'une loi *a priori* informative, à des valeurs qui la rendent aussi peu informative que possible.

Si l'on souhaite contraindre davantage l'inférence en imposant une loi *a priori* traduisant une attente subjective sur l'amplitude des effets, on peut utiliser le facteur de Bayes sur effet standard vu précédemment, qui se déduit d'un *a priori* sur la taille de l'effet standardisé.

Facteur de Bayes pour la comparaison de deux moyennes
Poser l'hypothèse de loi *a priori* sur la taille de l'effet standardisé a l'avantage de donner des repères uniques, quelle que soit l'expérience traitée. Cela permet donc d'utiliser de façon routinière le facteur de Bayes associé. Pour la comparaison de deux moyennes, celui-ci se calcule à partir du t calculé de comparaison de deux moyennes, avec $\nu = n_1 + n_2 - 2$, $N = n_1 + n_2$ et $n_\delta = 1/\left[(1/n_1) + (1/n_2)\right]$ (Gönen *et al.*, 2005) :

$$B_{10} = \sqrt{\frac{\left(1 + \frac{t^2}{\nu}\right)^{\nu+1}}{(1 + n_\delta\sigma_\delta^2)\left(1 + \frac{t^2}{(1+n_\delta\sigma_\delta^2)\nu}\right)^{\nu+1}}} = \sqrt{\frac{\left(1 + \frac{t^2}{N-2}\right)^{N-1}}{(1 + N\sigma_\delta^2)\left(1 + \frac{t^2}{(1+n_\delta\sigma_\delta^2)(N-2)}\right)^{N-1}}}.$$

Avec le choix d'une loi *a priori* d'information unité présenté précédemment ($\sigma_\delta^2 = 1$), cette formule se simplifie en :

$$B_{10} = \sqrt{\frac{\left(1 + \frac{t^2}{N-2}\right)^{N-1}}{(1 + n_\delta)\left(1 + \frac{t^2}{(1+n_\delta)(N-2)}\right)^{N-1}}}. \tag{9.14}$$

Exercice-type 9.10 (Comparaison bayésienne de deux moyennes)

Enoncé Dans l'expérience de Fox & Guyer (1978), les auteurs contrastent également les hommes et les femmes quant au niveau de coopération, sans attendre spécialement d'effet sur cette variable. Ils rapportent des moyennes de coopération empiriques dans les deux groupes de genre $\bar{x}_H = 47.8$ et $\bar{x}_F = 47.8$, sur $n_H = n_F = 10$ sujets par groupe. La variance intragroupe commune est estimée à $s^2 = 215.1778$. La taille de l'effet est donc $d_s = (\bar{x}_H - \bar{x}_F)/\sqrt{s^2} = 0.06817$. Pouvez-vous affirmer que le genre n'a aucun effet sur le comportement de coopération au vu de ces données ?

Problème Le type de problème posé est une comparaison de deux moyennes sur échantillons indépendants. La question posée est formulée en termes de validation d'un modèle d'*absence d'effet* et nous devons donc utiliser une approche bayésienne.

Hypothèse Sous hypothèse de normalité des données, nous souhaitons comparer deux modèles sur la variable $D = \bar{X}_1 - \bar{X}_2$, de différence entre les moyennes de coopération de l'un et l'autre groupe : $M_0 : D \sim N(0, \sigma^2)$ (modèle de l'absence d'effet) et $M_1 : Y \sim N(\delta, \sigma^2)$ (modèle de l'effet de genre).

Procédure On utilise le facteur de Bayes comme outil de sélection de modèle. Nous ne disposons pas d'informations préalables sur la variable, qui seraient issues de données d'étalonnage ou d'études antérieures, mais nous pouvons adopter une approche informative subjective, en posant une loi *a priori* raisonnable sur l'effet standardisé δ_s. On pose les lois *a priori* $\delta_s|\sigma^2 \sim N(0, 1)$ et $\sigma^2 \sim 1/\sigma^2$. Sous l'hypothèse que les données sont indépendantes et issues d'une loi normale, la statistique de décision est le facteur de Bayes (9.14), calculable à partir d'un T de Student usuel. On calcule $n_\delta = 10/2 = 5$ et $t = d_s\sqrt{n_\delta} = 0.1524$. Le facteur de Bayes est donc :

$$B_{10} = \sqrt{\frac{\left(1 + \frac{0.1524^2}{18}\right)^{19}}{6\left(1 + \frac{0.1524^2}{6 \times 18}\right)^{19}}} \approx 0.413.$$

Décision Le facteur de Bayes est inférieur à 1, mais pas à 1/3 (limite de Jeffreys pour un soutien notable en faveur de l'absence d'effet). Les probabilités *a posteriori* des modèles sont immédiatement calculables. Si l'on définit M_1 et M_0 comme également plausibles *a priori*, leurs probabilités *a posteriori* sont $P(M_0|D) = 1/(B_{10} + 1) = 0.70$ et $P(M_1|D) = B_{10}/(B_{10} + 1) = 0.30$. Le modèle M_0 est donc le plus probablement vrai.

Conclusion Le modèle de l'absence d'effet de genre est un bon modèle pour ces données. Le poids de l'évidence n'est cependant pas extrêmement élevé et il serait sans doute bon de disposer de davantage d'observations si nous voulions affirmer l'absence d'effet avec plus de confiance.

La possibilité de pouvoir affirmer une hypothèse nulle avec une quantification de l'évidence en sa faveur par le facteur de Bayes est certainement l'un des avantages de l'approche bayésienne. Cela contraste avec le message traditionnel des enseignements de statistique et méthodologie en psychologie, interdisant littéralement aux étudiants de formuler des hypothèses théoriques qui se traduiraient par des hypothèses nulles sur le plan statistique. On peut soupçonner que cela crée un vrai biais de publication et peut-être un frein à l'avancement du cumul de connaissances dans certains champs car les occasions d'attendre une *absence d'effet* par théorie ne sont pas rares en psychologie (Rouder *et al.*, 2009).

On peut noter en outre que le cumul de connaissances sur plusieurs études répliquant le même paradigme est en quelque sorte automatique avec le facteur de Bayes. Si l'on a réalisé deux études indépendantes sous le même paradigme et obtenu deux facteurs de Bayes $B_{10}^{(1)}$ et $B_{10}^{(2)}$, on peut fusionner les deux ensembles D_1 et D_2 de données et les vraisemblances se multiplient. Le facteur de Bayes global est alors :

$$B_{10} = \frac{P(D_1|M_1) \times P(D_2|M_1)}{P(D_1|M_0) \times P(D_2|M_0)} = \frac{P(D_1|M_1)}{P(D_1|M_0)} \times \frac{P(D_2|M_1)}{P(D_2|M_0)} = B_{10}^{(1)} \times B_{10}^{(2)}.$$

On peut donc cumuler automatiquement l'information sur plusieurs études par le simple produit des facteurs de Bayes, ce qui simplifie grandement le travail de méta-analyse, entre autres.

9.6 Inférence sur des variances d'échantillons indépendants

Les questions théoriques posées en psychologie amènent souvent à tester des hypothèses statistiques portant sur des moyennes, quand les distributions sous-jacentes peuvent raisonnablement être considérées comme unimodales et symétriques. Comme nous l'avons vu avec le T de Student de comparaison de deux moyennes inconnues sur échantillons indépendants, il est naturel en outre de supposer égales les *variances* quand on souhaite comparer des *moyennes* et cette hypothèse nécessaire doit faire l'objet d'un test.

Nous étudions dans la première partie ci-dessous un modèle de distribution pour la comparaison de deux variances. Dans la seconde partie, nous étudions l'une de ses applications majeures en psychologie : la mesure d'un effet expérimental par une variance particulière (dite variance expérimentale) et sa comparaison à une variance de référence (dite variance d'erreur).

La loi de Fisher

Définition 9.9 (Loi de Fisher)
Si deux variables U et V sont deux variables indépendantes qui suivent respectivement des lois de $\chi^2(\nu_1)$ et $\chi^2(\nu_2)$, alors la variable :

$$F = \frac{U/\nu_1}{V/\nu_2}$$

suit par définition une loi de Fisher *à ν_1 et ν_2 degrés de liberté notée $F \sim F(\nu_1, \nu_2)$.*

On note que nous avons été amenés au fil des dernières sections à construire des modèles de distribution qui sont liés les uns aux autres par des relations simples. A partir de la loi normale, nous avons défini la loi de χ^2 comme une somme de carrés de lois normales indépendants. Puis nous avons construit la loi de Student pour le rapport d'une variable normale standard et d'une variable χ^2 (sa racine divisée par ses degrés de liberté). La loi de Fisher apparaît maintenant comme le rapport de deux χ^2 (divisées par leurs degrés de liberté). Ces relations d'emboîtement sont résumées sur la figure 9.31. On note que parmi ces lois, les trois dernières ne sont pas véritablement des modèles de données, mais des modèles de distribution pour des statistiques de décision. Elles sont de ce point de vue des outils de décision et non des modèles au sens où nous l'entendons dans ce manuel. Nous verrons d'ailleurs que pour un même modèle de données (une loi normale par groupe indépendant par exemple), on peut procéder à des tests par plusieurs statistiques de décision différentes.

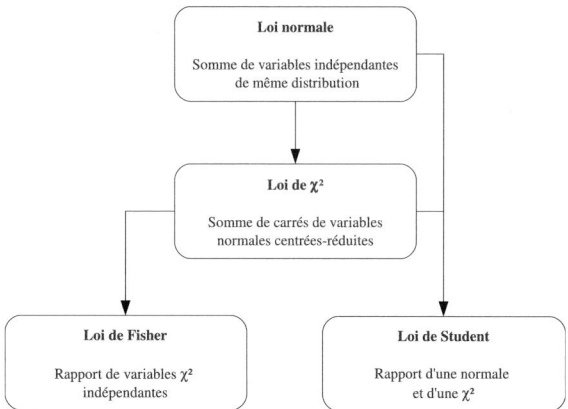

Fig. 9.31 – Relations hiérarchiques entre lois de distribution usuelles

Test d'homogénéité

Cette distribution est utile quand on veut comparer deux variances σ_1^2 et σ_2^2 de deux populations. Sous hypothèse de normalité dans les deux populations, on a :

$$(n_1 - 1)\frac{S_1^2}{\sigma_1^2} \sim \chi^2(n_1 - 1) \text{ et } (n_2 - 1)\frac{S_2^2}{\sigma_2^2} \sim \chi^2(n_2 - 1).$$

Par conséquent :

$$F = \frac{(n_1 - 1)\frac{S_1^2}{\sigma_1^2}\left(\frac{1}{n_1 - 1}\right)}{(n_2 - 1)\frac{S_2^2}{\sigma_2^2}\left(\frac{1}{n_2 - 1}\right)} = \frac{S_1^2/\sigma_1^2}{S_2^2/\sigma_2^2} \sim F(n_1 - 1, n_2 - 1).$$

Sous l'hypothèse nulle $H_0 : \sigma_1^2 = \sigma_2^2$, on aura donc :

$$\frac{S_1^2}{S_2^2} \sim F(n_1 - 1, n_2 - 1).$$

Cette statistique peut donc être utilisée pour tester l'homogénéité (l'égalité) de deux variances.

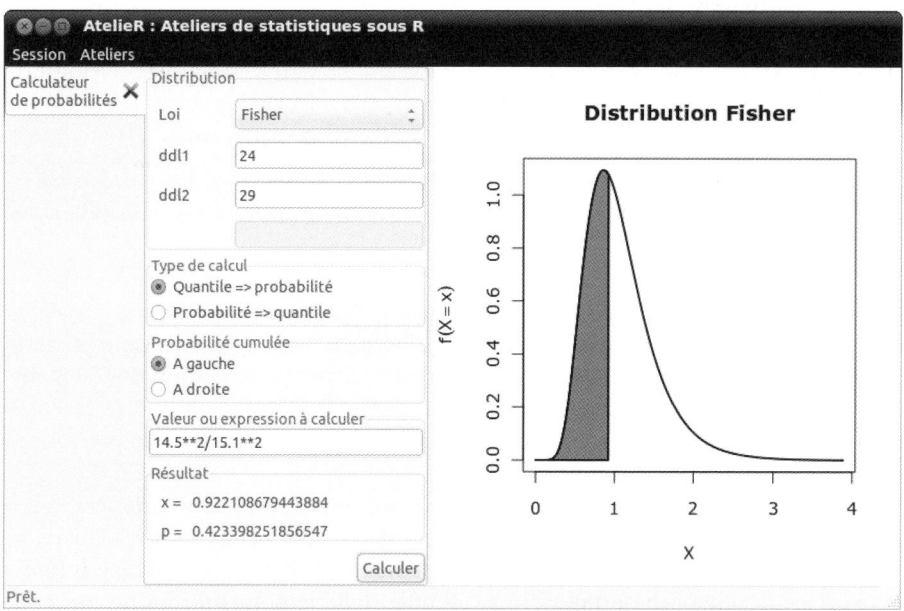

Fig. 9.32 – Valeur p (unilatérale) dans une Fisher (24,29)

Exercice-type 9.11 (Comparaison de deux variances, éch. indépendants)

Enoncé Nous testons deux groupes d'étudiants G_1 et G_2 de tailles $n_1 = 25$ et $n_2 = 30$ personnes respectivement avec la WAIS. Les variances observées sur l'un et l'autre groupes sont $s_1^2 = 14.5^2$ et $s_2^2 = 15.1^2$, respectivement. Peut-on dire que les variabilités de scores sont les mêmes dans les populations ?

Hypothèses Le type de problème statistique posé est une comparaison de deux variances sur échantillons indépendants. Les hypothèses statistiques sont :

$$\begin{cases} H_0 : & \sigma_1^2 = \sigma_2^2 = \sigma^2, \\ H_1 : & \sigma_1^2 \neq \sigma_2^2. \end{cases}$$

Procédure L'hypothèse nulle est vraie et si la distribution des scores est normale dans la population, on sait que la statistique $F = S_1^2/S_2^2$ suit une loi de Fisher à $n_1 - 1$ et $n_2 - 1$ degrés de liberté. Si l'hypothèse nulle est vraie, cette statistique ne devrait pas être trop différente de 1, *dans un sens ou dans l'autre*. On doit en effet prêter attention au fait qu'ici, l'hypothèse alternative est bilatérale et qu'il faudra en tenir compte dans le calcul d'une probabilité critique associée. On calcule donc :

$$F = \frac{s_1^2}{s_2^2} = \frac{14.5^2}{15.1^2} \approx 0.922.$$

Avec le calculateur de probabilités (fig. 9.32), on trouve $P(F_{24,29} < 0.922) = 0.423$. Comme nous cherchons à tester le rapport de deux variances, sans hypothèse sur le sens de la divergence éventuelle, nous devons aussi prendre en compte toutes les valeurs de F au moins aussi rares, *de l'autre côté de la distribution*, c'est-à-dire au-dessus de 1. Nous aurions pu en effet procéder au calcul dans l'autre sens :

$$F = \frac{s_2^2}{s_1^2} = \frac{15.1^2}{14.5^2} \approx 1.08.$$

Dans la loi modèle correspondante (une $F(29, 24)$ cette fois-ci), on remarque que $P(F_{29,24} > 1.08) = P(F_{24,29} < 0.922) = 0.423$. En dépit des apparences, il y a donc une forme de symétrie dans la loi de Fisher par rapport à l'opération d'inversion (là où dans la Student, il y a une symétrie par rapport à l'opération de différence de deux moyennes). En pratique, on obtiendra la valeur p bilatérale du test en multipliant par deux l'une des deux probabilités unilatérales ci-dessus :

$$p = P(F_{24,29} < 0.922) + P(F_{29,24} > 1.08)$$
$$= 2 \times P(F_{24,29} < 0.922) = 0.846.$$

Décision   La valeur p est très élevée par rapport à un seuil $\alpha = 0.10$ (voir section suivante pour ce choix d'un seuil élevé). Nous ne pouvons donc pas rejeter l'hypothèse d'homogénéité des variances.

Conclusion   Nous n'avons pas de raison particulière de supposer que les performances de ces étudiants sont plus dispersées dans un groupe que dans l'autre.

Choix du seuil de décision dans un test d'homogénéité

Ce test d'homogénéité de deux variances est fréquemment utilisé comme préalable à un T de Student de comparaison de moyennes. Dans la dérivation du T en effet, nous avons posé une hypothèse d'homogénéité des variances, qui doit faire l'objet d'un test en pratique pour s'assurer que cette hypothèse est plausible pour un jeu de données particulier.

Dans ce contexte, on cherche donc à « assurer » l'homogénéité des variances, autrement dit *on est intéressé par l'hypothèse nulle*. C'est une situation particulière, qui contraste avec la majorité des tests en psychologie où l'on est davantage intéressé par le rejet de l'hypothèse nulle (par exemple dans la comparaison de moyennes de conditions expérimentales).

Le problème lié à l'approche traditionnelle de l'inférence par hypothèse nulle est qu'elle construit sa décision en privilégiant une hypothèse de départ. Lorsque rien dans la valeur p ne vient jeter le doute sur cette hypothèse de départ, cela ne signifie en rien que cette hypothèse *est vraie*. Cela signifie simplement que nous n'avons rien rencontré qui vienne la remettre sérieusement en cause. L'approche par hypothèse nulle est donc mal adaptée dans son principe à la *validation* d'une hypothèse nulle.

Néanmoins, et contrairement à une idée répandue en psychologie, on peut quand même argumenter une hypothèse nulle avec ces outils classiques, sans pouvoir néanmoins y associer un niveau de confiance ou de garantie (il faudra se tourner vers les approches bayésiennes pour cela). Comme nous sommes conduits à rejeter l'hypothèse nulle quand la valeur p est petite, ce qui vient nous rassurer sur la plausibilité de l'hypothèse nulle, c'est une valeur p *élevée*. Dans ce contexte, on a donc intérêt, si l'on souhaite limiter le risque d'une acceptation erronnée de H_0 (erreur de type II), à choisir un *seuil de décision élevé* ($\alpha = 0.10$ par exemple). En faisant cela, on augmente l'erreur de type I (la moins grave dans ce contexte) et on diminue donc le risque d'erreur de type II. C'est ce qu'il convient de faire pour tous les tests où c'est l'hypothèse nulle qui est au centre de l'intérêt théorique. La valeur p de l'exercice précédent reste encore largement au-dessus de ce seuil élevé. En contrepartie, nous ne pouvons pas dans cette approche obtenir la probabilité de nous tromper en acceptant H_0.

9.6.1   Construction d'un modèle de groupe (ANOVA)

Le psychologue expérimentaliste est très souvent amené à comparer les mesures numériques d'un phénomène psychologique dans plusieurs groupes indépendants : comparaison de l'efficacité de méthodes d'apprentissage de la lecture dans des classes distinctes, comparaison de plusieurs conditions de mémorisation d'une liste de mots (avec ou sans imagerie associée), comparaison de plusieurs types de traitements en psychologie clinique, etc. Nous avons déjà étudié (section 9.5) l'usage d'une statistique de Student dans le cas simple où il n'y a que deux groupes à comparer. Nous construisons dans cette partie un modèle qui permet d'étudier des différences dans le cas où le nombre de groupes est quelconque.

Hypothèses et notations
Dans cette situation, nous allons admettre que :
— la performance des sujets différents placés dans la même condition expérimentale est (en espérance) fondamentalement identique, parce que déterminée par la condition expérimentale ;
— tous les autres facteurs qui pourraient éventuellement influencer la performance des sujets (fatigue, motivation, compétence particulière, etc.) se manifestent avec la même intensité dans l'un ou l'autre groupe, en moyenne. Ce sera le cas en espérance si l'affectation des sujets dans les conditions a été aléatoire ou si les facteurs influents sont connus et équilibrés explicitement.

On note :
— Y : variable performance étudiée (variable dépendante, numérique continue) ;
— on numérote par j ($j = 1, ..., J$) les deux groupes et par i ($i = 1, ..., n_j$) les n_j sujets du groupe j. Le nombre total de sujets dans l'expérience est $N = \sum_j n_j$;
— μ_j désigne la moyenne de performance dans la population dont le groupe j est extrait ;
— $\bar{y}_j$ désigne la moyenne de performance observée sur l'échantillon j ;
— y_{ij} est la performance observée du sujet i dans le groupe j ;
— σ^2 désigne la variance de performance dans les populations parentes. Cette variance est supposée la même dans toutes les populations comparées.

La variable dépendante est supposée continue, numérique, non bornée. Nous supposons qu'elle suit une loi normale dans chaque population parente dont un groupe est extrait : $Y_j \sim N(\mu_j, \sigma^2)$. La densité de probabilité d'*une observation* y_{ij} selon ce modèle s'écrit :

$$f(y_{ij}|\mu_j, \sigma^2) = (2\pi\sigma^2)^{-\frac{1}{2}} e^{-\frac{1}{2}\left(\frac{y_{ij}-\mu_j}{\sigma}\right)^2}.$$

Cette situation très simplifiée est représentée figure 9.33 dans le cas de deux groupes. Ce modèle est le modèle de classification à un facteur, ou modèle de groupe, ou encore, pour des raisons qui vont devenir plus claires ci-dessous, « modèle de l'analyse de la variance à un facteur ». Il véhicule une certaine conception de ce qui se produit dans une expérience où l'on manipule des conditions expérimentales.

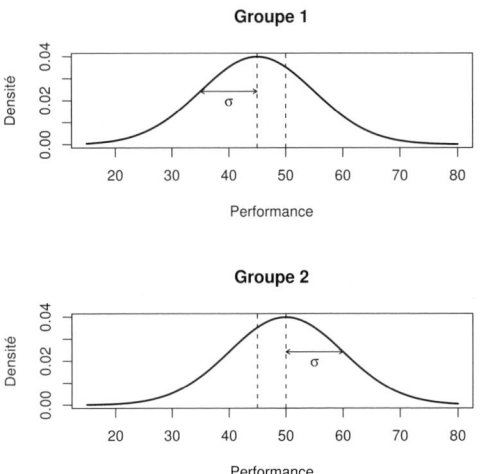

Fig. 9.33 – Modèle gaussien de groupe

En particulier, il suppose que dans un groupe donné, l'effet de la condition est en espérance identique pour touset réductible à une unique moyenne de groupe. Il y aura naturellement beaucoup de situations en psychologie où nous avons toute raison de penser que l'effet de la manipulation n'a pas été le même pour tous les sujets, sous la dépendance de caractéristiques qui leurs sont propres. On se tournera alors vers des modèles individuels. Mais l'étude de ce premier modèle simple permet d'amorcer une réflexion sur l'usage des statistiques en psychologie, qui fait l'effort de traduire explicitement en mots toutes les conséquences en termes de contenu psychologique qu'amène la structure du modèle. Si dans une situation donnée, on a des doutes sur cette première hypothèse, on sait déjà que le modèle est inapproprié, sans avoir besoin d'analyse statistique pour cela.

Vraisemblance du modèle de groupe

Nous appelerons M_1 ce modèle de données. La fonction de vraisemblance d'un modèle gaussien du type $Y_{ij} \sim N(\mu_j, \sigma^2)$ pour *une observation* y_{ij} s'écrit :

$$f_1(y_{ij}|\mu_j, \sigma^2) = (2\pi\sigma^2)^{-\frac{1}{2}} e^{-\frac{1}{2}\left(\frac{y_{ij}-\mu_j}{\sigma}\right)^2}.$$

On écrit $\boldsymbol{\mu}$ (en gras) l'ensemble des J moyennes de population $(\mu_1, \mu_2, ..., \mu_J)$. Sur l'ensemble du tableau de données $\mathbf{Y}$, pour tous les n_j $(j = 1, ..., J)$ sujets dans les

J groupes, la vraisemblance conjointe des données s'écrit :

$$f_s(\mathbf{Y}|\boldsymbol{\mu}, \sigma^2) = \prod_{j=1}^{J} \prod_{i=1}^{n_j} (2\pi\sigma^2)^{-\frac{1}{2}} e^{-\frac{1}{2}\left(\frac{y_{ij} - \mu_j}{\sigma}\right)^2} = (2\pi\sigma^2)^{-\frac{N}{2}} e^{-\frac{1}{2}\sum_{j=1}^{J}\sum_{i=1}^{n_j}\left(\frac{y_{ij} - \mu_j}{\sigma}\right)^2}.$$

Comme nous l'avons vu, les paramètres μ_j d'un modèle gaussien sont estimés au maximum de vraisemblance par les moyennes empiriques $\bar{y}_j$. En supposant pour l'instant la variance connue [15], sa vraisemblance *maximisée* s'écrit donc :

$$L_1 = (2\pi\sigma^2)^{-\frac{N}{2}} e^{-\frac{1}{2}\sum_{j=1}^{J}\sum_{i=1}^{n_j}\left(\frac{y_{ij} - \bar{y}_j}{\sigma}\right)^2}.$$

Cette quantité est surtout utilisée après transformation logarithmique. On parle de logvraisemblance :

$$\ell_1 = \ln L_1 = -\frac{N}{2}\ln(2\pi\sigma^2) - \frac{1}{2}\sum_{j=1}^{J}\sum_{i=1}^{n_j}\left(\frac{y_{ij} - \bar{y}_j}{\sigma}\right)^2.$$

Comparaison à des modèles concurrents

Pour juger de la qualité de ce modèle pour résumer des données, nous allons le comparer à deux modèles de référence : le modèle saturé M_s (représentant chaque donnée par un paramètre) et le modèle constant M_0 (résumant les données par une seule loi normale de moyenne unique). Le modèle saturé est peu informatif car il ne pose aucune contrainte sur la représentation des données, si ce n'est qu'elle soient issues d'une loi normale. Le modèle constant correspond à l'hypothèse qu'il n'y a pas de différence entre les groupes du point de vue de leurs moyennes vraies : il traduit donc l'hypothèse d'absence d'effet expérimental.

Vraisemblance du modèle saturé

Le modèle saturé définit une moyenne μ_{ij} par observation. Sa vraisemblance pour une observation y_{ij} s'écrit :

$$f_s(y_{ij}|\mu_{ij}, \sigma^2) = (2\pi\sigma^2)^{-\frac{1}{2}} e^{-\frac{1}{2}\left(\frac{y_{ij} - \mu_{ij}}{\sigma}\right)^2}.$$

Sur l'ensemble du tableau de données $\mathbf{Y}$, pour tous les n_j $(j = 1, ..., J)$ sujets dans les J groupes, la vraisemblance conjointe s'écrit :

$$f_s(\mathbf{Y}|\boldsymbol{\mu}, \sigma^2) = \prod_{j=1}^{J} \prod_{i=1}^{n_j} (2\pi\sigma^2)^{-\frac{1}{2}} e^{-\frac{1}{2}\left(\frac{y_{ij} - \mu_{ij}}{\sigma}\right)^2} = (2\pi\sigma^2)^{-\frac{N}{2}} e^{-\frac{1}{2}\sum_{j=1}^{J}\sum_{i=1}^{n_j}\left(\frac{y_{ij} - \mu_{ij}}{\sigma}\right)^2}.$$

Chaque μ_{ij} est estimé au maximum de vraisemblance par le seul score disponible du sujet i dans le groupe j : $\hat{\mu}_{ij} = y_{ij}$. Ce modèle est donc nécessairement parfaitement

---

15. Ce qui ne nuit pas au raisonnement car ce paramètre va disparaître dans les calculs suivants.

ajusté aux données. Sa vraisemblance maximisée est :

$$L_s = (2\pi\sigma^2)^{-\frac{N}{2}} e^{-\frac{1}{2}\sum_{j=1}^{J}\sum_{i=1}^{n_j}\left(\frac{y_{ij}-y_{ij}}{\sigma}\right)^2} = (2\pi\sigma^2)^{-\frac{N}{2}}$$

et la logvraisemblance maximisée est :

$$\ell_s = \ln L_s = -\frac{N}{2}\ln(2\pi\sigma^2).$$

Vraisemblance du modèle constant

De façon analogue, la vraisemblance du modèle constant pour une observation s'écrit :

$$f_0(y_{ij}|\mu,\sigma^2) = (2\pi\sigma^2)^{-\frac{1}{2}} e^{-\frac{1}{2}\left(\frac{y_{ij}-\mu}{\sigma}\right)^2}$$

et sur l'ensemble du tableau de données :

$$f_0(\mathbf{Y}|\mu,\sigma^2) = \prod_{j=1}^{J}\prod_{i=1}^{n_j}(2\pi\sigma^2)^{-\frac{1}{2}} e^{-\frac{1}{2}\left(\frac{y_{ij}-\mu}{\sigma}\right)^2} = (2\pi\sigma^2)^{-\frac{N}{2}} e^{-\frac{1}{2}\sum_{j=1}^{J}\sum_{i=1}^{n_j}\left(\frac{y_{ij}-\mu}{\sigma}\right)^2}.$$

Le paramètre μ du modèle constant est estimé au maximum de vraisemblance par la moyenne empirique globale $\bar{y}$, tous groupes confondus. Sa vraisemblance maximisée s'écrit donc :

$$L_0 = (2\pi\sigma^2)^{-\frac{N}{2}} e^{-\frac{1}{2}\sum_{i=1}^{N}\left(\frac{y_{ij}-\bar{y}}{\sigma}\right)^2},$$

et la logvraisemblance maximisée correspondante est :

$$\ell_0 = \ln L_0 = -\frac{N}{2}\ln(2\pi\sigma^2) - \frac{1}{2}\sum_{j=1}^{J}\sum_{i=1}^{n_j}\left(\frac{y_{ij}-\bar{y}}{\sigma}\right)^2.$$

Calcul de la déviance dans un modèle gaussien

Nous avons défini précédemment (section 7.4.3) la *déviance* d'un modèle comme le rapport de vraisemblance de ce modèle au modèle saturé :

$$R = -2\ln\left[\frac{L(\hat{\theta})}{L_s}\right].$$

Pour interpréter cette statistique, nous avons noté qu'elle mesure une « distance » entre un modèle cible et le modèle saturé, sur l'axe d'une mesure de qualité de représentation des données. Le modèle saturé représentant en quelque sorte les données elles-mêmes (son ajustement aux données est parfait), la déviance mesure donc « l'écart » entre les données observées et le modèle cible estimé. Le rapport de vraisemblance est égal à 0 si la prévision du modèle cible (et donc sa vraisemblance) sur les données est la même que celle du modèle saturé.

Par définition, la déviance du modèle de groupe est donc :

$$D_1 = R_{1s} = -2\ln\left[\frac{L_1(Y;\hat{\boldsymbol{\mu}})}{L_s}\right] = -2\left[\ln L_1(Y;\hat{\boldsymbol{\mu}}) - \ln L_s\right]$$

$$= N\ln(2\pi\sigma^2) + \sum_{j=1}^{J}\sum_{i=1}^{n_j}\left(\frac{y_{ij} - \bar{y}_j}{\sigma}\right)^2 - N\ln(2\pi\sigma^2)$$

$$= \sum_{j=1}^{J}\sum_{i=1}^{n_j}\left(\frac{y_{ij} - \bar{y}_j}{\sigma}\right)^2.$$

La déviance du modèle constant (ou déviance nulle) est quant à elle :

$$D_0 = R_{0s} = -2\ln\left[\frac{L_0(Y;\hat{\mu})}{L_s}\right] = -2\left[\ln L_0(Y;\hat{\mu}) - \ln L_s\right]$$

$$= N\ln(2\pi\sigma^2) + \sum_{i=1}^{N}\left(\frac{y_{ij} - \bar{y}}{\sigma}\right)^2 - N\ln(2\pi\sigma^2)$$

$$= \sum_{i=1}^{N}\left(\frac{y_{ij} - \bar{y}}{\sigma}\right)^2.$$

On obtient donc des expressions simples et naturelles pour la mesure de la déviance dans les modèles gaussiens : à une constante près $(1/\sigma^2)$, il s'agit d'une simple somme d'écarts carrés entre données et valeurs prévues par le modèle (moyennes).

Réduction de la déviance et taille de l'effet expérimental (η^2)

On note que le modèle M_0 est plus contraint que le modèle M_1. Il impose que toutes les moyennes de population soient égales. Sa déviance risque donc d'être plus grande que celle de M_1. Nous pouvons essayer de calculer la différence des deux déviances pour mesurer combien M_1 rend mieux compte des données. Une relation simple peut être facilement écrite entre D_0 et D_1, en procédant à une décomposition de somme de carrés tout à fait analogue à celles que nous avons vues à la section 9.3. On a d'abord :

$$\sum_{j=1}^{J}\sum_{i=1}^{n_j}(y_{ij} - \bar{y})^2 = \sum_{j=1}^{J}\sum_{i=1}^{n_j}(y_{ij} - \bar{y}_j + \bar{y}_j - \bar{y})^2$$

$$= \sum_{j=1}^{J}\sum_{i=1}^{n_j}(y_{ij} - \bar{y}_j)^2 + \sum_{j=1}^{J}\sum_{i=1}^{n_j}(\bar{y}_j - \bar{y})^2$$

$$+ 2\sum_{j=1}^{J}(\bar{y}_j - \bar{y})\sum_{i=1}^{n_j}(y_{ij} - \bar{y}_j)$$

$$= \sum_{j=1}^{J}\sum_{i=1}^{n_j}(y_{ij} - \bar{y}_j)^2 + \sum_{j=1}^{J}\sum_{i=1}^{n_j}(\bar{y}_j - \bar{y})^2.$$

Par conséquent, en divisant tout par σ^2 :

$$\sum_{j=1}^{J}\sum_{i=1}^{n_j}\left(\frac{y_{ij}-\bar{y}}{\sigma}\right)^2 = \sum_{j=1}^{J}\sum_{i=1}^{n_j}\left(\frac{y_{ij}-\bar{y}_j}{\sigma}\right)^2 + \sum_{j=1}^{J}\sum_{i=1}^{n_j}\left(\frac{\bar{y}_j-\bar{y}}{\sigma}\right)^2$$

$$D_0 = D_1 + \sum_{j=1}^{J}\sum_{i=1}^{n_j}\left(\frac{\bar{y}_j-\bar{y}}{\sigma}\right)^2. \tag{9.15}$$

La quantité :

$$R_{01} = \sum_{j=1}^{J}\sum_{i=1}^{n_j}\left(\frac{\bar{y}_j-\bar{y}}{\sigma}\right)^2 = \sum_{j=1}^{J}n_j\left(\frac{\bar{y}_j-\bar{y}}{\sigma}\right)^2 = \sum_{j=1}^{J}\left(\frac{\bar{y}_j-\bar{y}}{\sigma/\sqrt{n_j}}\right)^2$$

mesure donc la *réduction de la déviance* quand, pour expliquer les données, on passe de M_0 à M_1, autrement dit quand on prend en compte l'effet expérimental. On peut noter au passage que la réduction de déviance en passant de M_0 à M_1 est aussi simplement le rapport de vraisemblance de M_0 et M_1 :

$$D_0 - D_1 = -2\ln\left[\frac{L_0(Y;\hat{\mu})}{L_s}\right] + 2\ln\left[\frac{L_1(Y;\hat{\boldsymbol{\mu}})}{L_s}\right]$$

$$= -2\left[\ln L_0(Y;\hat{\mu}) - \ln L_s - \ln L_1(Y;\hat{\boldsymbol{\mu}}) + \ln L_s\right]$$

$$= -2\ln\left[\frac{L_0(Y;\hat{\mu})}{L_1(Y;\hat{\boldsymbol{\mu}})}\right].$$

C'est ce qui justifie que nous appelions R_{01} cette expression. On se souviendra donc de ce qu'en calculant le rapport de vraisemblance entre M_0 et M_1, nous sommes en train d'évaluer la réduction de la déviance d'un modèle à l'autre. Nous pouvons aussi à l'inverse interpréter la réduction de la déviance (c'est-à-dire de l'erreur sur les données) comme le *gain explicatif* apporté par M_1 par rapport à M_0.

Dans l'équation (9.15), la déviance nulle (terme à gauche) est une mesure de la dispersion interindividuelle totale dans les données. Pour le psychologue, c'est cette différence interindividuelle qui est intéressante à analyser. Elle est en quelque sorte une mesure de l'*information totale* disponible (il n'y a pas d'information à analyser dans une expérience où tout le monde a le même score). La déviance de M_1 (premier terme à droite) est par définition une mesure de ce que M_1 ne sait pas expliquer de cette information totale (car M_1 est un modèle qui propose de résumer cette information par un jeu simple de J moyennes de groupe). Par conséquent, la réduction de la déviance représentée par le dernier terme à droite est aussi une mesure de ce que M_1 sait expliquer des données.

Le modèle M_1 étant celui qui porte l'hypothèse d'un effet expérimental, une mesure naturelle de la taille de l'effet expérimental est la *proportion de déviance expliquée*, soit :

$$\eta^2 = \frac{\sum_{j=1}^{J}\sum_{i=1}^{n_j}\left(\frac{\bar{y}_j-\bar{y}}{\sigma}\right)^2}{\sum_{j=1}^{J}\sum_{i=1}^{n_j}\left(\frac{y_{ij}-\bar{y}}{\sigma}\right)^2} = \frac{\sum_{j=1}^{J}n_j\left(\bar{y}_j-\bar{y}\right)^2}{\sum_{j=1}^{J}\sum_{i=1}^{n_j}\left(y_{ij}-\bar{y}\right)^2}.$$

Compte tenu de la forme particulière que prend la déviance dans les modèles gaussiens (une somme d'écarts carrés), on appelle couramment cette quantité « proportion de *variance* expliquée » pour ces modèles [16]. On note qu'elle ne dépend plus de la variance vraie inconnue σ^2. A ce titre, elle est couramment utilisée pour mesurer empiriquement la taille de l'effet expérimental dans une comparaison de groupes. Pour valider M_1, nous voulons nous convaincre de ce que cette proportion est substantielle. En pratique cependant, même si M_0 est vrai (égalité des moyennes), M_1 aura toujours une déviance empirique plus faible que M_0 car avec au moins un paramètre de plus, il est simplement plus flexible. Certaines réductions de déviance seront donc triviales et d'autres apparaîtront comme plus substantielles. Pour pouvoir juger de ce que la réduction de la déviance est significative, nous avons besoin d'un modèle de la distribution de R_{10} sous l'hypothèse que M_0 est vrai.

Distribution du rapport de vraisemblance et F de Fisher
Si on regarde [17] la forme que prend le rapport de vraisemblance de M_0 à M_1 (ou réduction de la déviance) :

$$R_{01} = D_0 - D_1 = \sum_{j=1}^{J} \left(\frac{\bar{Y}_j - \bar{Y}}{\sigma/\sqrt{n_j}} \right)^2,$$

on peut reconnaître dans la parenthèse une expression familière : il s'agit d'une moyenne centrée réduite, en tous cas si l'on suppose que *toutes les moyennes de population sont égales*. Sous cette hypothèse en effet, toutes les moyennes de groupes $\bar{Y}_j$ sont des réalisations aléatoires d'une unique variable $\bar{Y}$ de moyenne vraie μ. La statistique R_{01} a alors la forme d'une somme de J carrés de variables normales (des moyennes d'échantillon) centrées réduites indépendantes et suit par définition une loi de χ^2 à $J - 1$ degrés de liberté (nous perdons en effet un degré de liberté dans le remplacement de la moyenne supposée unique μ par son estimation $\bar{Y}$).

Si nous connaissions la variance vraie commune σ^2, nous pourrions donc utiliser directement ce résultat pour juger de la taille de l'effet expérimental à l'aide d'une table de χ^2. En pratique cependant, nous ne la connaissons pas et le résultat précédent n'est pas utilisable directement pour tester H_0.

Nous pourrions aussi remarquer que la distribution de la déviance nulle peut être identifiée comme :

$$D_0 = \sum_{j=1}^{J} \sum_{i=1}^{n_j} \left(\frac{Y_{ij} - \bar{Y}}{\sigma} \right)^2 \sim \chi^2(N-1)$$

---

16. Même si strictement parlant, il s'agit d'un pourcentage de somme de carrés.

17. On notera que les scores et moyennes sont dans cette section écrits en majuscules, car c'est sur les variables aléatoires score et moyenne et leur distribution que porte désormais la réflexion et non plus sur les valeurs ponctuelles obtenues à l'échelle d'un échantillon.

si toutes les moyennes de population sont égales, et que les scores Y_{ij} sont bien issus d'une loi normale dans toutes les populations. A nouveau, ce résultat n'est pas exploitable pour tester M_0 car nous ne connaissons pas σ^2.

Mais nous avons aussi, sur la déviance de M_1 :

$$D_1 = \sum_{j=1}^{J} \sum_{i=1}^{n_j} \left(\frac{Y_{ij} - \bar{Y}_j}{\sigma} \right)^2 \sim \chi^2(N - J)$$

si les scores individuels Y_{ij} suivent bien une loi normale dans toutes les populations parentes (on note qu'on perd J degrés de liberté dans le remplacement des J moyennes μ_j par leur estimation $\bar{Y}_j$). Les déviances D_0 et D_1 ne sont pas des variables χ^2 indépendantes, car D_1 est une partie de D_0, mais D_1 et la réduction $D_0 - D_1$ sont des portions indépendantes de la déviance totale. Nous pouvons donc avec ces deux variables χ^2 construire une statistique de Fisher, indépendante de σ^2, sous la forme :

$$\begin{aligned} F &= \frac{(D_0 - D_1)/(J - 1)}{D_1/(N - J)} \\ &= \frac{\left[\frac{1}{\sigma^2} \sum_{j=1}^{J} n_j \left(\bar{Y}_j - \bar{Y} \right)^2 \right]/(J - 1)}{\left[\frac{1}{\sigma^2} \sum_{j=1}^{J} \sum_{i=1}^{n_j} \left(Y_{ij} - \bar{Y}_j \right)^2 \right]/(N - J)} \\ &= \frac{\left[\sum_{j=1}^{J} n_j \left(\bar{Y}_j - \bar{Y} \right)^2 \right]/(J - 1)}{\left[\sum_{j=1}^{J} \sum_{i=1}^{n_j} \left(Y_{ij} - \bar{Y}_j \right)^2 \right]/(N - J)} \sim F(J - 1, N - J). \end{aligned}$$

Cette statistique est proportionnelle à la réduction de la déviance (qui apparaît au numérateur), avec le bénéfice supplémentaire d'être indépendante de la variance inconnue, qui s'est trouvée éliminée à la ligne 2 de ce calcul. On voit que le F de Fisher est une statistique comparative : plus il est grand, plus le gain explicatif de M_1 par rapport à M_0 sera jugé important. Au-delà d'une certaine valeur, nous jugerons invraisemblable que ce gain explicatif soit imputable seulement à de l'erreur d'échantillonnage dans le modèle M_0 et nous conclurons à l'existence d'un effet expérimental.

Les quantités qui servent au calcul de cette statistique ont une interprétation naturelle pour l'expérimentaliste et portent des noms consacrés par l'usage.

Définition 9.10 (Somme des carrés intergroupe)
On appelle somme des carrés intergroupe *la quantité :*

$$SC_G = \sum_{j=1}^{J} n_j \left(\bar{y}_j - \bar{y} \right)^2 .$$

Elle est égale à 0 quand les moyennes de groupes sont égales, et d'autant plus grande que les moyennes de groupes sont très différentes les unes des autres. Elle mesure donc la dispersion entre les groupes.

Définition 9.11 (Somme des carrés intragroupe)
On appelle somme des carrés intragroupe *(ou résiduelle) la quantité :*

$$SC_R = \sum_{j=1}^{J} \sum_{i=1}^{n_j} (y_{ij} - \bar{y}_j)^2.$$

Elle est égale à 0 si tous les scores sont égaux dans un groupe donné et d'autant plus grande que les scores sont différents à l'intérieur d'un groupe. Elle mesure donc la dispersion des scores à l'intérieur des groupes, indépendamment de la différence intergroupe.

Définition 9.12 (Somme des carrés totale)
La somme de ces deux quantités représente ce qu'on appelle la somme des carrés totale, *notée SC_T en abrégé. On a la relation simple :*

$$\sum_{j=1}^{J} \sum_{i=1}^{n_j} (y_{ij} - \bar{y})^2 = \sum_{j=1}^{J} n_j (\bar{y}_j - \bar{y})^2 + \sum_{j=1}^{J} \sum_{i=1}^{n_j} (y_{ij} - \bar{y}_j)^2.$$
$$SC_T = SC_G + SC_R$$

La somme des carrés totale est une mesure de la dispersion totale des données observées. On peut la considérer comme une mesure de l'information totale présente dans les données. La relation ci-dessus décompose cette information en deux composantes : une dispersion inter groupe et une dispersion intra groupe.

Définition 9.13 (Carrés moyens)
On appelle carrés moyens intergroupe et intragroupe *(ou résiduels) les quantités moyennes :*

$$CM_G = \frac{\sum_{j=1}^{J} n_j (\bar{y}_j - \bar{y})^2}{J - 1} \ et \ CM_R = \frac{\sum_{j=1}^{J} \sum_{i=1}^{n_j} (y_{ij} - \bar{y}_j)^2}{N - J}.$$

Le CM_G est une variance intergroupe : il mesure la dispersion intermoyennes. Il est nul quand toutes les moyennes d'échantillon sont égales et d'autant plus grand qu'elles diffèrent. On peut voir cette variance comme une variance expérimentale, car plus les différences intermoyennes sont grandes, plus cela soutient l'hypothèse d'un effet expérimental.

Le CM_R est une variance intragroupe (ou résiduelle). C'est la même variance que celle que nous avons appelée variance commune en construisant la statistique T de Student de comparaison de deux moyennes[18]. Elle mesure la dispersion des scores à l'intérieur des groupes et reflète donc l'impact de tous les facteurs non expérimentalement intéressants, dont nous avons équilibré l'influence moyenne en répartissant aléatoirement nos sujets dans les conditions. On l'appelle souvent pour cette raison *variance d'erreur*.

---

18. Nous laissons le soin au lecteur de montrer que dans le cas de la comparaison de deux groupes, le carré d'un T de Student est strictement égal au F de Fisher tel qu'il est écrit ci-dessus.

Le F de l'ANOVA peut donc être réécrit symboliquement :

$$F = \frac{CM_G}{CM_R} \sim F(J - 1, N - J).$$

Pour parvenir à ce résultat, nous avons dû faire plusieurs hypothèses successivement que nous rappelons ici :

- l'hypothèse nulle $H_0 : \mu_j = \mu, \forall j$ est vraie (condition pour que la réduction de déviance soit distribuée χ^2) ;
- les observations sont indépendantes (condition pour que les déviances soient distribuées χ^2) ;
- l'hypothèse de normalité est vraie (condition pour que la déviance de M_1 soit distribuée χ^2) ;
- l'hypothèse d'homogénéité des variances d'erreur est vraie (condition pour factoriser et simplifier par $\frac{1}{\sigma^2}$).

Il est important que toutes ces conditions soient rappelées, car elles sont souvent négligées, voire ignorées, dans les études appliquées en psychologie. On voit pourtant qu'elles fondent la construction de la statistique. La distribution du F est bien $F(J - 1, N - J)$ si ces quatre conditions sont acceptables. S'il y a quelque doute sur l'une ou l'autre de ces conditions, c'est le sens et la validité de la valeur p comme statistique de décision qui se trouve remis en cause. Si ces conditions sont acceptables, on rejettera H_0 si la valeur $p = P(F_{J-1,N-J} > F_{obs}|H_0)$ est faible (inférieure à $\alpha = 0.05$).

Dans cette application particulière, la statistique de Fisher compare donc implicitement la variance expérimentale à la variance d'erreur. Pour argumenter l'existence d'un effet expérimental, nous regarderons si ce ratio est élevé, autrement dit si la variance expérimentale est *plus grande* que la variance d'erreur. Il s'agit bien d'une comparaison de deux variances, mais on note que dans ce cadre cela nous conduit à un test F *unilatéral à droite*.

Pour des raisons historiques, on appelle « analyse de la variance » (ou ANOVA selon l'acronyme anglais) cette méthode de comparaison de groupes inventée par Fisher, car bien qu'elle cherche à mettre à l'épreuve des hypothèses sur des moyennes, elle se traduit au final par une décision en termes de comparaison de deux variances, expérimentale et d'erreur. Cette approche a l'avantage, par rapport au T de Student, de permettre la comparaison d'un nombre quelconque de groupes.

La dénomination « *analyse* de la variance » pour ce qui est un *modèle* est assez fâcheuse car elle obscurcit la distinction nécessaire entre le modèle que l'on teste (ici un modèle en classes ou en groupes) et la statistique que l'on utilise pour la comparaison ou l'évaluation des modèles. Le même modèle de groupe peut fort bien être comparé au modèle constant, par exemple sans comparaison directe de variances, simplement en calculant les vraisemblances et les BIC. Le modèle est parfois caché derrière ce qui n'est qu'un simple procédé de calcul, auquel l'enseignement se réduit parfois. C'est la raison pour laquelle nous avons insisté beaucoup dans cette partie sur tous les aspects du modèle, car ses hypothèses restrictives ont des conséquences pratiques non négligeables (indépendances des performances excluant toute forme de passation collective, homogénéité de la variance supposant un contrebalancement correct des variables parasites, normalité des distributions excluant l'analyse de données à distribution fortement dissymétriques, etc.).

9.6.2   Calcul pratique sous R/R2STATS

Nous reprenons dans l'exercice type qui suit les résultats de l'étude de Fox & Guyer (1978) sur l'effet de la condition (publique/anonyme), qui est un cas simple de comparaison de deux groupes. L'intérêt de l'analyse de la variance est naturellement de pouvoir comparer plus que deux groupes, mais cette situation plus simple permet de présenter succinctement la démarche. Le cas $J > 2$ groupes est traité plus loin. On note cependant que dans le cas de deux groupes, le T de Student qui est une statistique signée présente l'avantage de pouvoir tester des hypothèses orientées. Cela n'a plus de sens avec le F de Fisher, qui mesure comme on l'a vu une disparité globale (une « variance ») entre potentiellement plus de deux moyennes. Les distinctions entre alternatives unilatérale et bilatérale disparaissent. A partir de $J > 2$ moyennes, le test est nécessairement « multilatéral ».

Nous proposons ci-dessous un mode de calcul qui se déduit directement de l'approche par comparaison de modèles adoptée ici. Bien que cette disposition du calcul soit inhabituelle dans les enseignements de statistique en psychologie, il a l'avantage d'être très facile à réaliser sous un tableur et a une interprétation directe en termes de comparaison des qualités (ou des déviances) de deux modèles.

Exercice-type 9.12 (Comparaison de moyennes, analyse de la variance)

Enoncé   Fox & Guyer (1978) mettent des sujets en situation d'avoir à choisir entre trahir et ne pas trahir un partenaire, dans deux conditions : anonyme (le partenaire n'aura pas connaissance de ce choix) *versus* publique. Les données sont dans le tableau `Guyer` de la librairie `car`. Peut-on dire que la condition influence l'apparition du comportement de non-trahison ?

Hypothèses   Si les distributions dans les populations parentes sont unimodales et symétriques, le type de problème posé peut se résumer à une comparaison de deux moyennes sur échantillons indépendants. Les hypothèses statistiques sont :

$$\begin{cases} H_0 : & \mu_1 = \mu_2, \\ H_1 : & \mu_2 \neq \mu_2. \end{cases}$$

On note que telle que la question est posée, l'alternative est bilatérale.

Procédure   On utilise le fait que nous avons la distribution :

$$F = \frac{CM_G}{CM_R} \sim F(J - 1, N - J)$$

pour F, si H_0 est vraie et si les hypothèses de normalité des populations parentes et d'homogénéité des variances sont correctes (voir la section 9.6.3). Le F de Fisher de l'ANOVA est une statistique comparative. Il compare implicitement les déviances des deux modèles M_0 et M_1. On calcule ces déviances dans le tableau 9.1, à partir des écarts $e_i^{(1)} = y_{ij} - \bar{y}_j$ et $e_{ij}^{(0)} = y_{ij} - \bar{y}$, que l'on appelle les résidus des modèles M_1 et M_0. Les déviances sont calculées comme la somme des carrés de ces écarts. On note que ce ne sont pas exactement les déviances car nous ne connaissons pas σ^2, mais simplement les sommes de carrés de leurs numérateurs. Cela ne remet pas en cause le calcul sous forme de ratio, car comme nous l'avons vu, les variances inconnues s'y éliminent, tant dans le calcul du F que dans le calcul du η^2. On trouve $D_0 = 3878.2$

et $D_1 = 2783$. La réduction de la déviance est donc $R_{01} = D_0 - D_1 = 1095.2$. Avec $N = 20$ et $J = 2$, on trouve :

$$F_{obs} = \frac{1095.2/(2-1)}{2783/(20-2)} \approx 7.08.$$

Décision

La statistique F calculée est égale à 7.08 (la variance expérimentale est à peu près 7 fois plus grande que la variance d'erreur). La probabilité d'observer une valeur de F au moins aussi grande que cela sous l'hypothèse d'égalité des moyennes est petite par rapport au seuil $\alpha = 0.05$: $p = 0.0159$. On peut donc rejeter l'hypothèse nulle, avec moins de 2% de chances de se tromper.

Conclusion

Sur le plan psychologique, on conclut donc à un effet de la manipulation expérimentale. Les moyennes par groupe sont $\bar{y}_A = 40.9$ et $\bar{y}_P = 55.7$: les sujets en condition publique ont des scores de coopération en moyenne supérieurs (avec moins de 2% de chances de se tromper).

Les différentes quantités calculées en détail dans le tableau 9.1

Groupe	y_{ij}	$\hat{y}_{ij}$ (M_1)	e_{ij} (M_1)	e_{ij}^2 (M_1)	$\hat{y}_{ij}$ (M_0)	e_{ij} (M_0)	e_{ij}^2 (M_0)
P	49	55.7	-6.70	44.89	48.3	0.70	0.49
P	64	55.7	8.30	68.89	48.3	15.7	246.49
P	37	55.7	-18.7	349.69	48.3	-11.3	127.69
P	52	55.7	-3.7	13.69	48.3	3.7	13.69
P	68	55.7	12.3	151.29	48.3	19.7	388.09
P	54	55.7	-1.7	2.89	48.3	5.7	32.49
P	61	55.7	5.3	28.09	48.3	12.7	161.29
P	79	55.7	23.3	542.89	48.3	30.7	942.49
P	64	55.7	8.3	68.89	48.3	15.7	246.49
P	29	55.7	-26.7	712.89	48.3	-19.3	372.49
A	27	40.9	-13.9	193.21	48.3	-21.3	453.69
A	58	40.9	17.1	292.41	48.3	9.7	94.09
A	52	40.9	11.1	123.21	48.3	3.7	13.69
A	41	40.9	0.1	0.01	48.3	-7.3	53.29
A	30	40.9	-10.9	118.81	48.3	-18.3	334.89
A	40	40.9	-0.9	0.81	48.3	-8.3	68.89
A	39	40.9	-1.9	3.61	48.3	-9.3	86.49
A	44	40.9	3.1	9.61	48.3	-4.3	18.49
A	34	40.9	-6.9	47.61	48.3	-14.3	204.49
A	44	40.9	3.1	9.61	48.3	-4.3	18.49
			$\sum_i e_i^2$	2783		$\sum_i e_i^2$	3878.2

Tableau 9.1 – Calcul des déviances dans un modèle de groupe gaussien

sont calculables par l'interface graphique pour R nommée R2STATS [19].

---

19. Voir les instructions d'installation sur le site `http://yvonnick.noel.free.fr/r2stats`.

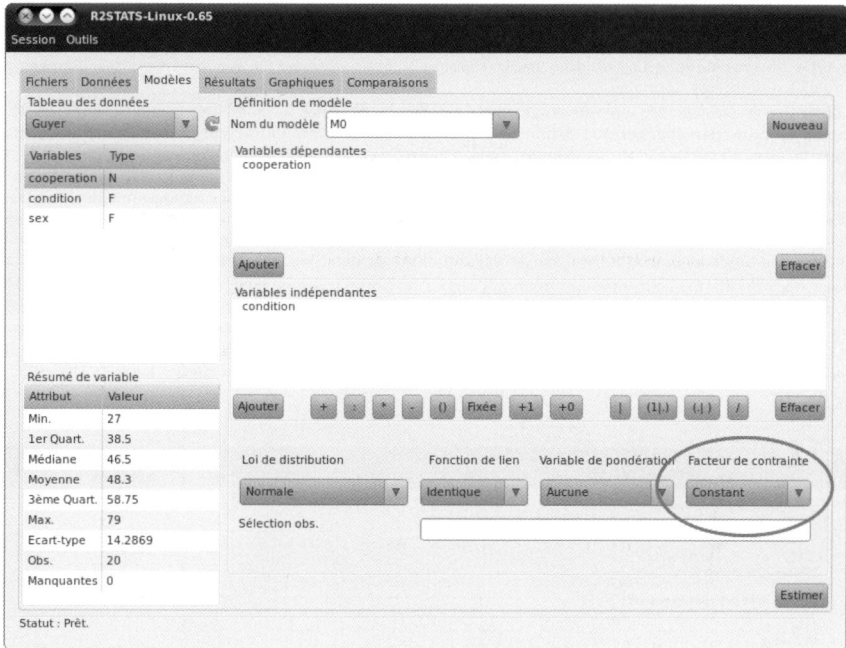

Fig. 9.34 – Usage de R2STATS pour une analyse de la variance. Définition du modèle M_0 à l'aide d'un facteur de contrainte

L'interface se compose de six onglets (voir fig. 9.34), représentant les six étapes logiques d'une analyse : i) le chargement de données, ii) la manipulation et transformation des données, si nécessaire, iii) la définition du modèle (VD, VIs, distribution et lien), iv) l'examen des résultats numériques, v) des résultats graphiques et vi) la comparaison des modèles construits. Pour illustration, on construit dans l'atelier suivant tour à tour les modèles M_1 et M_0, et on demande leur comparaison [20].

Atelier 9.17 (Inférence fishérienne sur deux moyennes)
Mise en œuvre d'une analyse de la variance :

1. Charger la librairie R2STATS (à installer si nécessaire) et se placer sous l'onglet « Fichiers ». A partir du sous-onglet de chargement à partir d'une « Librairie », sélectionner la librairie car (liste de gauche), puis le fichier Guyer (liste de droite). Cliquer sur le bouton « Charger ». On bascule automatiquement sous le deuxième onglet « Données », présentant une version tabulée du fichier. Observer sa structure.

2. Aller sous l'onglet « Modèles » et définir la variable dépendante de l'analyse (« cooperation ») en la sélectionnant dans la liste des variables et en cliquant sur le bouton « Ajouter », pour le champ « Variable dépendante ».

3. Construire le modèle M_1 (modèle de l'effet condition) en ajoutant la variable « condition » dans le champ « Variables indépendantes ». Donner un nom au modèle (par exemple M1 dans le champ correspondant (c'est nécessaire pour pouvoir procéder à des comparaisons de modèles ultérieurement). Vérifier que le modèle de distribution sélectionné est celui de la loi normale, puis cliquer sur « Estimer ». On est automatiquement basculé vers l'onglet « Résultats », où les deux moyennes estimées apparaissent à la rubrique « Prévisions

---

20. Les captures d'écran qui suivent sont obtenues sous Linux Ubuntu, mais l'interface R2STATS fonctionne de façon identique sous Mac ou Windows, avec une présentation graphique qui est celle du système hôte.

(par groupe) » et la variance commune à la rubrique « Dispersion ». Les autres rubriques (test de normalité, test d'homogénéité des variances) seront commentées plus loin. Sous l'onglet « Graphiques », sélectionner le type de graphique « Distribution de la réponse » pour observer la superposition des données et du modèles à deux lois normales.

4. Construire le modèle M_0 en retournant sous l'onglet « Modèles » et en changeant le nom en M0 (par exemple). Sans rien changer à la définition du modèle, sélectionner un facteur de contrainte « Constant » dans la liste déroulante correspondante. Ceci a pour effet de remplacer le facteur « condition » par un facteur à une seule modalité, autrement dit contraint le modèle à n'avoir plus qu'une seule moyenne de groupe (voir fig. 9.34). Cliquer sur « Estimer ». Observer comment les deux moyennes de groupes sont désormais estimées à une valeur unique. Sous l'onglet « Graphiques », observer la distribution de la réponse marginale observée et modélisée. Dans la liste à gauche du graphique, cliquer tour à tour sur le nom de chacun des modèles pour observer leur structure, à une et deux lois normales, pour ces données.

5. Pour décider du meilleur modèle, aller à l'onglet « Comparaisons » et sélectionner les deux modèles construits, puis cliquer sur « Comparer ». Dans le tableau d'analyse de la déviance qui s'affiche, on obtient les deux déviances $D_0 = 3878.2$ et $D_1 = 2783$, à $\nu_1 = 19$ et $\nu_2 = 18$ degrés de liberté, la réduction de la déviance $R_{10} = D_0 - D_1 = 1095.2$, à $v_1 - \nu_2 = 1$ degré de liberté, le F de Fisher qui vient tester le caractère significatif de cette réduction et le η^2 qui mesure l'amplitude de l'effet, s'il existe (fig. 9.35).

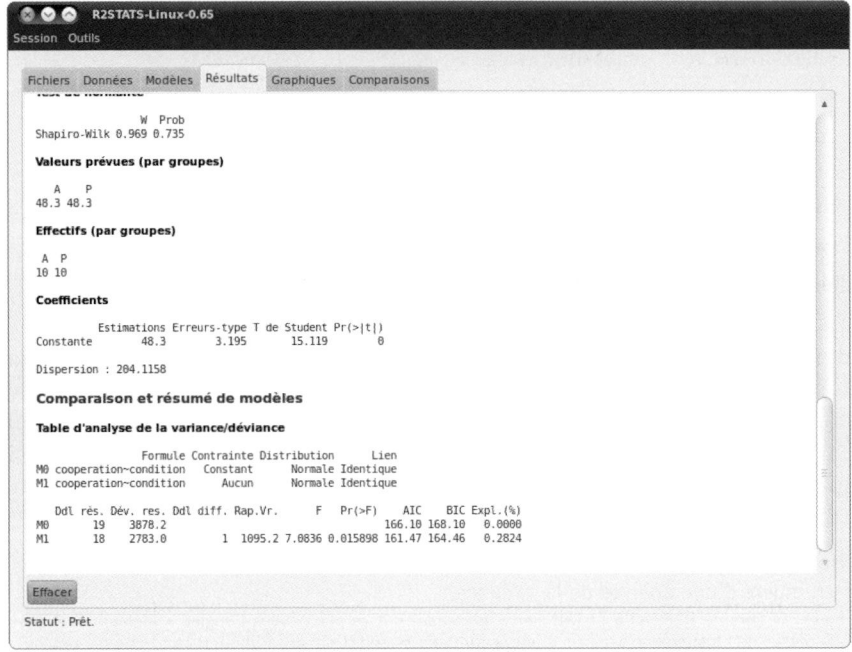

Fig. 9.35 – Table d'analyse de la déviance pour la comparaison de M_0 et M_1

On note plusieurs particularités du logiciel. R2STATS n'est pas une interface graphique pour R, mais une interface graphique pour la comparaison de modèles sous R. Pour toute situation expérimentale ou appliquée, et pour toute question psychologique posée, on définit un ensemble de modèles concurrents dont la *comparaison* permet de répondre à la question. Cette approche apporte une très grande flexibilité dans le test des hypothèses, comme nous allons le voir. Elle est aussi très intuitive et oblige le psychologue à réfléchir sur ses hypothèses psychologiques, en même temps qu'il procède à l'analyse. Dans cette approche, dite de psychologie statistique (et non de « statistique appliquée à la psychologie »), il n'y a pas de différence entre le travail de réflexion sur le contenu et la modélisation statistique : les deux sont manipulés dans une seule et même démarche. Cela sera plus apparent quand nous allons comparer plus de deux groupes.

Le logiciel n'a donc pas besoin d'avoir des menus à entrées multiples pour tous les types de problèmes, comme on le voit dans beaucoup de logiciels courants. La définition des modèles et leur comparaison suffit. Une autre particularité est que les tests complémentaires (test de normalité, test d'homogénéité des variances, etc.), s'ils sont nécessaires, sont fournis automatiquement sans avoir besoin d'aller rechercher dans des menus ou des listes d'options particulières. Le choix de faire une ANOVA impose l'examen de ces conditions, sans lesquelles la distribution du F de Fisher est inconnue : l'utilisateur ne doit donc pas être encouragé à les ignorer ! De la même façon, les graphiques sont automatiques. La possibilité de passer en un clic d'un graphique à l'autre, en superposant données et modèle, permet d'apercevoir immédiatement et intuitivement ce qu'affirment les modèles sur les données.

9.6.3 Test des hypothèses de l'ANOVA

Nous avons évoqué à plusieurs reprises la nécessité de tester certaines hypothèses constituantes des modèles gaussiens, à commencer par l'hypothèse de normalité elle-même, mais aussi l'hypothèse d'homogénéité des variances dans le cas de la comparaison de plusieurs groupes indépendants. Nous abordons ci-dessous deux tests permettant de mettre à l'épreuve ces hypothèses. On note que si, pour des raisons de logique de l'exposition, nous avons retardé la présentation de ces tests jusqu'à cette section, ils doivent au contraire dans la pratique de modélisation être examinés en premier. Car si l'une des conditions fait défaut, alors l'ensemble de la procédure par F de Fisher perd son fondement et ne peut pas être poursuivie. C'est la raison pour laquelle ces tests apparaissent en premier dans les résultats fournis par R2STATS.

Test de normalité : calcul des résidus d'un modèle normal
On voit que ce qu'on appelle « analyse de la variance » n'est pas seulement un test de comparaison de moyennes. Il repose en réalité sur un modèle de données avec des contraintes très précises : chaque observation dans un groupe est tirée d'une même loi normale, ces observations sont indépendantes et la variance de score dans les populations parentes est strictement la même. Le modèle sur la variable de score Y_{ij} du sujet i dans le groupe j s'écrit statistiquement :

$$Y_{ij} \;=\; \mu_j + \epsilon_{ij} \quad \text{où} \quad \epsilon_{ij} \sim N(0, \sigma^2).$$

Le modèle propose donc une *prévision* $\hat{Y}_{ij}$ sur le score du sujet, c'est-à-dire une *valeur espérée*, telle que :

$$\hat{Y}_{ij} = E(Y_{ij}) = E(\mu_j + \epsilon_{ij}) = \mu_j + E(\epsilon_{ij}) = \mu_j.$$

La variable ϵ_{ij}, dite *variable résiduelle*, représente l'erreur commise par le modèle dans ses prévisions :

$$\epsilon_{ij} = Y_{ij} - \hat{Y}_{ij} = Y_{ij} - \mu_j.$$

Une hypothèse forte du modèle est que $\epsilon_{ij} \sim N(0, \sigma^2)$ et on doit la tester à partir des réalisations empiriques $e_{ij} = y_{ij} - \bar{y}_j$ qu'on appelle *résidus empiriques du modèle*. Ils représentent les écarts observés entre la note réelle du sujet y_{ij} (notée en minuscule) et la valeur prévue pour lui par le modèle de groupe, c'est-à-dire la moyenne de condition, estimée au maximum de vraisemblance par la moyenne empirique $\bar{y}_j$. Ces écarts sont supposés tirés dans une même loi normale de moyenne nulle. On s'attend donc à l'examen graphique de ces résidus à une distribution unimodale symétrique.

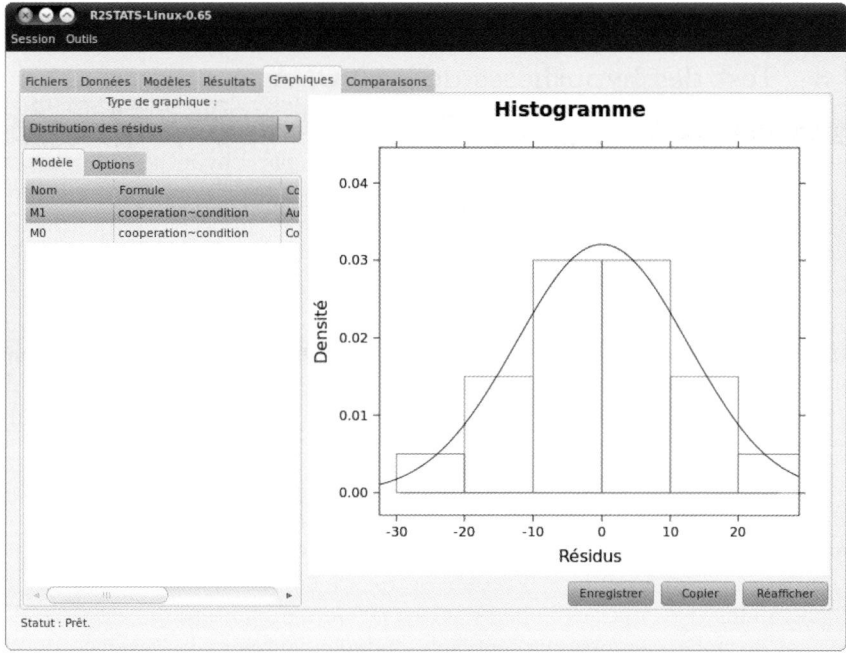

Fig. 9.36 – Histogramme des résidus du modèle de groupe

Dans l'analyse des données de Fox & Guyer (1978), on peut examiner les résidus du modèle en calculant pour chaque sujet les différences entre leur score et la moyenne de leur groupe (voir tableau 9.1). Le sujet 1 dans le groupe 1, par exemple, a obtenu un score de coopération de $y_{11} = 49$ et selon le modèle de groupe nous prévoyons pour tous les sujets en condition publique un score unique $\bar{y}_1 = 55.7$. Le résidu empirique du modèle pour cette observation est donc $e_{11} = 49 - 55.7 = -6.7$. Cette valeur mesure l'erreur commise par le modèle de groupe dans le compte rendu de la performance du sujet 1 du groupe 1. Ces valeurs sont automatiquement obtenues et représentées dans un graphique de distribution sous R2STATS en sélectionnant pour un modèle donné le type de graphique « Histogramme des résidus » (fig. 9.36).

Ce graphique représente les distributions de scores centrés dans les deux groupes : on a en quelque sorte fait glisser horizontalement les deux distributions des deux groupes pour les centrer toutes deux sur zéro. On cherche à s'assurer que la distribution ne semble pas montrer de dissymétrie ou de multimodalité suspecte. La superposition avec la loi normale ajustée $N(\bar{x}, s^2)$ permet de s'en faire une idée.

Test de normalité : construction d'un graphique quantile-quantile

On peut aussi chercher à comparer la distribution résiduelle *cumulée* à la version cumulée de la loi théorique normale. Cette approche fournira la base d'un test statistique de normalité dans la section suivante.

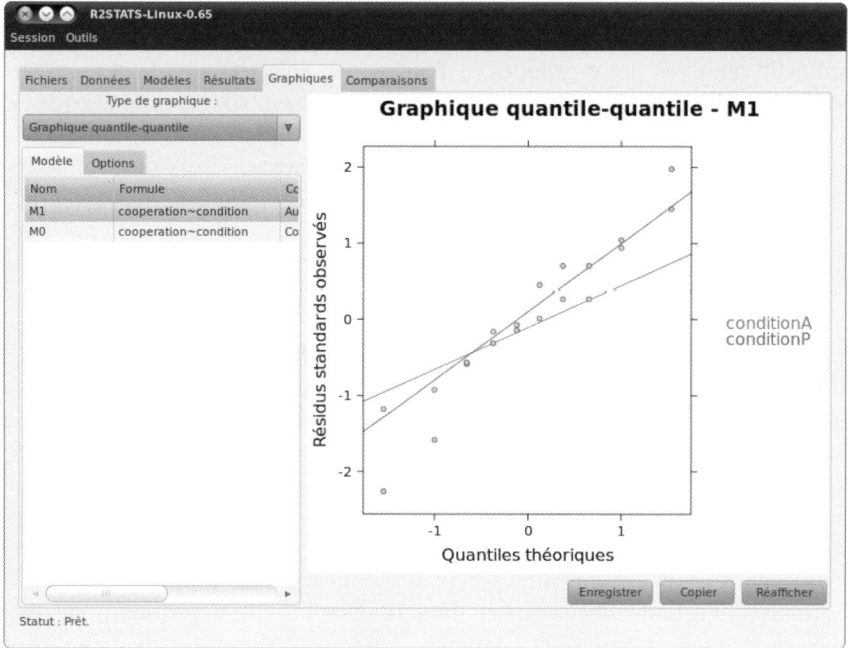

Fig. 9.37 – Graphique quantile-quantile de normalité des résidus du modèle de classification

Atelier 9.18 (Notion de graphique quantile-quantile)

1. Ranger les $N = 20$ résidus par ordre croissant. Les 20 valeurs obtenues sur les données de coopération sont : $-26.7, -18.7, -13.9, -10.9, -6.9, -6.7, -3.7, -1.9, -1.7, -0.9, 0.1, 3.1, 3.1, 5.3, 8.3, 8.3, 11.1, 12.3, 17.1, 23.3$.

2. Calculer les fréquences cumulées à gauche correspondantes. Pour chaque observation rangée i ($i = 1, ..., N$), la fréquence cumulée à gauche est i/N. On préfère en général la calculer selon la formule [21] :

$$F(e_i) = \frac{i - 0.5}{N}.$$

   On trouve les fréquences cumulées : 0.025, 0.075, 0.125, 0.175, 0.225, 0.275, 0.325, 0.375, 0.425, 0.475, 0.525, 0.575, 0.625, 0.675, 0.725, 0.775, 0.825, 0.875, 0.925, 0.975.

3. Identifier avec le calculateur de probabilités des « Ateliers » les valeurs (ou quantiles) que l'on devrait observer dans une loi normale centrée réduite exacte, pour ces valeurs de fréquences cumulées observées. On obtient ainsi des valeurs théoriques z_i de résidus, correspondant à l'hypothèse de loi normale. En sélectionnant bien l'option « probabilités→quantiles » dans le calculateur, on obtient successivement : $-1.96, -1.44, -1.15, -0.93, -0.76, -0.6, -0.45, -0.32, -0.19, -0.06, 0.06, 0.19, 0.32, 0.45, 0.6, 0.76, 0.93, 1.15, 1.44, 1.96$.

4. Construire enfin, avec l'aide d'un tableur par exemple, un graphique en deux axes des résidus observés et des valeurs théoriques déduites d'une loi normale parfaite : on s'attend à ce que les points s'alignent sur une droite si la distribution est normale. Si on a préalablement centré réduit les résidus observés, pour qu'il soient sur la même échelle que ces scores normaux théoriques, on doit même avoir un bon alignement autour d'une droite d'équation $y = x$.

Toutes ces opérations sont naturellement faites automatiquement par R2STATS et le graphique correspondant apparaît quand on clique sur l'onglet « Graphiques » et qu'on sélectionne l'option « Graphique quantile-quantile » dans la liste des types de graphiques disponibles (fig. 9.37). Naturellement, R2STATS construit ce graphique séparément pour les deux groupes si l'on a bien sélectionné M_1. Le graphique quantile-quantile sous M_0 serait construit pour l'ensemble des données (car c'est un modèle de groupe unique) et cela n'aurait pas de sens dans ce contexte, sauf si nous savons déjà qu'il n'y a pas d'effet expérimental. Insistons sur ce point souvent mal compris : l'hypothèse de normalité dans un modèle de groupe est une hypothèse de distribution *conditionnelle au groupe* et non pas une hypothèse sur la distribution *marginale* des données. Quand un effet expérimental existe dans une expérience à deux conditions et que les distributions conditionnelles (c'est-à-dire dans chaque condition) sont bien unimodales, la distribution marginale des données (c'est-à-dire tous groupes confondus) est nécessairement bimodale ! L'examen du graphique quantile-quantile est souvent très informatif pour détecter les écarts à la normalité. Le nuage de points obtenu sur les données de coopération est satisfaisant en apparence, mais nous allons apprendre à tester la linéarité de cette relation de manière plus formelle dans la section suivante. On note que le graphique sous M_1 permet aussi de détecter visuellement d'éventuelles disparités de variances. En effet, une droite quantile-quantile très « pentue » révèle que ce sont des quantiles beaucoup plus petits ou beaucoup plus grands que ceux de la loi normale, qu'il faut aller chercher dans la distribution empirique pour obtenir les mêmes fréquences cumulées à gauche. Autrement dit que la distribution empirique est plus étalée globalement. Dans le cas de plusieurs groupes, on s'attend

---

21. Cette manière de calculer les fréquences cumulées a été proposée en 1914 par l'ingénieur civil américain Allen Hazen. Elle garantit que la fréquence cumulée 0.5 correspondra à l'observation centrale si N est impair. D'autres choix existent.

donc à avoir des droites pratiquement parallèles si l'hypothèse d'homogénéité des variances est vraie.

Test de Shapiro-Wilk

Le test de Shapiro-Wilk est une mesure de bon ajustement des points par une droite dans le graphique ci-dessus. Il s'écrit [22] :

$$W = \frac{\left(\sum_{i=1}^{N} z_i e_i\right)^2}{\sum_{i=1}^{N} e_i^2}$$

et peut s'interpréter comme le carré d'un coefficient de corrélation entre résidus observés e_i et résidus normaux théoriques z_i. Cet indice varie donc entre 0 et 1, une valeur de 1 signifiant un ajustement parfait par la loi normale. Pour juger de ce que le W est assez grand pour accepter l'hypothèse de normalité, le logiciel fournit la probabilité d'observer une valeur égale ou inférieure sous l'hypothèse de normalité. Si cette probabilité est grande (par exemple plus grande que $\alpha = 0.10$), on acceptera (sans connaître le risque de se tromper) l'hypothèse de normalité. On obtient sur nos données $W = 0.991$ ($p < 0.99$). La valeur p est très largement supérieure à 0.10 et on ne peut rejeter l'hypothèse de normalité.

Test d'homogénéité des variances

La variance dans les groupes est supposée représenter dans le modèle l'effet cumulé de sources d'effets aléatoires qui s'équilibrent dans les conditions. On la suppose donc homogène dans les groupes. Dans le cas de deux groupes, on la teste simplement à l'aide du test de Fisher de comparaison de deux variances vu à la section 9.6. Sur les données de Fox & Guyer (1978), pour le simple test de l'effet de la condition, on trouve $F(9,9) = 0.4026$ ($p < 0.191$). La valeur p est plus grande que $\alpha = 0.10$ et nous ne pouvons pas rejeter l'hypothèse d'homogénéité des variances. Dans le cas de plus de deux groupes, le test de Fisher n'est pas applicable. On utilise alors le *test de Levene*, qui n'est pas autre chose qu'une analyse de variance à un facteur sur les valeurs absolues des résidus. Cela revient donc à tester la différence des moyennes de résidus absolus dans les groupes. Si la dispersion des scores est la même dans les populations parentes, on devrait avoir des moyennes de résidus absolus identiques. Plusieurs formes du test existent, selon la manière de calculer ces résidus absolus. Ceux-ci peuvent être calculés sous la forme simple $|e_{ij}| = |y_{ij} - \bar{y}_j|$. Mais ils peuvent aussi être calculés par rapport à la médiane du groupe, plutôt que la moyenne, sous la forme $|e_{ij}| = \left|y_{ij} - q_{\frac{1}{2}}^{(j)}\right|$, ce qui donne au test des propriétés de robustesse particulières.

On se sert donc d'un $F(J-1, N-J)$ comme statistique de décision sur l'homogénéité. On accepte l'hypothèse nulle d'homogénéité des variances quand le F

---

22. Cette présentation est schématique. Les valeurs z utilisées dans cette formule sont en réalité des statistiques d'ordre, qui peuvent être corrigées selon la taille de l'échantillon. Ces corrections sont prises en compte automatiquement sous R2STATS.

de cette ANOVA particulière est suffisamment proche de 1, ce dont on juge en regardant si la valeur p associée est suffisamment grande (c'est-à-dire supérieure à $\alpha = 0.10$). Les résultats de ce test sont fournis automatiquement par R2STATS.

9.6.4   Comparaisons spécifiques (contrastes)

Dans une comparaison de conditions, quand il apparaît légitime de traduire la comparaison des distributions intra conditions par des comparaisons de moyennes, la question se pose souvent de réaliser des comparaisons spécifiques, aussi appelés *contrastes*, entre telle et telle condition.

Conception d'une séquence de modèles emboîtés

Dans une recherche de Baumann et Jones à Purdue University dans les années 1990, on étudie la performance en compréhension de textes de jeunes qui ont été répartis en trois groupes de formation à la compréhension en lecture : un groupe entraîné à la compréhension avec une méthode traditionnelle (*Basal*), un groupe soumis à une approche où l'on encourage la réflexion à haute voix sur le texte (DRTA, *Directed Reading - Think Aloud*) et un groupe formé à l'aide d'une autre méthode nouvelle (nommée *Strat*). On évalue, après la formation, la performance en compréhension de ces trois groupes de sujets, selon plusieurs critères. Les données sont rapportées par John Fox sous le nom de fichier `Baumann` dans la librairie `car`. On cherche dans cette étude à développer de nouvelles approches de formation à la lecture qui encouragent, davantage que dans les méthodes traditionnelles, la recherche de sens et la compréhension. Deux questions se posent donc naturellement d'un point de vue psychologique : i) les méthodes nouvelles sont-elles plus efficaces que la méthode traditionnelle ? ii) si oui, les méthodes nouvelles diffèrent-elles entre elles de ce point de vue ?

Comme il est difficile d'imaginer que les méthodes nouvelles, qui contiennent aussi les ingrédients de la méthode traditionnelle, sont moins efficaces globalement, nous pouvons résumer les trois scénarios envisageables par trois modèles de groupe, dont les contraintes propres en termes d'égalité ou de différences de moyennes sont résumées ci-dessous :

Modèle/Groupe	Basal	DRTA	Strat
M_c	μ_1	μ_2	μ_3
M_1	μ_1	μ_{23}	μ_{23}
M_0	μ_{123}	μ_{123}	μ_{123}

Comme dans l'étude des modèles binomiaux et multinomiaux, nous notons symboliquement les contraintes d'égalité en fusionnant en indice, dans l'écriture des paramètres, les numéros des groupes ($j = 1, 2, 3$) dont les moyennes sont supposées égales dans un certain modèle. Les modèles sont ordonnés selon une structure d'emboîtement les uns dans les autres : chaque modèle est obtenu comme cas particulier de celui qui le précède par l'introduction d'une contrainte d'égalité spécifique. Par exemple, on obtient M_1 en imposant sous M_c $\mu_2 = \mu_3$. Dans une telle séquence, c'est la comparaison des modèles qui apporte une réponse à la question psychologique posée. Et chaque comparaison de modèle fait test spécifiquement *sur ce qui les différencie*. La comparaison M_c/M_1 vient tester spécifiquement $H_1 : \mu_2 = \mu_3$ contre $H_c : \mu_2 \neq \mu_3$, car c'est la seule chose qui change de M_c à M_1. Si M_1 est meilleur que M_c, on ne rejettera pas l'hypothèse d'égalité des moyennes 2 et 3. S'il apparaît dans cette première comparaison que M_1 est acceptable, la comparaison avec M_0 permettra de répondre spécifiquement à la question de la différence entre méthode traditionnelle et méthodes nouvelles (désormais non distinguées). Si c'est M_c qui avait été retenu dans la première comparaison, on aurait conservé $\mu_2 \neq \mu_3$ et cherché alors à comparer M_c au modèle (μ_{12}, μ_{12}, μ_3) ou au modèle (μ_{13}, μ_2, μ_{13}).

C'est ce jeu d'opposition entre modèles, qui ne diffèrent entre eux que par une égalité ou une différence de paramètres, qui pose souvent le plus de problèmes aux étudiants. Il ne s'agit pourtant que de l'application d'un principe de « ne changer qu'un aspect à la fois, toutes choses égales par ailleurs », dont le lien avec l'enseignement de méthodologie expérimentale doit être souligné.

Il est important de noter que ces modèles de moyennes n'ont de sens que si l'on pense que : i) les performances des sujets dans chaque groupe sont résumables par un score vrai unique autour duquel les performances individuelles sont distribuées selon une loi normale, ii) les performances des sujets sont indépendantes (ce qui exclut que l'évaluation ait eu lieu de façon collective) et iii) que l'erreur de mesure est de même amplitude moyenne dans les trois groupes (homogénéité de la variance d'erreur). C'est l'unicité du paramètre de variance à travers les groupes qui permet (avec l'hypothèse d'une loi unimodale et symétrique sur les scores) de réduire la comparaison de conditions à une simple comparaison de moyennes. *C'est le modèle qui donne du sens aux statistiques descriptives et non les statistiques descriptives qui mènent au modèle.*

Il n'est pas trivial de rappeler ces conditions car il est très fréquent en pratique de voir mise en défaut l'une ou l'autre d'entre elles, et elles ont un vrai sens psychologique dans la situation d'étude. La condition d'indépendance des mesures par exemple, n'est que rarement interrogée dans les études appliquées, et il n'y a pas de test statistique générique pour cela. On peut dans la plupart des cas l'évaluer par une réflexion simple sur la situation de passation.

Les conditions de normalité et d'homogénéité des variances étant directement liées au modèle de groupe complet (noté M_c), c'est donc toujours par ce modèle complet [23] que nous commencerons la modélisation. Nous prenons comme variable dépendante la variable nommée `Post.test.3` dans le fichier et comme variable indépendante la variable `group`, représentant les conditions expérimentales. L'estimation de ce premier modèle n'amène pas d'inquiétude sur les conditions de normalité (Shapiro-Wilk $W = 0.971$, $p < 0.124$) et d'homogénéité des variances

---

23. On se gardera de nommer « saturé » ce modèle, car il n'y a pas une moyenne par donnée disponible sous ce modèle, mais une moyenne par groupe.

(Levene $F(2,63) = 0.34288$, $p < 0.711$), au seuil $\alpha = 0.10$, et nous pouvons poursuivre l'analyse.

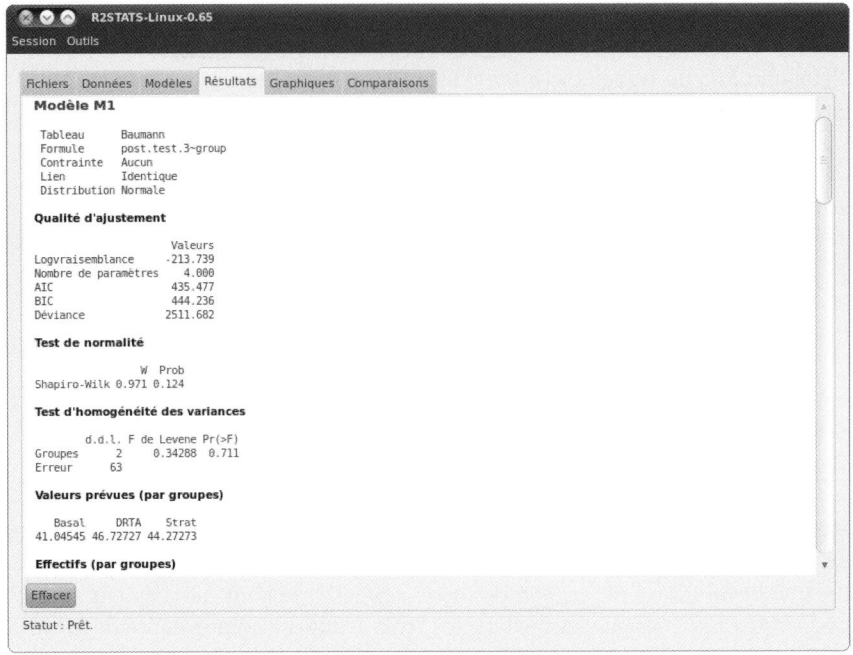

Fig. 9.38 – Tests des conditions de l'ANOVA sous R2STATS

Celle-ci se poursuit en testant le modèle M_1 qui le suit immédiatement dans la série de modèles emboîtés définis ci-dessus. Nous devons pour cela introduire dans l'estimation la contrainte $\mu_2 = \mu_3$. La définition de tels contrastes est souvent peu intuitive dans les logiciels courants. Les choses sont beaucoup plus simples à définir, et rigoureusement équivalentes, dans une approche par comparaison de modèles : nous construisons simplement un modèle à deux groupes, à l'aide d'un nouveau facteur de groupe où les conditions de méthode DRTA et Strat sont simplement réunies en une seule que nous allons appeler « Nouvelles ». Cela peut-être fait dans le fichier utilisateur d'origine (par exemple sous un tableur), ou bien à l'aide de l'utilitaire de recodage proposé sous l'onglet « Données » (ouvrir le panneau correspondant en cliquant sur le signe « + », fig. 9.39).

La syntaxe est simple : nous voulons, à partir du codage de groupe initial présent dans la variable `group` (sélectionner cette variable dans le champ « Avec »), créer un nouveau facteur nommé par exemple `F1` (écrire ce nom de nouveau facteur dans le champ « Stocker dans ») où les modalités DRTA et Strat seront désormais dénommées « Nouvelles ». On écrit simplement les noms de modalités à fusionner séparées par des virgules et le signe égal est suivi du nouveau nom de modalité :

`DRTA,Strat = Nouvelles`. Le nouveau facteur est créé en cliquant sur le bouton « Exécuter ».

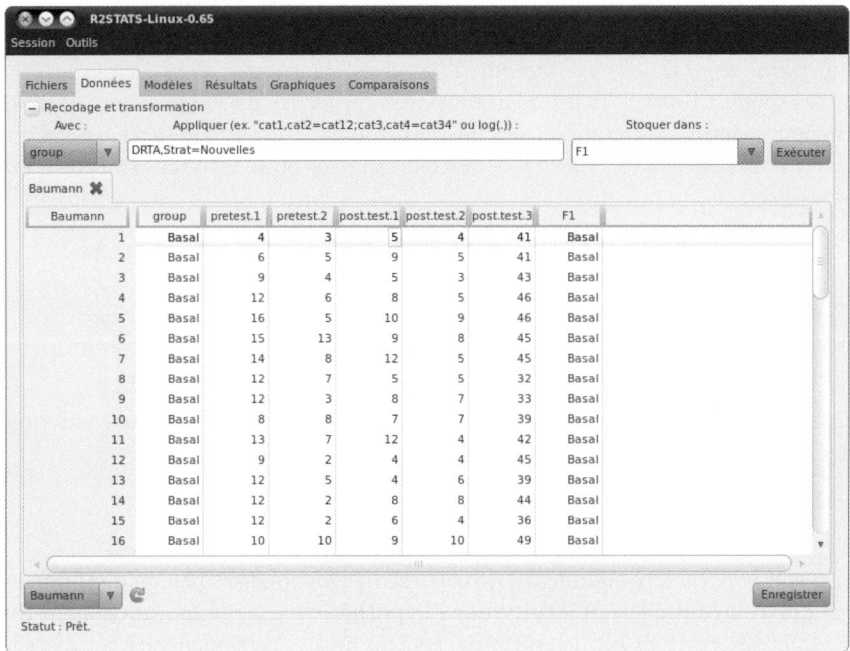

Fig. 9.39 – Recodage de facteurs pour la définition d'une contrainte d'égalité

En rebasculant sous l'onglet « Modèles », on peut vérifier que le nouveau facteur apparaît bien dans la liste des variables du fichier et dans celle des facteurs de contraintes. On change le nom de modèle en `M1` et on sélectionne `F1` comme facteur de contrainte. Nous avions déjà utilisé un facteur de contrainte dit « constant » pour tester une hypothèse d'égalité de deux moyennes sur les données de Fox & Guyer (1978). Cette fois-ci, nous utilisons un facteur de contrainte structuré, qui porte une hypothèse psychologique.

Ce mode de définition de modèle avec à la fois la variable indépendante d'origine et un facteur de contrainte permet de communiquer au logiciel deux informations : le nombre de groupes du plan d'expérience initial et les contraintes d'égalité supposées au sein de cette structure de groupe. L'affichage des résultats continuera donc à être à trois modalités, mais certaines estimations seront rigoureusement égales, selon les contraintes définies. Cette présentation des données est particulièrement utile quand on doit modéliser des situations où les groupes sont nombreux et résultent du croisement de plusieurs facteurs méthodologiques. Le lien avec la présentation initiale du tableau des données brutes est ainsi préservé.

Réduction de la déviance par relaxation de contrainte

Après estimation de M_1, on peut examiner les graphiques de « Distribution de la réponse » pour saisir les postulats différents de M_c et M_1. Nous avons un modèle à trois lois normales et un modèle à deux lois normales, et nous voulons comparer leurs mérites relatifs dans l'explication des données en examinant leurs déviances. La déviance de M_1 est, au facteur $1/\sigma^2$ près, la somme des carrés des écarts entre les scores observés et les deux moyennes $\bar{y}_1$ et $\bar{y}_{23}$ distinguées par ce modèle. La déviance du modèle complet est proportionnelle à la somme des carrés d'écarts entre les notes observées et les trois moyennes $\bar{y}_1$, $\bar{y}_2$ et $\bar{y}_3$ estimées sous ce modèle. C'est-à-dire :

$$D_1 = \sum_{i=1}^{n_1}\left(\frac{y_{i1}-\bar{y}_1}{\sigma}\right)^2 + \sum_{i=1}^{n_2}\left(\frac{y_{i2}-\bar{y}_{23}}{\sigma}\right)^2 + \sum_{i=1}^{n_3}\left(\frac{y_{i3}-\bar{y}_{23}}{\sigma}\right)^2,$$

$$D_c = \sum_{i=1}^{n_1}\left(\frac{y_{i1}-\bar{y}_1}{\sigma}\right)^2 + \sum_{i=1}^{n_2}\left(\frac{y_{i2}-\bar{y}_2}{\sigma}\right)^2 + \sum_{i=1}^{n_3}\left(\frac{y_{i3}-\bar{y}_3}{\sigma}\right)^2.$$

Après un calcul laissé au lecteur à titre d'exercice, on obtient la réduction de déviance comme :

$$R_{1c} = D_1 - D_c = \left(\frac{\bar{y}_2-\bar{y}_{23}}{\sigma/\sqrt{n_2}}\right)^2 + \left(\frac{\bar{y}_3-\bar{y}_{23}}{\sigma/\sqrt{n_3}}\right)^2.$$

Pour tester le caractère significatif de cette réduction de déviance, la méthode est la même que celle détaillée en 9.6.1. Sous l'hypothèse que $\mu_2 = \mu_3$ (autrement dit en supposant M_1 vrai), et par le théorème central limite, cette quantité est distribuée $\chi^2(1)$, car $\bar{y}_1$ et $\bar{y}_3$ sont alors conçues comme deux réalisations aléatoires d'une seule variable normale $\bar{Y}_{23}$ de moyenne μ_{23} et nous perdons un degré de liberté dans le remplacement de cette moyenne inconnue par son estimateur $\bar{Y}_{23}$. Nous ne connaissons pas σ dans cette expression, mais pouvons le faire disparaître en formant le rapport de $D_1 - D_c$ à D_c, distribué $\chi^2(N-3)$ si les données sont issues indépendamment de lois normales. Au final on a sous M_1 :

$$\frac{D_1 - D_c}{D_c/(N-3)} \sim F(1, N-3).$$

D'une façon générale, en procédant à des comparaisons de modèles où l'on n'introduit qu'une contrainte d'égalité à chaque fois, par paire de conditions, de sorte qu'un modèle M_m à K groupes est toujours comparé à un modèle M_{m-1} à $K-1$ groupes, la statistique de test pour le caractère significatif de la réduction de la déviance (ou du gain explicatif) apportée par le modèle le plus paramétré est donnée par :

$$\frac{D_{m-1} - D_m}{D_m/(N-K)} \sim F(1, N-K). \tag{9.16}$$

Rien n'interdit bien sûr de comparer des modèles qui diffèrent davantage en paramètres, tant qu'ils restent emboîtés, mais on s'aperçoit en pratique que l'introduction (ou la libération) séquentielle des contraintes d'égalité par paires de condition est une garantie de pouvoir interpréter psychologiquement le résultat des comparaisons.

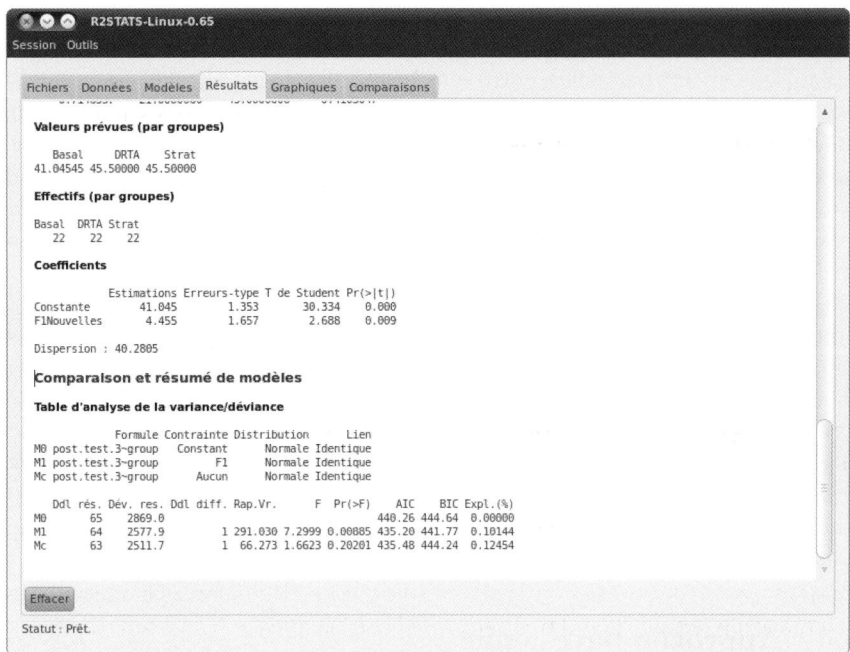

Fig. 9.40 – Table finale de l'analyse de la déviance pour l'étude de Baumann & Jones

Atelier 9.19 (Comparaisons locales dans un modèle de groupe)

1. Sous R2STATS, aller sous l'onglet « Comparaisons » et sélectionner M_c et M_1. Cliquer sur le bouton « Comparer ».
2. Examiner la table d'analyse de la déviance. On trouve $D_1 = 2577.9$ et $D_c = 2511.7$, soit une réduction de déviance de $R_{1c} = 66.273$. Pour cette réduction de déviance, la statistique comparative de Fisher donne $F(1, 63) = 1.6623$, $p < 0.20201$. Autrement dit, le gain explicatif apporté par M_c par rapport à M_1 n'est pas significatif au seuil usuel $\alpha = 0.05$. Formulation alternative : si les moyennes des populations 2 et 3 sont en réalité identiques ($\mu_2 = \mu_3$), une différence empirique $\bar{y}_2 - \bar{y}_3 = 46.72727 - 44.27273 = 2.45454$ au moins aussi élevée peut apparaître dans près de 20% des cas, ce qui n'est pas négligeable.
3. On examine l'importance des effets. Le modèle complet expliquait environ 12.4% de la déviance totale et M_1 en explique un peu plus de 10% pour un paramètre de moins. La perte explicative est donc minime. Une autre mesure possible est le pourcentage de déviance *expérimentale* expliquée, c'est-à-dire la variance inter-groupes, plutôt que la variance totale (qui inclut la variance d'erreur, dont la taille n'est guère interprétable). Le maximum explicable étant établi par M_c à 12.45%, M_1 explique $100 \times (10.15/12.45) = 81.5\%$ de cette variance expérimentale. Pour l'instant, nous n'avons guère de raison de rejeter M_1, qui offre une description satisfaisante des données.
4. Nous ne pouvons pas encore définir M_1 comme le meilleur modèle car nous ne l'avons pas encore confronté au troisième et dernier modèle. Terminer l'analyse en testant M_0. Sans rien changer aux champs « Variable dépendante » et « Variables indépendantes », il suffit de changer le nom du modèle en M0 et de sélectionner « Constant » à la rubrique « Facteur de contrainte ». On peut constater que les moyennes estimées sous ce modèle sont toutes les trois égales.
5. Provoquer la comparaison des trois modèles en même temps (voir fig. 9.40). On constate que la réduction de déviance offerte par M_1 par rapport à M_0 est cette fois-ci substantielle : $D_0 - D_1 = 291.030$ pour 1 degré de liberté ($F(1, 64) = 7.2999$, $p < 0.00885$). Sous $M_0 : \mu_1 = \mu_{23}$, observer une telle disparité

entre $\bar{y}_1$ et $\bar{y}_{23}$ ne pourrait se produire que dans moins de 9 cas sur 1000. Nous décidons, au seuil de 0.05, de rejeter M_0, au profit de M_1.

Une particularité importante à noter dans la comparaison des modèles gaussiens emboîtés est que le modèle complet doit impérativement être inclus dans toutes les comparaisons, même partielles, entre sous-ensembles de modèles. C'est la condition pour que ce soit bien la même variance d'erreur qui serve d'échelle de jugement pour tous les effets expérimentaux. Il n'aurait de ce point de vue pas été correct de comparer seuls M_0 et M_1, après avoir comparé M_c et M_1, car l'erreur utilisée dans le F correspondant aurait été la variance intra groupe de M_1. Différents F étant calculés avec différents termes d'erreur, nous perdons la possibilité de comparer les résultats d'un test à l'autre. C'est toujours sous le modèle le plus paramétré que R estimera l'erreur de mesure.

Au final, M_1 est le meilleur des trois modèles. Les trois moyennes estimées sous ce modèle sont : $\bar{y}_1 = 41.04545$, $\bar{y}_2 = 45.5$ et $\bar{y}_3 = 45.5$, et ce sont les meilleures estimations que nous ayons des moyennes de performance avec les trois méthodes d'apprentissage. Là encore, c'est le modèle qui détermine les statistiques descriptives et non l'inverse. L'interprétation psychologique se déduit elle aussi du modèle sélectionné : les deux méthodes nouvelles sont effectivement plus efficaces dans la promotion de la compréhension de texte que la méthode classique *et* elles n'apparaissent pas d'efficacité différente.

9.6.5   Approche bayésienne

Le problème des comparaisons multiples

Comme nous l'avons souligné dans les chapitres précédents, une des impasses de la démarche statistique traditionnelle par valeur p est son incapacité à pouvoir affirmer des absences d'effets. On dit qu'on accepte (ou qu'on ne peut rejeter) une hypothèse d'égalité de moyenne par exemple, mais nous ne disposons pas des moyens d'affirmer qu'il n'y a pas d'effet, avec un niveau de garantie ou de confiance chiffré. L'approche bayésienne permet de calculer la probabilité qu'un modèle soit vrai et il ne fait pas de différence pour elle que le modèle implique l'affirmation ou la négation d'un effet. Tous les modèles candidats sont en quelque sorte sur un pied d'égalité, sans qu'aucun ne soit posé comme vrai *a priori*. C'est un clair avantage, que nous allons exploiter dans cette partie.

Nous allons aussi traiter par une approche bayésienne simple et puissante le problème dit des comparaisons multiples de moyenne, auquel le psychologue est rapidement confronté avec l'analyse de la variance. La comparaison de conditions expérimentales conduit très souvent à s'interroger sur des différences par paires de condition, car ces comparaisons deux à deux ont très souvent une interprétation psychologique intéressante. Un premier aspect est que le nombre de comparaisons par paires possibles varie avec le nombre J de groupes comme $J(J-1)/2$ (revoir les formules combinatoires du chapitre 4 au besoin). Avec cinq groupes, il y a déjà 10 comparaisons à réaliser. Lorsque l'on est guidé par des questions théoriques, il est très souvent possible de procéder par comparaison de modèles emboîtés, comme nous l'avons fait dans la section précédente, ce qui réduit le nombre de tests. Mais il arrive aussi que nous ne disposions pas d'éléments théoriques suffisants pour anticiper sur des effets et que nous cherchions à réaliser ces comparaisons de manière totalement exploratoire.

Dans l'approche traditionnelle par valeur p, cela pose alors un problème car elle est centrée sur le contrôle de l'erreur de type I, que l'on cherche à maintenir en dessous d'un seuil fixé. Lorsqu'on multiplie les tests, on augmente artificiellement les chances de trouver un effet significatif par simple effet de l'erreur d'échantillonnage. Même en l'absence totale d'effet, sur 100 tests (en poussant les choses à la limite) nous pouvons ainsi espérer obtenir cinq effets « significatifs ». Des procédures de correction existent (Tukey, Fisher HSD, Newman-Keuls, Duncan, etc.), qui pour une paire de conditions (j, j') fixent une valeur critique plus élevée pour la statistique $\left| \bar{X}_j - \bar{X}_{j'} \right|$ pour compenser la multiplicité des tests. Mais il n'est pas rare avec ces procédures que l'on en vienne à accepter, disons, $\mu_1 = \mu_2$, puis $\mu_2 = \mu_3$, mais à rejeter $\mu_1 = \mu_3$! Par ailleurs, toutes ces procédures compensatoires sont conservatrices et se soldent en général par une perte de puissance statistique.

Ce problème lié aux comparaisons par paires, on peut le noter, ne se pose pas, même dans une approche traditionnelle, si l'on sait construire une séquence de modèles emboîtés, comme nous l'avons fait dans la section précédente. Même sans hypothèse forte a priori, on peut par exemple décider de tester l'égalité par paires de moyennes, dans une séquence hiérarchique, en commençant toujours par la plus petite différence de moyennes. Si celle-ci apparaît déjà significative, on garde le modèle courant car toutes les autres différences le seront aussi (c'est la même variance d'erreur qui servirait de base à ces tests). De sorte que l'on devrait toujours, de notre point de vue, privilégier cette approche quand c'est possible. C'est ce que nous avons fait implicitement dans l'analyse des données de Baumann & Jones sur la compréhension, et nous sommes allés jusqu'au modèle nul car la première comparaison n'était pas significative. Sans relation d'emboîtement entre les modèles, le problème de l'inflation de l'erreur de type I est inhérent à la démarche par valeur p, et c'est une autre de ses limites.

Le problème ne se pose plus quand sur l'ensemble des modèles candidats, c'est la *probabilité du modèle* qu'on cherche à calculer ou le facteur de Bayes. Dans une approche par sélection bayésienne de modèles, on cherchera simplement à conserver le modèle le plus probablement vrai et ce critère ordinal est indépendant du nombre de modèles testés (tant qu'on peut tous les construire, ce qui sera toujours le cas dans les modèles de groupes). On peut aussi dans cette approche utiliser l'information apportée par tous les modèles sans en choisir aucun, pour produire une estimation de moyennes plus précise et plus robuste, par moyennage a posteriori des paramètres (comme nous l'avons vu avec les modèles binomiaux). Ces deux approches sont illustrées ci-dessous à partir d'un exemple, que nous reprenons de Howell (1998) qui en a produit l'analyse avec les méthodes traditionnelles, pour illustrer l'apport spécifique de la méthode bayésienne dans ces cas.

Intervalle de crédibilité pour les moyennes multiples

Siegel (1975) étudie le développement de la tolérance à la morphine chez les rats, après des administrations répétées. La tolérance est un phénomène qui se traduit par le fait que le produit perd de son effet au fil des administrations. Il souhaite montrer que cette tolérance n'est pas un pur phénomène physiologique mais est liée également au contexte dans lequel on se trouve, à travers un mécanisme de conditionnement.

Son paradigme de base consiste à placer un rat sur une surface chaude. Lorsque la chaleur devient trop insupportable, le rat va se mettre à se lécher les pattes. Le temps de latence jusqu'au moment où le rat se lèche les pattes est utilisé comme mesure de sensibilité à la douleur. Un rat à qui on a injecté de la morphine montre en général un temps de latence plus long, mais celui-ci se réduit au fur et à mesure d'injections répétées, preuve que la morphine perd de son effet (phénomène de tolérance) et sa réponse à la douleur finit par devenir équivalente à son niveau d'origine. L'hypothèse de Siegel est que cette tolérance est une réponse compensatoire de l'organisme pour contrebalancer l'effet de la drogue et que cette réponse compensatoire est associée par conditionnement, au fil des injections, à l'environnement dans lequel se trouve le rat. C'est une théorie aux conséquences importantes pour le psychologue accompagnant des patients en sevrage d'opiacés, car cela conduirait à ne pas négliger l'environnement du patient dans la mise en place du traitement.

Si on place un rat rendu « tolérant » sur la même plaque chaude et qu'on lui injecte une solution saline physiologique plutôt que la morphine, sa latence de réponse à la douleur devrait selon la théorie être plus courte que celle d'un rat ordinaire, car la réponse compensatoire de l'organisme abaisse le seuil de la douleur. Si l'hypothèse de réponse conditionnée est correcte, on devrait cependant observer que le rat tolérant, placé sur une plaque chaude *dans un environnement différent* de celui de la phase préliminaire d'installation de la tolérance, devrait avoir une réponse à la douleur du même ordre qu'un rat ordinaire.

Pour tester cette hypothèse, Siegel compare cinq conditions expérimentales, conçue en quatre essais (mais seules les mesures de latence de l'essai quatre feront l'objet d'une analyse) :

1. Le groupe M-M reçoit des injections de morphine pendant 3 essais sur plaque chaude, puis à nouveau lors d'un quatrième essai dans le même environnement. A cause du phénomène de tolérance, on s'attend à y trouver des réponses à la douleur proche de la normale au quatrième essai.

2. Le groupe M-S reçoit des injections de morphine pendant 3 essais sur plaque chaude, puis une injection de solution saline dans un quatrième essai. On s'attend à ce que ces animaux manifestent une hypersensibilité à la douleur, car la réponse compensatoire se met en œuvre mais, en l'absence de morphine, cela abaisse le seuil de la douleur.

3. Le groupe Mc-M reçoit des injections de morphine pendant 3 essais sur plaque chaude, dans sa cage habituelle, puis une injection de morphine lors d'un qua-

trième essai mais *dans un environnement nouveau*. Si l'hypothèse de l'auteur est correcte, on ne s'attend pas à voir la réponse compensatoire se manifester, et la morphine devrait faire son effet pleinement.

4. Le groupe S-M reçoit des injections de solution saline lors des 3 premiers essais (dans l'environnement de test) et de morphine lors du quatrième. On s'attend à ce que là aussi la morphine manifeste pleinement son effet.

5. Le groupe S-S a reçu des injections de solution saline lors des quatre essais. Il s'agit d'un groupe de référence et on s'attend à y trouver des réponses à la douleur normales.

Si Siegel a raison, les groupes S-M et Mc-M devraient montrer les plus hauts temps de latence (hyposensibilité à la douleur), et on ne devrait pas voir de différence entre eux. On s'attend à ce que le groupe M-S montre les latences les plus courtes (sensibilité maximale). Les groupes M-M et S-S devraient se situer entre les deux, sans qu'on puisse dire *a priori* s'ils donneront des résultats comparables ou non. Les moyennes, écarts types et effectifs par condition sont résumés ci-dessous :

Condition	M-M	M-S	Mc-M	S-M	S-S
$\bar{x}_j$	10	4	29	24	11
s_j	5.126960	3.162278	6.164414	6.369571	6.718843
n_j	8	8	8	8	8

Cette étude est particulièrement intéressante car : i) elle amène des attentes précises sur les données, au regard d'une théorie claire, ii) certaines de ces attentes sont formulées comme des absences de différence et iii) certaines comparaisons de conditions ne font pas l'objet d'attente mais on espère bien apprendre quelque chose des données à ce propos.

Nous allons pour cette expérience construire tous les modèles M_k possibles ($k = 1, ..., K$) obtenus par introduction successive de contraintes d'égalité sur les moyennes, du modèle complet au modèle constant. Au sein d'un modèle M_k donné, fixant certaines contraintes d'égalité de moyennes, l'approche bayésienne la plus simple consiste à poser sur les J moyennes de groupe μ_j et sur la variance unique σ^2 une hypothèse de loi *a priori* conjointe non informative de la forme $1/\sigma^2$. Nous n'évoquerons que ce cas, ici, qui suffira à nos besoins et qui est souvent le plus pertinent car il est rare de disposer de normes *a priori* dans un cadre expérimental. Dans le cas d'une seule population, nous avons vu à la section 9.4.5 que ce choix menait à la loi *a posteriori* sur la moyenne μ_j de type Student généralisée, dont les paramètres de position et d'échelle étaient simplement la moyenne empirique et son erreur-type. Par généralisation, au sein d'un modèle M_k distinguant J' groupes, cela nous conduit à la loi *a posteriori* (Neath & Cavanaugh, 2006) :

$$\mu_j | M_k, \boldsymbol{x} \sim t_{N-J'} \left(\bar{x}_j, \frac{s_k^2}{n_j} \right), \tag{9.17}$$

où s_k^2 est la variance intra-groupe estimée sur les J' groupes définis sous le modèle

k :

$$s_k^2 = \frac{\sum_{j=1}^{J'} \sum_{i=1}^{n_j} (x_i - \bar{x}_j)^2}{J' - 1}.$$

Pour notre expérience sur $J = 5$ conditions, nous aurons en effet des modèles à $J' = 2$ groupes ou bien $J' = 3$ groupes, etc., et la variance d'erreur sera calculée en conséquence par rapport aux nouvelles moyennes de ces structures de groupe simplifiées. Cette loi *a posteriori* permet de définir facilement des intervalles de crédibilité pour les moyennes numérotées par j, sous la forme :

$$IC_{j,0.95} = \bar{x}_j \pm t_{N-J',0.975} \sqrt{\frac{s_k^2}{n_j}}, \tag{9.18}$$

où $N = \sum_j n_j$ est le nombre total d'observations.

Exercice-type 9.13 (Estimation de moyennes par intervalles)

Enoncé — On suppose le modèle saturé vrai. Dans quelles limites a-t-on 95% de chances de trouver les moyennes vraies des cinq conditions de Siegel (1975), sachant les données observées et en l'absence d'information *a priori* ?

Problème — La question est posée en termes de probabilité sur un paramètre. On utilise donc une approche bayésienne. Il s'agit d'estimer des moyennes inconnues sur groupes indépendants par intervalles de crédibilité simultanés.

Hypothèses — On suppose que la loi des données est gaussienne et que les variances sont homogènes dans les populations parentes. On pose une hypothèse de loi *a priori* non informative conjointe sur les moyennes et la variance inconnues.

Procédure — A ces conditions, et sous le modèle saturé à J groupes, la loi *a posteriori* sur une moyenne de population μ_j est une $t_{N-J}\left(\bar{x}_j, s^2/n_j\right)$, où s^2 est l'estimation sans biais de la variance commune. Si le modèle saturé est vrai, on a les intervalles de crédibilité :

$$IC_{j,0.95} = \bar{x}_j \pm t_{N-J,0.975} \sqrt{\frac{s^2}{n_j}},$$

avec ici $N = 40$ et $J = 5$. On calcule la variance commune comme dans l'ANOVA :

$$\begin{aligned} s^2 &= \frac{\sum_j (n_1 - 1)s_j^2}{N - J} \\ &= \frac{7 \times (5.126960^2 + 3.162278^2 + 6.164414^2 + 6.369571^2 + 6.718843^2)}{35} = 32. \end{aligned}$$

A l'aide du calculateur de probabilités, on trouve $t_{35,0.975} = 2.030108$. On a donc pour le premier groupe l'intervalle de crédibilité $IC_{1,0.95} = 10 \pm 2.030108 \times \sqrt{32/8} = [5.94; 14.06]$.

Conclusion — Les cinq moyennes inconnues ont, sous le modèle saturé, 95% de chances de se trouver comprises dans les intervalles $IC_{1,0.95} = [5.94; 14.06]$, $IC_{2,0.95} = [-0.06; 8.06]$, $IC_{3,0.95} = [24.94; 33.06]$, $IC_{4,0.95} = [19.94; 28.06]$ et $IC_{5,0.95} = [6.94; 15.06]$.

Il est commode de représenter graphiquement en parallèle ces intervalles de crédibilité pour visualiser la structure des données. Cela peut être fait automatiquement à l'aide de l'atelier « Inférence bayésienne sur plusieurs moyennes ».

Atelier 9.20 (Intervalles de crédibilité multiples)

1. Charger l'atelier « Inférence bayésienne sur plusieurs moyennes » de la librairie AtelieR (il est recommandé de fermer l'interface R2STATS).

2. Saisir les données fournies dans le tableau de résultats ci-dessus : moyennes, écarts types et effectifs. S'assurer que le modèle défini est bien le modèle saturé : il est codifié par une série de cinq nombres entiers (ou symboles) différents (voir fig. 9.41).

3. Cliquer sur le bouton « Afficher ». Les intervalles de crédibilité apparaissent sous la forme de segments verticaux, centrés sur les valeurs de moyennes estimées dans le modèle cible (ici le modèle saturé). Les valeurs numériques de bornes sont rapportées en bas du panneau de contrôle. On note que l'erreur utilisée pour construire ces intervalles étant l'erreur homogène du plan d'ANOVA et les groupes étant équilibrés, ces intervalles sont nécessairement de largeurs identiques (voir formule 9.18).

4. Définir dans le champ « Modèle cible » le modèle résultant de l'introduction dans le modèle saturé de la contrainte $\mu_1 = \mu_5$ (il suffit de saisir des entiers identiques pour le premier et le dernier groupe : 1 2 3 4 1, par exemple). Qu'observe-t-on sur la largeur des intervalles ? Essayer de l'expliquer à partir de la formule 9.18. En déduire qu'une caractéristique utile d'un modèle est qu'il compte aussi peu de paramètres que possible ou autant de sujets que possible par groupe.

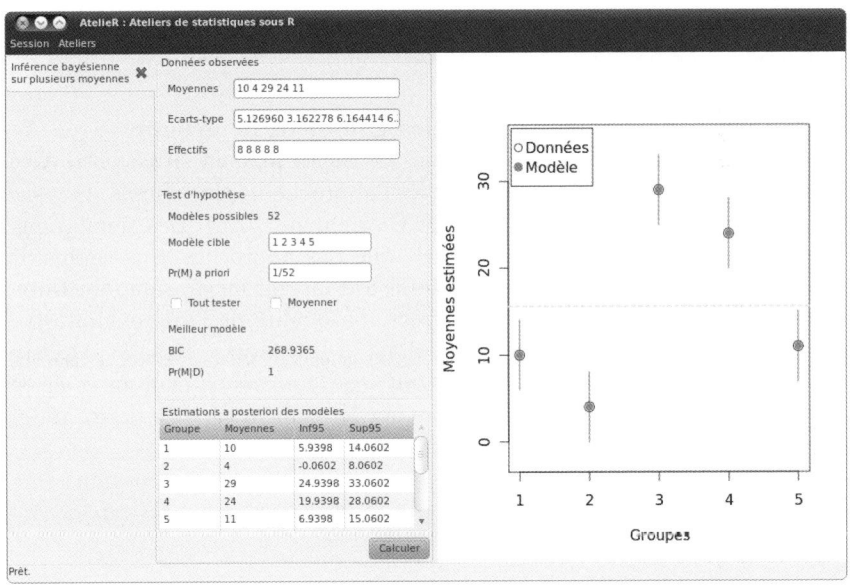

Fig. 9.41 – Intervalles de crédibilité multiples dans un modèle de groupe

Cette première approche permet déjà de se faire une idée des probables différences de moyennes, simplement en constatant que certains de ces intervalles n'ont aucun recouvrement. C'est le cas de l'intervalle 2 avec les intervalles 3 et 4 par exemple. D'autres ont un certain degré de recouvrement, les intervalles 1 et 5 étant presque entièrement superposables.

Une façon de formaliser cette comparaison intuitive d'intervalles est d'étudier la distribution des *différences* de moyennes, comme nous l'avons fait dans la comparaison simple de deux moyennes. Aux mêmes conditions que ci-dessus, on sait que sachant le modèle M_k, la différence $\delta_{12} = \mu_1 - \mu_2$ par exemple (où les indices numérotent les groupes dans la partition particulière des groupes définie par M_k), munie d'une loi *a priori* non informative, sera distribuée *a posteriori* selon :

$$\mu_1 - \mu_2 | M_k, \boldsymbol{x} \sim t_{N-J'} \left(\bar{x}_1 - \bar{x}_2, s_k^2 \sqrt{\frac{1}{n_1} + \frac{1}{n_2}} \right).$$

On note, pour qu'il n'y ait pas de confusion avec la comparaison simple de deux moyennes, que dans le cadre de ce modèle de groupe, c'est bien la variance commune s_k^2 spécifique au modèle M_k qui sert de mesure de l'erreur, et la Student a donc $N - J'$ degrés de liberté. On pourrait tout à fait calculer à la main la différence empirique $\bar{x}_1 - \bar{x}_2$, l'erreur type $s_k^2 \sqrt{1/n_1 + 1/n_2}$ de la différence et utiliser le calculateur de probabilités avec la loi de Student non standard pour calculer par exemple $P(\mu_1 - \mu_2 > 0 | M_k, \boldsymbol{x})$ ou toute autre probabilité signifiante pour l'expérience. Nous laissons cela à titre d'exercice pour le lecteur, pour présenter ci-dessous la démarche bayésienne de sélection de modèle, qui permet en quelque sorte de réaliser en une seule fois toutes les comparaisons possibles.

Le facteur de Bayes pour les modèles gaussiens de groupe

Il existe plusieurs propositions de facteur de Bayes pour la situation d'ANOVA dans la littérature. Nous allons adopter ici l'approche la plus simple qui est celle de l'approximation par le *BIC* (Neath & Cavanaugh, 2006). Des simulations numériques nous ont par ailleurs convaincu que des approches plus sophistiquées (voir par exemple Bernardo & Perez, 2007) fournissent en pratique un taux très comparable de détection du modèle correct. La qualité de l'approximation *BIC* a déjà été soulignée à plusieurs reprises dans la littérature (Kass & Wasserman, 1995 ; Kass & Raftery, 1995) et elle fournit des réponses satisfaisantes en situation d'ANOVA quand il s'agit de sélectionner le meilleur modèle parmi un grand nombre de candidats (Kuiper & Hoijtink, 2010).

Examinons la forme que prend le *BIC* pour un modèle de groupes gaussien. Par définition, pour un modèle à t paramètres collectivement notés $\theta = (\boldsymbol{\mu}, \sigma^2)$:

$$BIC = -2 \ln L(\hat{\theta}) + t \ln N.$$

Pour un tableau de données $\mathbf{Y}$, n_j ($j = 1, ..., J$) sujets dans les J groupes, la fonction de vraisemblance gaussienne s'écrit (voir section 9.6.1) :

$$f(\mathbf{Y} | \boldsymbol{\mu}, \sigma^2) = (2\pi\sigma^2)^{-\frac{N}{2}} e^{-\frac{1}{2} \sum_{j=1}^{J} \sum_{i=1}^{n_j} \left(\frac{y_{ij} - \mu_j}{\sigma} \right)^2}.$$

Comme nous l'avons vu, les paramètres μ_j d'un modèle gaussien sont estimés au maximum de vraisemblance par les moyennes empiriques $\bar{y}_j$ et la variance inconnue par l'estimateur biaisé s_N^2. La vraisemblance *maximisée* s'écrit donc :

$$L = (2\pi s_N^2)^{-\frac{N}{2}} e^{-\frac{1}{2s_N^2} \sum_{j=1}^{J} \sum_{i=1}^{n_j} (y_{ij} - \bar{y}_j)^2} = (2\pi s_N^2)^{-\frac{N}{2}} e^{-\frac{N}{2}}$$

et la logvraisemblance :

$$\ell = \ln L = -\frac{N}{2} \ln(2\pi s_N^2) - \frac{N}{2}.$$

Le BIC d'un modèle de groupe, à $t = J+1$ paramètres (J moyennes et 1 variance), s'écrit donc au final :

$$BIC = N \ln(2\pi s_N^2) + N + (J + 1) \ln N.$$

Comme nous l'avons vu au chapitre 7 (section 7.2.4), le BIC dérive, à un facteur -2 près, de l'approximation de Schwarz pour la logvraisemblance intégrée du modèle $\ln P(D|M)$. On a donc $P(D|M) \approx \exp(-0.5BIC)$. Dans le cas où l'on souhaite comparer K modèles M_k ($k = 1, ..., K$), le calcul de la probabilité *a posteriori* de chaque modèle généralise celui rencontré dans la comparaison de deux groupes :

$$P(M_k|D) = \frac{P(D|M_k)P(M_k)}{\sum_{k'=1}^{K} P(D|M_{k'})P(M_{k'})} \approx \frac{\exp(-0.5BIC_k)P(M_k)}{\sum_{k'=1}^{K} \exp(-0.5BIC_{k'})P(M_{k'})}.$$

Si l'on donne la même probabilité *a priori* $P(M_k) = 1/K$ à tous les modèles (ce qui fera sens dans la situation où nous souhaitons tous les comparer sans donner la faveur à aucun *a priori*), cette formule se simplifie en :

$$P(M_k|D) \approx \frac{\exp(-0.5BIC_k)}{\sum_{k'=1}^{K} \exp(-0.5BIC_{k'})}.$$

Dans une situation donnée, on sélectionne le modèle qui apparaît comme le plus probablement vrai *a posteriori*. On note que cette procédure est absolument équivalente à la sélection du modèle qui a le plus petit BIC, de sorte que le calcul de la probabilité *a posteriori* approximative n'est même pas nécessaire.

Plusieurs différences importantes entre cette approche et la procédure séquentielle par F de Fisher sur des modèles emboîtés doivent être soulignées. Le F de Fisher est une statistique « incrémentielle » : il ne teste pas un modèle mais une différence entre deux modèles. Plus exactement, il teste le *gain* explicatif apporté par un modèle par rapport à un autre plus simple que lui et nécessairement emboîté. Il est à cet égard fâcheux que la table usuelle de résultats dite « table d'analyse de la variance » fasse apparaître un F en face de chaque facteur d'une expérience. Cela conduit parfois à de mauvaises interprétations de ce F comme mesure de l'importance du facteur, alors qu'il s'agit strictement parlant d'une mesure de gain explicatif apporté par le modèle qui contient ce facteur, par rapport au modèle plus simple que lui qui ne le contient pas. Cette mesure peut donc être différente selon les facteurs précédemment entrés dans l'analyse et l'ordre dans lequel ils auront été entrés. C'est la raison pour laquelle sous R2STATS, chaque F de Fisher apparaissant sur une ligne compare le modèle concerné à celui qui le précède dans le tableau ; il n'y a donc pas de F sur la première ligne (voir fig. 9.40). Un des intérêts de l'approche incrémentielle par F de Fisher est qu'elle permet de comparer des modèles emboîtés qui diffèrent par l'introduction de plusieurs variables : si le F est significatif, on pourra toujours dire que parmi ces variables, il y en a au moins une qui contribue à améliorer la qualité de l'explication.

Par contraste, l'approche par BIC représente une évaluation propre de la qualité (probabilité) de chaque modèle individuellement. Si, en comparant deux modèles emboîtés M_1 et M_s, où le modèle saturé comprend deux variables de plus, le BIC de M_s est supérieur, cela ne veut pas nécessairement dire que ces deux variables n'apportent rien, car il est possible qu'en ne gardant que l'une d'entre elles, on voie le BIC diminuer. Pour obtenir une information exploitable, on doit donc nécessairement dans cette approche tester tous les modèles possibles. Cela reste réalisable à la main sous R2STATS (par exemple sur les données de Baumann) quand le nombre de groupes n'est pas trop grand, mais cette tâche devient rapidement fastidieuse dès que le nombre de groupes augmente. Avec cinq groupes, le nombre de modèles possibles obtenus par introduction ou non de toutes les contraintes d'égalité possibles est déjà de 52 (voir tableau 7.3). L'utilisation d'un logiciel spécialisé devient alors indispensable.

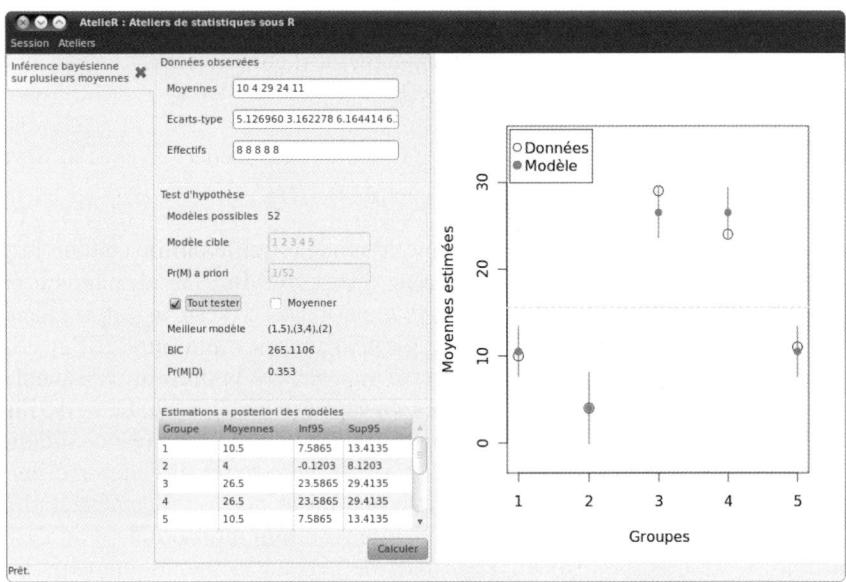

Fig. 9.42 – Recherche automatique du meilleur modèle de groupe

Atelier 9.21 (Sélection bayésienne exploratoire de modèle)

1. Ouvrir l'atelier « Inférence bayésienne sur plusieurs moyennes » et saisir les données (moyennes, écarts types, effectifs) de l'expérience de Siegel.
2. Tester le modèle saturé « 1 2 3 4 5 » pour obtenir un BIC de référence. On obtient $BIC_s = 268.94$.
3. Par hypothèse théorique, nous attendons d'abord que $\mu_3 = \mu_4$. L'introduction de cette contrainte (« 1 2 3 3 4 ») amène un $BIC = 268.67$ plut petit et nous pouvons retenir cette contrainte.
4. Par hypothèse théorique, nous attendons aussi que μ_2 soit plus faible que toutes les autres moyennes. Comme nous ne voulons introduire qu'une contrainte à la fois, nous essayons de mettre à l'épreuve cette attente en contraignant $\mu_2 = \mu_1$, la condition 1 (avec la condition 5) faisant office de groupe de référence. On obtient un $BIC = 269.44$ qui remonte et nous ne gardons pas cette contrainte.
5. Sans hypothèse théorique, nous souhaitons inférer de ce que les conditions 1 et 5 sont comparables et on fixe $\mu_1 = \mu_5$. Le BIC redescend à la valeur 265.11 et nous pouvons garder cette contrainte.

6. Sommes-nous sûrs d'avoir ainsi trouvé le meilleur modèle ? Strictement parlant, non, et la démarche précédente est purement illustrative. Pour tester les 52 modèles, cliquer sur l'option « Tout tester ». Le meilleur
   modèle trouvé (appelons-le M^*) est symbolisé par l'écriture (1,5),(3,4),(2) qui signifie que les groupes 1
   et 5 d'une part, et 3 et 4 d'autre part, ne se distinguent pas significativement, tandis que le groupe 2 se
   différencie de tous les autres (voir fig. 9.42). Ce modèle est donc validé et va dans le sens de la théorie du
   conditionnement de Siegel.

Cette modélisation permet d'*affirmer* qu'il n'y a pas de différence entre les conditions 3 et 4 du point de vue de la sensibilité à la douleur, qui est inférieure dans ces
conditions, sous l'effet de la morphine, sans réponse compensatoire de l'organisme.
Elle permet aussi, dans le regroupement proposé par le modèle final, de parvenir
à de meilleures estimations des moyennes. Mais l'approche ci dessous présente
d'autres avantages sur cette question de l'estimation des paramètres.

Procédure bayésienne de moyennage de modèle

Dans un certain nombre de contextes, l'estimation des paramètres est au moins
aussi importante que la sélection d'un bon modèle défini simplement par des
contraintes d'égalité. Dans le cadre d'une étude sur l'efficacité des psychothérapies
pour un trouble donné, il est largement aussi intéressant d'obtenir une estimation fiable des taux de succès par thérapie, que de montrer que telle thérapie est
« meilleure » que telle autre. Pour obtenir les deux bénéfices à la fois, on peut
dans le cadre de ces modèles gaussiens utiliser l'approche de moyennage bayésien
de modèles (*bayesian model averaging*) déjà évoquée à la section 7.2.3. L'idée est
simple : on ne souhaite pas pour estimer les moyennes par condition procéder à un
choix de modèles, mais on les conserve tous. Dans l'analyse des données de Siegel
par exemple, on veut prendre en compte toutes les estimations des cinq moyennes
de latence produites par les 52 modèles possibles, en les moyennant. Par contre,
cette moyenne sur les estimations sera pondérée par la crédibilité des modèles, de
sorte que les estimateurs finaux donnent davantage d'importance aux meilleurs
modèles. C'est un peu comme si, pour prendre une décision collective, on écoutait
tous les avis de la communauté, en donnant dans la décision finale malgré tout
plus d'importance aux avis des personnes les plus expérimentées. Cette idée a été
proposée pour la première fois dans le cadre de la comparaison de deux modèles
(dont l'un est un modèle nul) par Stein (1956) et l'idée a été largement exploitée depuis. Dans leur revue de travaux sur le moyennage de modèles, Hoeting *et
al.* (1999) rapportent que cette procédure améliore l'estimation et la prédiction,
et en particulier « redresse » l'estimation par intervalles qui tend à être un peu
surconfiante quand on s'appuie sur un seul modèle retenu comme vrai.

Selon cette procédure, l'estimation de la moyenne μ_j sera donnée à partir de ses
estimations $\hat{\mu}_j^{(k)}$ dans les différents modèles M_k $(k = 1, ..., K)$ par :

$$\hat{\mu}_j = \sum_{k=1}^{K} \hat{\mu}_j^{(k)} P(M_k|D).$$

On peut de la même manière moyenner sur des quantiles, par exemple sur les
bornes de l'intervalle de crédibilité à 95% (Neath & Cavanaugh, 2006), pour ob-

tenir des intervalles qui intègrent en quelque sorte l'incertitude sur les modèles. Ces calculs sont réalisés automatiquement par l'atelier « Inférence bayésienne sur plusieurs moyennes ». Il suffit de cliquer sur l'option « Moyenner ».

Atelier 9.22 (Moyennage bayésien de modèle)

1. Ouvrir l'atelier « Inférence bayésienne sur plusieurs moyennes » et saisir les données (moyennes, écarts types, effectifs) de l'expérience de Siegel.

2. Cliquer sur l'option « Moyenner ». Examiner les estimations de moyennes produites : elles réalisent un compromis entre toutes les estimations de tous les modèles, en proportion de leur crédibilité. On observe que les moyennes produites sont proches non seulement des données, mais aussi du meilleur modèle trouvé dans l'atelier précédent. Cela n'est pas surprenant car ce modèle a la probabilité *a posteriori* la plus élevée et pèse donc plus que les autres dans l'estimation finale, mais conjointement aux autres modèles.

3. Examiner les intervalles de confiance et vérifier : i) qu'ils ne sont pas symétriques et ii) qu'ils sont potentiellement plus larges que sous le modèle M^*. Sur le premier point, la distribution moyennée peut être vue comme un mélange de toutes les Student *a posteriori* de la forme 9.17 qui se déduisent de chaque modèle M_k, pondérée par la probabilité *a posteriori* de ces modèles. On peut comprendre qu'elle ne soit pas symétrique en général. Le deuxième point résulte de ce que la procédure de moyennage de modèle intègre l'incertitude sur les modèles, que nous décidons d'ignorer quand nous tranchons en faveur du modèle le plus probable, ce qui introduit un biais de surconfiance. C'est cette incertitude qui apparaît dans la largeur potentiellement plus grande des intervalles de crédibilité. En dépit de cela, on peut montrer que les estimations de moyennes obtenues sont en réalité plus précises (Hoeting *et al.*, 1999).

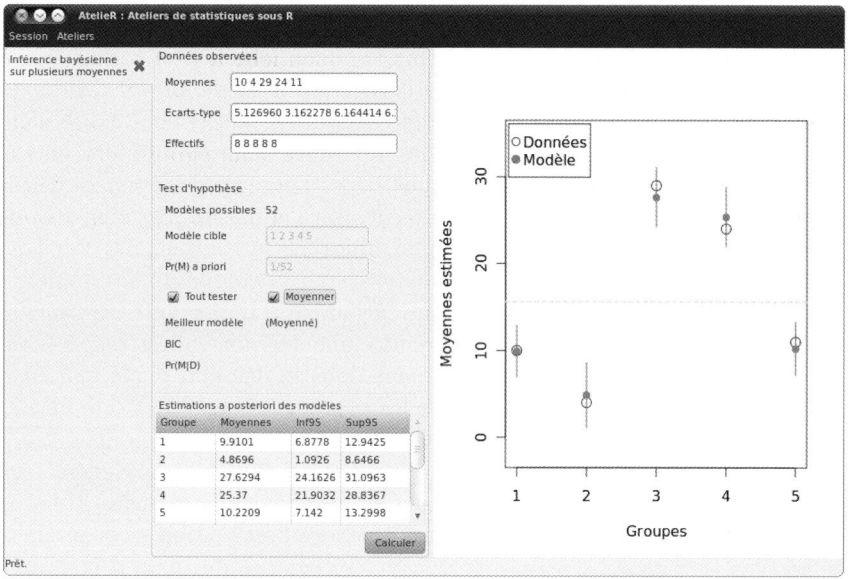

Fig. 9.43 – Estimations et intervalles de crédibilité dans le modèle moyenné

En résumé, on donnera la faveur à la recherche bayésienne de meilleur modèle dès qu'on souhaitera répondre à des questions psychologiques qui se laissent reformuler comme des comparaisons de paramètres, mais on préférera le moyennage de modèle dès que ce sont les estimations elles-mêmes qui ont un intérêt pratique.

Il est clair que dans les deux cas, nous avons une appréhension des données qui échappe aux approches dites « fréquentistes » traditionnelles.

Annexe A

Compléments techniques

A.1 Les fonctions exponentielle et logarithme

On peut introduire simplement la fonction exponentielle à partir d'un exemple. Sur un compte épargne, on place l'année 0 une certaine somme d'argent s_0, pour qu'en fin d'année nous soit reversé un intérêt sur cette somme. Si le taux d'intérêt annuel est r, nous toucherons au passage de l'année 1 un supplément de rs_0 et aurons donc désormais une somme de $s_1 = s_0 + rs_0 = (1 + r)s_0$ à faire fructifier au même taux l'année suivante. La fonction f qui calcule en fonction de l'année le montant disponible sur notre compte peut s'écrire :

$$f(t) = s_t = (1 + r)s_{t-1}.$$

Par récursivité, on peut aussi la réécrire en fonction du montant initial et de l'année sous la forme :

$$f(t) = (1 + r)s_{t-1} = (1 + r)(1 + r)s_{t-2} = ... = (1 + r)^t s_0.$$

Dans cette fonction de la forme $f(x) = b \times a^x$, avec dans notre exemple $b = s_0$, et $a = (1 + r)$, la variable apparaît comme l'exposant d'une constante. Pour cette raison, on appelle *fonction exponentielle* cette classe de fonctions. On la définit souvent sous la forme plus simple $f(x) = a^x$, $a > 0$.

Définition A.1 (Fonction exponentielle)
On appelle fonction exponentielle *de base a une fonction où la variable apparaît sous forme d'exposant à une constante a strictement positive :* $f(x) = a^x$, *avec* $a > 0$.

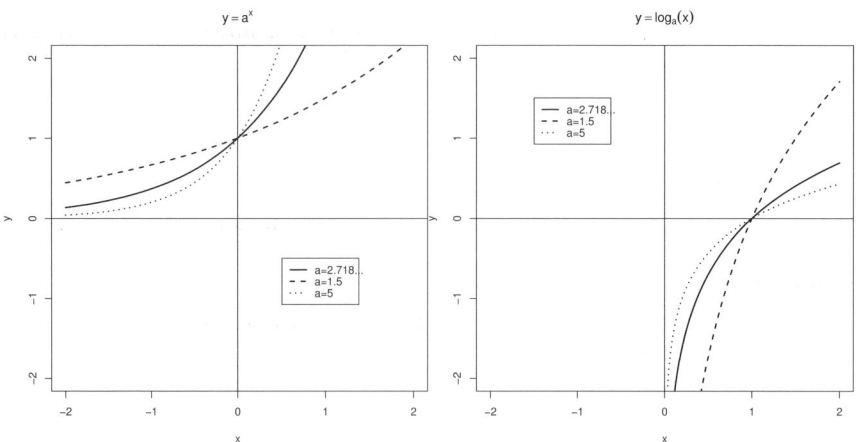

Fig. A.1 – Fonctions exponentielle et logarithme naturel

Il est facile de voir qu'avec la contrainte $a > 1$, cette fonction sera toujours positive non nulle (voir fig. A.1). A cette condition, elle est monotone croissante, à croissance très rapide (ce qui justifie que votre banquier pose des limites sur le montant maximal cumulable sur votre compte...).

On peut introduire les propriétés algébriques de l'exponentielle à partir d'un exemple, facilement généralisable. Prenons l'exponentielle de base 2. On a :

$$2^2 \times 2^3 = (2 \times 2) \times (2 \times 2 \times 2) = 2^5$$

et en général :

$$a^x \times a^y = a^{x+y}.$$

En généralisant la notion d'exponentielle à l'ensemble des réels (exposants éventuellement négatifs), on peut écrire :

$$a^x \times a^{-x} = a^0 \Leftrightarrow a^x \times a^{-x} = 1 \Leftrightarrow a^{-x} = \frac{1}{a^x},$$

ce qui permet de voir que pour les valeurs négatives d'exposant, $f(x)$ tendra vers 0 sans jamais l'atteindre. La représentation graphique précédente permet de visualiser le fait que $a^0 = 1$ (et non pas 0).

Pour des raisons historiques et mathématiques, on utilise couramment la fonction exponentielle de base e avec e constante dite d'Euler, telle que $e = 2.718282...$ Ce choix est arbitraire car il est toujours possible de passer d'une base à une autre.

Définition A.2 (Fonction logarithme)
On définit la fonction logarithme *de base* a*, notée* $\log_a$*, la fonction réciproque de l'exponentielle de base* a*. Cette fonction est donc telle que :*

$$y = a^x, a > 0 \Leftrightarrow x = \log_a y.$$

On appelle fonction logarithme naturel, *ou* népérien [1], *notée* ln, *la fonction réciproque de l'exponentielle de base* e :

$$y = e^x, a > 0 \Leftrightarrow x = \ln y.$$

C'est ce logarithme qui est couramment utilisé en statistique. Un moyen commode d'obtenir la représentation graphique de la réciproque d'une fonction est de la construire par symétrie autour de l'axe $y = x$ (la réciproque échange les rôles de x et de y). La fonction logarithme naturel est représentée figure A.1.

Pour tout couple (u, v) de réels positifs non nuls, on peut écrire (changement de variable) : $u = e^x$ et $v = e^y$ avec x et y deux réels. On a donc aussi $x = \ln u$ et $y = \ln v$. On a alors :

$$\ln(uv) = \ln e^x e^y = \ln e^{x+y} = x + y = \ln u + \ln v,$$

$$\ln\left(\frac{u}{v}\right) = \ln \frac{e^x}{e^y} = \ln e^{x-y} = x - y = \ln u - \ln v.$$

Le logarithme transforme en quelque sorte les produits en sommes et les rapports en différences.

Les logarithmes de bases différentes ne se distinguent qu'à un facteur multiplicatif près. Notons déjà qu'on peut passer d'une exponentielle de base a à une exponentielle de base e par un simple changement d'échelle sur la variable :

$$a^x = \left(e^{\ln a}\right)^x \Leftrightarrow a^x = e^{x \ln a}.$$

En transformant ln des deux côtés, on a aussi :

$$\ln a^x = x \ln a.$$

Cette première relation est fondamentale et elle sera d'usage répété dans les calculs. On poursuit (pour $\ln a \neq 0$, ou $a \neq 1$) :

$$x = \frac{\ln a^x}{\ln a} \Leftrightarrow \log_a a^x = \frac{\ln a^x}{\ln a} \Leftrightarrow \log_a y = \frac{\ln y}{\ln a},$$

pour tout nombre y pouvant s'écrire sous la forme $y = a^x$, $x \in \Re$, autrement dit pour tout réel positif non nul. En pratique, c'est la fonction logarithme népérien (de base $e = 2.718...$) que nous utiliserons.

Trois formules sont à retenir pour nos besoins :

$$\ln a^x = x \ln a \qquad \ln(uv) = \ln u + \ln v \qquad \ln\left(\frac{u}{v}\right) = \ln u - \ln v.$$

---

1. Du nom du mathématicien écossais John Napier qui, au début du XVIIe siècle, étendit la notion de logarithme des nombres entiers aux réels.

A.2   Maximisation d'une vraisemblance binomiale

La loi binomiale modélise la distribution d'un nombre k d'événements cible (le succès à une épreuve cognitive par exemple) qui apparaissent dans une expérience, quand chaque événement a même probabilité π d'apparaître et que les N événements sont indépendants. On a :

$$P(k|\pi) \;=\; C_N^k \, \pi^k (1-\pi)^{N-k}.$$

Dans un certain nombre de problèmes où l'on dispose de données empiriques, on connaît le nombre k de succès sur les N résultats, mais pas la probabilité π. On cherche à l'estimer de telle sorte que la description des données soit la meilleure possible, autrement dit que la fonction de vraisemblance $L(\pi|k) = P(k|\pi)$ soit maximale. Il est ici équivalent de chercher à maximiser $L^*(\pi|k) = \pi^k(1-\pi)^{N-k}$ puisque C_N^k est une constante qui ne dépend pas de π. On peut simplifier la procédure de recherche du maximum de cette fonction en raisonnant sur son logarithme. Le logarithme étant une fonction monotone croissante (voir annexe A.1), $\ln L(\pi|k)$ atteindra son maximum pour une même valeur de π que $L(\pi|k)$:

$$\ln L^*(\pi|k) \;=\; \ln\left\{\pi^k(1-\pi)^{N-k}\right\} = k\ln\pi + (N-k)\ln(1-\pi).$$

Pour maximiser une fonction par rapport à un paramètre, on calcule sa *fonction dérivée* et on cherche la ou les valeurs du paramètre qui l'annulent. La fonction dérivée d'une autre fonction est une fonction qui *décrit la variation* de la fonction primitive. Le ou les points où cette variation est nulle correspond donc soit à un palier, soit à un extremum (maximum ou minimum) de la fonction. On note $\frac{\partial \ln L(\pi|k)}{\partial \pi}$ la dérivée de la logvraisemblance par rapport au paramètre inconnu de probabilité. Cette fonction décrit comment la logvraisemblance varie d'un différentiel $\partial \ln L(\pi|k)$ quand on fait varier π d'un différentiel $\partial \pi$. La valeur $\hat{\pi}$ qui annule cette dérivée correspondra à un extremum (il faudra vérifier qu'il s'agit bien d'un maximum) de la logvraisemblance. On utilise ci-dessous deux règles du calcul différentiel (en notant en abrégé u' la dérivée de la fonction u) :

1. la dérivée du logarithme d'une fonction u est telle que : $[\ln u(x)]' = \frac{u'(x)}{u(x)}$.
2. la dérivée de la composée de deux fonctions u et v est telle que : $(u[v(x)])' = u'[v(x)] \times v'(x)$.

En dérivant par rapport à π, on a :

$$\frac{\partial \ln L^*(\pi|k)}{\partial \pi} = \frac{k}{\pi} - \frac{N-k}{1-\pi}.$$

En annulant cette dérivée, on trouve (en supposant $\pi \notin \{0;1\}$) :

$$k(1-\hat{\pi}) - \hat{\pi}(N-k) = 0 \qquad \text{et donc} \qquad \hat{\pi} = \frac{k}{N}.$$

On note $\hat{\pi}$ l'estimateur du maximum de vraisemblance. On vérifie que cette valeur correspond bien à un maximum de $L(.)$. On voit que cet estimateur n'est autre que la *fréquence observée de l'événement*. Ce résultat se généralise au cas multinomial.

A.3   La loi Beta-binomiale

Les fonctions Gamma et Beta

La fonction Gamma émerge dans de nombreux calculs d'intégrales, en particulier dans les constantes de normalisation des distributions. Elle est définie comme :

$$\Gamma(z) = \int_0^\infty t^{z-1}e^{-t}dt. \tag{A.1}$$

Illustrée figure A.2, elle peut être interprétée intuitivement comme la fonction qui généralise au cas continu la fonction entière factorielle vue à la section 4.4.

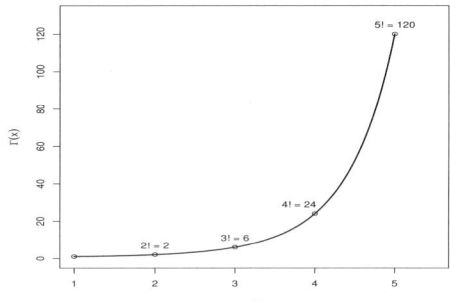

Fig. A.2 – Fonctions Gamma et factorielle

Pour les valeurs entières, on aura donc (attention cependant à la différence d'une unité sur la variable) : $\Gamma(n) = (n-1)!$. Tout comme nous avions $n! = n \times (n-1)! = n!$ avec la factorielle, nous aurons $\Gamma(z+1) = z\Gamma(z)$ avec la Gamma (avec le même décalage d'une unité). La fonction Beta, qui intervient dans le calcul de l'aire sous la courbe de la loi de distribution du même nom, est définie comme :

$$B(\alpha, \beta) = \int_0^1 \pi^{\alpha-1}(1-\pi)^{\beta-1}d\pi = \frac{\Gamma(\alpha)\Gamma(\beta)}{\Gamma(\alpha+\beta)}.$$

Compte tenu de l'interprétation de la Gamma comme généralisation de la factorielle, l'inverse de la fonction Beta peut être vue comme une forme continue de la combinaison vue à la section 4.4.

Loi *a posteriori* dans un modèle Beta-binomial

Dans l'approche bayésienne, on conçoit le paramètre inconnu π comme une variable aléatoire, dont les valeurs possibles sont affectées d'une (densité de) probabilité hypothétique a priori $f(\pi)$. On cherche ensuite à calculer la probabilité $f(\pi|D)$ *a posteriori* (c'est-à-dire après avoir pris connaissance des données) que ce paramètre prenne telle ou telle valeur, ou bien appartienne à un certain intervalle.

Par le théorème de Bayes, on peut écrire :

$$f(\pi|D) = \frac{P(D|\pi)f(\pi)}{P(D)}.$$

Dans le cas d'une vraisemblance binomiale et d'une loi *a priori* Beta(α, β) sur le paramètre inconnu π, on a :

$$P(D|\pi) = \mathrm{C}_N^k\, \pi^k(1-\pi)^{N-k},$$
$$f(\pi) = \frac{\pi^{\alpha-1}(1-\pi)^{\beta-1}}{B(\alpha,\beta)}.$$

Pour obtenir la probabilité complète $P(D)$, il nous faut intégrer la vraisemblance conditionnelle $P(D|\pi)$ sur toutes les valeurs possibles du paramètre inconnu, pondérée par leurs probabilités :

$$
\begin{aligned}
P(D) &= \int_0^1 P(D|\pi)f(\pi)d\pi \\
&= \int_0^1 \left[\mathrm{C}_N^k\, \pi^k(1-\pi)^{N-k}\right]\left[\frac{\pi^{\alpha-1}(1-\pi)^{\beta-1}}{B(\alpha,\beta)}\right]d\pi \\
&= \frac{\mathrm{C}_N^k}{B(\alpha,\beta)}\int_0^1 \pi^{\alpha+k-1}(1-\pi)^{\beta+N-k-1}d\pi.
\end{aligned}
$$

D'après le résultat rappelé ci-dessus, on a :

$$B(\alpha,\beta) = \int_0^1 \pi^{\alpha-1}(1-\pi)^{\beta-1}d\pi = \frac{\Gamma(\alpha)\Gamma(\beta)}{\Gamma(\alpha+\beta)}.$$

C'est la fonction Beta, qui sert à normaliser la densité du même nom. On aura donc dans le cas présent :

$$\int_0^1 \pi^{\alpha+k-1}(1-\pi)^{\beta+N-k-1}d\pi = \frac{\Gamma(\alpha+k)\Gamma(\beta+N-k)}{\Gamma(\alpha+\beta+N)} = B(\alpha+k, \beta+N-k),$$

et :

$$P(D) = \frac{\mathrm{C}_N^k\, B(\alpha+k, \beta+N-k)}{B(\alpha,\beta)}.$$

On a donc finalement :

$$
\begin{aligned}
f(\pi|D) = \frac{P(D|\pi)f(\pi)}{P(D)} &= \frac{\mathrm{C}_N^k\, \pi^k(1-\pi)^{N-k}}{P(D)}\frac{\pi^{\alpha-1}(1-\pi)^{\beta-1}}{B(\alpha,\beta)} \\
&= \left[\frac{\mathrm{C}_N^k}{P(D)B(\alpha,\beta)}\right]\pi^{\alpha+k-1}(1-\pi)^{\beta+N-k-1} \\
&= \left[\frac{1}{B(\alpha+k, \beta+N-k)}\right]\pi^{\alpha+k-1}(1-\pi)^{\beta+N-k-1}.
\end{aligned}
$$

On voit que c'est encore une loi Beta, mais dont les paramètres ont été augmentés, par rapport à ceux de la loi *a priori*, du nombre de succès et du nombre d'échecs, respectivement :

$$\pi|D \sim Beta(\alpha + k, \beta + N - k).$$

A.4   Formules exactes du facteur de Bayes

Modèle binomial à un paramètre inconnu

La vraisemblance d'un modèle binomial $\mathcal{B}(N, \pi)$ de paramètre π inconnu, sur lequel on fait une hypothèse de distribution uniforme $f(\pi) = 1$, s'écrit pour k succès observés sur N :

$$P(D|M_1) = \int_0^1 P(D|M_1, \pi)f(\pi)d\pi = \int_0^1 C_N^k \, \pi^k(1 - \pi)^{N-k}d\pi.$$

L'intégrale $\int_0^1 \pi^k(1 - \pi)^{N-k}$ est connue sous le nom de fonction Beta, et on sait que, quand k et N sont des entiers, cette intégrale vaut (Abramowitz & Stegun, 1972, formules 6.2.1 et 6.2.2, p. 258) :

$$\int_0^1 \pi^k(1 - \pi)^{N-k}d\pi = \frac{k!(N - k)!}{(N + 1)!}.$$

On a donc au final :

$$P(D|M_1) = \left[\frac{N!}{k!(N - k)!}\right]\left[\frac{k!(N - k)!}{(N + 1)!}\right] = \frac{1}{N + 1}.$$

Modèle binomial à deux paramètres inconnus

La vraisemblance intégrée de M_0, pour k_1 et k_2 succès observés ($K = k_1 + k_2$ est le nombre total de succès) sur n_1 et n_2 observations ($N = n_1 + n_2$ est le nombre total d'observations), s'écrit :

$$\begin{aligned}
P(D|M_0) &= \int_0^1 P(D|M_0, \pi)f(\pi)d\pi \\
&= \int_0^1 C_{n_1}^{k_1} \pi^{k_1}(1 - \pi)^{n_1-k_1} C_{n_2}^{k_2} \pi^{k_2}(1 - \pi)^{n_2-k_2} f(\pi)d\pi \\
&= \int_0^1 C_{n_1}^{k_1} C_{n_2}^{k_2} \pi^K(1 - \pi)^{N-K} f(\pi)d\pi \\
&= C_{n_1}^{k_1} C_{n_2}^{k_2} \int_0^1 \pi^K(1 - \pi)^{N-K} f(\pi)d\pi.
\end{aligned}$$

Sans hypothèse sur π et en posant une loi *a priori* uniforme sur ce paramètre, on a $f(\pi) = 1, \forall \pi$:

$$P(D|M_0) = \mathrm{C}_{n_1}^{k_1}\,\mathrm{C}_{n_2}^{k_2} \int_0^1 \pi^K(1-\pi)^{N-K}d\pi = \mathrm{C}_{n_1}^{k_1}\,\mathrm{C}_{n_2}^{k_2} \left[\frac{K!(N-K)!}{(N+1)!}\right] = \frac{\mathrm{C}_{n_1}^{k_1}\,\mathrm{C}_{n_2}^{k_2}}{(N+1)\,\mathrm{C}_N^K}.$$

En supposant une densité conjointe uniforme $f(\pi_1, \pi_2) = f(\pi_1)f(\pi_2) = 1$ sur les paramètres inconnus, la vraisemblance intégrée de M_1 s'écrit :

$$
\begin{aligned}
P(D|M_1) &= \iint_{[0;1]} P(D|M_1, \pi_1, \pi_2) f(\pi_1, \pi_2) d\pi_1 d\pi_2 \\
&= \iint_{[0;1]} P(D|M_1, \pi_1, \pi_2) d\pi_1 d\pi_2 \\
&= \iint_{[0;1]} \mathrm{C}_{n_1}^{k_1}\,\pi_1^{k_1}(1-\pi_1)^{n_1-k_1}\,\mathrm{C}_{n_2}^{k_2}\,\pi_2^{k_2}(1-\pi_2)^{n_2-k_2} d\pi_1 d\pi_2 \\
&= \int_0^1 \mathrm{C}_{n_2}^{k_2}\,\pi_2^{k_2}(1-\pi_2)^{n_2-k_2} \left[\int_0^1 \mathrm{C}_{n_1}^{k_1}\,\pi_1^{k_1}(1-\pi_1)^{n_1-k_1} d\pi_1\right] d\pi_2.
\end{aligned}
$$

On se souvenant que :

$$\int_0^1 \mathrm{C}_{n_1}^{k_1}\,\pi_1^{k_1}(1-\pi_1)^{n_1-k_1} d\pi_1 = \frac{1}{n_1+1},$$

on a finalement :

$$P(D|M_1) = \left[\frac{1}{n_1+1}\right] \int_{[0;1]} \mathrm{C}_{n_2}^{k_2}\,\pi_2^{k_2}(1-\pi_2)^{n_2-k_2} d\pi_2 = \left[\frac{1}{n_1+1}\right]\left[\frac{1}{n_2+1}\right].$$

Le facteur de Bayes B_{10} est donc :

$$B_{10} = \frac{\iint_{[0;1]} P(D|M_1, \pi_1, \pi_2) f(\pi_1, \pi_2) d\pi_1 d\pi_2}{\int_0^1 P(D|M_0, \pi) f(\pi) d\pi} = \frac{(N+1)\,\mathrm{C}_N^K}{(n_1+1)\,\mathrm{C}_{n_1}^{k_1}(n_2+1)\,\mathrm{C}_{n_2}^{k_2}}.$$

Modèle binomial à J paramètres

Dans le cas général à J paramètres inconnus, $J > 2$ ($j = 1, ..., J$), on trouve de façon analogue, et avec les mêmes hypothèses (Viana, 1991) :

$$
\begin{aligned}
P(D|M_0) &= \left[\prod_{j=1}^J \mathrm{C}_{n_j}^{k_j}\right] \int_0^1 \pi^K(1-\pi)^{N-K}d\pi \\
&= \left[\prod_{j=1}^J \mathrm{C}_{n_j}^{k_j}\right]\left[\frac{K!(N-K)!}{(N+1)!}\right] = \frac{\prod_{j=1}^J \mathrm{C}_{n_j}^{k_j}}{(N+1)\,\mathrm{C}_N^K},
\end{aligned}
$$

avec π la probabilité de succès supposée unique pour toutes les conditions, $N = \sum_{j=1}^{J} n_j$ et $K = \sum_{j=1}^{J} k_j$. On a aussi :

$$P(D|M_1) = \prod_{j=1}^{J} \left(\frac{1}{n_j + 1} \right).$$

Le facteur de Bayes opposant le modèle saturé au modèle constant a donc la forme générale :

$$B_{10} = \frac{(N+1)\, \mathrm{C}_N^K}{\prod_{j=1}^{J}(n_j + 1)\, \mathrm{C}_{n_j}^{k_j}}. \tag{A.2}$$

Modèle binomial avec contrainte d'égalité

Le principe, facilement généralisé, est illustré sur le cas simple à trois conditions, de probabilité de succès inconnues π_1, π_2 et π_3, sur lesquels on pose la contrainte $\pi_2 = \pi_3$. Appelons M_2 le modèle correspondant, à trois conditions. On note π_{23} la probabilité supposée commune aux deux conditions.

En supposant une densité conjointe uniforme $f(\pi_1, \pi_{23}) = f(\pi_1)f(\pi_{23}) = 1$ sur les paramètres inconnus, la vraisemblance intégrée de M_2 s'écrit :

$$
\begin{aligned}
P(D|M_2) &= \iint_{[0;1]} P(D|M_2, \pi_1, \pi_{23}) f(\pi_1, \pi_{23}) d\pi_1 d\pi_{23} \\[2mm]
&= \iint_{[0;1]} P(D|M_2, \pi_1, \pi_{23}) d\pi_1 d\pi_{23} \\[2mm]
&= \iint_{[0;1]} \mathrm{C}_{n_1}^{k_1}\, \pi_1^{k_1}(1 - \pi_1)^{n_1 - k_1} \\
&\quad \times \mathrm{C}_{n_2}^{k_2}\, \pi_{23}^{k_2}(1 - \pi_{23})^{n_2 - k_2}\, \mathrm{C}_{n_3}^{k_3}\, \pi_{23}^{k_3}(1 - \pi_{23})^{n_2 - k_2} d\pi_1 d\pi_{23}
\end{aligned}
$$

$$
\begin{aligned}
P(D|M_2) &= \int_0^1 \mathrm{C}_{n_2}^{k_2}\, \pi_{23}^{k_2}(1 - \pi_{23})^{n_2 - k_2}\, \mathrm{C}_{n_3}^{k_3}\, \pi_{23}^{k_3}(1 - \pi_{23})^{n_2 - k_2} \\
&\quad \times \left[\int_0^1 \mathrm{C}_{n_1}^{k_1}\, \pi_1^{k_1}(1 - \pi_1)^{n_1 - k_1} d\pi_1 \right] d\pi_{23} \\[2mm]
&= \frac{\mathrm{C}_{n_2}^{k_2}\, \mathrm{C}_{n_3}^{k_3}}{n_1 + 1} \int_0^1 \pi_{23}^{k_{23}}(1 - \pi_{23})^{n_{23} - k_{23}} d\pi_{23} \\[2mm]
&= \frac{\mathrm{C}_{n_2}^{k_2}\, \mathrm{C}_{n_3}^{k_3}}{n_1 + 1} \left[\frac{k_{23}!(n_{23} - k_{23})!}{(n_{23} + 1)!} \right] \\[2mm]
&= \frac{\mathrm{C}_{n_2}^{k_2}\, \mathrm{C}_{n_3}^{k_3}}{(n_1 + 1)(n_{23} + 1)\, \mathrm{C}_{n_{23}}^{k_{23}}}.
\end{aligned}
$$

La vraisemblance intégrée de M_0 est donnée par (voir section précédente) :

$$P(D|M_0) = \frac{C_{n_1}^{k_1} C_{n_2}^{k_2} C_{n_3}^{k_3}}{(N+1) C_N^K}.$$

Le facteur de Bayes opposant modèle contraint et modèle constant est donc, après simplification :

$$B_{20} = \frac{P(D|M_2)}{P(D|M_0)} = \frac{(N+1) C_N^K}{(n_1+1) C_{n_1}^{k_1} (n_{23}+1) C_{n_{23}}^{k_{23}}}.$$

On trouve une formule tout à fait analogue aux précédentes. Tout se passe comme si nous avions simplement fusionné les groupes 2 et 3 pour n'en faire qu'un seul.

Modèle multinomial pour une distribution fixée

On observe une distribution d'effectif $n = (n_1, n_2, ..., n_C)$ sur une variable qualitative à C modalités. Sous le modèle M_0, on fait l'hypothèse que le vecteur des probabilités d'apparition $\pi = (\pi_1, \pi_2, ..., \pi_C)$ égale un ensemble de probabilités fixées $\pi_0 = (\pi_{01}, \pi_{02}, ..., \pi_{0C})$, non nécessairement égales entre elles. Sous cette hypothèse, la vraisemblance des données est calculée par la fonction de probabilité multinomiale (on omet dans ce qui suit la ou les constantes multiplicatives qui s'élimineront au final dans le rapport de Bayes) :

$$P(D|M_0) \propto \prod_{c=1}^{C} \pi_{0c}^{n_c}.$$

On souhaite confronter cette hypothèse ponctuelle à une alternative générale sans contrainte sur les π_k. Il faut donc calculer la vraisemblance des données en intégrant sur tous les paramètres inconnus, pour prendre en compte toutes les valeurs possibles, pondérés par leurs probabilités *a priori* :

$$P(D|M_1) \propto \int_0^1 ... \int_0^1 \prod_{c=1}^{C} \pi_c^{n_c} f(\pi) d\pi_1 ... d\pi_{C-1}.$$

Nous choisissons ici une loi jointe *a priori* uniforme sur le vecteur de probabilités inconnues : $f(\pi) = c$, où c est une constante. On note que la constante en question ne peut être 1, comme dans le cas à un seul paramètre, car on a la contrainte $\pi_1 + \pi_2 + ... + \pi_C = 1$, et une fois le choix fait sur π_1, les choix sont contraints sur les paramètres suivants.

La fonction multivariée constante $f(\pi) = c$ que nous cherchons à spécifier peut être obtenue en choisissant une forme $f(\pi) \propto \prod_{c=1}^{C} \pi_c^{\alpha_c}$ qui, par sa structure multiplicative, va bien se « mélanger » avec la loi multinomiale des données. En choisissant $\alpha_c = 0$ dans cette fonction, on obtient bien une fonction multivariée constante. Pour que l'intégrale de cette loi *a priori* soit bien 1, comme pour toute densité, on doit choisir une constante de normalisation convenable. On utilise un résultat de mathématique appelé *intégrale de Dirichlet*

$$\int_0^1 \cdots \int_0^1 \left[\prod_{c=1}^C \pi_c^{\alpha_c} \right] d\pi_1 ... d\pi_{C-1} = \frac{\prod_c \Gamma(\alpha_c + 1)}{\Gamma\left(\sum_c (\alpha_c + 1)\right)}.$$

Pour $\alpha_c = 0$, $\forall c$, la constante de normalisation appropriée est :

$$\frac{\prod_c \Gamma(1)}{\Gamma(C)} = \frac{1}{\Gamma(C)} = \frac{1}{(C-1)!}.$$

On cherche donc à intégrer :

$$P(D|M_1) \propto (C-1)! \int_0^1 \cdots \int_0^1 \left[\prod_{c=1}^C \pi_c^{n_c} \right] d\pi_1 ... d\pi_{C-1}.$$

L'intégrale de Dirichlet peut être utilisée une seconde fois sur l'expression multi-nomiale entre crochets :

$$\int_0^1 \cdots \int_0^1 \left[\prod_{c=1}^C \pi_c^{n_c} \right] d\pi_1 ... d\pi_{C-1} = \frac{\prod_c \Gamma(n_c + 1)}{\Gamma(\sum_c n_c + 1)} = \frac{\prod_c \Gamma(n_c + 1)}{\Gamma(N + C)} = \frac{\prod_c n_c!}{(N + C - 1)!}.$$

La vraisemblance intégrée du modèle sans contrainte est donc au final définie par :

$$P(D|M_1) \propto \frac{(C-1)!}{(N+C-1)!} \prod_c n_c!,$$

que l'on peut réécrire plus simplement en introduisant $N!$ en haut et en bas de la fraction :

$$P(D|M_1) \propto \frac{N!(C-1)!}{(N+C-1)!} \frac{\prod_c n_c!}{N!} = \frac{1}{C_{N+C-1}^{C-1} \binom{N}{n_1, n_2, ..., n_C}}. \qquad (A.3)$$

Le facteur de Bayes en faveur de M_1, contre une hypothèse nulle de paramètres fixés, s'écrit donc :

$$B_{10} = \frac{1}{\binom{N}{n_1, n_2, ..., n_C} C_{N+C-1}^{C-1} \prod_{c=1}^C \pi_{0c}^{n_c}}.$$

Dans le cas d'une hypothèse nulle d'équiprobabilité $\pi_{0c} = \frac{1}{C}$, $\forall c$, cette expression se simplifie en :

$$B_{10} = \frac{1}{\binom{N}{n_1, n_2, ..., n_C} C_{N+C-1}^{C-1} \left(\frac{1}{C}\right)^N}.$$

Modèle multinomial pour I distributions catégorisées

On observe I distributions d'effectifs $\boldsymbol{n}_i = (n_{i1}, n_{i2}, ..., n_{iC})$ sur une variable qualitative à C modalités, pour des groupes indépendants. Elles peuvent être regroupées
en une table de contingence à I lignes et C colonnes. On note K_c l'effectif marginal de la catégorie de réponse c ($c = 1, ..., C$) et N_i l'effectif marginal du groupe i
($i = 1, ..., I$). Sous le modèle dit de l'homogénéité M_h, on fait l'hypothèse que ces
distributions sont toutes des réalisations aléatoires d'une même loi multinomiale
de paramètre $\boldsymbol{\pi} = (\pi_1, \pi_2, ..., \pi_C)$. C'est une hypothèse d'absence de différence des
distributions de réponse entre les groupes. Sous cette hypothèse, la vraisemblance
des données est un produit de vraisemblances multinomiales de même vecteur de
paramètre (les termes combinatoires multiples sont négligés car ils s'éliminent dans
le calcul final du facteur de Bayes) :

$$P(D|M_h, \boldsymbol{\pi}) \propto \prod_{i=1}^{I} \prod_{c=1}^{C} \pi_c^{n_{ic}} = \prod_{i=1}^{I} \pi_c^{\sum_i n_{ic}} = \prod_{i=1}^{I} \pi_c^{K_c}.$$

Il s'agit à nouveau d'une vraisemblance multinomiale, dont les paramètres sont
inconnus. En intégrant sur toutes les valeurs possibles de ces paramètres, en supposant toujours une loi *a priori* uniforme sur chaque paramètre, la vraisemblance
intégrée sous M_h est donc :

$$P(D|M_h) \propto \frac{1}{C_{N+C-1}^{C-1} \binom{N}{K_1, K_2, ..., K_C}},$$

avec $N = \sum_i N_i$ l'effectif total de l'étude.

Sous le modèle saturé, supposant des vecteurs de paramètres distincts pour chaque
groupe i, $\boldsymbol{\pi}_i = (\pi_{i1}, ..., \pi_{iC})$, la fonction de vraisemblance est un produit de multinomiales distinctes :

$$P(D|M_s, \boldsymbol{\pi}) \propto \prod_{i=1}^{I} \prod_{c=1}^{C} \pi_{ic}^{n_{ic}}$$

avec $\boldsymbol{\pi} = (\boldsymbol{\pi}_1, ..., \boldsymbol{\pi}_I)$.

En supposant des lois *a priori* uniformes sur tous les paramètres, on intègre séparément sur chaque vecteur de paramètres, pour chaque ligne de la table et on
obtient :

$$P(D|M_s) \propto \frac{1}{\prod_{i=1}^{I} C_{N_i+C-1}^{C-1} \binom{N_i}{n_{i1}, ..., n_{iC}}}.$$

Le facteur de Bayes en faveur du modèle saturé contre M_h est donc (Good, 1950) :

$$B_{sh} = \frac{C_{N+C-1}^{C-1} \binom{N}{K_1, K_2, ..., K_C}}{\prod_{i=1}^{I} C_{N_i+C-1}^{C-1} \binom{N_i}{n_{i1}, ..., n_{iC}}}.$$

On vérifie que dans le cas $C = 2$ (cas binomial), $C_{N_i+C-1}^{C-1} = N_i + 1$ et on retrouve
la formule A.2.

A.5   Maximisation d'une vraisemblance gaussienne

La fonction de vraisemblance dans un modèle gaussien $N(\mu, \sigma_0^2)$, pour des données observées $\boldsymbol{y}$, s'écrit :

$$f(\boldsymbol{y}|\mu, \sigma_0^2) = \left(2\pi\sigma_0^2\right)^{-\frac{N}{2}} \exp\left\{-\frac{1}{2\sigma_0^2}\sum_{i=1}^{N}(y_i - \mu)^2\right\}.$$

On cherche les valeurs de μ et σ_0^2 qui maximisent cette vraisemblance. De façon équivalente, on peut chercher à maximiser son logarithme (en négligeant les constantes multiplicatives indépendantes des deux paramètres) :

$$\ell_0^* = -N\ln\sigma_0^2 - \frac{1}{\sigma_0^2}\sum_{i=1}^{N}(y_i - \mu)^2.$$

On calcule les fonctions dérivées de ℓ_0^* par rapport à μ puis à σ_0^2 :

$$\frac{\partial\ell_0^*}{\partial\mu} = -\frac{1}{\sigma_0^2}\frac{\partial}{\partial\mu}\left\{\sum_{i=1}^{N}y_i^2 - 2\mu\sum_{i=1}^{N}y_i + N\mu^2\right\} = -\frac{1}{\sigma_0^2}\frac{\partial}{\partial\mu}\left\{-2\mu\sum_{i=1}^{N}y_i + N\mu^2\right\}$$

$$= -\frac{2}{\sigma_0^2}\left\{-\sum_{i=1}^{N}y_i + N\mu\right\}$$

$$\frac{\partial\ell_0^*}{\partial\sigma_0^2} = -N\frac{\partial\ln\sigma_0^2}{\partial\sigma_0^2} - \sum_{i=1}^{N}(y_i - \mu)^2\frac{\partial}{\partial\sigma_0^2}\left\{\frac{1}{\sigma_0^2}\right\} = -\frac{N}{\sigma_0^2} + \sum_{i=1}^{N}(y_i - \mu)^2\left\{\frac{1}{\sigma_0^2}\right\}^2.$$

En annulant ces dérivées, on trouve d'abord :

$$-\frac{2}{\hat{\sigma}_0^2}\left\{-\sum_{i=1}^{N}y_i + N\hat{\mu}\right\} - 0 \quad\Leftrightarrow\quad \left\{-\sum_{i=1}^{N}y_i + N\hat{\mu}\right\} = 0$$

$$\Leftrightarrow\quad \hat{\mu} = \frac{\sum_{i=1}^{N}y_i}{N} = \bar{y}$$

puis

$$-\frac{N}{\hat{\sigma}_0^2} + \sum_{i=1}^{N}(y_i - \hat{\mu})^2\left\{\frac{1}{\hat{\sigma}_0^2}\right\}^2 = 0 \quad\Leftrightarrow\quad -N + \frac{1}{\hat{\sigma}_0^2}\sum_{i=1}^{N}(y_i - \hat{\mu})^2 = 0$$

$$\Leftrightarrow\quad \hat{\sigma}_0^2 = \frac{\sum_{i=1}^{N}(y_i - \hat{\mu})^2}{N}$$

$$\Leftrightarrow\quad \hat{\sigma}_0^2 = \frac{\sum_{i=1}^{N}(y_i - \bar{y})^2}{N}.$$

On vérifie, au besoin en examinant les dérivées secondes, que les estimateurs $(\bar{y}, \hat{\sigma}_0^2)$ correspondent bien à un maximum de la vraisemblance gaussienne.

A.6 Lois *a posteriori* sur les paramètres d'une loi normale

A priori non informatif

Si l'on suppose sur μ une loi *a priori* non informative (uniforme) impropre $g(\mu) = c$, où c est une constante, et que la variance des données σ_0^2 est connue, la loi *a posteriori* du paramètre sachant l'ensemble des données $\boldsymbol{x}$, par application du théorème de Bayes, est donnée par :

$$f(\mu|\mathbf{x}) = \frac{f(\mathbf{x}|\mu)g(\mu)}{f(\mathbf{x})}.$$

En développant le numérateur, on obtient :

$$f(\mu|\mathbf{x}) \propto f(\mathbf{x}|\mu)g(\mu) = (2\pi\sigma_0^2)^{-\frac{N}{2}} \exp\left[-\frac{1}{2\sigma_0^2}\sum_{i=1}^{N}(x_i - \mu)^2\right] \times c.$$

En utilisant la relation :

$$\sum_{i=1}^{N}(x_i-\mu)^2 = \sum_{i=1}^{N}(x_i-\bar{x}+\bar{x}-\mu)^2 = \sum_{i=1}^{N}(x_i-\bar{x})^2 + \sum_{i=1}^{N}(\bar{x}-\mu)^2 + (\bar{x}-\mu)\sum_{i=1}^{N}(x_i-\bar{x})$$

$$= \sum_{i=1}^{N}(x_i-\bar{x})^2 + N(\bar{x}-\mu)^2,$$

on peut réécrire :

$$f(\mu|\mathbf{x}) \propto f(\mathbf{x}|\mu)g(\mu) = c(2\pi\sigma_0^2)^{-\frac{N}{2}} \exp\left[-\frac{1}{2\sigma_0^2}\left(\sum_{i=1}^{N}(x_i-\bar{x})^2 + N(\bar{x}-\mu)^2\right)\right]$$

$$= c(2\pi\sigma_0^2)^{-\frac{N}{2}} \exp\left[-\frac{1}{2\sigma_0^2}\left(\sum_{i=1}^{N}(x_i-\bar{x})^2 + N(\bar{x}-\mu)^2\right)\right]$$

$$= c(2\pi\sigma_0^2)^{-\frac{N}{2}} \exp\left[-\frac{1}{2\sigma_0^2}\sum_{i=1}^{N}(x_i-\bar{x})^2\right] \exp\left[-\frac{1}{2}\left(\frac{\bar{x}-\mu}{\sigma_0/\sqrt{N}}\right)^2\right].$$

Pour calculer la probabilité intégrée ou marginale $f(\boldsymbol{x})$, il nous faut intégrer cette expression par rapport à μ :

$$f(\boldsymbol{x}) = \int_{-\infty}^{+\infty} f(\boldsymbol{x}|\mu)g(\mu)d\mu$$

$$= \int_{-\infty}^{+\infty} c(2\pi\sigma_0^2)^{-\frac{N}{2}} \exp\left[-\frac{1}{2\sigma_0^2}\sum_{i=1}^{N}(x_i-\bar{x})^2\right] \exp\left[-\frac{1}{2}\left(\frac{\bar{x}-\mu}{\sigma_0/\sqrt{N}}\right)^2\right]d\mu$$

$$= c(2\pi\sigma_0^2)^{-\frac{N}{2}} \exp\left[-\frac{1}{2\sigma_0^2}\sum_{i=1}^{N}(x_i-\bar{x})^2\right] \int_{-\infty}^{+\infty} \exp\left[-\frac{1}{2}\left(\frac{\bar{x}-\mu}{\sigma_0/\sqrt{N}}\right)^2\right]d\mu.$$

On reconnaît dans l'intégrale ci-dessus un noyau de loi normale sur une *moyenne*, en considérant cette fois-ci $\bar{x}$ comme une valeur centrale et μ comme la variable aléatoire. On sait alors que cette intégrale vaut $\sqrt{2\pi\sigma_0^2/N}$ (c'est la constante de normalisation de la loi normale d'une moyenne). Par conséquent, la vraisemblance marginale du modèle est :

$$f(\boldsymbol{x}) = c(2\pi\sigma_0^2)^{-\frac{N}{2}} \exp\left[-\frac{1}{2\sigma_0^2}\sum_{i=1}^{N}(x_i - \bar{x})^2\right] \left(2\pi\frac{\sigma_0^2}{N}\right)^{\frac{1}{2}}.$$

On en déduit la forme de la loi *a posteriori* sur μ :

$$f(\mu|\mathbf{x}) = \frac{f(\mathbf{x}|\mu)g(\mu)}{f(\mathbf{x})} = \frac{c(2\pi\sigma_0^2)^{-\frac{N}{2}}\exp\left[-\frac{1}{2\sigma_0^2}\sum_{i=1}^{N}(x_i - \bar{x})^2\right]\exp\left[-\frac{1}{2}\left(\frac{\bar{x}-\mu}{\sigma_0/\sqrt{N}}\right)^2\right]}{c(2\pi\sigma_0^2)^{-\frac{N}{2}}\exp\left[-\frac{1}{2\sigma_0^2}\sum_{i=1}^{N}(x_i - \bar{x})^2\right]\left(2\pi\frac{\sigma_0^2}{N}\right)^{\frac{1}{2}}}$$

$$= \left(2\pi\frac{\sigma_0^2}{N}\right)^{-\frac{1}{2}}\exp\left[-\frac{1}{2}\left(\frac{\bar{x}-\mu}{\sigma_0/\sqrt{N}}\right)^2\right].$$

Autrement dit $\mu|\boldsymbol{x} \sim N\left(\bar{x}, \frac{\sigma_0^2}{N}\right)$.

A priori informatif

On suppose que les données suivent une loi normale de variance connue : $X \sim N(\mu, \sigma_0^2)$. Si l'on suppose une loi informative $g(\mu)$ normale sur μ, de la forme $N(\mu_0, \tau_0^2)$, la loi *a posteriori* sur μ est donnée par :

$$f(\mu|\mathbf{x}) = \frac{f(\mathbf{x}|\mu)g(\mu)}{f(\mathbf{x})}.$$

En développant le numérateur, on obtient :

$$f(\mu|\mathbf{x}) \propto f(\mathbf{x}|\mu)g(\mu)$$

$$= (2\pi\sigma_0^2)^{-\frac{N}{2}}\exp\left[-\frac{1}{2\sigma_0^2}\sum_{i=1}^{N}(x_i - \mu)^2\right] \times (2\pi\tau_0^2)^{-\frac{1}{2}}\exp\left[-\frac{1}{2\tau_0^2}(\mu - \mu_0)^2\right]$$

$$= (2\pi\sigma_0^2)^{-\frac{N}{2}}(2\pi\tau_0^2)^{-\frac{1}{2}}\exp\left[-\frac{1}{2}\left(\frac{1}{\sigma_0^2}\sum_{i=1}^{N}(x_i - \mu)^2 + \frac{1}{\tau_0^2}(\mu - \mu_0)^2\right)\right].$$

En développant les sommes de carrés (et en laissant de côté les constantes de normalisation qui se simplifieront dans le calcul final), on a :

$$f(\mu|\mathbf{x}) \propto \exp\left[-\frac{1}{2}\left(\frac{1}{\sigma_0^2}\sum_{i=1}^{N}(x_i^2 - 2x_i\mu + \mu^2) + \frac{1}{\tau_0^2}(\mu^2 - 2\mu\mu_0 + \mu_0^2)\right)\right]$$

$$= \exp\left[-\frac{1}{2\sigma_0^2\tau_0^2}\left(\tau_0^2\left(\sum_{i=1}^{N}x_i^2 - 2N\bar{x}\mu + N\mu^2\right) + \sigma_0^2(\mu^2 - 2\mu\mu_0 + \mu_0^2)\right)\right]$$

$$= \exp\left[-\frac{1}{2\sigma_0^2\tau_0^2}\left(\mu^2(N\tau_0^2 + \sigma_0^2) - 2\mu(\tau_0^2 N\bar{x} + \sigma_0^2\mu_0) + (\tau_0^2\sum_{i=1}^{N}x_i^2 + \sigma_0^2\mu_0^2)\right)\right].$$

En se souvenant que pour tout a et b non nuls $\frac{1}{a} + \frac{1}{b} = \frac{a+b}{ab}$ et en particulier $\frac{N}{\sigma_0^2} + \frac{1}{\tau_0^2} = \frac{N\tau_0^2 + \sigma_0^2}{\sigma_0^2\tau_0^2}$:

$$f(\mu|\mathbf{x}) \propto \exp\left[-\frac{1}{2}\left(\mu^2\left(\frac{N}{\sigma_0^2} + \frac{1}{\tau_0^2}\right) - 2\mu\left(\frac{N\bar{x}}{\sigma_0^2} + \frac{\mu_0}{\tau_0^2}\right) + \left(\frac{\sum_{i=1}^{N}x_i^2}{\sigma_0^2} + \frac{\mu_0^2}{\tau_0^2}\right)\right)\right]$$

$$= \exp\left[-\frac{1}{2}\left(\frac{N}{\sigma_0^2} + \frac{1}{\tau_0^2}\right)\left(\mu^2 - 2\mu\left(\frac{\frac{N\bar{x}}{\sigma_0^2} + \frac{\mu_0}{\tau_0^2}}{\frac{N}{\sigma_0^2} + \frac{1}{\tau_0^2}}\right) + \left(\frac{\frac{\sum_{i=1}^{N}x_i^2}{\sigma_0^2} + \frac{\mu_0^2}{\tau_0^2}}{\frac{N}{\sigma_0^2} + \frac{1}{\tau_0^2}}\right)\right)\right]$$

$$= \exp\left[-\frac{1}{2}\left(\frac{N}{\sigma_0^2} + \frac{1}{\tau_0^2}\right)\left(\mu^2 - 2\mu\left(\frac{\frac{N\bar{x}}{\sigma_0^2} + \frac{\mu_0}{\tau_0^2}}{\frac{N}{\sigma_0^2} + \frac{1}{\tau_0^2}}\right) + \left(\frac{\frac{N\bar{x}}{\sigma_0^2} + \frac{\mu_0}{\tau_0^2}}{\frac{N}{\sigma_0^2} + \frac{1}{\tau_0^2}}\right)^2\right) + k\right]$$

$$= \exp\left[-\frac{1}{2\hat{\sigma}_N^2}(\mu - \hat{\mu}_N)^2\right]\exp k,$$

où k est une constante regroupant des termes ne dépendant pas de μ, et :

$$\hat{\mu}_N = \frac{\frac{\mu_0}{\tau_0^2} + \frac{N\bar{x}}{\sigma_0^2}}{\frac{1}{\tau_0^2} + \frac{N}{\sigma_0^2}} \quad \text{et} \quad \frac{1}{\hat{\sigma}_N^2} = \frac{1}{\tau_0^2} + \frac{N}{\sigma_0^2}.$$

On reconnaît dans le premier facteur exponentiel de cette expression le noyau d'une loi normale.

La loi *a posteriori* sur μ est obtenue en divisant par la vraisemblance intégrée du modèle (et en ignorant toutes les constantes multiplicatives ne dépendant pas de μ qui se simplifient dans la fraction) :

$$f(\mu|\mathbf{x}) = \frac{f(\mathbf{x}|\mu)g(\mu)}{f(\mathbf{x})} = \frac{\exp\left[-\frac{1}{2\hat{\sigma}_N^2}(\mu - \hat{\mu}_N)^2\right]}{\int \exp\left[-\frac{1}{2\hat{\sigma}_N^2}(\mu - \hat{\mu}_N)^2\right]d\mu}$$

$$= (2\pi\hat{\sigma}_N^2)^{-\frac{1}{2}}\exp\left[-\frac{1}{2\hat{\sigma}_N}(\mu - \hat{\mu}_N)^2\right].$$

Autrement dit $\mu|\boldsymbol{x} \sim N(\hat{\mu}_N, \hat{\sigma}_N^2)$.

Bibliographie

Abramowitz M. & Stegun I.A. (1972). *Handbook of Mathematical Functions*. Dover, New York.

Beaufils B. (1996). *Statistiques appliquées à la psychologie*. Bréal.

Bechara A., Damasio A.R., Damasio H. & Anderson S.W. (1994). Insensitivity to future consequences following damage to human prefrontal cortex. *Cognition*, **50**, 7–15.

Bem D. (2011). Feeling the future : Experimental evidence for anomalous retroactive influences on cognition and affect. *Journal of Personality and Social Psychology*, **100**, 407–425.

Berger J.O., Ghosh J.K. & Mukhopadhyay N. (2003). Approximations and consistency of bayes factors as model dimension grows. *Journal of Statistical Planning and Inference*, **112**, 241–258.

Bernardo J. & Perez S. (2007). Comparing normal means : New methods for an old problem. *Bayesian Analysis*, **2**, 45–58.

Bollen K.A. (1989). *Structural Equations with Latent Variables*. Wiley-Interscience.

Broch H. (1985). *Le paranormal : Ses documents, ses hommes, ses méthodes*. Éditions du Seuil, Paris.

Busey T. & Loftus G. (2007). Cognitive science and the law. *Trends in cognitive psychology*, **11**, 111–117.

Cohen J. (1988). *Statistical Power for the Behavioral Sciences*. Lawrence Erlbaum Associates.

Cooper T., DeBon M., Stockton M., Klesges R., Steenbergh T., Sherrill-Mittleman D., Jennings L. & Johnson K. (2004). Correlates of adherence with transdermal nicotine. *Addictive Behaviors*, **29**, 1565–1578.

Cumming G. & Finch S. (2001). A primer on the understanding, use and calculation of confidence intervals based on central and noncentral distributions. *Educational and Psychological Measurement*, **61**, 530–572.

Dawid A. (2002). Bayes's theorem and weighing evidence by juries. *Proceedings of the British Academy*, **113**, 71–90.

Dellatolas G., Tubert-Bitter P., Curt F. & De Agostini M. (1997). Evolution of degree and direction of hand preference in children : Methodological and theoretical issues. *Neuropsychological Rehabilitation*, **7**, 387–399.

Festinger L. (1957). *A Theory of Cognitive Dissonance*. Stanford University Press, Stanford.

Février F. (2011). *Vers un modèle intégrateur expérience-acceptation : rôle des affects et des caractéristiques personnelles et contextuelles dans la détermination des intentions d'usage d'un environnement numérique de travail*. Thèse de doctorat, Université Européenne de Bretagne, Rennes 2.

Fisher R. (1925). *Statistical Methods for Research Workers*. Oliver and Boyd, Edinburgh.

Fisher R. (1990). *Statistical Methods, Experimental Design and Scientific Inference*. Oxford University Press, Oxford.

Fox J. & Guyer M. (1978). Public choice and cooperation in n-person prisoner's dilemma. *Journal of Conflict Resolution*, **22**, 469–481.

Gill J. (2002). *Bayesian methods : a social and behavioral sciences approach*. Statistics (Chapman & Hall/CRC). Chapman & Hall/CRC.

Gönen M., Johnson W.O., Lu Y. & Westfall P.H. (2005). The bayesian Two-Sample t test. *The American Statistician*, **59**, 252–257.

Good I. (1950). *Probability and the weighing of evidence*. Charles Griffin, London.

Gueguen N. (2001). Social labeling and compliance : An evaluation of the link between the label and the request. *Social Behavior and Personality an international journal*, **29**, 743–748.

Hand D.J., Daly F., McConway K., Lunn D. & Ostrowski E. (1993). *A Handbook of Small Data Sets*. Chapman and Hall.

Harman H. (1976). *Modern factor analysis*. University of Chicago Press, Chicago.

Hedges L. & Olkin I. (1985). *Statistical methods for meta-analysis*. Academic Press, Orlando.

Hill R. (2004). Multiple sudden infant deaths : Coincidence or beyond coincidence ? *Paediatric and Perinatal Epidemiology*, **18**, 320–326.

Hoeting J.A., Madigan D., Raftery A.E. & Volinsky C.T. (1999). Bayesian Model Averaging : A Tutorial. *Statistical Science*, **14**, 382–401.

Hoff P. (2009). *A First Course in Bayesian Statistical Methods*. Springer Series in Statistics for Social and Behavioral Sciences. Springer.

Howell D. (1998). *Méthodes statistiques en sciences humaines*. DeBoeck, Bruxelles.

Huteau M. (2002). *Psychologie différentielle, Cours et exercices*. Dunod, Paris.

Huteau M. (2004). *Ecriture et personnalité : Approche critique de la graphologie*. Dunod.

Jeffreys H. (1961). *The Theory of Probability*. Oxford University Press, Oxford.

Jöreskog K. (1969). A general approach to confirmatory maximum likelihood factor analysis. *Psychometrika*, **34**, 183–202.

Kahneman D. & Tversky A. (1979). Prospect theory : An analysis of decision under risk. *Econometrica*, **47**, 263–291.

Kass R. & Raftery A. (1995). Bayes factors. *Journal of the American Statistical Association*, **90**, 773–795.

Killeen P. (2005). An alternative to null-hypothesis significance tests. *Psychological Science*, **16**, 345–353.

Kruschke J. (2010). What to believe : Bayesian methods for data analysis *Trends in cognitive science*, **14**, 293–300.

Kuiper R. & Hoijtink H. (2010). Comparisons of means using exploratory and confirmatory approaches. *Psychological Methods*, **15**, 69–86.

Lecoutre B. (1984). *L'analyse bayésienne des comparaisons*. Presses Universitaires de Lille, Lille.

Lecoutre B. (1996). *Traitement statistique des données expérimentales*. CISIA, Paris.

Lecoutre B. (1999). Two useful distributions for bayesian predictive procedures under normal models. *Journal of Statistical Planning and Inference*, **79**, 93–105.

Lecoutre B. (2007). Another look at confidence intervals for the noncentral T distribution. *Journal of Modern Applied Statistical Methods*, **6**, 107–116.

Lecoutre B. & Poitevineau J. (2000). Aller au-delá des tests de signification tradi-tionnels : vers de nouvelles normes de publication. *L'année Psychologique*, **100**, 683–713.

Neath A. & Cavanaugh J. (2006). A bayesian approach to the multiple comparisons problem. *Journal of Data Science*, **4**, 131–146.

Neyman J. & Pearson E.S. (1928). On the Use and Interpretation of Certain Test Criteria for Purposes of Statistical Inference. *Biometrika*, **20A**.

Neyman J. & Pearson E.S. (1933). On the Problem of the Most Efficient Tests of Statistical Hypotheses. *Royal Society of London Philosophical Transactions Series A*, **231**, 289–337.

Noël Y. (1999). Recovering latent unimodal patterns of change by unfolding ana-lysis : Application to smoking cessation. *Psychological Methods*, **4**, 173–191.

Noël Y. (2009). When extreme responses are substantial : A generalized beta response model of behavior change. Dans *42ème Annual Meeting of the Society for Mathematical Psychology*. Amsterdam, Pays-Bas.

Noël Y. & Dauvier B. (2007). A beta item response model for continuous bounded responses. *Applied psychological measurement*, **31**, 47–73.

O'Hagan A. & Forster J. (2004). *Kendall's advanced theory of statistics : Bayesian Inference*, vol. 2B. Arnold, London.

Pearson K. (1900). On the criterion that a given system of deviations from the probable in the case of a correlated system of variables is such that it can be reasonably supposed to have arisen from random sampling. *Philosophical Magazine*, **50**, 157–172.

Poitevineau J. (2004). L'usage des tests statistiques par les chercheurs en psy-chologie : aspects normatif, descriptif et prescriptif. *Mathématiques et Sciences Humaines*, **3**, 5–25.

Raftery A. & Zheng Y. (2003). Discussion : Performance of bayesian model ave-raging. *Journal of the American Statistical Association*, **98**, 931–938.

Rouanet H. (1996). Bayesian methods for assessing the importance of effects. *Psychological Bulletin*, **119**, 149–158.

Rouanet H. & Lépine D. (1976a). Introduction aux méthodes fiduciaires : inférence sur un contraste entre moyennes. *Cahiers de Psychologie*, **18**, 193–218.

Rouanet H. & Lépine D. (1976b). Structures linéaires et analyse des comparaisons. *Mathématiques et Sciences Humaines*, **56**, 5–46.

Rouder J., Speckman P., Dongchu S. & Morey R. (2009). Bayesian t tests for accepting and rejecting the null hypothesis. *Psychonomic Bulletin and Review*, **16**, 225–237.

Schwarz G. (1977). Estimating the dimension of a model. *Annals of Statistics*, **6**, 461–464.

Sellke T., Bayarri M. & Berger J. (2001). Calibration of p values for testing precise null hypotheses. *American Statistician*, **55**, 62–71.

Siegel S. (1975). Evidence from rats that morphine tolerance is a learned response. *Journal of Comparative and Physiological Psychology*, **80**, 498–506.

Smith C. & Ireland T. (2005). Les conséquences développementales de la maltraitance des filles. *Criminologie*, **38**. http://www.erudit.org/revue/crimino/2005/v38/n1/011486ar.html.

Steiger J.H. & Fouladi R.T. (1997). Noncentrality interval estimation and the evaluation of statistical methods. Dans *What if there were no significance tests ?*, réd. L.L. Harlow, S.A. Mulaik & J.H. Steiger, pp. 221–257. Erlbaum, Mahwah, NJ.

Stein C. (1956). Inadmissibility of the usual estimator for the mean of a multivariate normal distribution. Dans *Proceedings of the Third Berkeley symposium on mathematical statistics and probability*, vol. 1, pp. 197–206. University of California Press.

Stevens S. (1946). On the theory of scales of measurement. *Science*, **103**, 677–680.

Student (1908). The probable error of the mean. *Biometrika*, **6**, 1–25.

Tversky A. & Kahneman D. (1974a). Judgment under uncertainty · Heuristics and biases. *Science*, **185**, 1124–1131.

Tversky A. & Kahneman D. (1974b). Judgment under Uncertainty : Heuristics and Biases. *Science*, **185**, 1124–1131.

Tversky A. & Kahneman D. (1983a). Extensional versus intuitive reasoning : The conjunction fallacy in probability judgment. *Psychological Review*, **90**, 293–315.

Tversky A. & Kahneman D. (1983b). Extensional versus intuitive reasoning : The conjunction fallacy in probability judgment. *Psychological Review*, **90**, 293–315.

university Consortium for Political I., Research S. & Center N.O.R. (1978). *General Social Survey, 1977. [Codebook]*. [ICPSR (Series : Codebook). Inter-university Consortium for Political Research.

Viana M. (1991). Bayesian joint estimation of binomial proportions. *Journal of Educational Statistics*, **16**, 331–343.

von Neumann J. & Morgenstern O. (1944). *The Theory of Games and Economic Behavior*. Princeton University Press, Princeton.

Wagenmakers E., Lodewyckx T., Kuriyal H. & Grasman R. (2010). Bayesian hypothesis testing for psychologists : A tutorial on the savage-dickey method. *Cognitive psychology*, **60**, 158–189.

Wagenmakers E.J., Wetzels R., Borsboom D. & van der Maas H.L.J. (2011). Why psychologists must change the way they analyze their data : The case of psi. *Journal of Personality and Social Psychology*, **100**, 426–432.

Warner S. (1965). Randomized response : A survey technique for eliminating evasive answer bias. *Journal of the American Statistical Association*, **60**, 63–69.

Wason P. (1966). Reasoning. Dans *New horizons in psychology*, réd. B. Foss, pp. 135–151. Penguin, Harmondsworth.

Wetzels R., Matzke D., Lee M., Rouder J., Iverson G. & Wagenmakers E. (2011). Statistical evidence in experimental psychology : An empirical comparison using 855 t tests. *Perspectives on Psychological Science*, **6**(3), 291–298.

Wilkinson L. (1999). Statistical methods in psychology journals : Guidelines and explanations. *American Psychologist*, **54**, 594–604.

Index

Crédits photographiques

- page 1 : photo de S. Stevens. Harvard University Archives, HUP Stevens, S.S. (3a).
- page 81 : photo de H. Murray. Harvard University Archives, HUP Murray, H. (3).
- page 87 : photo de John von Neumann. This information has been authored by an employee or employees of the Los Alamos National Security, LLC (LANS), operator of the Los Alamos National Laboratory under Contract No. DE-AC52-06NA25396 with the U.S. Department of Energy.
- page 136 : *Portraits de suspects*, Busey & Loftus, 2006. Reprinted from Trends in Cognitive Psychology, 11 (3), Busey, T.A. and Loftus, G.R., Cognitive Science and the Law, 111-117, Copyright (2007), with permission from Elsevier.
- page 145 : photo de G. Schwarz Archives of the Mathematisches Forschungsinstitut Oberwolfach.

Achevé d'imprimer par
XL Print - 42010 Saint-Etienne
dépôt légal : novembre 2012
N° d'imprimeur : V012601/00

Imprimé en France